진리서
1

마음의
숨결로 빚은

정전

진리서
1

마음의
숨결로 빚은

정전

正典

길도훈 지음

正

典

씨
아이
알

여는

글

　이 책의 원서라고 할 수 있는 『정전』은 진리 그리고 진리적인 삶과 존재의 원리부터 최적의 삶과 수행 방법까지 담은 이 시대 최고의 진리서이다. 따라서 영적 성장을 추구하는 사람이라면 반드시 읽기를 권하는 책이기도 하다.

　진리의 골수가 담겨 있는 이 『정전』은 소태산少太山 박중빈의 호이 직접 집필하였다. 이를 바탕으로 정산鼎山 송규의 호이 교법의 골격을 세우고 대산大山 김대거의 호이 교법의 면모를 갖추었다. 이어 여러 주법들이 그 시대의 인지에 따라 열고 심화시켜 나아갔다.

　필자는 스무 살에 원불교로 출가하여 교리를 배우고 수행해 오기까지 소태산으로부터 여러 종법사로 내려오는 법맥에 영향을 받아왔다. 구체적으로는 법타원法陀圓 김이현의 호에게 교리 원리를, 전산田山 김주원의 호에게 교리 수행을, 교산教山 이성택의 호에게 교리의 사회화를 배웠다. 때

때로 독선생을 마다하지 않는 스승들의 애정 어린 가르침 덕에 필자는 수행의 구경에 꿈꿀 씨알을 늘 온몸에 품어 살 수 있었다. 이렇게 배우고 수행해 온 것을 「원불교신문」에 '마음의 숨결, 정전'과 '소태산 마음학교'에 연재했었다. 이 기간에 필자의 지도 스승인 법타원은 문안 간 필자에게 신문에 연재된 글들을 다 읽어 보았다고 하며 "네가 『정전』으로 참 행복하게 사는 게 느껴지더구나!"라며 좋아했다. 이것이 열반을 앞둔 스승에게서 필자가 들은 마지막 말이었다. 스승의 말처럼 『정전』을 가슴에 품고 궁구하고 나의 언어로 풀어 낸 9년이라는 시간은 참으로 행복하기만 했다. 학창 시절부터 시작된 진리에 대한 열망이 출가의 이유이기도 했고 평생의 의두이기도 한 진리를 『정전』 속에서 발견하고 삶 속에서 수행을 통해 증득해 나갈 수 있었기 때문이다.

『정전』처럼 진리의 요체가 간결하고 보편적으로 수행할 수 있도록 되어 있는 진리서를 이 세상에서 찾기란 쉽지 않다. 필자가 어찌 다행히 『정전』을 통해 누리게 된 행복을 이제는 많은 사람들이 삶 속에서 수행을 통해 어우르며 숨결을 불어넣을 수 있기를 바라며 이 책을 세상에 내놓는다.

『정전』의 내용은 크게 세 가지로 이루어졌다. 「총서편」, 「교의편」, 「수행편」이다. 「총서편」에는 원불교가 목적하는 것과 교리의 대체가 담겼고 「교의편」에는 이론적 근간이 그리고 「수행편」에는 수행의 실제에 대한 지침이 담겼다.

「총서편」의 '개교의 동기'와 '교법의 총설'은 물질이 고도로 편만해질 때 물질을 선용할 수 있는 정신을 일깨워야 함을 역설한 내용이고, 그 근간을 진리로 삼아 실지에 부합하는 도와 덕으로 내면화해 가기를 바라는 내용이다. 이로써 비롯된 궁극적인 모습은 인류와 더불어 함께하는 모든 존재가 질적으로까지 행복할 뿐 아니라 미래의 존재 방식에서도 길이 이어지기 바라는 내용으로 이루어졌다.

「교의편」은 일원상一圓相이라는 진리의 이름으로 시작한다. 일원상이란 이름 아래의 진리, 진리 신앙, 진리 수행의 요체가 서술되다가 '일원상 서원문'에는 진리와 진리에 의한 신앙과 수행이 인간의 삶을 통해 이루어 가는 내용으로 되어 있다. 그러다 결국에는 자신이 진리가 되어 살아가기를 바라는 내용으로 이어졌다. 그리고 '일원상 법어'는 일원상이라는 진리를 깨달은 자의 심법과 일원상을 품어 살아가는 기준이 소개되어 있고 일원상 편의 마지막인 게송은 진리를 깨달은 자의 심법에 대한 내용으로 귀결되어 있다. 이어서 사은四恩 천지, 부모, 동포, 법률 신앙과 삼학三學 수양, 연구, 취사 수행이 나온다. 일원상 신앙과 수행이 진리의 본체에 의한 것이라면 사은 신앙과 삼학 수행은 수행의 덕목이자 현실에서 깨어 단련해야 하는 모습들이다.

'일원상 수행'이 일상의 삶에 방점을 두고 진리를 가슴에 품어 사는 것이라면, 삼학 수행은 진리 수행에 필요한 덕목을 일 없을 때 집중적으로 깊이 내면화하는 것이다. 일원상 수행과 삼학 수행은 언제 어디에서나 선을 하거나 선의 심정無時禪 無處禪이 되는 근간이 된다.

「수행편」은 「교의편」에 나와 있는 교리를 일상의 삶에서 펼치는 것이라 중복이 될 수밖에 없다. 이런 가운데에서도 「교의편」은 개념 파악에 중점이 있다면 수행편은 실행에 중점이 있다.

『정전』 공부를 할 때는 대개 원문, 느낌, 사전적 해석, 경으로 경을 해석以經釋經, 해석서 통독, 중론衆論, 수행적 견해, 시대에 따른 인지적 해석과 구조화 과정을 거쳐 나아간다. 그리고 이 과정의 끝에 서서 수행을 통해 『정전』을 내면화하여 재해석한 것은 훗날 법의 씨알로 살아 움터 세상의 한 줄기 빛이자 메마른 대지를 적시는 샘물이 된다. 필자도 이 책이 이러한 역할을 다하기를 바라지만 '소태산의 뜻에 혹 조금이라도 누가 되면 어쩌나!' 하는 마음을 지울 수 없다.

　필자는 『정전』을 해설하는 데 있어 진리와 소태산의 본의에 입각하되 수행자의 관점에서 바라보고자 심혈을 기울였다. 문자 해석을 넘어서 진리의 본질적 의미, 영혼들의 세상, 인간의 삶을 아우르는 수행에 관점이 있다 보니 재해석이 필요한 것과 쟁점이 되는 사안도 여럿 눈에 뜨인다. 특히 쟁점이 될 만한 것에는 수행자의 양심에서 수십 번을 되짚어 보며 기술했다.

　수행은 『정전』의 본의와 자신의 개성, 의식의 토대, 수준 등에 따라 수행 방법을 찾아 접근해 가야 실효가 있는 것은 기정 사실이다. 그래서 『정전』의 대전제와 목적 그리고 수행 과정 하나하나를 그 시대에 맞게 사람마다 자기의 진리 언어로 재해석하여 마음에 담는 작업은 꼭 필요하다. 언어에는 시대와 자신의 정서가 함께하기에 과거의 언어를 내 가슴의 언어로 바꾸며 수행해야 수행의 첫걸음을 자신에 맞게 잘 내디딜 수 있다. 자기 수행에 최적화된 길을 찾는 사람들에게 이 책이 길동무가 되기를 바라는 마음으로 책 속의 공간을 채워갔다.

괴산의 한 아늑한 마을에서
훈산 길 도 훈

*이 책이 발간되기까지 애써 주신 「선과 성리」 모임의 모든 분들과 특히 꼼꼼히 교정을 봐 준 최영신, 김길동 님께 감사드립니다.

차례 1

차례 2

마음의 숨결, 『정전』
『정전』에 길을 묻다

　누구나 한 번쯤은 삶을 생각하고 스스로에게 '왜 사는지'를 묻는다. 이 물음이 깊어질수록 삶에 대한 의미를 찾게 되고 삶의 방향이 서게 된다. 특히 수행 길을 떠나는 대부분의 사람들은 삶의 의미를 고뇌하다가 삶의 스승을 찾는 데 이른다.

　스승으로부터 진리의 정수精髓를 배우며 수행하다가 주체적인 안목이 설 즈음에는 또한 공부를 필요로 하는 사람에게 손길을 내어 주고자 하는 마음이 생겨난다. 이 마음의 실현은 대중으로 환원시키는 보은일 뿐 아니라 자신의 공부를 더한층 단단하고 풍요롭게 한다. 이러한 모습이 어우러져서 세상은 진리로 생생약동하게 된다.

　필자도 출가하여 이런 은혜의 공간에서 수행 길을 걸어왔다. 진리의 요체이자 스승과도 같은 『정전』이 나 자신의 숨결에 녹아 순수하고 풍요로운 영혼으로 깨어 있는지 되묻는 것이 일상이었다. 그러다 어느 순간에 영혼의 순수성과 풍요로움이 공부, 삶, 인연, 일을 통해 진리와 동화된 삶이란 것을 느꼈다.

　진리의 개념서인 『정전』은 진리 인격의 도야를 위한 이정표로서 삶 속에서 진리를 생각하고 수행하려는 사람에게 실질적인 도움이 된다. 그뿐 아니라 지고한 영혼을 꿈꾸는 사람에게 더욱 필요한 수행법이기도 하다. 사람으로 태어나 의미 있는 삶을 살아가려는 사람이라면 『정전』에서 삶의 근간과 영혼 성장의 길을 찾을 수 있다. 이로써 삶 속에서 『정전』이 살아 숨 쉰다. 그리고 『정전』을 일상에서 숨결로 느끼는 사람, 아름다운 영혼을 지닌 사람, 행복한 사람, 자유로운 사람, 지고한 영혼을 지닌 사람들이 나온다.

　『정전』은 진리의 내용을 글로써 표현해 낸 것일 뿐이다. 진리 자체는 될 수 없다. 글의 내용도 진리를 가리키는 손가락에 불과하다. 물론 진리를 향한 소태산의 간곡한 부촉이 글 하나하나에 담겨 있는 것을 간과해서는 안 된다. 그 부촉은 세상과 수행자의 가슴을 향해 삶속에서 진리를 찾을 수 있는 길을 여는 '개념서'이자 '수행의 이정표'이기를 바라는 데 있다.

　이런 『정전』을 학습하는 자세로 다가서면 『정전』의 본의를 제대로 이해하기 어렵다. 『정전』을 통해 자기 내면을 바라보고 자신의 특성에 맞게 재해석하고 또 자신에 맞게 수행을 하여야 진리를 가슴속에 품을 수 있다. 수행은 누구에게 보여주기 위한 게 아닌 자신의 영혼을 사랑하고 의미 있는 삶을 살기 위한 자기 불공이어야 한다.

　『정전』으로 마음공부를 했다면 마음과 삶에서 진리성을 담아내는 데 이르기 마련이다. 만약 『정전』으로 공부한다는 사람들이 『정전』의 글자에만 얽매이다 보면 글자가 진리인 줄 알고 글자의 개념을 정리하고 분석하는 데 에너지를 허비해 버리게 된다. 이는 자신을 옷에 맞추려고 살을 찌웠다 뺐다 하는 것과 같다. 글의 내용에 충실하되 얽매이지 않아야 글자 너머에 있는 본질을 꿰뚫어 내면화에 이를 수 있다.

수행자들이 이 『정전』을 논리적 이해로 나열된 길이 아닌, 삶 속에서 마음의 숨결로 느끼며 주위 사람들과 함께 나누는 길에서 만나기를 권하고 싶다.

일러두기

1. 독자의 이해를 돕기 위하여 『정전』의 원문을 함께 싣되 요약과 윤문을 하였다.

2. 소태산의 본의를 생각한 견지에서 본의가 드러나지 않은 것에 대해서는 간략하게나마 더 풀어
   내고, 의식의 흐름과 에너지를 손상하거나 이 시대의 언어적 온도에 어울리지 않는 고어, 명령
   어, 반복적이거나 강조를 위한 부정적인 문장과 내용은 최대한 생략하였다.

3. 본문에 인용된 정전 원문은 홑낫표(「 」)로 표시하였다.

총서편

總序編

진리적 종교의 신앙과 사실적 도덕의 훈련을 통해 인류가 길이 행복한 삶을 영위할 수 있도록 한 개교의 동기와 무상 대도를 광대하고 원만하게 믿고 수행하는 종교와 사람이 되기를 부촉한 교법의 총설로 이루어져 있다.

개교의 동기

과학 문명이 발달함에 따라
사람이 사용해야 할 물질의 세력은 날로 융성해지고 있으나
물질을 사용하는 사람의 정신은 점점 쇠약해져서
사람이 물질의 노예로 살아간다.

그러므로
진리적 종교의 신앙과 사실적 도덕의 훈련으로써
물질 과학문명, 환경, 관념 을 선용할 수 있는 정신의 힘을 길러
인류가 길이 행복한 존재의 삶을 살아가기를 바란다.

진리적 삶
진리 공부의 장을 열다

　과학과 산업의 발달로 물질이 더 없이 풍요로워짐으로써 인간의 삶은 편리해졌다. 그러나 물질문명이 풍요한 만큼 다양하고 복잡하여 물질을 제대로 사용만 하려고 해도 더 많은 지식이 필요하게 되었다. 그뿐만 아니라 여기에서 파생되는 심리적 요소도 다양해져서 마음을 조절하는 것만으로도 여간 어려운 게 아니다. 심지어 마음이 주체가 되어 물질문명을 어거하려면 마음의 힘과 폭은 과거보다 더 커져야만 하는 상황으로 바뀌어 가고 있다.

　이러한 세상을 살아가려면 물질문명을 영위하는 데에 필요한 지식과 심리적 조절 그리고 해야 할 일과 삶의 형태 등 어느 하나라도 소홀히 해서는 안 된다. 만약 그러지 않으면 인간은 물질문명에서 오는 편리와 다양함에 치여 무기력해지거나 정신이 산만해져서 생활 자체가 무너져 버린다.

　현실의 삶은 영적인 삶의 반영이기도 하다. 그러기에 현실의 삶을 잘 산다는 것은 영적인 힘이 현실에 그대로 미치고 있다는 것을 뜻한다. 영적 동물로서 잘 살아가려면 삶이 진리적이고 사실적이지 않으면 안 된다.

동물로서만 사는 것은 본능에 충실하면 그만이라서 삶이 복잡하거나 어렵지 않다. 하지만 영적인 동물이라면 이야기가 달라진다. 삶의 기준에 진리가 들어 있지 않고서는 영적으로 고양시킬 수 없다. 여기에서의 진리란 미신과 대별된다. 그리고 우주를 움직이는 원리, 자연 섭리, 영적 인간의 삶, 삶의 구현까지도 포함하는 개념이다.

진리를 제대로 배우고 삶에서 구현해 가려면 반드시 진리적 종교가 필요하다. 진리적 종교 진리를 가르치고 구현하는 종교 인지는 그 종교가 진리 앞에서 겸허하고 진리에 늘 깨어 있는가를 보면 그 여부를 알 수 있다. 그런데 삶의 방식이 진리에 의한 사실적인 도덕뿐만 아니라 삶에서 영적 가치와 행복의 품격을 높여가는 데 부합하고 효율적이기까지 한 곳이 있다면 인생을 걸어도 아깝지 않다.

소태산은 모든 생령 영식이 있는 모든 존재인 동물, 인간, 영혼 이 지구촌에 살든 영적으로 존재하든 모두가 길이 행복하고 자유롭도록 '불법연구회 1924년(원기9)'라는 이름으로 진리 공부의 장을 열었다. 이 '불법연구회'가 지금의 제도 종교화된 '원불교 1945년(원기30)'라는 교명으로 바뀐 것은 소태산의 정신을 이어받은 정산으로부터 비롯되었다.

광대하고 한량없는 낙원
모두가 길이 행복한 삶

　원불교의 원경元經인 『정전』 「개교의 동기」에서 소태산은 우리의 지향점을 '광대무량한 낙원', 즉 함께 더불어 길이 행복한 낙원이라고 했다.

　낙원을 이루기 위해서는 인종, 국가, 가정, 개인의 차원을 막론하고 모두가 존귀한 존재이니 나와 내 주변 사람들부터 행복한지 반문부터 해 보아야 한다. 행복을 느낄지라도 폐쇄적이거나 물질적이고 상대적인 삶에 만족하는 데에 그치는 것은 바람직하지 않다. 행복이 진리와 함께하며 삶의 의미로 거듭나야 깊고 항구적일 수 있다.

　그렇다고 삶의 의미가 행복보다 위에 있다는 뜻은 아니다. 삶의 의미도 행복이란 토대 위에서 빛을 발한다. 행복을 잃으면 삶의 의미도 허울 좋은 명분 속에서 퇴색되고 만다. 행복과 삶의 의미는 세상과 함께할 때 더욱 깊어지며 풍요로워지기 때문이다.

　우리가 진리를 우러러 수행하는 목적은 삶의 의미에 깨어 모두가 길이 행복한 삶을 사는 데에 있다. 환경과 물질의 가치를 넘어서 진리 인식과 영적 성장에 따른 품위가 뒷받침될 때 행복의 가치도 높다. 즉 공부의 척도가 행복의 질적인 척도로 이어지지만 행복하지 않은 공부라면 그 공부로는 애만 쓸 뿐 실효를 얻기 힘들다.

우리가 추구하는 행복은 혼자만이거나 순간만을 위한 게 아니다. 광대무량한 낙원을 지향한다. 여기에서 '광대'는 넓고 크다는 공간적 개념이고 '무량'은 한량없이 길다는 시간적 개념이다. 그리고 낙원은 행복한 삶을 뜻한다. 즉 광대하기로는 우주 만물과 전 생령까지도 포함하고 무량하기로는 현생과 내생을 넘어선 영생에 이르기까지 행복한 존재로 살아감을 일컫는다.

폭넓은 의식과 긴 호흡에 바탕을 두고 행복을 바라보면 행복은 이 순간 이곳에서부터 비롯된다. 그러니 지금 이 세상에서부터 모두가 길이 행복한 세상을 이루는 것이 중요하다. 또한 행복한 세상은 나로부터 이루어진다. 그러므로 공부를 했는데 자신과 주위 사람이 행복하지 않다면 공부에 뭔가 잘못되었음을 의미한다. 되짚어 살피면 일뿐 아니라 공부에서도 바른 길이 보인다.

함께 행복한 길은 나 혼자만 잘한다고 되는 것이 아니다. 살다 보면 자신과 주위 사람들이 본의 아니게 어렵고 힘들게 하는 경우도 많다. 이것은 자신과 주위 사람들의 마음 씀씀이가 미흡하거나 실수에 의한 것일 수 있지만, 사람마다 특성이 다르거나 심리적 불안에 의한 것일 수 있다.

그러나 수행의 출발점은 항상 자신으로부터 이루어진다. 자신부터 행복해지는 것에 마음을 두어야 한다. 아울러 보편적 가치 내에서 나로 인해 주위 사람이 불편한 건 없는지 또는 불안의 요소는 없는지 살피고 배려하는 것이 필요하다.

수행이라는 것도 삶의 한 모습이자 행복을 이루는 과정을 떠나 있지 않으므로 삶 속에서 여유를 갖고 차근차근 수행해 가다 보면 어느덧 심법도 순숙되어 간다. 이에 따라 주위 사람들이 자신의 마음과 기운에 동화되고 이 기운이 세상으로 번져 세상은 점차 낙원을 이루게 된다. 이러한 모습은 신앙과 수행이라는 이름을 도드라지게 붙이지 않아도 삶 깊이에 신앙과 수행이 녹아든 모습이라서 더욱 살가운 느낌을 자아낸다.

이상의 내용을 단적으로 표현하면 원불교는 모두가 길이 행복한 삶을 살아가고자 하는 사람들의 모임이라 할 수 있다.

행복과 존재적 자각
행복은 내 영혼을 사랑하는 데서 비롯

모두가 길이 행복한 삶을 살기를 바라는 것도 나의 존재적 자각에서부터 이루어진다.

대산 종법사 시절, 완도의 동백나무 숲에서는 야단법석이 종종 열렸다. 어느 날 대산이 여러 대중에게 "여러분의 마음 나이는 몇 살인가요?"라고 물었다 "일흔", "마흔일곱", "열다섯", "영" 등 여러 대답이 나왔지만 인증하지 않다가 누군가 "한 살입니다!"라고 하니 "맞았다."라고 했다.

이 예화 속 '한 살'에서 '하나'는 근본과 전체 그리고 하나로 이루어진 유기체적 의미를 함축적으로 담고 있다. 물리적 사고로 보면 한 살의 내용은 세 가지로 이루어졌지만 이 세 가지는 하나를 이해하는 차원에서의 세 가지일 뿐이다.

이 세상 모든 사람과 천지자연은 동시에 존재하는 것이자 한 근원이니 사람뿐 아니라 우주의 나이도 서로 같다. 우리의 영혼은 우주가 생길 때 함께 생겼고 몸은 우주의 성분으로 함께한다. 형체를 지닌 우리의 몸과 우주만으로 살펴봐도 다르지 않다. 우리의 몸속에서 세포 하나가 죽고 생겨나며 이 몸을 유지하듯, 우주 속에서도 별 하나가 소멸하고 생겨나며 이 우주를 유지해 간다. 사람이나 우주도 질량 불변의 법칙처럼 이루어지고 있다.

영혼이든 몸이든 그 근원에서 보면 텅 빈 것은 우주도 마찬가지고, 존재의 차원에서 보면 하나하나 우주의 세포로서 유기체를 이루어 우주와 하나이다. 이 가운데 영혼은 우주와 함께 존재하고 몸은 우주의 성분으로 모였다 흩어졌다 할 뿐이니 우주와는 어찌됐든 하나일 수밖에 없다.

우리는 우주와 하나로 존재하므로 우주와 더불어 영원하다. 하지만 영혼이 미약하면 먼지처럼 주유하게 된다. 그러니 존재적 자각마저 저버려서는 안 된다. 한 개체가 수승하면 다른 개체는 그와 균형을 맞추며 재편되므로 개별 영혼을 지닌 존재는 늘 성장을 거듭해 가는 것만 생각해도 된다. 개별 영혼의 성장은 우주의 성장을 돕는 의미이기도 하기 때문이다. 이처럼 '나'라는 존재는 우주와 같고 나의 마음가짐 하나라도 우주에 그대로 영향을 미친다. 그러므로 내가 수승할수록 우주에 미치는 영향력도 그만큼 크다.

한 학생이 "어떤 책에서 우주 자연을 객관화하여 보면 삶의 고통도 사라진다고 하는데, 제 마음 한편으로는 '나의 생각이 내 운명을 정한다.'고도 봅니다. 그런데 이 두 가지가 다 의미가 있어 보이니 헷갈립니다."라고 한다.

우주와 자연을 객관화하여 보면 그 자체가 조화와 균형을 이루어 존재하고, 사람들도 각각 우주의 한 개체로 살아가며 서로 균형과 조화를 이루며 살아간다. 이처럼 하나의 거대한 존재를 이루는 거시적이고 객관적인 시각은 욕심에 따른 고통에서 벗어날 수 있는 의식으로 작용한다. 그리고 우주와 자연 속의 자신은 자연의 법칙 속에 있으나 우주의 중심이 되어 우주 자연과 조화를 이룬다.

영적인 차원에서 보면 우주는 마음으로 만든 세상일 따름이다. 그러므로 내 생각이 바뀌면 나를 중심으로 우주도 아주 서서히 변해 간다. 내가 바뀌면 이상하게도 주변 사람이 변하거나 그에 따른 인연들이 모여드는 것도 이런 이유의 하나이다. 또한 감사하는 마음을 자꾸 내면 상생의 기운이 우주 자연에 미쳐서 그 상생의 기운으로 세상이 조금씩 동화되어 간다. 이러하니 '나'라는 존재가 얼마나 존귀하며 힘이 있는지 스스로 알아줄 필요가 있다. 이러한 존귀함은 자신뿐만 아니라 이 세상의 어느 존재도 모두 같다. 어느 존재이든 각자의 생각이 중심이 되어 서로 조화를 이루며 우주와 더불어 움직여 간다. 시공에 갇힌 생각으로는 이해가 좀 어려울 수 있겠지만 지난날들의 일상을 돌이켜 생각해 보면 이해하는 데 아주 어려운 것만도 아니다.

마음이 행복하면 어느 정도의 물리적 장애는 삶에 그리 큰 영향을 미치지 못한다. 행복한 삶을 꿈꾸며 내 영혼을 사랑하는 마음으로 가꾸어 가면 언젠가는 반드시 꿈대로 된다. 우리의 영혼은 우주와 더불어 불생불멸하는 존재라서 우주 속에서 어떤 형태로든 상존常存하게 되어 있다. 그런데 영혼이 미약하면 미약한 대로 존재하게 되나 이때는 삶의 의미마저 무색해질 정도로 미미하기만 하다. 그러나 힘이 있는 영혼은 우주를 움직이기도 한다. 이렇듯 우리 영혼은 죽지 않는 존재이니 자신이 자신을 버리는 것처럼 어리석은 것도 없다. 이왕 사는 것 우주와 호흡하는 자유로운 존재로 살아야 하는 것이 더 낫지 않은가? 자유로운 존재는 삶 속 수행으로써 이루어진다.

각자의 영혼은 우주와 함께하는 존재이지만 출발점은 언제나 나로부터 이루어지고 나의 행복은 내 영혼을 사랑하는 데에서부터 비롯된다. 그렇기에 만물 가운데 가장 신령스럽고 신묘한 인간으로 태어나 수행하지 않는 것처럼 어리석은 삶도 없다.

수행의 종합 터전, 이 세상
수행은 행복과 자유를 이루는 길

　수행의 목적은 끝없는 행복에 있지만 행복의 궁극적 기반은 자유에 있다. 인간과 영혼 모두 자유 없이 행복을 꿈꿀 수 없다. 인간은 예닐곱 살 즈음에 "이담에 커서 어른이 될 거야! 내 맘대로 맛있는 것도 사 먹고 장난감도 사고 옷도 사 입을 거야."라고 자유에 대한 갈망을 표출할 때가 온다. 인간이든 영혼이든 본질적으로 자유에 대한 갈망은 크다. 이 가운데 영혼은 일정한 영적 수준에 도달하지 못하면 바라는 곳에는 얼씬도 못 하게 되니 영적 수준을 높여 자유로워지고 싶어 한다. 영혼의 자유는 마음의 안정, 통찰, 정성, 포용의 수준에 따라 그 수준도 달라진다.

　사실, 육도 중에 천도天道 천상가 인도人道 보다 낫다. 인도는 수행하기에 좋은 환경이지만 천상의 영혼의 입장에서 볼 때는 진화가 덜 된 집단에 불과하다. 물론 천상 안에서도 수준들이 천층만층을 이루고 있다. 이 가운데 항마降魔 법위 등급의 하나 정도는 되어야 천상에 있어도 있을 만하다. 만약 천상에 항마로 있지 못할 정도라면 사람의 몸으로 정법 회상을 찾아서 공부와 사업을 하는 게 더 낫다. 그래서 항마 이상의 열반인에게는 천도 법문을 설하지 않고 「법계에 쉬다가 이 회상에 일이 있을 때 다시 오셔서 회상을 위해 힘써 달라」고 부촉한다.

천상 영혼의 특성은 마음먹은 즉시 움직이므로 면밀하게 수행하기 어렵다. 그러므로 수행하기에는 천상보다 인도가 낫다. 인도는 전생의 일이 망각의 과정에 의해 가려져 현재의 삶에 집중할 수 있는 장점이 있다. 그리고 몸이라는 물질과 그에 따른 일로 전개되어 마음에서 행동으로 이어지는 많은 과정에서 밀도 높은 수행을 가능하게 한다.

사람 사는 세상에서의 삶은 자기가 부족한 것 한두 가지만 해결할 수 있어도 영적으로 한 단계 진급을 이룬다. 그런데 진리를 따라 밀도 있게 체계적인 훈련을 해 가면 안정, 통찰, 정성, 포용에 백배에 버금가는 영적 진급을 이룰 수도 있다. 소태산도 "이 한 생을 안 태어난 폭 잡고 이 공부, 이 사업에 전일하면 백 생에 닦을 거 이 한 생에 닦을 수 있다."라고 했다.

지금은 인지가 밝게 열리는 시기인데다가 이 회상은 인지를 최대한 효율적으로 열어 갈 정법 회상이다. 이 회상을 만나 수행하는 것은 봄에 씨 뿌리는 격이므로 수행에 욕심내어 매진할 만하다. 인지가 어두웠던 선천先天 시대에는 인지가 밝은 수행자들이 세상과 소통하기 어려워 폐쇄된 공간에서 수행할 수밖에 없었다. 그러나 후천 시대인 오늘날에는 세상 사람들의 인지가 밝아서 이들과 어울릴 만하니 함께 어울려 살며 수행하는 것이 수행에 더 이롭다. 이 세상의 삶은 천상에서 설정해 놓은 것이든 전생의 업연에 따라 이루어진 것이든 수행에 필요한 모든 정보가 담긴 수행의 종합 터전이기 때문이다.

죽음에 이를 즈음에는 물질도 필요 없고 몸에 담긴 정보도 소용없다. 오로지 자기 영혼만이 남는다. 이 세상에서 육신과 더불어 살아온 영혼이 인간 세상을 떠날 때 육신에 따른 식욕과 재색명리는 육신과 더불어 대부분 사라지고 만다. 그런데 식욕과 재색명리에 빠져 인생을 허비하는 것처럼 아쉬운 일도 드물다.

인간의 삶 속에서 영적 의미를 갖고 나의 영혼을 사랑하는 가운데 사람마다 자기다운 아름다움과 힘 있는 수행이 꼭 필요하다. 이러한 수행은 영혼 또는 인간의 존재로도 자유와 행복과 보람을 온전히 깊고 크고 길이 이루게 한다.

채운 만큼 비우는 수행

비움에서 발현시킨 행복과
아름다운 삶

밭에 거름 주고 곡식의 성질에 맞게 밭을 정리해서 씨를 심으면 며칠이 지나 새싹이 오른다. 이내 잡초도 함께 자라나기에 김매고 소독도 하며 가꾸어 가는 일이 점점 많아진다.

사람도 마찬가지다. 인간의 근본은 우주의 근원처럼 아주 맑고 영롱하지만, 수많은 생을 오가며 형성된 심성은 근본을 잊은 채 사회화 과정에 훈습薰習되어 나타난다. 다생多生에 익힌 심성은 무의식 속에 있다가 상황에 따라 성향을 드러낸다. 그렇지만 이 세상에 아이로 태어난 몇 년간의 모습은 천진난만한 본래면목 그대로다. 다시 맞닥뜨린 인간 세상에서 사회 성원으로 살아가려면 천진난만함으로만 살 수 없기에 교육을 받아야 한다. 새로운 인생은 순백의 심성에서 시작하지만 살아가며 전생으로부터 훈습된 심성이 배어나는 동시에 교육과 삶의 덧칠로 또 다른 삶이 창출된다.

동물로서의 사람으로 살아가기 위해서는 많은 배움이 필요하다. 생리적 욕구의 조절뿐 아니라 사회화 과정의 일환으로 먹고 느끼고 생각하고 판단하고 참고 조절하고 말하고 활동하는 것 등을 배운다지만 부작용도 만만치 않다. 대상을 구분하며 관념觀念 실재가 아닌 생각의 작용. 여기서는 일상, 환경, 지식, 경험 등에 영향을 받은 생각이나 고착된 생각도 포함한다. 이 생기고, 관심에 집중하고, 잘잘못에 집착된 반응을 보인다. 나아가 인간관계 속에서 어느 한쪽을 편들고, 정의와 이익과 편의 앞에서 다투고, 욕심과 배려의 사이에서 균형을 이루는 것 등도 본의 아니게 배우게 된다. 결국 사람들 대다수는 재색명리에 대한 상대적 우월함을 행복의 척도로 삼고 살아가는 데 그친다.

과학의 발달과 교육은 생활의 편리함과 사회의 인식에 발전을 가져왔지만 상대적 가치를 부각한 나머지, 사람들은 상대적 우위에서 존재감을 느끼려 한다. 세상을 움직이려는 권력욕과 베푸는 데에서 보람을 찾으려는 명예욕 등 상대적 욕심은 또 다른 동기를 부여해서 끊임없는 윤회의 고리를 만들어 낸다. 노력하다가 좌절되면 술, 마약, 도박, 게임, 성에 빠져 현실을 외면하거나, 주위 사람 또는 불특정 다수에게 폭언과 폭력으로 욕구불만을 표출한다. 상대적 욕심에 따라 남으로부터 자신을 규정하여 행복과 불행으로 여기는 일은 이 시대의 보편적 삶의 초상이다.

다생의 경험이 축적된 한 영혼이 인간으로 한 생을 시작할 때에는 언제나 천진무구하지만 동물적인 욕구는 내재해 있다. 자라며 의식주 해결 능력과 사회적 관계를 배우며 삶을 형성해 가는데 상대적 우월감과 열등감도 아울러 생겨난다. 상대적 우월감에 따른 관념과 욕망은 양극성에 의한 상호작용으로 인과의 부메랑이 되어 열등감에 따른 피해와 좌절의 상처로 심신 간의 몸살로 돌아온다. 상대적인 관계 속에서 배움과 욕심만큼 그림자도 자라 자신을 오히려 구속하게 되니 채운 만큼 비우는 과정은 꼭 필요하다. 중형차의 브레이크가 소형차보다 성능이 좋아야 사고가 나지 않듯 사회적 능력이 있을수록 수행을 통해 비워야 할 것도 많아진다. 그러므로 사회의 성원으로 자라나며 배우는 과정 속에 함께 드리워지는 그림자를, 삶의 본질에서 순간순간 통찰해 내서 비워 내야 한다. 그래야 감당할 수 없는 지경으로까지 그림자가 축적되는 것을 예방할 수 있을 뿐 아니라 자신이 그 그림자들을 어거하며 살아갈 수 있다.

　채운 만큼 비우는 수행 과정으로 관념, 욕심, 집착으로부터 완전한 자유를 얻기까지는 시간이 다소 걸린다. 그러나 채운 만큼 비우는 수행 과정만으로도 어떤 사안에 깨어 세밀하고 깊은 사려와 정성스럽게 이루어 갈 저력을 얻는다. 그러니 수행을 통해 그 한 생에 결과를 못 보더라도 수행이란 인생의 여정 또는 영생을 놓고 볼 때 결코 손해보는 노력은 아니다.
　사람들은 누구나 열정이 있어서 이 열정에 의한 비움의 과정을 통하면 누구나 나름대로 행복하고 아름다운 삶을 가꾸며 살아갈 수 있다.

물질적 삶과 영적인 삶
상대적 빈곤을 넘어서 나다운 삶으로

　한국 사회는 개발도상국 시절, 물질이란 극복해야 할 대상이었다. 일상생활에 필요한 물질이 충분하지 않아서 그런지 사회 인식마저 물질적 가치로 삶의 중심을 이뤘다. 그러기에 진리, 도덕, 가치, 자연, 환경 등도 물질적 이익 앞에서는 슬쩍 내려놓는 일을 서슴지 않았다. 이런 빈곤과 비합리적인 것을 개인들이 고스란히 짊어지고 감내해야 하는 척박한 환경을 이해한다면 그런 삶을 탓할 수만은 없다.

　이런 환경에서도 한국은 빈곤 극복을 위해 한 지도자의 일방적인 정치 제도에 따라 서로 돕고 감내하는 등 공동체 정신으로 경제적 풍요로운 삶을 일궈냈다. 이때는 개인의 의견을 존중하거나 조율할 여력이 국가와 사회에 모두 없었다. 서로 존중과 대화가 없다 보니 사회는 점점 강약의 반목으로 치닫기만 했다.

　경제와 과학 기술의 발달로 물질은 극복의 대상이 아닌 활용의 대상으로 바뀌었다. 창의적 발상이 부족하여 물질을 사용하지 못할 정도에까지 이르렀다. 이제는 사회도 합리적인 사고로 서로를 이해하고 배려할 정도로 마음에 여유가 생겼다. 그런데 사회 분위기는 상대적 빈곤에 의해서 괴리감을 느껴만 가고, 개인적으로는 목적 상실에 따른 자괴감으로 약물에 중독되거나 자살에 이르는 사람들이 늘어만 간다.

　그런데 본질적으로 사람은 우주와 사회를 구성하는 하나의 유기체인데 동물적이고 물질적인 인간만으로 살아오다 보니 인간 본연의 삶을 망각한 것이다. 사람은 우주와 사회의 한 개체로서 높고 낮음이 없이 각자가 처한 곳에서 맡은 바 역할을 함으로써 영적 성장을 이루기 위해 이 지구촌에 왔다. 인간 세상의 삶의 모습은 보편적으로 소꿉놀이와 골목대장놀이를 넘어서지 못하고 있다. 그렇지만 인간 세상을 영적 성장의 터전으로 삼아 수행해 가는 사람들도 더러 있기는 하다. 이들은 영적으로 높은 존재가 되어 어디든 자유롭게 왕래를 한다. 그리고 영적인 삶을 최고의 가치로 여긴다. 인간의 관직 따위는 일하는 위치에 불과할 따름이라서 어쩔 수 없이 등 떠밀려 높은 지위에 있게 될지라도 부여받은 권한을 군림하기 위한 수단이 아닌 대중을 위한 것으로만 쓴다.

　관직은 일하는 데에 필요한 것이라 희생하는 자리이자 복 짓는 자리 정도이다. 희생하고 복 짓는 일이라도 영적으로 수승한 사람불보살은 영성을 풍요롭게 하는 하나의 과정으로 삼는다. 복이란 시공간 속의 양극성과 집착의 개념에 지나지 않기에 인간으로 윤회할 때만 의미가 있다. 윤회를 벗어난 영적 존재는 자유와 결정보 決定報 스스로의 선택에 의해 다음 생의 업을 받는 것 의 능력으로 삶을 선택해 간다.

　수행을 중시하는 집단에서도 돈에 대한 해탈은 어찌 이룰 수 있어도 마지막까지 번뇌로 남아 스스로를 괴롭히는 것은 관직과 명예이다. 이러한 것은 제도 종교에서 많이 나타난다. 영성의 가치로 보면 관직과 명예는 칼끝에 묻은 꿀과 같아서 부득이 얻어야 한다면 보은으로 지킬 뿐이다. 굳이 찾을 만큼의 매력이 없는데도 사람들은 놓아야 할 때에도 놓지 못한다. 이러한 것은 가져 보지 못한 빈곤에서 오는 집착과 그 집단에서의 힘의 논리에 따른 집단관념에서 비롯되었기 때문이다. 평생을 수도 문중에 몸담은 수행자들도 이로부터 자유로운 사람은 많지 않다.

수행을 위해서는 누구나 기본적으로 의식주 해결이 가능하고 사랑과 존중을 받는 것이 중요하다. 이 토대가 갖춰지지 않은 수행은 사상누각처럼 될 수 있다. 이러한 토대 위에서 나의 영혼과 삶을 사랑하고 세상 속에서 나다운 가치의 삶으로 균형과 조화를 이룬 의식으로 수행해 가야 한다. 그러면 수행의 본질을 잃지 않게 되어 수행을 하면 할수록 수행이 차곡차곡 쌓여 지고한 심법으로 된다.

참다운 종교의 기준
진리 앞에서 겸허한 종교와 수행

   종교를 찾는 이유는 사람마다 다를 수 있다. 누구는 외로움을 극복하기 위하여, 누구는 보이지 않는 힘에 대한 두려움으로 그리고 또 누구는 진리 탐구를 통해 진리와 깊이 교감하며 내면화를 이루어 간다.

   세상 사람들은 인지가 열려 가며 진리와의 교감과 내면화에 많은 관심을 보인다. 그것도 수행에 의한 것이기를 바란다. 진리와 수행 방법을 혼자서 알기는 어렵기 때문에 종교 또는 수행 단체부터 찾게 된다. 이런 곳에서도 이미 수행을 해 온 사람들에 대한 검증은 반드시 필요하다.

   검증은 '이곳이 믿을 만한 곳이냐!'는 것에서 시작된다. 무슨 일이든 시작은 믿음으로 출발하게 되는데 종교나 수행에서의 믿음은 더더욱 중요하다. 이 믿음은 마음의 뿌리를 내리는 것이라 신중에 신중을 기울여야 한다. 한번 잘못 내리면 이생뿐 아니라 내생까지도 암울할 수 있다. 그럼에도 믿음의 길을 잘못 드는 것은 진리를 제대로 알지 못하면서도 막연하게 이상세계로 들 수 있다는 요행을 바라는 마음에서 비롯된다.

   믿을 만한 곳을 신중하게 선택하려 해도 자기의식을 벗어나기는 어렵다. 의식이란 한 개인이 성장하며 갖게 되는 느낌, 생각, 지식, 행동, 경험, 문화, 기운 등이 어우러진 견해나 판단을 말한다. 이런 의식을 일컬어 세상을 대하는 감각이라고 말할 수 있는데 이 감각에 따라 믿음의 품격도 달라진다. 세상을 대하는 느낌에 따른 믿음의 뿌리는 내면의 의식과 결부되어 확신을 얻게 되고 진리에 대한 안목도 점점 깊고 넓어져 간다. 나아가 진리에 대한 이해와 교감으로 믿음이 확증되며 미혹의 꺼풀이 벗겨지고 스스로가 깨달음의 문으로 들게 된다.

그런데 이런 사람은 세상에 많지 않으니 소태산은 "열 사람의 법을 응하여 제일 좋은 법을 믿을 것이요."라고 했다. 좋은 법은 진리에 따른 합리성, 의식의 크기, 수행의 출처와 수행으로 도달할 수 있는 수준, 체계와 실효성, 먼저 그 길을 걸어온 사람의 생활 모습을 밀착해서 보는 등 하나하나 짚어보면 대체로 알 수 있다.

보편적 검증으로는 일단 고등 종교라면 무난한 정도로 본다. 이렇다고 해도 종교는 으뜸이라는 뜻의 마루 종宗 자와 가르칠 교敎 자를 쓰듯이 인류의 궁극적 가치인 진리를 가르치고 배우는 한편 영적 교감이 이루어지는 곳이어야 한다. 이런 곳에서 진리를 배우고 진리적 자아를 실현해 가는 사람들부터 인류 발전에 이바지해 갈 때 그 종교는 비로소 인류가 인정하는 진정한 고등종교로 자리매김될 수 있다.

소태산은 인류가 진리적인 삶으로 길이 행복한 삶을 살아가기廣大無量한 樂園 위해서는 진리적 종교의 신앙과 사실적 도덕의 훈련이 필요함을 역설했다. 인간으로서의 보편적인 행복은 심신의 건강과 보람으로 이루어지나 이것도 나의 마음에서 비롯된다. 우선 자신을 알아야 하고見性, 아는 만큼 자기화의 과정을 거쳐서養性, 세상과 나눌 수 있어야 한다率性. 그 시작은 생물적이고 사회적인 인간으로서 자신의 삶을 아는 것부터다. 이 바탕 위에 진리적인 나를 알고 가꾸어 갈 때 길이 행복한 삶을 살아갈 수 있다.

종교가는 사회와 달리 그 본질에서 높고 낮음이 없다. 영적 성장에 따른 수행과 지혜로운 이들의 대화 그리고 사회에 나눔을 가치의 중심으로 여긴다. 한 분야의 최고 전문가가 지닌 지견을 일반 사람들이 헤아리지 못할 수 있듯이 지고한 수행자 한 사람의 지견은 다수결 못지않게 소중하다. 그런데 제도 종교에는 이미지 관리로 기득권을 쥔 사람들이 자기 잇속으로 진리를 규정하고 교리를 왜곡하는 경우와, 절대 권위의 장막을 치고 자행자지自行自止하는 경우가 종종 있다.

그래서 참다운 종교라면 특수성보다 진리에 따른 합리성에 기반해야 한다. 진리적 종교, 즉 진리 앞에서는 종교와 수행자 모두가 겸허해져야 종교가 건실하고 수행자는 진리와 함께하며 영적으로 진급해 간다. 수행자의 의식이 대중보다 진리에 한발 앞서 있어도 대중과 충분한 소통이 이루어지는 곳이라야 진리가 싱그럽게 드러난다.

인지가 열릴수록 형식보다는 내용을 찾는다. 그렇기 때문에 깨어 있는 종교의 척도는 신도의 수보다 진리 앞에서 겸허한 올곧은 수행자와 지고한 수행자가 얼마나 있는지에 달려 있다.

진리적 종교의 신앙을 하는 사람은 마음 가운데 늘 진리가 자리하여 진리 앞에서는 늘 겸허할 수밖에 없다. 소태산도 진리 앞에 겸허했다. 소태산은 원불교의 교조나 진리의 매개자라고도 하지 않았고 그냥 스승으로 남아 대중으로 하여금 진리를 바로 보고 진리의 삶을 살아가도록 했다.

내면의 의식이 겸허한 마음속 울림으로 진리와 교감하여 진리를 이해하고 진리로 삶과 자신을 바라보면서 균형과 성장을 이루는 모습이라야 진리적 종교를 추구하는 사람의 모습이라 할 수 있다.

종교의 본질
진리와의 교감과 진리로의 내면화

'사실적 도덕의 훈련'에서 사실적이란 진리 그대로의 의미가 있다. 아울러 형이상학적인 진리의 소식이 앎에 그치지 않고 일상생활에서도 진리에 부합된 생활과 수행으로 살아간다는 뜻도 있다.

그리고 도덕에서의 도道란 진리의 모습이자 진리의 길이고 이 진리가 사람에 이르면 인도人道가 된다. 이 인도를 행함에 따라 은혜가 나타나는 것을 덕德이라고 한다. 덕에 이르기까지 마음과 생활을 습관 길들이는 수행이 훈련이다. 즉 이 모두를 아울러 '사실적 도덕의 훈련'이라 일컫는다.

진리를 실질적으로 알아 가는 길에는 두 가지가 있다. 영안靈眼과 법안法眼으로 진리의 전체와 근원과 운용을 보고 알 수 있는 초월적인 수행의 길과, 진리를 스승으로부터 배워서 삶 속에서 해석하고 삶으로 증득해 가는 보편적인 수행의 길이다.

영안과 법안이 열렸다 해도 진리를 다 아는 것에는 한계가 있다. 설사 안다 할지라도 자기의식의 범주 속에 머무르기 쉽기 때문이다. 그래서 진리를 보았다는 수행자의 견해를 들어 보면 어느 한 부분에 치우친 경우가 많다. 초월적인 수행자라도 제대로 된 수행이 되려면 진리에 대한 탐구와 주위의 수행자와 의견 교환을 해 가며 수행을 해야 한다. 그래야 자기만의 수행 정보에 속지 않고 진리에 대한 균형 잡힌 안목이 생길뿐 아니라 수행도 원만해진다.

사람이 목숨을 다할 때 보편적으로 한국 사람은 갓 쓴 저승사자를 보지만 서양인은 날개 달린 천사를 본다. 이렇듯 개인은 물론이고 집단마다 축적된 무의식에 따라 영혼의 안내자가 다르게 나타난다. 불교와 도교와 수행 단체들이 내세우는 영적 체계만 보아도 각각 다른 것처럼 관념적 투영이 어느 정도 이루어져 나타나는 현상이라 할 수 있다. 그래서 영안과 법안만으로 밝힌 안목을 법의 주체로 삼는 것은 바람직하지 않다.

이 시대에 필요한 것은 진리의 보편성과 영적 수행의 보편적 체계가 균형을 이루어 인류의 열린 인지를 담아내는 법과 수행이다. 이러한 것이 수승한 수행자들에 의한 영적 수행의 체계로 이루어지고 세상 사람들과 교감을 이루어 세상에 번진다면, 영적인 삶이 세상의 보편적 정신 문화로 자리매김하게 된다.

종교의 본질은 진리와의 교감과 내면화에 있다. 샘물 같은 진리의 소식을 그 세상의 인심에 맞게 열어서 세상 사람들로 하여금 진리에 한 발짝 더 다가설 수 있도록 하는 것이 종교의 중요한 기능 중 하나이다. 종교가 이러한 기능을 제대로 수행하지 못하면 수행을 일확천금 노리듯 하게 되거나 진리에 대해 조금 안 것으로 깨달음을 얻었다며 혹세무민惑世誣民 하는 사람들이 난무하게 된다.

참 수행자는 일반적인 안목으로도 진리와 스승에 대한 법맥과 대의 그리고 말과 글만 보아도 대체로 알 수 있다. 설사 보편을 넘어선 초월적인 수행자의 말과 행동일지라도 진리에 비춰 틀린 부분이 없는

지를 보면 어느 정도는 파악이 된다. 이것보다 더 잘 알 수 있는 방법은 어떤 수행자이든지 곁에서 삶과 심법을 며칠만이라도 지켜보는 것이다. 그러면 그 수준을 여실히 볼 수 있다. 인지가 열릴수록 세상에는 조작은 사라지고 참다움이 드러난다.

그런데 수행자를 곁에서 보더라도 자신이 수행을 그동안 하지 않았거나 사회적으로 진리와 수행자를 알아볼 보편적 견해가 없다면 참다운 수행자를 가늠하는 것 자체가 어렵다. 사회적 차원에서 진리에 대한 보편적이고 합리적인 체계가 이루어지고 이러한 진리를 배워 삶속에서 해석하고 증득해 가는 수행에 대한 자료가 쌓여야 이로써 알아갈 수 있다.

물론 세상에는 어느 방면이든지 천재적 재능을 가진 사람들이 간혹 나타나듯 종교에서도 초월적 수행자는 간혹 나타난다. 초월적 수행자일수록 우직하리만큼 열린 의식으로 법의 테두리를 넘어 진리와 세상의 본질에서 일해 간다.

앞으로는 인지가 발달되고 수행의 방법마저 세상에 널리 알려지게 되어 초월적인 수행은 너나없이 하게 된다. 초월이 곧 보편이 되어 세상에는 속 깊은 수행자로 통용될 수밖에 없다. 이렇게 되기까지 보편적인 수행과 초월적인 수행의 문이 균형 있게 열려 있어야 한다. 아울러 세상의 인지보다 한발 앞선 수행자도 있어야 이 수행자로 인해 세상이 진리로 열린다.

진리로 내면화한 삶
삶이 수행이고, 수행이 삶이다

진리 이해와 영적 교감에 의한 의식으로 일상에서 수행해 가면 지고한 인격에 이를 수 있다. 이 심법을 사회에 드리우면 사회는 법으로서 생명력을 갖게 된다. 이처럼 진리로 인격화와 사회화가 되기 위해서는 진리로 내면화하는 수행이 꼭 필요하다.

도덕이 실질적인 것이 되려면 일상생활에서 도로써 실행하여 덕으로 나타나야 한다. 도가 덕으로 되기까지는 도가 마음과 몸에서 습관으로 자리 잡혀서 체화된 감각으로 나타나야 제대로 덕이 되었다고 할 수 있다.

어떤 일이든 한두 번 해 보고 '아, 이런 거구나!'라는 것에 만족하고 그치게 되면, 생사나 재색명리처럼 큰일이 갑자기 들이닥칠 때는 중생의 본색이 튀어나오고 만다. 그러므로 수행을 인적이 드문 산속이나 방 안에서만 해서는 안 된다. 경계가 없는 곳에서 길들인 수행으로는 심신의 면역성과 힘이 약할 수밖에 없다. 이럴 경우 거친 사람을 대하거나 얼키설키 복잡한 일을 당하게 되면 정신이 산란하고 막막해져서 어찌할 수 없는 지경에 놓인다.

수행은 세상과 어우러진 삶 속에서 해야 제격이지만 삶 속에서 수행하기란 그리 녹록치 않다. 영성이 깨어 있지 않은 채 사람들과 어울리며 일도 적당히 해내다 보면 자기 앞길 하나 가누는 데 급급하여 수행이라 할 것도 없이 생활에 그칠 수 있다. 그래서 삶 속 수행은 영성으로 틈틈이 깨어 있는 것부터 하다가 익숙해지면 경계 속에서도 맑고 평온한 마음을 챙기는 연습을 해 가야 한다. 나아가 일상에서 마음의 중심을 잡고 수행해야 마음의 폭이 넓어지고 마음의 힘이 커진다.

일상에서 홀로 깨어 수행을 지속적으로 하기란 여간 어려운 게 아니다. 주변에 수행하는 사람이 있어야 수행에 서로 자극을 주고받아가며 수행을 지속적으로 할 수 있다. 게다가 수승殊勝한 수행자가 있다면 수행하는 데 수월할 뿐 아니라 수행의 수준을 높여가는 데에도 훨씬 낫다.

대산은 "닭 천 마리가 있을 때 그 가운데 봉황 한 마리라도 있어야 봉황이 새끼를 쳐 점차 봉황의 세상이 된다."라고 했다. 봉황 같은 스승을 찾아도 그런 스승이 눈에 띄지 않는다고 하소연만 할 것이 아니다. 스승을 찾아보면 내가 몰라서 그런 것이지 없는 것이 아닐 수 있다. 그래도 눈에 띄지 않는다면 수행하는 곳에서 물어보기도 하고 기도하며 간절히 원하면 언젠가는 꼭 나타난다. 이때도 스승을 자기가 그려 놓은 모습으로만 보려고 한다면 곁에 두고도 몰라보고 지나칠 수 있다. 과거의 모든 성자들 곁에서 성자를 알아보고 수행하는 사람이 많은 것 같지만 실은 그렇지 않다. 실망하고 떠난 사람이 더 많다. 이 모두가 자기 관념으로 스승을 찾는 데에서 비롯한 현상이다.

스승을 찾았다면 허심탄회하게 묻고 배우는 것을 주저해서는 안 된다. 많은 사람들이 묻는 것을 주저하다가 스승의 고견을 놓치고 나중에 후회한다. 참 스승이라면 배우는 이가 진리와 수행과 삶에 정말 궁금해서 물어보는 것에 대해서는 진솔하게 대답해 준다.

　그런데 눈앞에 스승이 있어도 배우는 사람이 스스로 진리적인 이해와 교감에 따른 깊은 수행이 없다면 최고의 스승도 아무 소용이 없다. 속 깊은 수행으로 내면화하려는 노력이 있는 가운데 스승이 제자의 의지를 북돋아 주고 이끌어 주는 관계가 되어야 한다. 게다가 열린 시대에 맞는 수행자로 키우기 위해서는 수행자의 특성을 활달하게 살려 내야 새 시대에 맞는 새로운 봉황들이 나온다.

　삶 속에서 까닭 있게 수행해 가면 생활 하나하나에서 영성이 살아 있어서 맑고 지혜로운 모습으로 도와 덕이 살아난다. 도와 덕이 살아나 체화된 감각으로 이어져야 삶이 곧 진리가 된다.

　이러한 수행도 시작은 삶을 잘 살고자 하는 데에서 이루어진다. 잘 살다가 의미 있게 살아가려고 수행을 하고, 수행을 하여 영적으로 성숙해지는 만큼 삶의 의미도 더욱 풍요롭다. 이처럼 수행은 삶 속에서 이루어질 때 살아 있는 수행이 된다. 삶을 떠나 수행한다는 것은 마치 물고기가 물을 떠나 헤엄치려는 것과 같으니 말이다.

　종교의 발달에 이상한 점이 있다. 어느 수행 단체이든 역사가 있는 곳에서는 초기에 육식肉食이나 결혼의 여부가 수행을 하는 데 아무 상관이 없었다. 그런데 어느 한 수행자가 결혼을 하지 않고 육식을 멀리한 채 수행에 전념을 하니 많은 대중이 그를 우러러 보았다. 이후 이를 따르는 수행 집단에서는 과거 육식을 하던 때의 진실을 가리고 육식하는 것 자체를 죄악처럼 여긴다. 나아가 결혼의 여부도 수행과 죄악의 판단 기준이 되어 결혼 제도마저 닫아 버린다.

　육식이나 결혼의 여부는 사실 수행에 아무 상관이 없다. 한 수행자의 루틴routine 특정한 작업을 실행하기 위한 일련의 명령 일 뿐이다. 그런데 이것만으로 대중으로부터 신뢰를 받다 보니 이것이 수행 단체를 이끄는 수단이 되었다. 얼마나 바보스러운 일인가? 이것이 일면 외적 이익이 될 수 있으나 인권 면에서나 수행의 실질적인 면에서는 폭력이나 재앙에 가깝다.

그래서 참된 수행자를 종교의 세력이나 제도나 자리로는 알 수 없다. 참된 수행자는 진리적 종교에 깨어 사실적 도덕의 훈련을 해 가는 사람이다. 이런 사람은 음성과 눈빛 그리고 문고리 잡는 모습 하나와 일을 풀어 가는 모습에 그만의 수행과 인품의 향기가 있다. 게다가 열린 시대의 수행자는 수행의 과정과 결과를 똑같이 중요하게 여기고 도와 덕을 입체적으로 닦아 간다. 이러니 삶이 곧 수행의 과정이고 수행이 곧 삶이 될 수밖에 없다.

즉 참된 수행자는 신앙과 훈련이 일상 속에 담겨 있고, 밥 먹고 일하고 놀고 잠자는 삶 속에 신앙과 훈련이 알게 모르게 담겨 인품의 향기가 은은하게 풍기는 사람이다.

교법의 총설

우주만유^{宇宙萬有} 의 본원이자 제불제성 ^{諸佛諸聖} 의 심인 ^{心印} 인
일원상 ^{一圓相} 진리를 표본으로 삼아

천지·부모·동포·법률의 사은 ^{四恩} 과
수양·연구·취사의 삼학 ^{三學} 으로써
신앙과 수행을 하되

모든 종교의 교지 ^{敎旨} 도 통합·활용하여
광대하고 원만하게 믿고 수행하는 종교와 사람이 되자.

교법의 요체
지고한 영혼의 심법을 인간계에서 닦다

　최고의 수행자이자 지고한 영혼의 소유자인 소태산은 깨닫고 나서
앞으로의 장구한 세월을 이끌어 갈 새 법을 내놓으려 했다. 그러나 이
미 많은 선각자가 이 세상을 다녀가며 많은 법문과 수행의 길을 내놓
은 상태였다. 하지만 세상의 인지는 과거와 달리 크게 열리기 때문에
새 시대에 맞는 새 법이 날로 다르게 필요할 수밖에 없는 현실에서 소
태산은 응답하지 않을 수 없었다.

　소태산은 진리 인식과 수행에 도움이 된다면 선각자에 의한 보편적
인 언어를 그대로 선용할지언정 굳이 생문자生文字를 만들지 않았다.
그래야 대중이 이해하기 쉽다는 까닭이었다. 오직 진리 인식과 수행
에 대한 표현이 마땅치 않을 때에만 창조적인 언어를 썼다.

　소태산이 명예욕이 있었다면 기존의 좋은 말이라도 애써 외면하고
생문자를 만들어 썼을 것이다. 교명도 소박한 수행 단체인 불법연구
회로 하지 않고 독창적인 특성을 내세운 또 하나의 종교로 만들지 않
았을까 싶다.

　대중이 진리를 이해하고 생활 속에서 수행할 수 있다면 소태산의
심법으로서는 어떤 언어도 종교도 별 의미가 없다. 언어 이전에 진리

를 신앙하고 사실적인 도덕 훈련을 하기를 바랄 뿐이다.

참다운 수행자는 어느 종교의 자료를 수집하고 비교 분석해서 새로운 체계를 세우는 식의 진리관과 수행서를 만들지 않는다. 진리와의 교감과 자신이 소화해 낸 진리를 이 시대와 미래의 대중이 생활 속에서 체득할 수 있으면 충분하다. 하물며 원불교『정전』은 소태산이란 지고한 수행자의 마음속에 담겨 있던 진리를 토해 낸 것이라 이것만으로도 현존하는 최고의 가르침이자 수행법이 아닐 수 없다.

원불교 교리의 요체는 사은四恩 사요四要와 삼학三學 팔조八條이나 축약하면 사은과 삼학이다. 사은과 삼학의 근거는 사실 과거 불가나 어느 종교의 것이 아니다. 진리의 속성이자 최고의 영적 존재가 지닌 덕목이다. 최고의 수행자가 내놓은 말이나 법이라면 시대와 지역에 따라 조금씩 다를 수 있어도 그 의미는 모두 같을 수밖에 없다. 이러한 교리는 절대성을 지닌다.

사은과 삼학을 공부하면 포용, 안정, 통찰, 정성이 내면 깊이 자리해서 품어 나오기 마련이다. 만약 수행을 정성스럽게 했는데 이 네 가지의 덕목에 부합하지 않다면 수행의 이해나 과정에 뭔가 문제가 있음을 뜻한다. 사실 이 네 가지에 수행의 본질적 의미와 핵심이 모두 들어 있다. 일상생활의 삶에서 공부와 일을 균형 있게 수행해 가는 것이 건강한 수행이고 결과도 실답게 나타난다.

수행의 본질적 의미에 깨어 있는 영적인 수행자라면 흔해 빠진 재색명리의 비교 우위를 행복의 척도로 삼지 않는다. 그렇다고 먹고 사는 것과 소소한 행복마저 소홀히 여긴다는 뜻은 아니다. 인간의 삶은 어차피 영적인 동물 이전에 동물적 특성이 삶의 저변에 깔려 있다. 이 동물적 특성에 따른 생물적·사회적 요소를 도외시하기보다는 수행의 도구로 삼아 영적 성장을 이루는 데 있다.

이 세상은 너른 세상 가운데 거쳐 가는 일부이자 영적 자유를 얻기 위한 수행의 터전이다. 그리고 매력 있는 영적 여행지이다. 그러기에 인생 또한 그리 심각하게 생각할 것까지는 없다. 삶의 의미에 깨어 있기만 해도 최소한 헛된 삶을 살지는 않게 된다. 의미에 깨어 살수록 삶은 의미로 채워져 결국 바라는 만큼의 영적 성장에 이른다.

광대하고 원만한 수행자
예술의 극치는 진리를 품은 인격

교법의 총설 원문의 마지막은 「광대하고 원만한 종교의 신자가 되자」이다. '광대하고, 원만한 종교의 신자 원만한 종교의 신자가 광대하다'인지 아니면 '광대하고 원만한, 종교의 신자 종교의 신자가 광대하고 원만하다'인지 '광대하고 원만한 종교의, 신자 종교가 광대하고 원만한 곳의 신자'인지 모호한 점도 있다. 그동안의 원불교 교법의 중론衆論과 정서에서 보면 '종교와 수행자 모두가 광대하고 원만하다'라는 뜻을 모두 아우른 유연한 표현이라고 여겨진다.

왜 이런 표현을 했는지 그 이면을 살펴보면 그 당시에는 종교가 진리의 본질을 놓고 미신을 부추기거나 의식에 얽매이는 경우가 비일비재했다. 수행도 경전, 주문, 염불, 묵조선, 간화선 등의 한편에 치우친 경우가 많았다. 이마저도 성직자가 되어야만 수행을 제대로 할 수 있었다. 게다가 종교끼리 서로 배척하는 등 종교 혼돈의 시대라 할 수 있을 정도이다.

종교의 분위기가 이런 것도 문제이지만 개개인의 수행자들도 한편에 치우쳐 닦다 보니 의식세계가 편협할 수밖에 없었다. 그러니 소태산은 인지가 밝은 새 시대에는 진리와 수행의 본의에 따라 일상에서 닦아 가는 수행이어야 한다고 보았다.

새 시대에는 진리를 의인화하지 않고 있는 그대로를 밝힌 종교가 필요하다. 그리고 이러한 종교에서는 사람들이 영적 성장의 기반인 포용, 안정, 통찰, 정성을 일상의 삶에서 길러감으로써 광대하고 원만한 수행자가 될 수 있도록 해야 한다.

이렇게 단련된 수행자라면 삶 속에서 늘 성품에 깨어 싱그럽게 존재하고 다른 사람을 존재로 대하는 데 서툴지 않는다. 또한 다른 이들의 자유를 존중하면서도 그들의 부끄러운 부분마저 끌어안으며, 지치고 외로워할 때면 품어서 키워 주고 도와줄 줄 안다.

이런 사람과 함께 있으면 마음이 편안하고 싱그럽게 살아나며 세상의 소소한 것도 새롭고 아름답게 보이기 시작한다. 그래서 마음의 에너지가 살아나고 가슴이 따뜻해질 뿐 아니라 세상이 아름답게 느껴진다.

아름다운 인품을 이루려면 어려서는 충분한 사랑과 위안을, 성년이 되어서는 정신적·물질적 여유와 사회적 인정을 받는 것이 필요하다. 수행은 이 토대 위에서 쌓인다. 수행을 올곧게 하여 진리와 삶을 달관하는 데 이르러야 진정으로 여유 있는 마음이 나온다.

진리와 삶을 달관하면 세상이 진짜가 아니라 의미로 엮어진 세상임을 꿈속에서나 세포 하나하나에서도 의식으로 자리하게 된다. 이런 사람은 마음 바탕에서부터 인생을 그리 심각하게 생각하지 않는 경향을 보인다. 게다가 교법이 의식의 범주를 벗어나지 않고, 영성과 삶의 의미에 깨어 있게 되니 인품에서 진리가 풍겨 나온다.

진리와 함께하는 사람은 다른 사람을 대할 때도 눈앞의 행위보다는 각자 삶의 경험을 통해서 영성이 성장해 가는 관점으로 본다. 이런 사람은 일을 미워할지언정 사람 자체를 미워하지 않는다. 그뿐만 아니라 사람마다의 삶의 의미와 세정을 살피는 감각이 체화되어 있다.

진정으로 인품이 아름다운 사람이라면 진리를 내면화한 전인적인 모습을 지녔다. 전인적인 모습이라고 하면 포용과 배려하는 마음, 맑고 영롱하면서도 안정된 기운, 진리 인식에 따른 의식과 통찰, 정성과 절도 있는 삶을 말한다. 원불교의 사은 신앙과 삼학 수행이 바로 이런 심법을 얻은 데 최적화되어 있다. 이를 축약하면 진리의 텅 빈 영롱함을 내면화하여 다양한 사람과 삶을 수용하고 세상과 더불어 균형과 조화를 이루어 가는 모습이다. 이 또한 원불교의 원만구족圓滿具足하고 지공무사至公無私한 심법이기도 하다.

　　이러한 수행으로 아름다운 인품에 의한 삶의 극치를 보이는 모습을 한마디로 표현하라면 예술이라 할 수 있다. 음악, 미술, 건축, 디자인, 스포츠 등에서도 예술적 아름다움의 극치를 찾을 수 있지만 최고의 예술이라면 예술적 경지를 보이는 인품이 아닐까 싶다.

　　일반적으로 예술적 재능은 어떤 한 방면에 국한되어 보이나 인품으로의 예술적 경지는 삶의 전반에서 나타난다. 차 한 잔을 마실지라도 마음과 삶에서 진리의 숨결을 느낄 수 있으니 살아 있는 예술이자 행복이 아닐 수 없다.

교의편

總序編

원불교 교리의 기본적인 이론체계가 편제된 부분으로, 제1장 일원상一圓相, 제2장 사은四恩, 제3장 사요四要, 제4장 삼학三學, 제5장 팔조八條, 제6장 인생의 요도要道와 공부의 요도, 제7장 사대강령四大綱領으로 구성되었다.

일원상
일원상 진리
일원상 신앙
일원상 수행
일원상 서원문
일원상 법어
게송

일원과 일원상
텅 빈 곳에 우주가 담기다

일원一圓과 일원상一圓相은 주로 같은 뜻으로 혼용해서 쓰이고 있다. 그러나 구분해서 보면, 일원은 소태산이 명명한 진리의 이름으로 고유명사로서 진리 하나하나를 표현할 때 주로 쓰이는 표현이다. 여기에 상相을 붙여 일원상이라 할 때는 우선 진리의 입체적인 모습, 즉 돈공空·광명明·조화化를 말한다.

이렇듯 일원은 진리의 근본이나 전체와 유기체 또는 운용되는 진리 하나를 국한지어 표현할 때 주로 쓰이고, 일원상은 진리의 근본뿐만 아니라 전체와 유기체 그리고 운용되는 것까지 아우를 때 주로 쓰인다.

그러나 이 일원상을 때로는 하나의 둥그런 도형의 '원'인 진리의 표상으로 또는 법신불로도 표현하기도 한다. 물론 법신불이 우주 만물에 내재하기 때문에 화신불의 의미를 포함하고는 있다. 그렇지만 삼신불법신. 보신. 화신의 표현 안에 있는 개념이라 별도의 설명이 없으면 혼돈을 일으키기 쉽다.

일원상을 나타내는 둥그란 도형인 원은 이념을 담은 상징symbol 으로서 직관적이고 사실적인 모습이다. 진리와 우주와 인간의 근원을 살펴보면 텅 비었으되 영령한 빛을 발하는 것에서 공통점을 지닌다.

도형으로서의 일원상은 둥근 '원' 안이 진공이라면 둥근 원의 테두리는 묘유를 의미한다. 수행적인 관점에서 진공 속을 다시 살펴보더라도 비움과 영령한 빛이 함께 존재하고 있다. 그러므로 원 안의 텅 빈 곳은 공적영지가 담긴 진공으로서의 법신불을 의미하고 둥근 원은 사은으로서의 우주 만물을 의미한다. 이를 또한 진리의 체體와 용用으로 구분해서 보기도 한다.

진리의 상징 일원상
둥근 원에 속지 말고
그 안을 볼 수 있어야

진리를 예로부터 상징적이고 아름다운 시로 표현하기도 했고, 역설적으로 표현하거나 의인화하기도 했다. 진리에 대해 어찌 보면 이현령비현령耳懸鈴鼻懸鈴으로 모호하기만 하여 일반적인 견지로는 알기 어렵다. 진리에 대해 학자들이 논리적으로 정리해도 자료가 명확하지 않아서 그런지 직관이나 통찰에 의하지 아니하면 진리를 명쾌하게 알수가 없다. 이러한 진리를 소태산은 일목요연하게 입체적으로 설명하고 상징적으로 표현한 것이 일원상이다.

한 사람이 찾아와 선을 하겠다고 한다. 필자의 기운은 물론이고 다른 기운도 읽을 줄 아는 사람이다. 얼마 후, 원불교에 입교하겠다고 하여 한 교당을 소개해 주었더니 그곳을 찾아갔다. 그러고는 그날 일원상에 대한 소감을 전화로 말해 왔다.

"교당에 가면 일원상이 있는데 중요한 것은 황금색 원이 아니라 텅비어 있는 빈 공간이지요? 그리고 원은 비움에서 반응하는 빛일 뿐이고요. 제가 선정에 들면 비슷한 현상이 나타나는데 일원상은 그것을 정리하여 표현한 것 같아요."

대부분의 사람들이 '원'만을 진리로 보는데 이 사람은 일원상의 핵심을 볼 줄 아는 사람인 것이다.

일원상에 대해 진리의 사진, 진리를 가르치는 손가락, 진리의 상징
이라는 등 교리 곳곳에서 설명해 온 것처럼 일원상에는 중의적重義的
의미가 함축되어 있다.

일원상을 사진이라고 할 때, 사물을 시간과 공간 그리고 빛을 이용
하여 사진기로 찍어낸 한 장의 사진을 말하는 게 아니다. 일원상이라
는 도형에 진리의 정보가 시각적으로도 명확하게 드러난다는 의미이
다. 또한 손가락과 같다고 할 때는 일원상이 그 모습 자체로 진리라는
것이 아니라 이정표에 불과하다는 의미이다. 이러한 의미를 제대로
모르면 일원상이라는 도형이 곧 진리라고 생각해야만 하거나 이 도형
에서 진리의 무한한 힘이 나타나는 것으로 믿고 싶어 자신마저 논리
적으로 이해시키려 든다.

도형인 일원상으로 사진이나 손가락으로 콕 집어 진리의 근원과 나
타남 그리고 변화에 따른 조화 등 모든 의미를 직설적으로 설명하는
데는 한계가 있다. 그래서 상징적인 의미로 설명의 폭을 넓힐 수밖에
없다.

진리의 근원은 텅 비어 있되 영롱함이 있고, 여기에서 무궁한 조화
가 나타난다. 그 조화는 균형을 이루며 나타나는데 긴 호흡으로 보면
은혜를 이룬다. 이것이 일원상이다. 모든 만물은 이 진리의 근원으로
부터 나와서 이 진리의 근원으로 돌아간다. 이러한 반복이 시간과 공
간을 달리하며 끊임없이 이루어지다가 세상으로 수많은 차원을 달리
하며 다양하게 펼쳐진다. 이러한 세상살이는 서로 유기적인 역할로
균형을 이루어 가는데 그 법칙은 인과因果의 원리이다. 그런데 보편적
으로 인식되는 인간 세상은 시간과 공간 그리고 인식의 차원에서 가

시적으로 볼 수 있는 정도에 국한되어 있다.

내친김에 인과에 대해 조금 더 짚어보면, 인과는 에너지가 강한 것부터 반응한다. 마음 가운데 강한 것이 착심着心과 바라는 마음이다. 수행을 할 때 이러한 본능의 영역을 덮고 해결 없이 하면 아무리 열심히 해도 수행에 진전을 이루기 어렵다. 수행을 잘하려면 본능의 영역에서부터 착심의 근원인 결핍과 욕심을 비우는 동시에 꿈과 체화된 수행으로 채워 가야 한다.

수행을 할 때는 결핍과 욕심의 입구인 관념적 사고와 이에 따른 착심부터 놓는다. 그러면 내면에 쌓인 나머지의 결핍과 욕심은 얼마 되지 않기에 수양만으로도 충분히 훑어 낼 수 있다. 또 한편으로는 영적으로 성장하고자 하는 의지를 마음 깊이 품은 에너지가 뭉쳐 솟아나야 수행을 하지 않을래야 않을 수 없는 지경에 이른다. 이로써 진정한 수행의 길이 열린다.

일원상을 제대로 인식하면 일원상을 볼 때 나와 우주와 진리의 근본이 보인다. 그리고 근본에서 영롱하게 펼쳐지는 지혜와 세상이 하나의 그림을 보는 것처럼 느껴진다. 만약 일원상을 보고 논리적으로 의미 부여를 해야만 마음에 담길 정도라면 아직 일원상을 마음속 깊이에는 담지 못한 사람이다. 일원상을 마음속에 담으려면 일원상이 우선 화두부터 되어야 한다. 그런 다음 진리를 향해 펼쳐 보며 세상을 읽어 내고 경계마다 꺼내 보며 마음이 익어 가야 삶이 곧 일원상으로 된다.

일원상은 과거로부터 수많은 수행자들에 의해 그려져 왔다. 일원상은 오늘날의 수행자에게도 여전히 진리의 상징으로는 이만한 것이 없을 정도로 간결하고 임팩트impact가 있다.

원불교는 진리의 표상인 일원상을 신앙의 대상과 수행의 표본으로 삼았다. 이를 제대로 실현시키기 위해서는 진리를 꿰뚫은 깨달음의 안목이 수반되어야 한다. 그리고 인간의 다양한 특성, 느낌, 언어적 감각 등에 따른 해석들도 이루어져야 열린 시대의 세대들이 받아들이는 데 어렵지 않다.

그동안 세상에 펼쳐진 법을 보면 크게 깨달은 자에 의해 진리의 대체가 잡힐 정도로 설명과 표현이 어느 정도는 정리가 되어 있다. 이제는 우리 각자가 안으로 궁구하고 밖으로 삶 속에서 드리우는 일만 남았다. 뜻을 같이하고 깊이 닦으려는 사람이 많을수록 일원상의 진리는 세상 가운데 하나의 상으로 둥글게 존재한다.

일원상에 담긴 진리의 삶
삶은 진리 수행의 중요한 과정

좌선을 할 때마다 거의 정定에 드는 재가 수행자가 나직한 목소리로 물었다.

"영이 뜨려고 할 때 왠지 불안하여 선을 그만두었는데 이제는 마음의 여행을 가 보려고 합니다. 괜찮을까요?"

이 질문은 다른 수행자들 역시 궁금한 사항이라 다음과 같이 일러 주었다.

"별거 없으니 한껏 해 보세요. 이미 정법에서 수행하고 계시니 괜찮아요. 정법을 모르고 하면 문제가 야기될 수 있지만, 알고 나서는 한 번쯤은 마음 내키는 대로 해 보는 것도 좋습니다."

몇 개월 후 찾아온 수행자는 다시 물었다.

"그런데 어떤 때는 마음먹은 대로 되고 어떤 때는 안 됩니다. 그 이유가 뭐지요?" 이 물음에 대한 답으로 "잠재의식으로까지 자리할 때 되고, 그렇지 않을 때 안 됩니다."라고 하였다.

깨달음도 마찬가지다. 원하는 것이 잠재의식으로 자리할 정도로 진정성 있고 간절해야 이루어진다. 이 발원에 따라 깨달음의 방향과 크기와 깊이가 다르게 나타난다.

소태산은 어릴 적에는 천지자연과 사람들의 삶에 대해 궁금해했고 청년기에는 '장차 이 일을 어찌할꼬.'라는 고뇌에 찬 화두를 가슴에 품은 채 수행해 나갔다. 수행의 측면에서 바라보면 기도와 화두로 일관된 수행이라 말할 수 있지만 수행이란 단어가 사치라고 느껴질 정도로 치열한 몸부림의 삶이었다.

소태산은 깨닫고 나서 인식된 진리를 일원상이라고 이름을 붙였다. 소태산이 깨치기까지의 일련의 과정을 엿보면 어려서부터 간직했던 그의 의식 전반에 일원상 진리에 대한 정서가 어렴풋하게 담겨 있음을 알 수 있다. 이처럼 그의 정서는 이미 깨침의 경로와 수행의 수준을 충분히 가늠할 수 있을 정도로 원대하게 농익어 있었다.

소태산의 의문에는 삶이 담겨 있어서 깨달음에도 삶이 담겨 있다. 이는 진리로 삶을 읽어 내는 게 아니라 삶에 담긴 정서로 진리를 승화시킨 것이다. 그리고 고뇌에 찬 그의 마음과 삶에는 누구나 자신들의 진리성을 발견하고 마음공부로 영성을 진급시켜 영적 자유를 얻게 하려는 의지로 가득 찼다. 나아가 어떤 존재이든 영성을 닦아 지고한 경지의 영적 자유에 이를수록 인간과 영혼의 세상을 넘나들며 좀 더 길이 깊은 행복으로 존재할 수 있기를 바라는 마음이다.

그 진급에 진급을 거듭하여 지고한 경지에 이르기 위해서는 진리의 힘을 얻어 합일하고자 하는 염원과 지속적인 수행이 필요하다. 이는 삶을 진리 수행의 중요한 과정으로 여기는 것을 의미한다.

소태산은 진리의 삶을 간결하게 부촉했다. "모든 존재가 그 자체로 부처이니 處處佛像 그 일 그곳에 맞게 불공 事事佛供 해 가자. 우리 모두가 존재 자체로 부처이기는 하나 각자의 경지는 다르다. 그러니 자신의 진리성을 불러일으켜 언제 어디서나 성품을 여의지 않은 채 마음을 다함으로써 無時禪 無處禪, 동정이 한결같은 動靜一如 경지에까지 이르기를 바란다. 그러면 누구나 영성이 진급되는 가운데 심신 건강하고 보람 있는 삶 靈肉雙全 으로써 행복한 삶을 살아가게 된다. 이런 삶은 생활하며 마음을 닦고 生活是佛法 마음공부로 생활 佛法是生活 하는 진리성이 온전하고 원만한 모습으로 나타난다. 이를 지고한 존재 깨달은삶으로서의부처 라고 부른다."라고 말이다.

소태산이 밝힌 일원상 진리는 생활 속에 있으니 참다운 수행이라면 생활 속에서 이루어져야 한다. 그렇다고 일원상 진리에 의한 수행이 인간으로서 살아가는 데에 풍족한 물질만을 누리고 사는 것을 일컫는 것은 아니다. 물질이 풍족한 생활은 진리적인 삶에 포함될 수는 있어도 궁극적 목표가 될 수는 없다. 물질은 진리적인 삶을 위한 어느 정도의 도구가 될 뿐 아니라 인간의 세계처럼 시공간의 세상에 국한되기 때문이다. 물질을 포함한 시공간의 세상에서 진리적인 삶으로 진리의 인품을 이루어 품격을 지닌다면 영혼만으로 존재할 때에도 그 심법으로 법계에서 존재한다. 이러한 경지도 진리와 삶의 의미 하나하나에 깨어 살아가는 데에서 비롯된다.

진리인식과 내면화
자신만의 빛깔로 최적화한 수행

인류의 초기부터 보이지 않는 막연한 힘에 의지하고자 기도나 제사, 의례 등의 형식을 빌려 무언가와 교감하는 경우가 있어 왔다. 이런 사람들 중에는 어떤 영혼과 교감을 통하여 영매자가 되기도 하고, 지고한 존재와의 교감으로 계시를 받기도 한다. 또한 의식이 열려서 영혼의 세계를 경험하기도 하고, 궁극적인 면에서 우주 자연과 하나가 되거나 어떤 깨달음을 얻는 경우도 있다.

영적 교감은 교감의 깊이와 폭 그리고 다양성 등에 따라서 자신과 세상에 미치는 영향력이 다르다. 이왕이면 영적 교감이 자신과 인류와 사회관계의 근원, 이치, 법칙, 방향, 경로 등에 대한 것이라면 자신뿐 아니라 인류의 의식을 높이는 데 도움이 된다.

어떤 한 사람이 인간의 굴레에서 초월적 체험으로 보편적이고 원만한 진리를 다 알아내기는 쉽지 않다. 초월적 체험이 삶 속 화두가 되어 자주 일어나는 가운데 깊고 커져서 보편적이고 원만한 진리를 깨닫게 되는 까닭이다. 이렇게 하여 깨달음을 얻은 사람을 대각 도인이라고 한다.

인지가 깨어 있는 사람일수록 어떤 깨달음을 얻는 사람과 구원자에 기대어 복권 당첨되듯 깨달음을 얻거나 구원을 받으려고 하지 않는다. 이보다는 보편적인 진리에 다가가 배우고 실천하며 내면화하는 데 공을 들인다. 이런 의식을 지닌 사람들이 하나둘 모여 인류의 영성이 두루 원만하게 깨어난다.

수행을 제대로 하려면 누군가가 만들어 놓은 진리의 요리를 그대로 먹는 것보다 자신의 수행으로 자신의 빛깔로 하나하나 얻어 가려는 노력이 필요하다.

수행자가 깨달음과 수행의 완성도를 높여 가기 위해 나름대로 애를 쓰겠지만 수행해 가는 과정에서는 미진함은 늘 있을 수밖에 없다. 이 미진함을 그저 모자람으로 치부해 버리면 자기 발전에 도움이 되지 못한다. 미진함은 자기 특성의 한 단면일 수 있다. 이 특성을 스스로 깊이 이해하고 다독인 상태에서 진리인식을 키우고 내면화해 갈 때 점차 진리에 자기다움으로 다가서게 된다.

이러한 것이 제대로 이루어지려면 체계적이고 실질인 수행법으로 소소한 일상 하나하나에서 자신의 특성에 융합한 최적화된 수행을 스스로가 찾아가야 한다. 자신은 지구상에 하나밖에 없는 존재이고 수행도 어차피 자기가 하는 것이다. 자신에게 최적화된 수행을 하게 되면 삶과 수행에 묘미가 있다. 수행이 재미도 있겠지만 수행에 탄력도 붙는다.

이러한 수행으로 진리인식과 내면화를 이뤄 인품으로 직결되고 영적으로 최고에 이를 수 있는 인생의 여정이 된다면 더할 나위 없는 인간으로서의 삶이다. 그런데 수행을 하려는 많은 사람들이 간혹 진리인식마저 모호한 상태에서 뭔가 새롭고 빠른 수행을 찾아 쇼핑하듯 인생을 실없이 허비한다. 큰 수행은 수행의 내용에 시간이 더해서 인품으로 자리하게 되는 것이니 긴 호흡으로 할 필요가 있다.

일원상 진리

일원 一圓 은
우주만유 宇宙萬有 의 본원이며
제불제성 諸佛諸聖 의 심인 心印 이며
일체중생의 본성이며

대소유무 大小有無 에 분별이 없는 자리며
생멸거래 生滅去來 에 변함이 없는 자리며
선악업보 善惡業報 가 끊어진 자리며
언어명상 言語名相 이 돈공 頓空 한 자리로서

공적영지 空寂靈知 의 광명을 따라
대소유무에 분별이 나타나서
선악업보에 차별이 생겨나며
언어명상이 완연하여
시방삼계 十方三界 가 장중 掌中 에 한 구슬같이 드러나고

진공묘유 眞空妙有 의 조화는
우주만유를 통하여 무시광겁 無始曠劫 에
은현자재 隱顯自在 하는 것이
곧 일원상 진리이다.

필자 주
원문의 '일원상의 진리'는 일원상에 의한 진리가 아닌 일원상이라는 진리를 뜻한다. 그러므로
일원상의 진리에서 조사 '의'가 빠져도 무방할 뿐 아니라 오해의 소지도 없앨 수 있기에 '일원
상 진리'로 표현하였다.

일원의 진리는 자신의 근원
진리를 품어 사는 사람에게서는
맑은 향기가 난다

진리는 세상을 있게 하고, 존재 그 자체이며, 움직이는 이치이다. 이러한 이치에 대해 누구나 한두 번은 막연한 의문을 던질 때가 있다. 하지만 사람들 대부분은 사는 데 급급한 나머지 삶에 대한 궁극적 의문을 잊어버리고 살아간다. 그럼에도 불구하고 진리에 대한 가슴 저미는 물음을 품어 안고 사는 사람들이 없는 것은 아니다.

나라 경제가 부유해지면 국민들의 먹고사는 일 정도는 국가 시스템으로 일정 해결이 된다. 이럴 때 사람들은 행복, 음식, 여행, 문화, 레저 등에 관심을 보이기 시작한다. 물론 경제적 풍요와 삶의 편의와 재미에 묻혀 철학적 고뇌는 발아되지 않을 수 있지만 이것도 한때이다. 물질적인 것에 흥미를 잃을 즈음에는 삶의 의미에 대한 물음이 마음속에서 꼬물꼬물 살아나게 된다.

사회 문화가 안정기에 들어가며 아울러 삶의 의미에 대한 관심도 더더욱 되살아나고 깊어져 간다. 이때의 마음은 경제적 빈부와 상관없이 삶 속 재색명리의 먹잇감에 속지 않고 꾸준히 진리를 벗하려는 마음이다. 마음에서는 성속^{聖俗}의 여부, 지위의 고하, 재산의 많고 적음, 외모의 미추에 대한 관심이 줄어든다. 마음은 자꾸만 진리를 품고 살아가는 쪽으로 관심의 방향이 바뀌어 간다.

　진리는 우주의 근원, 이치, 에너지, 에너지가 형태로 나타난 것 그리고 이것들을 통째로 아우른 것이다. 이러한 진리는 우주 가운데 한 개체인 인간에게도 온통 내재해 있다. 이것이 인간으로 하여금 진리를 마음에 품어 사는 것이 가능하게 하는 이유이기도 하다. 그런데 인간은 우주 자연에 없는 자유의지가 더 있다. 오히려 우주를 활용할 수 있는 존귀한 영적 존재이기도 하다. 몸을 지닌 사람이든 몸을 떠난 영혼이든 우주에 자유로운 숨을 불어넣는 생생약동한 에너지를 지닌 존재이다.

　그러나 사람들 대부분은 한 동물로서의 호르몬 작용과 착심을 바탕으로 끊임없이 바라거나 모자람을 채우려는 욕망으로 윤회의 쳇바퀴에서 돌고 돈다. 인간으로 살며 동물의 굴레를 벗어나 진리로 세상과의 균형을 이루고 보조를 맞춰 가는 것은 고사하고 생각조차 하기 쉽지 않다. 그런데 진리와 삶에 대해 관심을 갖고 의미 있는 삶을 사는 사람이 있다면 세상에서 참으로 귀하디귀한 사람이다. 이런 사람은 영적 가치관으로 살아가기에 작은 일 하나에서도 여유와 깊은 까닭으로 존재한다.

　일원상 진리 머리에 「일원一圓은 우주만유宇宙萬有의 본원이요, 제불제성諸佛諸聖의 심인心印이며 일체중생一切衆生의 본성이다.」라고 되어 있다. 일원이라는 진리는 우주의 모든 유정·무정의 근원이니, 이는 곧 우리 자신의 근원이기도 하다.

　자신의 내면에 담긴 진리를 인식하고 사랑하는 사람은 삶의 굴곡에서 고뇌할지라도 마음 씀씀이가 진리 그대로 투영되어 나타난다. 그 나타남에는 정답이 없다. 수행자가 하루를 살아갈 때도 내면의 진리를 투영하여 소소한 일상에 깨어 있고자 하는 데에서 수행자의 삶에 진리가 살아 있게 된다. 수행자 자신이 진리로 존재하는 것이 하루를 지나서도 놓아지지 않는다면 마음속 진리는 그만큼 익어 간다는 의미이다. 그런데 만약 일상에 깨어 있는 삶을 당위성으로만 산다면 진리를 빙자한 자기 학대로 변질될 수 있다. 당위성에 의한 수행은 초기에 길들이기 위한 것을 넘어서까지 해서는 절대로 안 된다.

진리를 내면화한 사람은 진리를 생각하지 않아도 마음 안에 진리가 새겨져 있을 정도로 담겨 있다. 이렇듯 자신이 진리 그 자체가 되어 있으니 수행이 조금이라도 어색하거나 어렵지 않다. 삶의 내용이 진리로 도장 찍은 것처럼 한결같다면 더할 나위 없이 좋은 일이다. 설사 이 경지에는 이르지 못할지라도 진리를 품어 사는 정도만 되더라도 마음에는 행복이 상존한다. 이런 삶에는 맑은 향기가 있다.

우주만유의 본원
진리는 세상의 근원이고
전체이자 현재 진행형

일원一圓이란 진리의 이름이다. 고유명사이지만 보통명사인 진리라고 해도 무방하다. 우주만유란 우주에 존재하는 모든 것이고, 본원이란 근본이나 근원을 일컫는다. 즉 진리는 우주에 존재하는 온갖 것의 근원으로서 우주만유를 모두 포함한다. 따라서 진리는 곧 모든 것에 근원으로 존재함을 뜻한다.

원불교학과에 들어가기 전에 간사불교의 행자와 같음라는 과정을 거치게 된다. 그때 원불교중앙총부에서 교대로 근무하던 여타원한은숙의 호이 정기일기를 쓰면 좋겠다고 하여 좌선과 더불어 정기일기 쓰는 것을 10년간만 해 보기로 결심했다. 정기일기에는 심신작용을 많이 쓰지만 그 당시에는 감각감상이 많았다. 사물 하나하나에 '진리가 어떻게 내재해 있을까?' 생각하며 바라보았다. 처음에는 사물 하나하나에 진리가 있다고 하니, 궁금해서 이해라도 해 보자는 마음이었다. 시간이 지남에 따라 사물에 내재된 기운 속으로 들어가서 그 사물이 되어 사물의 느낌을 느끼곤 했다. 그 당시에는 진리에 대한 정보가 약해서 그런지 그 소식을 다 읽어 낼 수는 없었다.

'우주만유의 본원'에 대해 가장 쉽게 접근한 학문적 이론은 물리학에서 정리된 이해였다. 사물의 궁극에 이르면 물질의 성분은 없어지고 한 분자로만 남는다. 즉 나무의 근원을 보면 나무의 성분은 사라지고 물질로서의 마지막 단위인 분자가 존재한다.

입자 물리학의 이론에 따르면 분자는 두 개 이상의 원자로 결합되어 있는데 이 원자는 원자핵과 그 둘레의 전자로 이루어졌다. 원자핵은 양성자와 중성자 및 그 사이에 교환되는 복합체인 소립자로 이루어져 있다. 요즘에는 그보다 작은 쿼크라는 초소립자 단위까지 밝혀졌다. 이는 일상적인 관점에서 볼 때 물질을 이루고 있는 입자의 내부는 비었다고 할 수밖에 없다.

진리는 우주만유의 비워진 상태일 뿐만 아니라 그 비움 속에서 나타난 다양한 모습이기도 하다. 즉 초소립자가 인연을 따라 우주만유가 되는 만큼, 진리는 비움만이 아닌 온전함으로도 존재한다. 진리는 우주와 만물의 근본이지만 모든 곳에 가득 차 있다. 심지어는 허공의 공기 중에도 있다. 그러니 진리는 우주만유의 본원이기도 하지만 전체이기도 하다. 그 가운데 우주를 움직이게 하는 에너지와 원리도 진리이니, 곳곳이 부처라는 뜻의 처처불상이 아닐 수 없다.

그런데 자연만을 진리라고 하면 사람이 만든 자동차 등도 진리라고 할 수 있을까? 자연이든 인공물이든 쓰레기이든 진리가 온전하게 내재해 있을 뿐 아니라 그 자체도 진리이다. 어느 것 하나에도 진리가 없거나 진리가 아닌 것이 없다. 진리는 이 모든 것이 어우러져 균형을 이루며 생명력을 지닌다. 때로는 창조하며 살려내고 때로는 회귀시키며 큰살림을 해 간다.

제불제성의 심인
진리를 그대로 발현시켜 사는 삶

　「일원은 제불제성諸佛諸聖 의 심인心印」이라는 것은 존재의 차원보다는 수행의 차원으로 국한한 개념이다. 수행 차원에서 진리의 근원을 그대로 발현시켰는지 관념, 욕심, 습관으로 왜곡시켰는지가 부처와 중생을 가르는 변곡점이 된다. 여기에서의 부처는 석가모니에 국한되지 않고 진리를 깨달아 진리에 따라 살아가는 모든 사람을 일컫는다. 그리고 심인이란 모든 부처와 성현들의 마음 씀씀이가 진리에 의한 모습으로 나타나는 것이 마치 도장 찍은 것처럼 한결같음을 뜻한다. 또한 마음 씀씀이가 옛 성현들이 깨친 근원적인 큰 흐름과 같이한다는 의미도 있다.

　진리를 깨달은 사람과 깨달음의 의미에 앞서 묻고 싶은, 좀 더 근본적인 질문은 '진리가 우주만유에 존재하듯 영혼 속에도 자리할까?' 이다. 그동안 현대과학이 계량화하여 표현할 수 있는 것은 인식의 체계에 도움을 주었지만, 계량화하기 어려운 영혼에 대한 인식에는 거리감을 느끼게 하는 면도 있다. 그렇지만 느끼고 생각하는 주체인 영혼을 모른다는 것은 나에 대해 잘 모른다는 것이다. 자신의 마음을 계량화할 수 없다는 이유만으로 자신의 존재마저 부정하는 격이 된다.

그러니 자신의 삶에 의미를 갖고 살기 어렵다.

　뇌과학에서도 마음에 대해 많은 연구가 되고 있지만 대부분 뇌의 정상적인 활동을 의사가 도와주는 정도에서 그친다. 일부에서는 뇌의 일부를 건드리거나 약물을 사용하여 선정禪定에서의 느낌을 가질 수 있다고 한다. 그러나 약물로써 일반적인 마음을 더욱 맑고 지혜롭고 의지력 있고 포용심 있게 할 수 있냐는 질문에 대해서는 그럴 수 없다는 대답만 돌아왔다.

　마치 병 없는 사람이 건강한 육신을 가지려면 약물이나 의술이 아닌 운동을 해야 하는 것처럼, 건강한 뇌를 가진 사람으로서 마음이 맑고 지혜롭고 의지력이 있으려면 마음을 단련할 수밖에 없다.

　마음을 단련하기 위해서는 일단 마음부터 알아야 한다. 그래야 마음의 근원을 찾아볼 근거가 생겨난다. 마음의 근원을 찾아 들어가면 마음은 모양이나 색깔, 냄새가 없을 뿐 아니라 잡거나 보거나 맡을 수도 없다. 그런데 사람은 그 없는 마음에서 비롯되어 세상에 대해 느끼고 생각한 것을 행동으로 옮긴다. 또 이를 바탕으로 각자 나름대로 의식의 체계를 이루어 간다. 이것을 일컬어 비었으되 오묘하게 내재하여 나타난다는 뜻인 진공묘유眞空妙有 라고 한다.

　마음 단련은 영혼으로만 존재할 때보다는 육신을 지닌 동물로서 사유思惟 할 수 있는 인간으로 태어나 사회를 이루는 곳에서 하는 것이 좋다. 마음만으로 존재하는 영혼도 수행은 할 수 있지만 생각과 동시에 공간을 이동하거나 반응하기 때문에 면밀한 수행을 하기 어렵다. 그런데 인간 사회는 다양하고 수준도 제각각인 존재들이 어울려 있고 밀도 있는 공간과 시간으로 이루어져 있다. 마음 단련의 자료가 아주 풍부해도 자료의 기본을 이루는 것은 인간의 재색명리에 의한 착심이다.

그러나 착심을 넘어서 의미로 깨어 있는 지고한 영혼을 지닌 인간들은 이 세상을 공부하고 놀며 가르치는 터전으로 삼기도 한다.

수행자에게 이 세상은 영혼이 진급하는 장이다. 진급의 과정이 삶을 통해서 이루어질 때 진급의 내용이 원만하다. 그러니 주어진 삶에서부터 의미 있는 수행으로 승화시키며 살아가는 사람이 인생을 까닭 있게 살아가는 사람이다. 이로써 수행의 완성 단계에 있는 사람을 제불제성이라고 부른다.

일체중생의 본성
진리는 모든 사람들 마음의 근본에 온전하게 내재

「일원은 일체중생一切衆生 의 본성本性」이라는 것은, 모든 중생들의 마음 근본에는 진리가 내재해 있다는 뜻이다. 여기에서 중생이란 부처와 대별되는 개념으로서 아직 깨닫지 못한 사람을 일컫는다. 반면에 부처는 깨친 사람 또는 인품이 완전체에 이른 사람을 지칭한다. 중생이 '짐승'의 어원인 것처럼 사람으로 태어나 동물적 본능에 따르기만 해서는 짐승의 삶을 넘어설 수 없다.

공부와 수행을 좀 한다는 사람들조차 마음 바탕이 재색명리로부터 초연超然한 경우는 참으로 드물다. 자신의 생명에 위협을 느끼거나 사회적으로 멸시받는다고 생각될 때에는 도道는커녕 너 죽고 나 죽자고 덤비다 못해 병 드는 경우가 대부분이기 때문이다. 이쯤 되면 깨닫지 못한 사람의 삶은 동물의 삶과 다를 바 없으니 중생이란 말을 들어도 그리 억울해 할 것도 아닌 듯싶다. 수행자도 제대로 깨어난 수행을 하지 않으면 말로만 도를 읊는 고급 중생으로 이생을 살다가 떠난다.

우주는 한 근원이자 한 몸으로서 하나의 유기체를 이룬 입체적인 완전체이기에 우주에 담긴 모든 것을 부처라고 한다. 사람도 우주와의 관계에서 볼 때 우주에 속한 하나의 세포와 같다. 또한 이러한 세포와 세포가 유기체로 어우러져 우주를 이룬다. 그런데 세포와 같은 한 사람에게는 우주가 축약되어 온통 담겨 있기도 하다. 그러므로 사람을 작은 우주라고 한다. 이렇듯 우주를 이해하는 데에 각자 자신을 면밀히 살펴보는 것만으로도 좋은 자료가 된다. 우주와 사람의 중간 단위인 사회를 이해하는 데에도 마찬가지다. 사람의 몸속에 균이 너무 없으면 항체가 항체를 공격해서 면역성 약화와 알레르기 반응 등으로 몸에 이상이 생긴다. 이처럼 몸속의 균도 아주 없어서는 안 되는 존재이다. 그러니 사회질서를 혼란시켜 사회를 힘들게 하거나 사회에 경각심을 불어넣는 사람을 너무 미워할 것도 못 된다. 대장균과 말썽꾸러기도 이 세상에 없어서 안 되는 역할을 할 뿐만 아니라 존재 그 자체로 부처이니 말이다. 이렇듯 세상 어느 것 하나도 처처불상處處佛像 아님이 없다.

인간은 우주 가운데 자유의지를 지닌 영적 존재라 수행을 잘하여 지고한 경지에 이르게 되면 천지자연을 움직이는 데 관여할 정도까지도 된다. 설사 이 정도에는 미치지 못해도 진리적 의미로 살아가며 영적 성장을 이루면 성장한 만큼으로 자기 주변의 기운 정도는 바꾼다. 이마저도 바뀔 수 없는 상황이나 구조에 놓여 있다면 구성원들이 재편되어서라도 변화를 일으킨다. 이렇게 능력에 따라 선한 영향을 미치며 서로 바꾸고 바뀌면서 사회적 유기체를 이룬다. 그러니 모두가 존재 자체로 부처라 해도 영적으로 성장하려는 마음을 놓아서는 안 된다. 부처와 중생을 나누는 것은 존재의 차원이 아니라 수행의 차원이니 부처가 되라고 하는 것은 영적으로 성장하라는 의미이다.

인간은 동물적 호르몬에 따라 생활하는 것이 기본이지만, 다른 동물과는 좀 다르다. 하고자 하는 열정이 훨씬 클 뿐만 아니라 사유할 줄도 안다. 그 열정과 사유는, 인간 사회에서 개개인이 합리적 사고를 가지고 스스로 질서 있는 삶을 살기 위해 교육받는 등 자신과 사회 발전을 위하는 데 원동력으로 작용한다. 그러나 이 시대와 사회의 채 가시지 않은 욕망의 정서는, 교육마저 관념과 욕심에 의한 습관으로 끌어들이는 힘을 지녔다.

인간의 열정이 관념과 욕심에 의한 습관에 바탕 하면 욕망이 되고, 비움에 바탕 하면 자비와 은혜가 된다. 그래서 비움은 허무가 아닌 영롱함으로 작용한다. 비움에서 나타나는 은혜를 부추겨 사는 사람을 부처라고 하듯이 수행의 본격적인 시작은 본성을 회복한 비움으로부터 이루어진다.

진리 수행으로 마음에 깊이와 여유를

「우주만유宇宙萬有 의 본원이며 제불제성諸佛諸聖의 심인心印이며 일체 중생의 본성이며」 이는 우주 자연과 모든 부처와 일반 사람들을 근원에서 살펴보면 모두 같으니, 자신의 진리성을 회복하여 살라는 의미이다.

진리성을 회복하면 누구나 부처가 될 수 있다는 말을 사심과 잡념만 없애면 부처가 된다는 말로 오해할 수 있다. 사심 잡념이 없는 어린아이가 부처만큼 지혜롭고 생활의 힘이 있지 않는 것처럼 사심과 잡념이 없는 것만으로 부처가 될 수는 없다.

어린아이는 잘 가꾼 밭에 막 돋아난 새싹과 같다. 새싹은 자라나며 날씨의 영향을 받거나 잡초에 가리거나 병충해를 입는 등 무수한 난관을 겪는다. 반면, 부처는 이미 날씨, 잡초, 병충해 등을 이겨내며 영근 열매를 널리 나누는 것처럼 삶에서 진리성을 발현시켜 널리 나누는 데 이르렀다.

진리성은 성품과는 다르다. 성품은 근원에 한정된다. 그러나 진리성은 근원에서 발현되는 근본지혜를 일으켜 그 사회에 어울리는 지혜로 재편집하고, 다시 의지 작용으로 널리 포용하거나 일에서 이루어내는 모든 것을 말한다.

사람은 잘 살든 잘못 살든 죽으면 열반에 든다고 생각하는데 사실은 그렇지 않다. 사람이 죽으면 자기의 현재 의식 수준 그대로 떠나간다. 수행을 많이 했어도 진리성을 내면화하여 체화된 감각으로 잇지 못하면 수행을 위한 수행에 그치고 만다.

수행을 좀 해 보겠다는 사람들이 종교 대중이 선호하는 얄팍한 인심을 따라서 법회, 봉사, 희생, 공도, 법위, 자리 등에 열심히 참여하는 것을 자기 수행의 가늠 잣대로 삼기도 한다. 이로써 일생 동안 공도公道에 사심 없이 헌신했다면 복은 쌓인다. 그렇지만 공도의 일을 공명심功名心에 기대어서 하는 것이라면 자신의 수행은 없고 공도의 관리자로서 남의 일만 해 준 격이 된다.

참다운 수행자는 공명심으로 살지 않는다. 항상 대의에 따른 일을 마음 평온함으로 마음 다함으로 할 따름이다. 자기의 영혼을 사랑하기에 해야 하는 일을 마음이 깨어서 할 뿐, 달리 바라는 마음이 없다.

원불교 정신문화의 중심을 이루는 말이 심법心法이다. 이 심법은 마음 씀씀이가 진리, 법, 상황에 맞는 것을 말한다. 심법의 수준이 그 사람의 의식 수준이 되고 법위가 되어 다른 사람들의 마음가짐에 바로미터가 되어 준다. 심법의 수준에 다양함이 더하게 되면 영성은 더욱 풍요로워진다. 이러한 심법이 사회에 공감을 일으켜 널리 미칠수록 사회의 의식 수준은 점점 고양되어 가고 삶의 질은 높고 준수해진다.

인지가 깨어난 진리와 영성은 시대의 사조에 중심을 이루게 된다. 이 가운데 진리로 살아가는 사람들이 최고의 의식 수준을 구가한다. 그리고 그 의식 수준의 정점에 이른 사람을 부처라고 한다.

부처는 경배할 대상이 아니라 심법이 아름다운 사람이다. 이처럼 부처라는 말은 사회적 통념과 본의 사이에서 언어적 온도의 차이를 보인다. 그러므로 부처라는 말도 사회의 통념에서 벗어나 현대의 의식을 담아낼 수 있는 언어로 바꾸지 않으면 안 될 즈음에 이르렀다. 그래서 필자는 부처보다는 여래라는 말을 좋아한다. 여래는 의식 수준에 한정된 말이라서 이 또한 아쉬운 면이 없지는 않다. 부처에서 느끼는 숭배를 뺀다면 부처는 존재와 수준을 아우른 중의적 표현을 지니고 있어서 좋을 텐데 말이다.

복고적인 언어의 감성을 지닌 부처라는 말은 우주의 개체, 유기체로서 완성된 존재 또는 심법의 수준이 높은 사람을 일컫는다. 우리가 부처가 되려는 것은 아름다운 심법을 지니고 싶어서다. 진리 수행으로 마음에 깊이와 여유가 있는 그런 인품을 우리 모두는 예나 지금이나 꿈꾸고 있다.

진리의 속성에 의한 원리를 알아야

마음씨 좋은 사람을 넘어서 진리에 의한 인품을 얻기 위해서는 진리를 실답게 알아 가는 것부터 필요하다. 과거에는 인지가 어두워서 선각자들이 진리를 의인화하거나 은유적으로 표현했기 때문에 실답게 알아 가는 데 어려움이 있었다.

인지가 밝아지고 있는 오늘날에는 동양은 물론 미국이나 서유럽에서도 수행이 일상의 삶 속으로 들어오고 있다. 이럴수록 진리의 속성과 원리를 그대로 드러낸 법이 절실히 요구된다.

진리를 그대로 알기 어려울 때는 속성부터 살펴보는 것이 진리를 이해하는 데에 도움이 된다. 예를 들어 설명하면, 하얀빛을 원색으로 분리할 때에는 빨강, 파랑, 녹색으로 나타난다. 이것을 빛의 삼원색이라고 부른다. 그래서 이 세 가지 빛을 다시 섞으면 하얀빛을 세 가지로 나뉘기 전처럼 온전하게는 될 수 없어도 하얀빛에는 가깝다. 이는 어떤 사물을 도구를 통해 세 등분했다가 붙이면 등분할 때의 손실에 의해, 분리되기 이전의 사물이 될 수 없는 이유와도 같다. 진리도 마찬가지여서 세 가지 속성으로 나누면 공空·원圓·정正이 된다. 이 세 가지 속성을 다시 합하면 처음 나눌 때 있었던 약간의 손실까지는 메울 수 없어도 진리의 특성에 가까운 정도에는 이른다.

공원정에서, 공은 그 본질적인 면에서는 비어 있고 원은 그 빈 가운데 신령스럽게 알게 되는 것이 있다는 것이다. 그리고 정은 그 원인이 인연을 따라 바르게 나타나는 것을 말한다. 이러한 속성은 곡식의 속성으로도 엿볼 수 있다. 콩 씨 속에는 콩이 들어 있지도 않고, 콩을 쪼개고 또 쪼개어 보아도 궁극에 이르러서는 식물이란 성분마저 없다ᄀ. 이런 씨앗을 비옥한 땅에 심어 놓으면, 씨앗은 봄기운 따라ᄋ 싹을 틔운다. 또 그 싹은 주위 잡초와 병충해를 이기고 자라나서 콩이란 열매를 맺는다ᄌ. 이러한 자연의 공원정을 인품의 관점에서 바라보면 공원정의 순서에 따라 정서적 안정과 지혜 그리고 의지력으로 볼 수 있다. 여기에도 수행의 정도에 따라 수준의 차이를 보인다.

세상에는 사회 구성원으로서의 역할을 넘어서 지식과 삶의 체험들을 한데 묶어 삶의 단면을 이루는 사람들이 있다. 이들에게는 단아함이 있다. 그런데 삶 속의 자유로움을 갖되 법에 어긋나지 않는 사람에게서는 따듯함이 느껴져 곁에 있고 싶어진다. 게다가 진리의 숨결과 같이하는 지고한 사람을 대하면 가슴 깊이 저미는 울림이 온다. 진리를 심인화한 사람이다. 사람에게서 진리에 따른 균형 잡힌 인격과 높은 경지가 있다는 것은 사람으로 태어나 누릴 수 있는 가슴 뛰는 최고의 혜택이 아닌가 싶다.

진리를 심인화하려면 진리의 단면과 단면을 엮어서 알기보다는 진리의 속성에 의한 원리를 알아야 한다. 마치 요리를 잘하는 사람은 요리의 본질을 더욱 살리고 때로는 창조에 의한 요리를 하는 것처럼 말이다. 요리책을 보고 깊이 이해하여 요리하는 수준을 넘어서 요리의 원리로 상황에 맞는 최적의 요리를 해내는 사람을 최고의 요리사라고 하는 것처럼 수행도 이와 다르지 않다.

진리의 속성, 비움
비움은 분석이 아닌 그냥 비우는 것

「일원은 대소유무大小有無에 분별이 없는 자리며, 생멸거래生滅去來에 변함이 없는 자리며, 선악업보善惡業報가 끊어진 자리며, 언어명상言語名相이 돈공頓空한 자리이다.」 이것은 진리의 빈 속성을 나타낸 표현들이자, 진리와 같은 우리의 마음을 알아서 비우자는 의미이다. 마음의 근본에는 대소유무가 없는데 무슨 분별이 있을까. 또한 생겨남이 없는데 무슨 소멸과 거래가 있으며 그에 따른 마음의 변화가 있을까. 본래의 마음엔 선악이 없는데 무슨 업보가 있으며 끊을 게 있을까. 이 자리는 말과 글, 이름과 그에 따른 생각들 모두가 처음부터 없을 뿐이다.

일반적으로 현실에서의 마음은 오만 생각으로 점철되어 쉬지 못한다. 사람으로 태어나 사회화 과정을 거치면서 구분하고 생각하며 경쟁 속에서 살아남으려다 보니 생각이 많을 수밖에 없다. 이 또한 습관이 되어서 잠잘 때가 아니면 쉬지 못하는 게 부지기수다. 이마저 지나치면 불면증으로 이어지기도 한다.

비움을 이야기하는 '대소유무에 분별이 없는 자리'에서 무슨 생각을 그리 많이 하는지 모르겠다. '대소유무가 무엇이고, 분별이란 무슨 뜻이며, 또한 자리란 무엇일까. 그리고 대소유무에 분별이 없는 자리는 어떤 상태일까.' 하고 습관처럼 분석해 간다. 이런 습관은 관념적 수행의 산물이다. 비움은 분석해서 아는 것이 아니라 그냥 비워봄으로써 알아진다. 분별마저 놓아야 할 때 무엇이든 해석하는 것은 본질에 어긋난다.

물론, 비우고 또 비워보다가 비움에 깊은 이해가 필요할 때도 있다. 그때 분석해도 늦지는 않다. 비움을 이야기해야 할 곳에서는 분석보다 앞서 비움에 대한 이야기를 하는 것이 더 어울린다. 물의 담박한 맛을 알기 위해서는 자료 분석보다 물 한 모금을 마시며 담박함을 충분하게 느끼려 하는 것이 더 실질적인 것처럼 말이다.

분별하는 마음을 놓고 한 생각 일어나기 이전의 마음에 머물러 보자. 생각이 쉬고 마음이 비워지는 것을 느낄 수 있다. 이것마저 이해되지 않는다면 판단을 중지하여 머물러 보는 것도 괜찮은 방법이다. 머무름이 제대로만 되어도 생각 이전의 고요함을 느끼게 될 뿐 아니라 머리도 시원해진다.

생각이 쉬다가 조금 지나면 좀 더 원초적인 감정이 올라오기도 한다. 감정의 기운 가운데 사랑과 미움도 놓아서 사랑할 것도 없고 미워할 것도 없는 마음이 되면, 가슴마저 시원해지는 것을 느끼게 된다.

이것도 저것도 어려우면 영혼의 휴식인 선을 하는 게 좋다. 선으로써 무슨 생각이든 감정이든 알아차림을 통해 놓게 되면 놓는 힘이 생기면서 마음도 한결 가볍고 맑아지는 것을 느낄 수 있다.

생각과 감정을 마음먹은 즉시 놓을 수만 있어도 비움에 감각이 생기고 자신감도 서게 된다. 이때부터는 일이 없을 때 '내 마음의 바탕이 대소유무에 분별이 없는지, 생멸거래에서도 마음이 흔들리지 않는지, 선악업보 이전에 마음이 멈춰 있는지, 언어명상에 따른 관념이 비었는지'를 되돌아보며 구체적으로 비울 수 있다. 여기에 비움의 감각이 서면 일상에서 비움으로 존재해 가는 연습으로써 수행의 폭을 넓혀 간다. 언제 어디서나 마음의 바탕이 비워져 존재할 수 있다면 마음 비움의 경지에는 확실하게 이른 사람이다.

비움의 의미
비움은 자비의 바탕이자 수행자의 생명수

하루 중 의식이 깨어 있는 상태에서 마음을 비워 고요한 상태를 느낀 적이 있는가. 아니면 일주일에 한두 번이라도 좌선이나 염불 또는 기도 시간을 가져서 마음을 비우려고 해 보았는가. 수행은 마음 비움의 느낌을 좋아하는 데에서 비롯된다.

그런데 몇몇 사람에게 마음 비움에 대해 물어보았다. 마음 비움이 좋을 것 같으나 내면 깊은 곳에서는 허무한 느낌이 들기도 하고, 또 '마음을 비워 뭘 하나! 싶을 정도로 별 의미를 느끼지 못한다고 한다.

마음을 멈춰 비우는 연습을 해 오지 않으면 욕심과 관념 그리고 잘못된 습관을 알아차리는 것조차 어렵다. 설사 안다 할지라도 경계에서 비우기커녕 멈추는 것도 할 수 없다. 이럴 경우 불면증이나 노이로제가 오다가 정신분열에 이를 수도 있다.

자동차도 가는 기능보다 더 중요한 것이 멈추는 기능인 브레이크이다. 마음도 무엇인가를 하는 것보다 마음을 멈춰 비우는 것이 더 중요하다. 사회적 범죄도 하는 것이 모자람보다는 넘치는 것을 제어하지 못해서 비롯된다. 그런데 많은 사람들이 마음 멈추어 비우는 것을 등한시한다. 비움의 느낌과 중요성을 모르거나 또는 수행하는 것이 따분하거나 어렵기 때문이다.

마음을 멈춰 비우는 연습을 해 온 사람은 온 마음이 유연하면서도 그 마음에 힘이 있다. 아닌 마음이 일어나면 마음을 놓고 생각의 방향이 바람직하지 않다고 느끼면 이내 돌린다. 마음을 이처럼 조절할 수 있는 것은 마음을 비웠기 때문이다. 이 비움은 일상생활에서 잘 사는 것을 넘어, 삶의 질과 영적인 성장에도 중요한 바탕을 이룬다.

티벳 불교의 교리를 집대성한 아티샤란 인도 승려가 있었다. 그는 "사람에게는 누구에게나 열정이 있는데 그 열정이 비움을 바탕 하면 자비가 되나, 그렇지 않으면 욕망이 된다."라고 했다. 비움은 허무가 아니다. 비움은 열정을 더욱 영롱하고 풍요롭게 함으로써 수행자에게 성자의 혼을 지니게 한다.

사람들이 욕심이 많으면 운명을 달리할 때 영이 가야 할 곳을 가지 못해 인간의 주위를 맴돌거나 착심 또는 미혹에 가려서 악도에 들 수 있다. 그러니 마음을 비워 악도에 들지 않고 선도에 들자는 그런 단편적인 의미로만 마음을 비우자는 것이 아니다. 선도에 들어도 선도 내에서 비움에 따른 마음의 파장은 여러 차원을 달리하기 때문에 선도에 드는 것만으로 만족하기에는 아쉬움이 많다. 비움이란 영적 수준을 가늠하는 기준이 될 정도로 한 존재에게 미치는 영향이 지대하다. 물론 비움만으로 다 되는 것은 아니다. 비움에 의한 열정이 자비의 행동으로 이어지지 않으면 결코 맑고 풍요로운 느낌의 기운을 지닐 수 없다.

열정이 없는 비움은 허무가 맞다. 그러나 사람은 누구나 열정을 지니고 있다. 이러한 전제가 있기에 비움은 자비의 바탕을 이루고 수행자의 생명수가 된다.

비움의 감각

비움, 수행의 감각으로 자리할 수 있어야

사람들은 사는 데 급급한 나머지 자신에게 마음이 있는 것마저 잊고 지내기 일쑤다. 그렇게 아등바등 살아가는 이유 가운데 하나가 미래에 대한 염려이다. 노후를 위한 대비라고 하지만 이런 마음으로는 현재뿐 아니라 미래에도 행복할 수 없다.

삶의 비밀을 살짝 이야기하면 사람들의 삶은 원래 뭔가 약간 모자라게 설정되어 있다. 그 모자람이 각각 다르나 그 다른 모자람을 나름대로 채우며 살아간다. 삶에 대한 성찰 없이 그 모자람을 채우게 되면 오히려 삶의 방향과 의미를 잃어버려 우울증으로 나타나기도 한다. 반대로 모자람을 당연하게 여겨 체념하듯 향상을 끊는 마음의 자세도 바람직하지는 않다. 분수를 알고 처지에 어느 정도 만족하는 가운데 자신의 모자람을 채우려는 노력 자체가 삶의 원동력이 된다. 이러한 노력은 마음의 힘과 지혜가 생기게 할 뿐 아니라 건강한 삶을 이루는 동력으로 작용하기 때문이다.

삶이 건강해야 의식에 여유가 생겨 삶을 본질에서 다시 성찰할 마음이 생겨난다. 이로써 동물적인 생활에서 벗어나 영적인 의미를 찾고 영적인 삶에도 눈을 뜬다.

필자는 고등학교 시절 일상에서의 초월적 수행에 관심이 있었다. 이 관심은 원불교로 출가하는 계기로 작용했다. 원불교학과를 졸업하고 최종 수습과정 지금의 원불교대학원 역할 을 마칠 무렵에 스승 몇 분께 수행의 초월적 체험이 담긴 글 20편 정도를 올렸다. 글을 받아 본 법타원은 이를 계기로 수행 길을 짚어 주었다.

"수고했다. 그런데 그중 무엇이 제일 중요하지?"

"무심적적 無心寂寂 입니다."

"됐다. 그럼 일상에서 무심이 잘되니?"

"아니요. 잘 안 됩니다."

"이제부터 그 공부를 주로 해 봐라."

이 문답 후 그동안의 초월적 수행에 대한 관심을 놓고 수행의 방향을 심법에 두었다. 까치발로 서 있다가 발을 내려놓는 것처럼 편안하고 더욱 안정된 기운의 느낌을 받았다. 초월적 수행이 진리와 보이지 않는 세계에 대한 이해를 돕는 것은 사실이다. 그러나 필요 이상의 에너지를 쓰게 하고 기운을 요사스럽게 만드는 면도 있다. 이러한 것을 초월적인 것에 관심을 놓고 보니 비로소 알게 되었다.

이때부터 마음의 시각이 넓어지면서 필자의 화두는 비움으로 바뀌었다. 그러나 교역이라는 당면한 일과 과제가 화두를 마음껏 뚫을 수 있는 시간과 마음의 여백을 허락하지 않았다. 어쩔 수 없어 일상의 일 속에서 비움을 단련하고 수행의 감각으로 자리할 수 있도록 노력을 해 보았으나 이것으로는 미흡하기만 했다. 젊어서부터 좌선을 하면 간헐적으로 깊은 경지에 머무르지만 표면적 비움에서부터 완결된 느낌이 오지 않으니 마음 한곳에 늘 아쉬움이 있었다. 일을 자의적으로 조절하며, 수행 길을 다듬고 매듭지을 수 있는 수행처가 필요했다. 많은 사람이 꽃자리라는, 학문이나 행정의 요직을 제의해 와도 모두 마다하고 조그만 교당에 가서라도 수행하고 싶었다. 이윽고 시골 아주 작은 교당에 인사가 되자 너무 좋았다. 그런데 갑자기 운영에 어려움을 겪고 있는 삼동연수원을 맡아 달라는 교정원의 간곡한 부탁이 왔다. 작은 교당에서 이내 짐을 싸고 삼동연수원으로 발길을 돌렸다. 연수원 운영에 안정을 속히 이루고는 이내 그곳에서 좌선에서의 비움, 일상에서의 표면적 비움, 행선과 무시선의 정리 등 그동안 갈구했던 것을 하나하나 채워 갔다. 그리고 후대 수행자들을 위한 수행길도 체계를 잡아 다듬는 작업을 함께 할 수 있었다.

수행을 할 때는 하고 있는 수행이 감각으로 자리할 정도로까지 매듭을 지어 가며 하는 것이 중요하다는 것을 알기에 수행의 고비마다 매듭을 지어 가며 수행해 갔다. 그러다가 매듭이 풀리면 다시 매듭 짓기를 반복하여 매듭이 얼키설키 얽혀서 탄탄해질 때까지 했다. 이로써 좌선을 하루에 한두 시간만 해도 선정의 기운이 일상에 유지될 수 있었다. 이로부터는 마음을 비우려고 하면 이내 비워지는 것을 느꼈다.

비움의 반복으로 비움에 이르는 길에 대한 패턴이 생기고 방법에 체계가 생기게 되자 연수원을 찾아오는 사람들에게 좌선과 더불어 비움을 지닐 수 있는 연습을 시켜 보았다. 의식이 깨어 있는 상태에서 관념으로서가 아닌 성품으로써 사물을 보게 하니 마음을 비움에 의한 정서, 느낌, 의식으로 되었다. 이러한 것이 여러 사람에게서 공통적인 반응으로 나타나는 것을 확인하게 되니 가르치는 데 좀 더 수월한 느낌이 들었다.

사랑에 빠지면 그러지 않을 때와 느낌과 말이 다른 것처럼, 마음을 비우면 느낌과 말이, 비우지 않을 때와는 다르다. 이 느낌과 말에는 공통점이 있어서 이것만 체크해 봐도 비움이 온전한지 보다 객관화하여 알 수 있다. 이러한 것은 가르치는 사람, 배우는 사람, 곁에서 보는 사람이 모두 알 수 있어서 비움을 보편화하는 데 중요한 요소로 작용한다. 그런데 더 중요한 것은 그 순간 비움이 되었더라도 비워 깨어 있는 것을 그치면 별 효용이 없다는 것이다. 삶에 틈틈이 비움으로 깨어 내면화가 되고 일상 경계에서 단련하여 힘을 얻어야 비움이 탄탄하게 된다. 이 정도는 되어야 실생활에서도 효력을 낳는다.

진리를 품은 발현
텅 비어 고요하나 신령스럽게 알다

「공적영지空寂靈知의 광명을 따라 대소유무大小有無에 분별이 나타나서 선악업보善惡業報에 차별이 생겨나며, 언어명상言語名相이 완연宛然하여 시방삼계十方三界가 장중掌中에 한 구슬같이 드러나고」이것은 진리가 신묘하게 밝아지는 경로를 설명한 대목이다.

'공적영지'는 텅 비어 고요한 가운데 신령스럽게 아는 것을 말한다. 마치 초목의 씨앗을 쪼개고 또 쪼개어 들어가 보면 종국에는 물질이란 성분마저 없지만 그 씨앗이 흙 속에 있다가 봄이 되면 어떻게 아는지 싹을 틔우는 것처럼 말이다. 사람의 마음도 형체, 빛깔, 냄새가 없으나 말을 하면 어떻게 알아듣는지 눈빛, 언어, 몸짓으로 표현을 한다. '어떻게 아는지 모르게 아는 것'을 신령하게 안다는 뜻으로 영지靈知라고 이른다.

공적영지가 발현되는 첫머리를 '광명'이라고 표현하였다. 온 세상이 낮에는 형형색색으로 드러나 있어도 별빛, 달빛마저 없는 칠흑 같은 밤이 되면 어둠은 온 세상을 흔적 없이 삼켜 버린다. 한 치 앞도 볼 수 없을 정도가 된다.

새벽녘에 동이 터 오르면 어둠은 품었던 산과 나무와 시냇물과 집 등을 점점 토해 내어 온 세상은 저마다의 모습을 서서히 드러낸다. 성품에서 발현되는 근본지혜를 이처럼 동트며 비춰지는 광명으로 비유하였다. 세상은 진리를 품고 있으나 공적영지의 광명이 아니면 칠흑 속 어둠 속에서 존재하는 것처럼 진리를 알 수 없다.

사람은 욕심 많은 동물이다. 그 욕심은 목숨을 부지하고 재색명리의 놀이에서 헤어나지 못하는 데에 인생의 대부분을 허비하게 한다. 이런 삶을 인생의 전부로 알고 살 수밖에 없는 것은 마치 어둠 속에 갇힌 진리와 자기 마음을 도무지 알지 못하기 때문이다. 자기 영혼이 욕심에 매달리다 보면 날이 갈수록 피폐해져 말라가는 것을 모르고 지낸다. 그러나 공적영지의 광명이 살아 있는 사람은 동물적인 욕심에서 시작되는 관념과 막 길들인 습관에 속지 않고, 마음에 진리를 품고 진리적인 삶을 살아가고자 노력할 줄 안다.

진리를 품기 전에 진리를 알고자 할 때는 소우주인 사람에 빗대어 살펴보면 알기 쉽다. 사람은 영혼과 몸의 결합체이다. 육신을 떠난 별개의 영혼과 다른 사람의 마음을 보거나 느끼는 것은 일반적으로 알 수 없어도 자신의 영혼, 즉 마음은 느낄 수 있다.

마음의 근본을 일반적으로 느낄 수 있는 현상은 꿈도 없이 깊이 잠잘 때이다. 또한 생각이 일어나기 이전의 마음 상태이기도 하다. 이마저도 어려울 경우 생각과 생각의 사이를 바라보다가 바라보는 나를 없애면 내가 없어지고 인식하는 나만 있게 된다. 비움도 사람에 따라 더 쉽거나 어려울 수 있으니 자기에게 맞는 방법을 찾는 과정이 필요하다.

꿈도 없이 깊이 잠자고 난 후 깨어날 때의 순수의식 그대로 사물을 인식해 보자. 이름 짓기 이전의 의식이 되어 구분을 하게 된다. 이어서 세상 만물을 이름 지어 구분하기 시작한다. 이름을 지어 구분의 체계를 삼는 것은 약속일 뿐 진실의 여부는 아니다. 여기까지가 분별의 영역이자 객관적 토대라 할 수 있다.

세상 사람들 대부분은 여기에서 관념의 틀을 만들어 낸다. 불현듯 사물을 볼 때 이름이 떠오르거나, 사람을 보자 그 사람에 대한 정보가 떠오른다면, 이미 관념에 고착되었다는 뜻이다. 할 수 있다면 학습에 따른 관념을 걷어 낼 수 있어야 순수의식으로 존재할 수 있다. 관념의 틀을 걷어 내는 비움의 수행을 하다가 자칫하면 학습으로 단련된 분별력마저 놓게 되는 경우가 있는데 이것은 바람직하지 않다. 고착되지 않은 분별은 지혜이므로 없앨 게 아니다.

분별할 줄 알면서 세상 만물을 접하며 자신의 특성에 따라 좀 더 좋아하고 싫어하는 차별상이 생긴다. 이후 좋아하는 일은 자주 하게 되고, 싫어하는 일은 기피하게 되는데 이 반복되는 행동이 습관으로 자리 잡힌다.

이런 일련의 맥락을 아는 사람들은 관념에 고착되거나 착심에 묶이지 않으려고 노력하게 된다. 그리고 한편으로는 바람직한 것을 좋아하고 해야 할 것에 습관을 들이고자 노력을 기울인다.

즉 마음의 발현은 빈 마음에서 인지하다가 구분하는 분별이 생기고 그것에서 각자의 특성에 의해 좋아하고 싫어하는 차별하는 마음이 생긴다. 여기에서 자기가 좋아하는 것을 하다 보면 습관이 생기고, 습관에서 인격이 형성된다. 그 바탕에서 인생이 점차 달라지고, 그 인생에서 그만큼의 은혜가 나타난다.

이러한 마음의 경로를 이해하여 순하게 발현시키다 보면 더 깊은 이해와 더불어 인생을 장중에 한 구슬처럼 엮는 통찰력이 생긴다.

차별 아닌 분별
의식의 경로에 따라 마음 길들이기

진리와 마음이 발현되는 경로를 알면 마음을 사용할 때에 마음의 바탕과 마음을 다져가는 길을 알 수 있다. 마음의 발현은 대체로 돈공, 분별, 차별로 이어지지만 좀 더 세밀히 짚어보면 비움, 그대로의 인식, 구분, 느낌, 판단, 의지, 습관, 인격, 인생으로 이어진다.

마음을 비우지 않으려 해도 그 자체가 천진난만한 아이가 태어나 조금씩 자라면서 세상을 인식하다가 구분하며 이름을 배운다^{분별 分別}. 이어서 지식과 경험이 더해지면서 사회적 시각, 개인적 취향과 나름대로의 좋고 싫음이 생겨난다^{차별 差別}. 좋은 것과 좋아하는 일에 다가가 자주하게 됨으로써 그에 따른 습관이 형성된다. 그 습관에 의해서 자기의 인격을 형성하게 되고, 그 인격이 삶의 질을 이루는 인생이 된다.

한 아이로 태어나 사회 성원으로 자라나는 과정에서 구분하며 관념의 틀도 형성되고, 선의의 경쟁을 통해 능력이 생기며 차별하는 마음도 생겨난다. 나아가 더불어 살며 사회 가치를 배우지만 집단 관념에 사로잡히기도 한다.

의식의 경로에 따라 마음을 잘 길들이면 부처가 되지만 왜곡하여 길들이면 중생이 된다. 중생의 마음은 성품 그대로 인식하는 분별의 차원에서 출발하지 않고 대부분 차별에서부터 이루어진다.

보편적으로는 재색명리에 따른 관념적인 생각, 욕심, 착심으로 살아간다. 이 가운데에서 지성인이라면 대체로 마음을 분별이라는 차원에서 쓴다. 차별이 아닌 분별에서부터 마음을 쓸 수 있는 사람들이 보편적으로 이루는 사회는 성숙하다. 분별은 있는 그대로 볼 수 있는 안목으로서, 객관과 합리가 있고 사회적 룰을 공유하는 마음이다. 설사 개인의 취향에 편안하지 않을 수 있어도 사회적인 안목에서 수용할 정도의 심법이라 할 수 있다.

위정자가 나랏일에 필요한 인재를 등용할 때 자기가 좋아하는 사람이 아니라도 사회와 일에 가장 적합한 인재를 천거할 수 있다면 그는 객관적 분별에서 마음을 쓰는 사람이다. 마음의 품이 나라와 사회에 있는 가운데 객관적 분별을 하는 이런 사람이 세상에 많다면 사회는 공공의 일에 사사롭지 않고 사회 성원의 다양함이 조화를 이룬다.

진나라 황제 도공은 '기해'라는 재상이 나이가 들자, 그에게 후임을 천거하라고 하니 '해오'가 적임자라고 했다. 황제는 정적인 '해오'를 천거함에 놀라 그 연유를 물으니 재상에 합당한 사람을 천거하라 해서 그랬을 뿐이라고 했다. 그다음 적임자는 누구냐고 물으니 '오가'라고 하였다. 세인들로 하여금 당대 최고의 재상감이라는 평을 듣고 있던 '오가'는 바로 '기해'의 아들이었다. 정적을 천거하기도 어렵지만, 원숙한 인격을 지닌 사람으로서 원근친소遠近親疏의 오해를 불러일으킬 수 있는 아들을 천거함은 자신 의식 세계에 대한 균형 감각을 철저하게 신뢰하지 않고는 할 수 없는 어려운 일이다.

일반적으로 사람들이 실컷 배워 그 배움을 어떤 곳에 쓰는지 생각해 보면 많은 부분이 조금 더 잘 먹고 잘 사는 것에 넘어서 있지 않다. 삶의 보람을 위한 일이라도 스스로 어려워지는 것까지 불고하지는 않는다. 물론 세상에는 어느 정도 살 만하면 부와 재능을 사회에 환원하려는 사람도 있고 또한 최소한 삶의 보장 속에서 봉사하는 사람이 있다.

　삶을 대하는 다양한 유형의 사람들이 사회에 어떻게든 영향을 미치며 사회 발전을 도모해 왔다. 이러한 모습도 의미 있는 일이지만 영적 가치에서는 어떤 모습이나 단적인 영향보다 마음 바탕을 순수하게 갖는 것을 중요하게 여긴다. 영적인 차원에서 보면 바탕이 순수하지 못하면 관념적이고 욕심과 착심의 에너지로 움직이는 보잘것없는 존재가 되고, 현실 사회에 국한시켜도 사회악으로 작용한다.

　일반적으로 하나를 배우면 하나의 틀이 생기는 건 어쩔 수 없다. 그래서 배움이 많을수록 관념의 그림자도 그만큼 짙어진다. 그러기 때문에 배운 만큼 비워야 할 것도 많아진다. 배우되 배움의 그림자에 속지 않고 인간의 본성을 그대로 길러 갈 수 있도록 도와주는 역할이 종교의 중요한 기능 가운데 하나이다.

성품에서의 분별
분별, 진리를 품다

성품性稟에서 발현되는 분별은 어그러져서 나타나지 않는 정도이다. 이것으로 부처의 마음을 온통 지녔다고 할 수는 없다. 성품을 여의지 않는 마음을 일심一心이라고 하는데 일심의 종류인 집심執心, 관심觀心, 무심無心, 능심能心이 뜻하는 모든 것을 성품을 여의지 않는 마음으로 대변할 수는 없다. 성품을 여의지 않는 마음이란 네 가지 마음의 기저에 성품이 깃들어 있다는 뜻이지 능심처럼 자유자재한 능력까지를 일컫는 것이 아니기 때문이다. 소태산의 본의대로 한다면 집심, 관심, 무심, 능심에 최소한 성품을 여의지 않아야 한다는 의미이고 또는 최소한 성품에서부터 불러일으키라는 의미로 보아야 한다.

소태산의 법문에서 '일심이 동動하면 정의가 된다.'는 말도 맥락이 다르지 않다. '일심이 동하면 정의가 된다.'는 것은 성품 그대로 발현되면 바르게 나타나는 것이지 능력까지 생길 수 있다는 뜻이 아니다. 일심이 정의로 이어지려면 일심과 정의 사이에 생략된 틈이 채워져야 한다. 그래서 소태산의 본의를 살리면 '일심이 동하면 정의가 된다.'는 것이 아니라 '일심이 정의가 되도록 마음 씀씀이가 있어야 한다.'는 것이 맞다. 즉 일심과 정의 사이에 수행으로 의식과 심법과 행동을 채우라는 의미이다.

사람에게 기본적으로 내재해 있는 열정이 성품으로 기반을 삼기만 해도 자연스럽게 자비로 승화된다. 그러나 자비에도 수행의 정도에 따라 차이는 있다. 자비로 이어 갈 수 있게 하는 열정이 성품으로 발현되려면 그저 구분하는 정도의 분별이 아닌, 최소한 대소유무 大小有無로 바라볼 수 있을 정도의 분별은 할 수 있어야 한다.

이렇듯 소태산은 성품에서 발현된 순수의식의 수준을 넘어선 진리의식으로 분별하도록 했다. 진리의식에 의한 분별이 정의로 이어지기 위해서는 신·분·의·성 信忿疑誠 과 삼학수양·연구·취사 수행으로 얻은 정서, 지혜, 실행의 힘이 필요하다.

수행자가 성품을 회복하면 자칫 깨달음을 얻는 것과 동일시할 수 있으나 성품 회복의 한계는 순수성을 넘을 수 없다. 좀 더 능력치를 높인다 해도 맑게 비춰보는 정도이다. 성품으로 순수하고 맑게 깨어 있는 마음이 진리에 따른 의식으로 이어 가지 못하게 되면 사리 분별조차 제대로 할 수 없게 된다.

그럼에도 불구하고 성품을 회복하라는 이유는 사람들 대부분이 사회화 과정을 거치면서 관념의 울을 넘어서지 못하고 욕망으로 살아가기 때문이다. 욕망에 사로잡히면 자기의 영혼에 깨어 있기는커녕 재색명리를 쫓아 일생을 헤매게 된다. 이마저도 다할 날이 없으니 영혼은 지치고 혼탁해져 간다. 욕망을 조금만이라도 놓을 수 있어도 욕망으로부터 오는 고통의 고리에서 벗어나 영혼을 깨운 주체적인 삶을 살 수 있다.

나아가 깨어난 영혼으로 수행하여 성품의 정신 상쾌한 맛을 조금이라도 본다면 수행하지 않을 수가 없다. 이로부터는 성품을 발현시켜 진리를 품은 의식이 되다가 행동으로 이어지는 것은 시간문제일 뿐이게 된다.

내면화된 진리
대소유무가 숨 쉰다

성품에서의 분별은 진리를 품게 만든다. 일반적인 구분을 넘어서 천조天造의 대소유무大小有無로 관조하기 때문이다. 소태산은 이처럼 전에 없던 독창적인 관점으로 누구든지 진리와 세상을 통찰할 수 있게 했다.

일반 수행자들이 진리와 삶을 통찰해 가는 방법은 처음에는 대소유무에 대한 개념 파악에 머물다가 사사물물事事物物을 대소유무로 보아 가는 것이다. 이어서 사물을 볼 때 대소유무로 통째로 받아들이는 것이 저절로 이루어질 정도가 되도록 한다. 더 이상 생각을 굴리지 않아도 마음에 그려질 정도는 되어야 대소유무로 관조하는 것이 나의 의식작용으로 되었다고 할 수 있다.

대소유무에서 대는 근본, 소는 나타남이고 유무는 운용됨을 말한다. 원불교 교리에 나타난 것으로는 '법신불 일원상'은 대이고 '사은四恩'은 소이며 '수행, 인과, 삶 등'은 유무이다. 사람에게 있어서는 '영혼'이 대, '몸'은 소이고 '육근동작과 생로병사 등'은 유무가 된다.

이상이 진리에 대한 총체적인 관점이라면 어떤 한 단면에서도 대소유무로 존재하기에 대소유무를 찾을 수 있다. 나타난 물질에 국한시켜서 보면 대가 전체, 소는 개체, 유무는 유기적 관계이다. 자연을 대상으로 예를 들면, 대는 숲이고 소는 나무와 개체들 그리고 유무는 숲과 나무의 유기적인 조화로 볼 수 있다. 인간 육신에서 대는 몸 전체, 소는 머리와 몸통과 사지, 유무는 유기체, 신진대사, 생로병사 등을 말한다.

우주의 이치, 세상, 인간, 삶, 자연 등을 대소유무로 나누어 보기도 하고, 다시 묶어서 하나로 보기도 하고 본질로도 보아야 한다. 나아가 의두 삼아 생각하며 바라보다가 생활 속에서 하나하나 실천해 가면 대소유무가 의식 작용의 바탕으로 자리하여 일상에서 숨 쉬게 된다.

이상은 이해와 응용의 차원에서 대소유무를 나누어 본 것이다. 그런데 대소유무를 하나로 묶거나 본질에 따라 나누어 보는 이유는 개체의 일과 세밀한 일에 몰입하다가 전체와 본질을 망각할 수 있음을 간과하지 않기 위함이다. 나아가 이것을 화두로 삼고 생활에서 증득해 가다 보면 대소유무에 대한 깊은 이해가 삶의 지혜로 이어져, 결국에는 대소유무로 통찰하는 지혜가 체화된 감각으로 자리하게 된다. 만약 대소유무가 삶이 된 것이 아닌 생각을 굴려야 헤아려진다면 아직 내면화되지 않았다는 의미이다. 내면화된 진리라야 삶에서 진리를 숨결처럼 느낄 수 있다.

아나운서 공개 시험을 보는 자리에서 '어려움에 처한 심경'을 표현하라는 말에 한 응시자는 욕설을 섞어 가며 리얼하게 표현했다. 심사위원은 "리얼한 부분은 좋았는데 평소에도 그런 말을 자주 쓰냐?"라고 물으니 "그렇지 않다."라고 대답했다. 심사 위원은 평소에 쓰는 말이 아닌데 즉흥적인 상황 묘사에서 그런 말이 나온 것은 내면의 의식에 그런 마음이 자리하고 있는 것이라며 그 말은 결국 불합격의 빌미가 되었다.

수행도 내면화로 이어지지 않는다면 위기의 상황에 처할 때는 마음 살필 겨를도 없이 내면에 감춰진 것이 불쑥 튀어나온다. 수행을 열심히 하는데 내면화되지 않고 있다면 내 마음 깊은 곳에서 수행에 대한 호기심, 지적 사치, 겉멋, 결과를 향한 막연한 바람 등에 그쳐 있는 건 아닌지 살펴볼 필요가 있다.

사람들 대부분은, 진리를 삶의 중심에 놓고 살아간다는 것은 그저 좋은 생각일 뿐, 사랑하는 사람과 잘 먹고 살다가 늙어서는 피붙이에게 재산 물려주는 것에 신경이 온통 가 있다. 실질적으로 진리가 나의 가치관이 되어 사는 사람은 세상에 참으로 드물다. 그런데 숱한 나날을 진리에 대해 이야기를 나누는 가운데 진리에 의한 삶이 상식이 되다가 진리로 삶에 녹여 사는 사람이 세상에 전혀 없는 것은 아니다. 어쨌든 진리에 철든 사람이라면 어느 누구도 진리를 내면화하여 살아가려는 노력을 놓지 않는다.

진리를 내면화한 사람을 제불제성, 즉 지성인을 넘어선 현자 또는 성자라 부른다.

현자賢者는 진리天造의 大小有無로 인간의 삶是非利害을 건설해 가는 사람이다. 진리와 삶을 이해하고 해석하는 알음알이를 넘어서 진리에 의한 삶의 원리와 판단으로 살아간다.

성자의 혼을 지닌 사람은 사상四相이 공空한 자리에서 세상을 바라본다. 그러다가 인지의 발달에 따라 삶의 공식을 만들어 세상에 내놓아 사람들의 의식을 틔워주곤 한다. 인간의 시비이해로 물 흐르듯이 마음을 운용해 가는데 때로는 거스르기도 하나 거스름 속에 따뜻함이 내재해 있다. 또한 겉보기에는 자유롭게 느껴지나 마음 바탕이나 생각과 행동이 대소유무의 이치를 거스르지 않는다.

수행하는 사람이라면 최소한 분별의 차원에서 마음을 쓰다가 비움을 바탕으로 진리에 의해 살아가고자 한다. 물론 수행이란 한술 밥에 배부르지 않는 것처럼 한순간에 되는 것이 아니다. 어느 순간 몰록 깨쳤다고 해도 수많은 세월을 거쳐 켜켜이 쌓아 온 수행이 한순간에 열려 꿰어진 것처럼 수행을 하지 않고서 큰 깨달음을 얻는 법은 없다. 수행은 제대로 배우고, 배운 만큼 비워 가고, 진리를 체득한 만큼 삶에 드리우다 보면 자신도 모르게 어느덧 이루어졌음을 느낄 때가 온다. 그러면서 주위에서 자신을 알아보고 세상에서 인정하는 경지에까지 이른다.

수행은 긴 호흡으로 해 가는 것이 깨달음이나 심법을 크게 이루는 길이다.

대소유무에 의한 시비이해
삶에 대소유무로써 행복을 채우다

지혜 있는 사람은 통찰력이 있다. 일반적인 통찰력은 어떤 사물과 일을 볼 때 전체와 근원을 살피는 정도이다. 그러나 원불교에서 지혜라 하는 통찰력은 전체와 근원뿐 아니라 나타난 모습, 진행의 경로, 입체적인 균형과 조화 그리고 길고 너른 은혜로 창출해 낼 안목까지도 포함한다. 천조의 대소유무로 통찰력의 근간을 삼기 때문이다.

대소유무를 바탕으로 한 통찰력은 삶 속에서 시비이해^{是非利害}로 더욱 구체화된다. 대소유무에 의해 그대로 발현되면 그 판단은 옳음^是이 되고, 그 삶은 자타 간에 이로움^利을 선사한다. 반면 대소유무에 의하지 않고, 관념과 욕심과 잘못된 습관에 의해 발현되는 일과 삶은 그름^非이 되고, 해로움^害으로 다가온다.

대소유무에 의해서 시비이해가 건설되는데 이것이 습관으로 깃들며 업^業으로 발전한다. 대소유무에 의한 옳고 이로운 삶이 마음과 행동의 습관으로 자리하게 되면 선업^{善業}이 되고 이런 흐름과 달리 역리가 되면 악업^{惡業}이 된다.

업은 습관으로 되기 때문이다. 선악의 업은 이 가운데 어떤 습관을 길들이냐에 따라 선악의 윤곽이 드러나며 업으로 맺어진다. 습관의 원동력은 왠지 모를 이끌림과 좋아함에서 온다. 이유 없이 끌리는 마음의 대부분은 전생의 업과 동물로서의 호르몬 작용에 의한 것이라면, 좋아하는 마음의 대부분은 인정을 받거나 보상을 얻으려는 데에서 비롯한다.

이끌림에 본능적으로 반응하고, 주위 사람에게 맹목적으로 인정받으려는 면면은 자기가 진정으로 좋아하는 것보다는 주위 사람들이 선호하는 것에서 영향을 받는다. 비교와 경쟁이 난무하는 사회에서 선호하는 것의 대부분도 사회적 관념에 의한 것이다. 미남미녀의 기준이나 인기 있는 직업도 시대에 따라 변하는 것을 보면 사회의 집단 관념이 변화를 만들어 내고 사회 구성원은 이것을 쫓아간다는 것쯤은 어렵지 않게 알 수 있다.

삶의 대부분에서도 인식의 발달과 사회의 변화에 따라 변할 것들인데 목매어 구하고, 남이 좋다면 나도 좋다는 착각에 빠진다. 나의 삶에도 내가 없이 다른 사람에게 자기를 맞추기만 하며 살다 보면 눈치보는 꼭두각시 같은 삶이 되어 자아상실로 이어진다.

사회 구성의 기본은 다양한 역할의 조화에 있듯이 다양함을 가능케 하는 에너지는 이끌림과 좋아함이다. 이끌림과 좋아함의 특성을 부조화의 괴팍함보다 선업으로 이어 가려면 습관을 대소유무에 의해 조화롭게 길들여가야 한다.

대소유무에 따른 조화는 좋아함과 해야 함의 균형이라 할 수 있다. 세상살이는 좋아하는 것만 하며 살 수 있는 것은 아니다. 해야 할 것이라면 좋고 싫음 이전에 평온한 마음으로 임해야 그 일이 객관화가 되어 미처 발견하지 못한 좋은 점을 찾기도 한다. 이것마저 여의치 않다면 흔히 '피할 수 없다면 즐겨라!'라는 말처럼 삶의 관점을 바꿔 보고 또 당위성보다는 자율성으로 해 본다.

하기 싫은 운동을 하라고 하면 더 하고 싶지 않은 것이 일반적이다. 그나마 좋아할 만한 운동을 찾아서 마음을 일으키면 시작은 할 수 있다. 게다가 새로 시작한 운동으로 몸이 건강해지고 기분 전환도 되고 재미있어지기까지 하면 이때는 누가 하지 말라고 해도 짬을 내서 운동하게 된다. 이렇게 하다 보면 운동이 편안해지고 운동을 즐기는 데까지 이른다.

이처럼 하나를 함으로써 하나의 능력이 생기고 그 능력을 기반으로 연관된 다른 활동을 할 때는 그 일이 더욱 쉬워진다. 뿐만 아니라 좋아하게 되며 그 일을 더욱 잘할 수도 있다. 이렇게 좋아하는 것이 점차 늘어나다 보면 행복의 조건도 점차 늘어난다.

이러한 흐름은 우리 일상의 삶에서도 마찬가지다. 삶에 평온함으로 깨어 다가서면 일상의 삶에서도 충분히 보람과 행복을 느낄 수 있고 선업을 쌓는 삶으로 나아갈 수 있다. 여기에 더하여 일상을 대소유무에 의한 시비이해를 건설해 가면 그 일과 그 삶에 진리가 깃든다.

대소유무에 의한 시비이해로 선업을 쌓아 가는 게 마음에 스며들고 행동의 습관으로 자리 잡는다면 이 세상의 삶은 물론이고 영혼으로 존재할지라도 그 심성과 기질이 진리와 더불어 늘 함께하게 된다.

업^業

진리에 의한 삶에서는 업이 무의미하다

업^業이란 에너지의 덩어리이다. 인도 산스크리트어의 'karman'을 영어로 카르마^{karma} 라고 하는데 그 뜻은 '거부할 수 없는 힘'을 일컫는다. 업은 마음과 행동의 반복으로 형성되어 마음에 각인된 것이다. 이러한 업은 또 다른 업의 씨앗으로 되어 있다가 심신작용에 따라 대상에 영향을 미치고 마침내 일정한 형태나 세력으로 다가온다. 일반적으로 업은 업보라는 부정적 의미의 악업으로 쓰이지만, 업은 성질에 따라 행복한 선업^{善業}, 괴로운 악업^{惡業} 그리고 무심한 무기업^{無記業}으로 나뉜다.

이러한 업은 짓는 주체에 따라 개인 짓고 받는 사업^{私業}, 함께 짓고 함께 받는 공업^{共業}, 우주의 운행과 진리에 맺힌 기운으로 받게 되는 천업^{天業}으로 나뉘어 불린다.

업의 경향에 따라서는 정업^{定業}과 부정업^{不定業}으로 나눌 수 있는데 정업은 지은 바가 또렷해서 받는 것 또한 또렷하다. 주로 자신이나 남의 기억에 또렷이 남는 것들이다. 부정업은 기억에 또렷이 남지 않을 정도로 이 생각 저 생각이 스치듯이 이루어진 것으로 농담이나 장난처럼 이리저리 얽힌 생각이나 말, 행동 등을 이른다. 이러한 업은 정해졌든 유동적이든 심신의 습관이 어떤 관성으로 작용하고 있는 것과 상대에 미친 영향력이, 상대에게 재해석 이해력, 심신 간의 힘 되어 업과業果 로 돌려받게 된다.

업은 전생前生 현생現生 내생來生 이라는 삼세三世 와 그 윤회輪廻 를 기본 개념으로 삼아 인연과因緣果 의 원리로 작용한다. 전생이나 현생이든 마음과 말과 행동이 다른 사람이나 동물, 자연, 진리에 영향을 미치는 업인業因 이 된다. 이 업인이 발아할 수 있는 업연業緣 의 계기를 만나게 되면 업과業果 로 나타난다. 만약 업인이 현재나 내생에도 업연을 만나지 못하면 몇 생이 지난 후라도 업연을 만날 때 업과로 드러난다. 그런데 이러한 인연과는 주고받는 존재의 컨디션과 상황에 따라 복합적으로 작용한다.

일반적인 업은 과거 신구의身口意 로 남에게 영향을 끼친 것에서 오는 것이라 현생에 미칠 것을 생각하여 전생에 대해 궁금해하는 사람이 많다. 그러나 업은 근본적으로 심신 간의 습관에 의해 또렷이 맺어진다.

흔히 "저 사람의 행동을 보면 대체로 어떻게 사는지 알 만하다. 복 있게 쓰니 저렇게 복 받지."라고 말하는데 그 복의 현상과 말이 대체로 일치한다. 마음 씀씀이 자체가 업인이 되기도 하지만, 그에 따라 발아할 수 있는 업인을 가져온다. 그런데 심신의 건강과 힘 그리고 심법에 따라 업을 가져오는 데에 가감이 있을 뿐만 아니라, 받아들이는 데에도 차이가 많다.

심신이 건강하고 마음의 힘이 있으면 악업이라도 가볍게 받기도 하고, 당겨 받기도 한다. 또한 선업도 더욱 키워 길게 이어지도록 할 수도 있다. 나아가 수행에 깊이가 있으면 업을 수행의 자료로 삼아서 수행을 하게 되니 업이 무의미하게 된다. 이러한 수행자는 마음먹은 대로 일을 이루어 가는 결정보決定報의 능력을 지니기도 한다.

업인을 잘 짓는 것도 중요하지만 더 중요한 것은 수행으로써 심법을 법답게 지니는 것이다. 이러한 법력을 지닌 사람은 업인을 무시해도 된다는 의미가 아니다. 법력을 지닌 사람은 업과를 생각하여 복혜양족福慧兩足한 업인을 만들려고 하지 않는다. 그저 진리에 의한 삶을 살아간다.

진리에 의한 삶은 업을 초월하여 영성을 맑고 풍요롭게 할 뿐인데, 일반적인 시각에서는 복과 지혜가 무궁한 삶을 사는 것으로 보인다. 진리에 의한 삶에는 복혜가 상相 없이 자연스럽게 녹아들기 때문이다.

업의 가변성
마음 쓰임에 따라 업이 변한다

인과의 원리가 α 인 $+\beta$ 연 $=\delta$ 과 처럼 된다고 할 때 컴퓨터처럼 감정 없는 존재라면 1인 $+$ 0연 $=$ 1과 로 나타난다. 그러나 자연일 경우에는 원인이 결과 그대로 이어지지 않는다. 자연의 인과도 1+0=1에 가깝게 나타나지만 α 씨앗 $+\beta$ 토질, 기후 등 $=\delta$ 열매 가 되는 것처럼 결과가 매년 조금씩은 다르다.

그런데 인간관계는 아주 변화무쌍하여 $\alpha\pm\beta=\pm\delta$ 로 된다. 물론 로봇이라면 α 사건 $+\beta$ 객관적 이해 $=\delta$ 상식적으로 도출 이 될 수 있으나 사람은 심법이 첨가되어 다른 양상을 보인다. 사건은 α 로서 변함이 없으나, 사람의 미묘한 감정과 심법에 따라 $\pm\beta$ 로 이해되고, 이 또한 받아들이는 사람의 심신 상태에 따라 $\pm\delta$ 가 되기 때문이다.

이처럼 사람들의 인연과에서 다가온 일은 일 그대로일 뿐 왈가왈부할 게 없다. 그렇지만 문제는 인연관계부터다. 업연으로서 β 에 미묘한 감정이 섞여 다양하고 가변적인 반응이 보이기에 $\pm$ 가 붙는다.

길을 가다가 면식이 있는 사람과 마주치며 어깨를 가볍게 부딪쳤다고 가정하자. 이것을 '인'으로 볼 때 '연'에서의 반응은 다양하다. 첫째, '어쩌다 부딪칠 수도 있지.' 둘째, '내가 실수한 거 아냐! 기분 나뻘 수도 있으니 사과해야지.' 셋째, '쟤가 나와 억하심정이 있나!' 넷째, '쟤가 나를 얕잡아본 거 아냐!' 다섯째, '어라~ 나와 한번 싸워 보자는 거야.' 이처럼 하나의 상황은 받아들이는 사람에 따라 다양한 가변성을 갖는다.

첫째 행동은 무심으로 주고받음으로써 업연의 의미가 없고, 둘째 상황은 원인을 자기에게 돌려보며 상생과 진급의 기회로 삼는 지혜로서 오히려 선연의 싹을 틔운다. 셋째와 넷째는 부정적이고 열등감이 가미되었고, 다섯째는 사회에 대해 불평불만이 가득한 다혈질적 반응으로써 악연의 고리를 형성한다.

그리고 업연을 받아들이는 심법에 따라 업도 가감하여 받아들이기에, 업과인 δ 앞에도 $\pm$가 붙어 $\pm\delta$가 된다.

회사에서 소문난 남녀 커플이 헤어졌다. 여자가 생각할 때 사귀던 남자가 썸something을 탈 때는 느낌도 좋고 자신에게 헌신적이어서 그에게 마음을 연 것이다. 그래서 연인으로서 지낸 지 한 해가 지났다. 이때부터 그의 성격, 행동 등이 여실하게 보이는데 자신과는 맞지 않아서 헤어지자고 했다. 그가 헤어질 수 없다며 매달려서 헤어지기까지 마음고생이 이만저만이 아니었다. 주위에서는 그녀에게 둘이 왜 헤어졌냐고 물어도 그녀는 연인이었던 사람과 관련된 이야기를 일체 꺼내지 않았다. 애정 관계에서 범죄가 되는 것에 대한 이야기를 하는 것이라면 몰라도 그렇지 않다면 그와 함께했던 것에 대한 말은 인간의 도의에 어긋난다고 여겼기 때문이다. 설사 말을 꺼낸다 해도 말과 말이 섞여 서로에게 좋을 게 하나도 없다는 생각에 의한 것도 있다. 그녀의 친구는 그녀가 어떤 일로 헤어졌는지는 모르지만 연애하고 헤어지는 과정에서 마음고생이 심했던 것을 알고 있었기에 그녀에게 "연애한 것 후회되지 않냐?"라고만 묻자 그녀는 "인생 경험이지 뭐!"

라며 한숨만 내쉬었다.

이후 회사 승진에서 그녀는 동료에 밀렸다. 동료보다 일에 대한 성과가 있었지만 사내 연애와 인사 사이의 정확한 인과 관계를 모르기에 어느 누구에게도 말을 할 수 없었다. 다만 자신이 이 일로써 마음이 한결 단단해졌고 사람에 대한 이해와 포용력이 더 생겨난 것을 큰 가치로 여겼다. 그 후 몇 년이 지나 그녀는 그동안 일을 잘해 온 것도 있지만 사람들을 품고 절도 있게 이끈다는 수뇌부의 신임을 받으며 임원으로 승진했다.

이처럼 연인과의 일 그리고 자신이 어찌할 수 없는 회사의 인사가 하나의 업과로 다가올 때 이를 공부 기회로 삼는 사람이 있다. 이때 마음이 훌쩍 자라나게 되면 그 일들은 부정적인 의미의 업과에만 그치는 것은 아니다.

삶에 까닭 없이 성질대로 사는 사람은 어떤 일이 생기면 '이에는 이'라며 감정대로 주고받다 보니 업이 눈덩이 구르는 것처럼 불어난다. 그러나 삶에 까닭을 갖고 인과의 원리를 운용할 줄 아는 사람은 업과를 갚을 자리에서도 최소한 참고 멈출 수 있게 되니 업이 쉰다. 물론 참기만 하면 감정이 마음 깊이 쌓이고 쌓여 폭발할 수 있으니 참는 마음을 덜어 내는 과정이 반드시 필요하긴 하다.

좀 더 공부한 사람은 참는 것을 넘어서 그 일에 대한 마음마저 놓아 업의 종자를 없앤다. 여기에 지혜까지 있는 사람은 인과의 소종래所從來를 아는 만큼 죄부터 지으려 하지 않는다. 그리고 업을 객관화시켜 바라보고 진리에 따라 심신으로 처리하는 것을 우선과제로 삼는다. 만약 시대의 인심과 개인 사정이 여의치 않다고 해도 마음에 수용할 수 있을 만큼의 상생과 은혜로는 이어 가려고 노력한다.

수행을 좀 더 깊이 한 사람은 업이 다가올 때 공부의 기회로 삼아 자기 마음과 행동의 작은 부분까지 고치고 자신을 법답게 키워간다. 즉 같은 업을 다른 업과로 바꾸어 영적 차원을 고양시켜 살아가는 수행의 삶이다.

사람에게 예측 불가능한 마음이 있기에 인생이 고통이 아니라 수행할 수 있는 게임 도구가 될 수 있다. 인생을 통해 영성의 최고 레벨을 향해 가는 여정도 흥미로운 일이 아닐까 싶다.

천업 天業
천지의 흐름과 진리의 소명을 알아야

　업은 업을 받는 대상에 따라 천업天業, 공업共業, 사업私業으로 나누기
도 한다. 천업은 우주의 이치와 그 운행에 따라 받게 되는 업이다. 이
는 우주의 음양상승陰陽相勝의 도道에 따른 자연적인 변화와 우주의 운
행에 따른 역할 등을 일컫는다. 그리고 공업은 한 무리의 일원으로서
업인을 드리우면 업의 결과도 무리의 일원으로 오는 것을 말한다. 이
와는 달리 사업은 한 개인이 다른 개인과 다수에게 미치는 업이자, 개
인이나 다수가 업을 맺고 있던 복과 혜를 개인에게 돌려주는 것을 개
인이 받아들이는 업이기도 하다.

　천업은 천지자연의 법칙에 따른 인과가 큰 틀을 이루고, 이에 따른
역할로 온다. 뒤에 나오는 「일원상서원문」의 내용 가운데 '우주의 성
주괴공成住壞空과 만물의 생로병사와 사생四生(胎, 卵, 濕, 化)의 심신작용을 따
라 혹은 진급으로 혹은 강급으로'라는 대목이 있다. 변화의 측면을 설
명하는 것이지만 사생은 심신작용을 따라 진·강급을 하는데 그 바탕
에는 우주의 성주괴공과 만물의 생로병사가 아울러 있음을 이른다.
마치 절기 따라 농사를 짓는데 천지의 일기에 영향을 지대하게 받는
것과 같다.

천업이 있기에 우주 자연 즉 토양, 물, 기후, 동물, 식물 등을 잘 보호하면 인간은 천지 자연으로부터 쾌적하고 풍족한 혜택을 입는다. 그렇지 못하면 오염되고 황폐한 환경 속에서 불편하게 살게 된다. 천업을 좀 더 깊이 들여다보면, 천지의 흐름에 따른 사회적 역할도 이 천업에 속한다.

사람에게는 우주 원리의 모든 것이 담겨 있다. 그래서 사람을 소우주라고도 부른다. 우주의 관점에서 사람을 보면 사람 개개인도 우주의 세포에 지나지 않다. 사회 또한 우주 세포의 묶음으로서 우주의 큰 흐름에 영향을 받는다. 이처럼 사람 개인이나 사회 모두 천지 자연과 한 유기체를 이룬다.

사람의 몸이 건강하면 몸 안의 세포들이 건강하고 세포들이 건강하면 사람의 몸이 건강하다. 사회의 성장도 우주의 진급기 여하에 따르기도 하지만 거꾸로 사회들이 건강해야 국가, 세계, 우주가 건강하다.

사회는 사회 구성원들의 노력 여하에 영향을 받는다. 사회 구성원들의 인지가 성장하는 데 사회 제도가 구성원들의 인지를 담을 수 없다면 마치 불어난 살을 살갗이 감당 못해 트는 것처럼 사회 균열이 일어난다. 한국의 1980년대에 민주화 운동이 일어난 것도 이러한 흐름과 다르지 않다. 이때 진리가 국민에게 민주화 열기를 불어넣고 누군가에는 주도해 갈 수 있는 소양과 능력을 주어서 민주화 운동을 하게끔 만든다. 이러한 소명을 받는 사람은 전적으로 자기가 잘나서만 받는 것이 아닌데 자부심으로 자행자지하다가는 패가망신할 수도 있다. 진리의 이러한 이치에 눈뜬 사람은 민주화 운동이 진리가 자신에게 부여한 역할이라는 것을 알고 그 일을 할 뿐, 그 이상의 욕심을 부리지 않는다.

진리의 소명을 겸허히 실천하다 보면 자신이 먼저 민주화가 되어,

역량도 생기고 부족한 부분도 채워져서 인격을 향상하는 계기를 갖게 된다. 또한 이로써 복도 쌓여 간다. 항간에 복 많은 사람을 보고 '전생에 나라를 구했나 보다.'라고 한다. 이 말은 사회의 인식 깊은 곳에 인과의 이치가 상식처럼 담겨 있다는 것을 보여 주는 한 단면이다.

공업 共業
업을 진급의 계기로 삼다

　　업의 작용은 개인의 심신작용에 의해서만 이루어지는 것이 아니다. 진리의 소명을 따르거나 자연의 이치에 영향을 받거나 무리의 일원으로서 상호 영향을 주고받으면서도 이루어진다.

　　무리에 따른 업은 무리 속에서 업을 서로 공유하게 되는데, 상대의 업이 강하여 누군가가 그 업을 받아야 된다면 받는 역할로서 업이 형성되기도 한다. 이때 과거에 지은 업이나 자신의 의식에 모자란 것이 극복 또는 해결해야 할 미션이 되어 업의 형식으로 오기 때문이다. 이때 가족 내에서 술주정할 업이 있는 사람이 있으면 가족 내에서 술주정을 받는 업이 형성되고, 반대로 술주정을 받는 업이 강하면 가족 내에서 술주정뱅이가 나타난다. 이렇게 무리 안에서 서로 주고받으며 업을 공유하거나 무리로서 또는 무리의 일원으로서 짓고 받는 업을 공업共業이라고 한다.

　　이러한 업을 아는 사람은 가족 내 애물단지를 미워하지 않는다. 애물단지가 가족 업의 한 면을 짊어지고 심신과 생활에 아픔을 겪고 있으니 말이다. 이런 이치를 아는 사람은 가족의 애물단지를 따뜻한 마음으로 받아들여 적당한 선에서 도울 줄 안다.

공업으로 분류되는 업에는 가족업, 사회업, 국가업, 세계업 등이 있다. 가족업은 부부, 부모와 자녀, 형제자매의 관계에서 생겨 서로 영향을 주는 업이고, 사회업은 사회 제도에 따른 역할이나 차별 등으로 나타나는 업이다. 그리고 국가업은 국가와 국가 사이의 이익과 편견 등에서 생기는 업이고, 세계업은 문화적 차이와 인종적 차별 등에 따라 발생하는 업이다.

경술국치 일제에 의한 강제 한일합병 에 따른 고난이나 한국전쟁을 업의 차원에서 바라보면, 반상의 차별이나 남녀의 차별에서 온 측면도 없지 않다. 그러나 모든 일을 숙명적인 업으로 받아들이게 되면 업의 노예가 된다. 사람의 일에는 과거의 업보다는 현실에서의 노력이 영향력에서 훨씬 크다. 그런데 숙명론에 빠지면 의지 상실로 불의에도 저항하지 않게 된다. 자신의 영혼은 물론 사회, 국가, 세계의 발전에도 전혀 도움이 되지 않는 아주 어리석은 생각이다.

1910년 8월 29일의 경술국치는 한국이 국가적으로 지혜와 힘이 부족했을 때 일본의 탐욕에 의해 이루어졌다. 이후 합병에 처해 있을 때 독립하고자 하는 몸부림이 없었다면 일본이 태평양전쟁에서 패했어도 한국은 해방되기 어려웠을 것이다. 이처럼 업이 또렷할지라도 웬만한 업은 마음먹기에 따라 결과가 어느 정도 달라진다. 업인에 의한 일이라도 마음을 다하여 해결하고자 노력하면 업이 남더라도 잔여 정도이니 감내할 만하다.

강한 업은 주로 에너지가 강한 원한에 의해서 맺힌다. 공업도 마찬가지나 공업을 풀어 갈 때는 원한이 있는 사람의 감정에 섭섭함이 없도록 하고 합리적인 행정으로 풀며 재발 방지를 위한 법과 제도도 마련되어야 원만하게 해소가 된다. 이런 가운데 혹 원한이 맺어질지라도 이 원한은 그렇게 크지는 않다. 섭섭한 정도에서 그치는 것이 대부분이다.

지구촌의 먹거리는 생존과 행복에 필수적이다. 먹거리 가운데 정육이나 고기잡이는 개인이 감당하기에는 업이 무겁다. 이 두 가지 산업은 국가가 경영하는 방식으로 이루어져야 업을 분산시킬 수 있다. 국가 제도가 미흡하여 개인이 어쩔 수 없이 경영해야 한다면 마음 씀씀이를 잘 가져야 한다. 인류와 국민이 건강하기를 염원하는 한편, 여력이 닿는 대로 생명 보호와 동물 행복에 관한 활동을 하는 것이 좋다. 이마저 어렵다면 무심으로 하는 수밖에 없다. 정육업과 어업도 자연과 사회의 유기체 속에서 하나의 일로써 무심히 하면 업은 자연의 먹이사슬관계의 일환이 된다.

다행인 것은 이런 업종에 종사하는 사람들 대부분이 알게 모르게 사심 없이 한다는 것이다. 이러니 정육업과 어업으로 맺어지는 업이 개인의 업으로 오지 않고 공업이 되려면 국가와 사회가 감당해야 한다. 혹여 부득이 개인이 해야 하는 상황이라면 그 일을 무심으로 해야 자연업^천업으로 될 수 있다. 그 일이 자연업이 되어야 개인에게 과중하게 오는 업과가 자연의 관계로 옮겨 가게 된다.

인간이 인간으로 살아가기 위해서는 업을 떠나서 살 수 없다. 하지만 지혜와 의지가 있다면 그 업을 최소화하고 업을 진급의 계기로 삼아 활용할 수 있다. 이것은 최령한 인간만이 할 수 있는 지혜이다.

업의 비밀
지혜와 의지는 업을 조절한다

사람은 의식이 깨어 있는 동안에 마음과 입과 몸이 쉴 새 없이 작용한다. 이 작용으로 자신과 다른 존재가 만나서 생긴 에너지가 뭉쳐 업을 낳는다. 이 업은 각자의 마음과 사회적 관계의 존재들과 진리에 새겨져 있다가 훗날 또는 다음 생에 업으로 와서 삶에 영향을 끼친다. 그러므로 삶의 모든 것을 알고 보면 우연이란 것은 없다. 모두 필연으로 이루어졌다. 이쯤 되면 내 인생은 전생의 업으로 가득 차서 지금 이 순간의 의지조차 업의 조정을 받는 것으로 알게 된다. 그러니 애써 무엇을 하려기보다 주어진 상황에 맞게 살아가면 그만이라고 생각할 수도 있다.

하지만 삶의 공간은 신축적이라서 삶이 단편적으로 전개되지는 않는다. 지혜가 있고 의지가 클수록 자유의지로 만들어 갈 공간이 넓어지는 한편 전생 업이 영향을 미치는 공간은 반비례해서 적어진다. 반대로 지혜와 의지가 적으면 전생의 업이 이 공간 대다수를 차지하고 만다. 게다가 더욱 적으면 에너지 자체가 없어져서 삶이라고 할 것도 없이 황폐해져 버린다.
삶의 공간 안의 내용들을 보면 지혜와 의지의 영역 그리고 업의 영역으로 나눌 수 있다. 업의 영역 안에도 경중의 차이가 존재한다. 업으로써 인생에 영향을 지대하게 미치는 것과 업으로써 작용하지 않을 정도로 미미한 것 말이다.

업은 지혜와 의지에 반비례한다. 마음가짐이 편안하고 지혜와 의지가 크면 업은 큰 힘을 발휘하지 못할 뿐만 아니라 오히려 지혜와 의지를 단련하거나 풍요롭게 하는 자원이 된다. 그래서 업은 두려워할 대상이 아니다. 내게 지혜와 의지가 없는 것을 더 두려워해야 한다.

인생에서 '생각의 습관'과 '행동의 습관'은 삶에 지대한 영향을 미친다. 이것이 체화된 감각으로 이어지면 좋은 습관이든 나쁜 습관이든 더욱 견고해져서 삶을 이끌어 간다.

사람은 마음과 몸을 기반으로 공부할 수 있는 여건을 지녔다. 본말本末에 따르면 마음이 몸을 움직이지만 몸도 마음에 영향을 끼친다. 육신은 대체로 둔하지만 습관이 잘못 들면 마음이 감당하기 어려울 정도로 마음을 힘들게도 한다. 마음은 체면이 있어서 '나는 상황에 초연해.'라며 자기 자신을 천연덕스럽게 속일 수 있다. 그러나 체면이 없는 몸은 자율적 균형을 위한 반응과 습관된 반응 그대로 나타낸다. 신경성이나 알레르기 반응도 이런 현상 가운데 하나이다.

운동선수가 타이어를 매달고 뛰면서 힘을 기르는 것처럼 마음이 몸을 가지고 공부하는 것은 참으로 힘들기만 하다. 그러나 이 몸은 마음을 진급시켜 가는 데 더할 나위 없이 좋다. 마음을 면밀하게 길들일 수 있는 수행의 도구가 되어 주기 때문이다.

그러나 죽음에 이르러서는 몸의 습관은 몸의 요소인 지수화풍을 따라 흩어져 사라지고 마음의 습관만 남는다. 특히 사람으로 살며 조심할 것은 육신의 호르몬에 따라 일어나는 색욕이다. 색욕은 동물에게 있어 종족 보존이란 큰 역할을 한다. 이 욕구는 목숨을 내놓을 만큼 아주 강력하나 동물로서의 인간에 국한된 에너지이다.

영혼은 남녀라는 성이 없다. 이것을 알지 못하면 살아생전에서의 색욕은 마음의 습관으로 자리하여 착심이 된다. 이 착심은 영혼으로서 가야 할 길에서 발목을 잡고 색정이 있는 동물의 세계에서 맴돌게 한다. 결국 인간의 굴레에서 떠나지 못하여 고단한 삶으로 이어지거나 짐승으로 타락할 수도 있다. 인간이 이생을 떠날 때 색욕이 착[1]으로만 되지 않아도 윤회의 고리를 벗어나지 못할 만큼의 심각한 상황은 초래하지 않는다. 그래서 몸의 정보에서 색욕만큼은 죽기 전에는 반드시 해결해야만 한다.

인생을 지혜와 의지로 이끌어 가면 업은 삶의 자연스러운 변화 정도로만 생각해도 된다. 그러면 삶에 한층 여유가 생긴다. 나아가 성품에서 발현된 마음으로 살아가는 은혜로운 삶의 여정에서는 업은 전혀 힘을 쓰지 못한다. 그리고 인생은 더욱 자유롭다.

불보살의 종자
인간은 진리 그리고 우주와 하나

영혼의 존재나 생물의 존재도 어느 것 하나 먼저 생긴 게 없고, 좋고 나쁜 것도 없다. 물론 소소하게 새로운 생물이 생겨나고 없어지기도 하지만 그것은 마치 사람에게 여드름이 생겼다가 없어지는 것과 같다. 큰 틀 안에서의 작은 변화일 뿐이다.

우주는 신진대사를 하듯이 끊임없이 변화해 간다. 영혼도 이에 따라 윤회를 거듭하면서 자유의지에 의해 즐겨하는 것이 생기나 패턴을 이룬다. 그 패턴은 착과 업이 되어 윤회의 수레바퀴 속에서 헤어나지 못하도록 관성을 지닌다. 물론 마음이 미진微塵 하면 죽어서 영혼이 먼지처럼 되어 공기의 흐름 따라 여기저기 휩쓸려 다닐 수 있다. 그러나 의지가 강한 인간의 대부분은 윤회에 의해 오간다.

영혼이 맑고 지혜로운 사람은 마음 담뿍한 에너지로 착과 업을 떠나 육도를 자유롭게 왕래한다. 이런 존재 가운데 궁극의 경지에 이른 존재를 불보살이라고 부른다. 대산의 "중생은 인과에 끌려다니지만 불보살은 인과를 굴리고 다닌다."라는 말은 이를 뒷받침해 준다. 중생은 윤회와 인연에 끌려다니지만 불보살은 천업을 돌파하고 거래와 승강을 자유자재한다는 이야기다.

사람 대부분은 사회에서 끊임없이 경쟁하며 획일화된 가치를 부여 받는다. 그러다 보니 자신이 우주와 하나인 존재로서 생각 그대로가 우주에 미친다는 것을 망각한 채 살아간다. 이런 삶은 자신을 '별 볼 일 없는 사람'으로 여기게 한다. 나머지 인생마저도 허비해 버릴 수 있다.

　우리의 영혼은 우주와 함께 호흡하기 때문에 깊은 내면에서부터 나의 의식을 바꾸면 삶의 모습과 환경도 그에 따라 점점 재편되어 간다. 그동안의 삶을 뒤집어 생각해 보면 지금의 삶도 내가 정해서 운전해 왔다는 것쯤은 쉽게 알 수 있다.

　우리는 진리 그리고 우주와 하나일 뿐만 아니라 본디 불보살이다. 그렇기 때문에 내면의 울림에 귀를 기울이면 대부분의 소식은 진리의 울림으로 전해져 온다. 그러면 세속적인 경쟁보다 진리적인 삶에 방점을 둔 자신의 삶이 열린다. 혹 마음이 어두워 미심쩍을 수 있다. 이럴 때는 일원상 진리에 대조하고 선지자에게 묻는 것만으로도 이미 알고 느꼈던 마음이라 그 마음이 되살아나게 된다.

진리에 깨어 있는 존재
수행도 보시도 내 영혼을 위한 것일 뿐

인과를 아는 사람은 복 짓지 않을 수 없다. 현생 또는 내생에 받을 것이기 때문이다. 그런데 좀 더 공부한 사람은 복을 짓는 데 그치지 않고 복을 남몰래 짓거나 복을 짓고서도 시치미를 뚝 뗀다. 거름을 땅 위에 하는 것보다 땅속에 묻어두면 식물이 더 잘 자라는 것처럼, 상相 없이 보시를 하면 복이 몇 배나 더한다는 것을 아는 까닭이다. 그러나 이러한 복은 짓고서 표현을 하든 안 하든 모두 상의 범주를 넘어서지 못한다. 상은 착着의 씨앗이 되어 윤회의 고리에서 벗어날 수 없도록 한계를 짓는다.

존재의 자각이 '나'란 것에 갇히면 영혼의 가치를 잊은 채 인간의 삶에 생의 초점을 둔다. 여기에서 생긴 상은 욕심과 관념과 습관을 통해 더욱 구체화되어 나타난다. 이렇게 형성된 마음의 결정체가 착이다. 착에 자신의 영혼이 휘말리면 이 착의 테두리 안에서 벗어나기 여간 어려운 것이 아니다.

한 존재가 진리에 깨어 있다면 인생을 착이 아닌 의미의 삶으로 엮어 간다. 육도마저도 끌려다니는 곳이 아닌 여행과 체험의 의미로 자유롭게 드나드는 곳으로 여긴다. 복을 지을 때도 욕심이나 상으로 짓지 않는다. 가령 다른 사람들에게 좋은 사람의 이미지를 심기 위해서, 또는 내생에 복 받을 것을 저축하기 위해서, 또는 보험처럼 유사시의 어려움에 대비하기 위해서 복을 짓는 행위 등을 하지 않는다는 것이다. 욕심이나 상에 의하지 않고 복을 짓는 이유는 복을 지어서 받으려는 마음이 없기 때문에 마음속에 복이라는 것도 없다. 자신의 영혼을 사랑하기에 하는 일에 불과하다.

한 영혼이 온전하게 성장하는 데에 필요한 덕목이 진공眞空과 묘유妙有이다. 이를 달리 표현하면 '맑음'과 '풍요로움'이라 할 수 있다. 자신의 영혼을 사랑하는 사람은 이 두 가지 덕목을 갖추기 위해 노력한다.

그래서 자기 영혼을 닦는 수행자에게서 맑은 구석이 없다면 별난 재주가 있어도 수행자의 자격은 없다. 배려를 전제한 지혜와 의지가 약해도 마찬가지다. 참된 수행자는 복을 지을 줄 아는 마음과 실행에 옮김으로써 자신의 영혼이 풍요로워지는 것을 안다. 그래서 복을 짓고도 누구에게 자랑할 필요를 느끼지 못한다. 누군가가 몰라준다고 해도 서운한 마음이 없다. 무상無相이라 할 것도 없는 무상의 마음이 자 모습이다. 이러한 이를 보통 불보살이라고 부른다.

과보 면에서도 의식이 열리지 못한 중생은 누가 나를 때리면 반사적으로 되갚기에 바쁘다. 이보다는 조금 나은 고급 중생은 '전생에 내가 저 사람을 때렸었든지, 저런 일에 깊이 이해하지 못했는가 보다!' 하고 참고 감수한다. 하지만 불보살은 맞아서 아픈 것을 알고는 '나도 맞서 때리면 저 사람이 아프겠으니 나는 저 사람을 때리지 않아야겠다.'라고 마음먹는다. 여기에는 공부가 들어 있다. 그래서 참을 것도 없고 미워할 것도 없다.

불보살도 인간의 삶으로 살 때는 선악의 인연을 벗어날 수 있는 것은 아니다. 그럼에도 불구하고 선악의 인연이 생기는 것을 염려치 않는다. 알고서는 악연을 짓지 않지만 어쩔 수 없는 일에 의한 업이라면 흔쾌히 감내한다. 역경에서도 스스로가 피폐해지지 않을 자신이 있을 뿐만 아니라 역경으로 자기 영성을 닦는 기회이자 자료로 삼기 때문이다.

불보살이 인과를 대하는 자세를 불보살의 인과라고 한다. 그래서 인과를 믿고 공부할 때는 불보살의 인과로 해야 한다. 불보살의 인과로 공부하는 속 깊은 수행자는 관념으로 자신을 옥죄거나 타인의 시선으로 자신을 규정하지 않는다. 삶의 초점이 자신에게 솔직하고 자기의 영혼을 상서롭게 하는 데 맞춰져 있다는 연유이다.

자유의 길
천상을 넘어 자유를 향해

인간 세상에서 사는 데 지친 나머지 죽으면 천상으로 가겠다는 사람들이 있다. 천상은 마음먹거나 믿는다고 해서 누구나 무조건 갈 수 있는 곳이 아니다. 살아생전 아무리 돈 많고 권력이 있었거나 성직의 길을 걸었다고 해도 마음먹은 대로 가지 못하는 건 마찬가지다.

사람에게는 각자 나름대로 기운의 파장이 있는데, 천상에 이르기 위해서는 그에 상응하는 파장을 스스로 지녀야 한다. 별 재주가 다 있어도 관념과 욕심으로 가득 찬 기운과 파장으로는 턱도 없다. 기운의 파장은 그 사람의 의식세계와 연결되어 있다. 그 의식은 마음과 행동의 습관이 삶의 경험과 어우러져 집약된다. 진리에 의한 순수 의식이라야 좋은 기운의 파장을 이룬다.

천상에 이르는 영혼들은 기운이 맑고 영적 성장에 뜻을 두기 때문에 천상에 이르는 것이 가능하다. 하나님을 믿으면 천국에 간다는 이야기는, 하나님 앞에 겸허해지니 기운이 맑아지고 욕심이 없어져서 결국에는 천국에 간다는 의미이다. 그런데 무조건 믿으면 천국에 간다고 맹신을 부추기는 경향이 있는데 바람직하지 않다. 세상의 인지는 점점 열리는 때라서 종교와 수행자들은 대중을 진리의 이치에 따라 사실대로 인도해야 한다.

영혼이 맑고 뜻이 고상하면 천상에는 누구나 갈 수 있다. 이는 최소한의 조건이다. 그렇다고 천상에 있는 영혼들의 영적 수준과 능력이 다 같은 것은 아니다. 천층만층이라 할 수 있다. 낮은 경지에 있는 무리는 높은 경지에 있는 무리에 다가서지 못할 정도로 그들 사이의 법력의 차이와 한계가 극명하다.

자기의 의식 수준은 누가 만들어 넣어 줄 수 없고 대신해 줄 수도 없다. 영적 수준은 안정, 통찰, 정성, 포용을 어느 정도 지녔느냐에 따라 갈린다. 천상에 낮은 수준으로 들어도 편안할 수는 있지만 자유롭지 못해 답답함은 어쩔 수 없다. 그래서 영적 존재들의 본능은 자유에 있다.

천상에 있은들 능력 없는 착한 어린아이마냥 그저 안주하기만 하면 무슨 의미가 있을까. 천상에서도 수행할 수는 있지만 수행의 효율적인 면에서는 인간 세상에서의 수행보다 훨씬 떨어진다. 그래서 천상의 영혼들은 압축된 삶의 의미를 지닌 인간계에 와서 공부하려는 것이다. 욕심이 더 많은 존재는 정법 문하의 스승을 만나 체계적으로 수행하려고 한다. 이로써 100배나 더 효율적인 수행을 할 수 있다.

원불교는 순수한 믿음만으로 천상에 이르는 것을 장려하지는 않는다. 최소한 항마^{법위등급 참조} 이상의 심법을 얻도록 가르치고 배우며 수행해 가기를 바란다. 만약 이곳에서 수행하여 항마 이상의 경지에 이르지 못하면 '다시 사람 몸으로 정법회상을 찾아와서 이 공부와 이 사업을 해 가며 법력을 증진하라'고 부촉한다. 천상에 이르러도 항마 정도의 심법과 기운의 파장을 이루어야 어느 정도의 자유를 가질 수 있다. 이것이 천상을 넘어선 자유의 길이며 마음이 열린 사람들에게 어울리는 진리적이고 사실적인 법이다.

언어명상의 완연함
성품에 깨어 맑고 평온하다

언어명상言語名相이 완연宛然하다는 것은 말과 글과 이름과 형상이 눈에 보이는 것처럼 뚜렷하다는 뜻이다. 그렇기 때문에 진리에 의한 마음이 공적영지를 따라 말과 글로 표현함은 물론이고 이름 지어 구분하고 형상으로 표현해도 진리에서 벗어나지 않는다.

성품에 깨어 대소유무에 의한 통찰로 선악의 인과를 굴려 가는 사람이라면 왠지 이지적이면서도 도도할 것처럼 생각될 수 있다. 그동안 어느 정도의 지식과 성과를 이룬 사람들에게서 나타나는 전문성, 의지력, 권위의식, 당위성 등을 경험해 왔기 때문일 것이다.

그러나 성품에 깨어 대소유무로 제대로 통찰하고 인과에 통달한 사람은 언어명상에 선명, 섬세, 온화, 조화, 여유가 있다. 이런 사람은 어떤 일에 일가를 이룰 수도 있겠지만 무엇보다 영혼이 아름답다. 알면 알수록 차 한잔 나누며 이야기하고 싶은 사람이다.

이 같은 사람은 성품에 깨어 영혼이 맑고 평온하다. 이런 기운을 바탕으로 대소유무에 의한 균형과 조화를 이룬 의식을 지녔다. 게다가 인과를 바탕으로 널리 헤아리기에 마음마저 넓고 따뜻하고 포근하기만 하다.

세상 사람들 모두가 언어명상이 뚜렷하면 좋으련만 삶에 까닭을 갖고 살아가는 사람들은 그리 많지 않다. 먹고 살며 사랑하고 가족 부양하는 데 급급한 나머지 삶의 본질에 깨어 있을 여력이 없기 때문이다.

현 생활과 성품에 깨어 살고자 마음을 먹고 노력해도 누구나 처음에는 성품으로 깨어 산다는 것이 서툴 수밖에 없다. 언어명상이 다소 투박하고 거칠지라도 수행의 첫걸음은 막돼먹지 않는 것부터 챙겨야 한다. 자동차 운전 중에 누군가가 옆에서 갑자기 끼어들어 급정거를 할 때 열 받을 수는 있어도 막말하지 않는 정도만 되어도 수행의 첫걸음을 잘 내디딘 사람이다.

수행은 자기 통제에 힘이 있어야 한다. 이 힘으로 마음을 성품에 돌이키고 성품에서 발현되는 경로를 따라 심성을 길들일 수 있다. 성품을 바탕 삼게 되면 마음에서 우선 순수함부터 지니게 된다. 이 순수함이 바탕 되어야 근본 지혜가 솟을 때 순일하게 뻗어 간다. 이러한 기질은 마음 씀씀이로 이어질 때 정성과 따뜻함이 내재된 모습으로 나타난다.

수행은 순리대로 잘될 때보다 역리로 나타날 때 그 민낯이 드러난다. 그래서 중상모략, 비난, 충고, 조언, 병, 슬럼프, 위기 등이 다가올 때의 심법을 보면 그의 의식 수준을 알 수 있다는 것이다. 이때 진실에 망설이지 않고 행동에 저항이 없고 일이 지난 후 마음의 흔적을 남기지 않는 사람, 남을 배려하다 손해를 볼지라도 감내할 수 있는 사람이라면 가슴속에 진리가 담긴 수행자가 틀림없다.

진리적 수행자가 세상 속에 살아갈 때는 긴 호흡으로 모두가 이로운 쪽으로 판단하고, 결단을 깊고 넓고 조화롭게 내린다. 판단할 때를 보면 대소유무의 진리를 근간으로 삼아 생각을 하되 생각의 궁굴림을 넘어선 체화된 감각으로 나타낸다. 그리고 그의 삶을 깊게 들여다보면 인과 관계에서 삶의 본질을 놓지 않고 자신의 영혼을 사랑한다. 이러한 마음에서 나오는 공부와 배려에는 품위가 있다. 언어명상 하나 하나에서도 진리를 품어 안아서 진리가 배어 나오는 사람이다.

장중에 한 구슬
진리, 우주, 삶이 내 손바닥 안에

    손바닥 한가운데라는 뜻의 장중掌中, 이 장중에 한 구슬 같이 드러
난다는 표현은 진리와 천지자연과 영혼과 인간의 삶을 한 손바닥 위
에 구슬처럼 얹어놓고 다른 손가락으로 이리저리 돌려 가며 본다는
의미이다. 이 정도로 볼 수준이 되면 자기의 삶을 객관화시키는 것이
나 진리의 관점에서 삶을 바라보는 것쯤은 아무것도 아니다.

    반면에 눈동자를 굴리며 생각을 짜내야 진리에 대해 설명이 되는
것이라면 아직 진리가 장중에 한 구슬이 되지 못한 것이다. 눈을 감든
뜨든 진리에 대해 훤히 알아야 한다. 사과를 본 사람은 '사과가 어떻
게 생겼지.' 하고 눈동자를 굴리며 곰곰이 생각하지 않는다. 언제나
사과가 마음에 담겨 있고 눈에 선하여 '저 사람에게 어떻게 말해 주어
야 잘 알아듣지?'라는 마음으로 생각을 궁굴릴 따름이다.

    한 철학자가 교무에게 질문을 했다. "교무님! 이 삶이 진짜가 아닌
것만 알아도 견성見性이라 할 수 있습니까?" "네 그렇습니다." 너무도
당연하듯 한 교무의 확신에 찬 말에 철학자는 체증이 가라앉듯이 편
안해졌다.

철학자의 질문 속에 내재된 내용은 '세속에 함몰되지 않는 삶과, 영적이면서도 거시적인 안목에서 바라본 인간의 삶이란 각자 나름대로 의미를 지니고 있지만 실은 이미지에 지나지 않냐?'라는 뜻이다. 진리적 안목이 열린 수행자들은 그동안 이 세상은 "물거품 또는 환영처럼 진짜가 아니라고." 숱하게 이야기해 왔는데, 사람들은 마음 한편으로 수긍하다가도 삶에서 너무 좋거나 힘든 때에 이르면 수긍했던 사실을 까마득히 잊어버린다.

삶 속에 함몰되어 살지 않을 정도가 되는 것이 그렇게 어렵지만은 않다. 굳이 영적인 안목이 열리지 않았더라도 세상에서 한발 물러서 세상을 바라볼 수만 있어도 삶 속에 매몰되지는 않는다. 나아가 삶을 좀 더 사유하여 바라보면 삶 하나하나에 자신이 살아가는 의미가 담겨 있음을 알게 된다. 그리고 삶을 통찰하는 수준에 이르면 삶 속의 일 하나하나에서도 마음가짐과 행동이 진리와 동떨어져 있지 않음도 안다. 이렇게 살다 보면 진리에 의한 본질이 삶의 가치관으로 늘 깨어 살아가는 데 이른다.

명인으로 칭해지는 사람의 곁에서 일을 돕는 사람이 명인에게 물었다. "선생님은 천재인가 봐요. 강의를 준비 없이 어찌 그렇게 편안하게 잘할 수 있으세요?" 이에 명인은 "제가 하고 있는 일에 대한 모든 것을 마음에 담고 생활해 왔던 것이라 그냥 내 자신을 읽을 따름입니다. 그러니 준비하거나 기억하려고 애쓸 것이 없고 잊어버릴까 봐 염려할 것도 없네요."라고 한다. 그 사람이 다시 "선생님은 삶 속에서 가슴으로 몸으로 준비하는 거네요?"라고 하니 명인은 "그런가요?"라고 담담히 대꾸한다.

꿈에서도 진리를 장중에 한 구슬처럼 여기는 사람은 명인처럼 하고 싶은 것을 삶에 담아 살아가는 것과 다르지 않다. 이것은 생각이나 논리로 가늠해서 되는 것이 아니다. 진리를 삶에 녹여 살기 때문에 말할 때 생각을 궁굴릴 필요가 없다. 눈앞에 그림이 펼쳐져 있는 듯하니 진리가 한 생각을 넘어서지 않고 있다. 이는 물을 늘 마셔 왔던 사람이 물에 대한 느낌과 생각을 말할 때와 같다.

그런데 진리를 지식으로 배워 아는 사람은 혹 아는 것이 맞지 않을 수 있다는 두려움이 내면에 상존하게 된다. 그러다 보니 진리와 삶에 깨어 있기보다는 그동안의 정보를 종합 정리하는 데만 급급하다. 이 즉시 생각은 화석처럼 되고 언어명상言語名相은 생동감을 잃어버린다.

장중에 한 구슬을 보듯 하는 사람은 휴식을 취할 때도 공적영지가 마음에 담겨 있어서 마음이 항상 편안하면서도 상쾌하다. 그러다가 생각을 일으킬 때면 대소유무에 의한 통찰이 저절로 되고 삶의 시비 이해에서는 지혜롭다. 그리고 생활할 때는 인과를 균형 있는 생동감으로 조화롭게 가꿔가며 결국 은혜를 생산해 낸다. 이렇게 구슬에 담긴 진리로 삶을 엮어 체화가 되기까지 한 사람은 모습 자체가 간명하고 영롱하다.

우주적 존재의 삶
시방삼계도 손바닥 가운데 놓인 한 구슬

시방十方은 열 개의 방위동서남북과 이것의 간방 그리고 상하를 나타내는 공간
적 개념이다. 그리고 삼계三界는 과거, 현재, 미래 또는 욕계欲界, 색계
色界, 무색계無色界를 이른다.

욕계는 오욕식욕, 색욕, 수면욕, 재물욕, 명예욕으로 세상을 살아가는 욕심의
세계인데 육도六途의 세계도 이에 포함된다. 육도 중 인간, 수라, 아
귀, 동물, 지옥이야 욕심의 세계에 속할 수 있겠다 싶지만 천상의 세
계에 있는 존재까지도 여기에 벗어나지 못했다면 의문이 생길 법하
다. 사실 천상 안에서도 수준은 천층만층이다. 천상에는 기본적으로
착하고 의도가 순수한 영혼이나 욕심을 벗어나지 못한 영혼이 있는가
하면, 욕심을 벗어나 영적 성장을 추구하는 영혼들도 있다. 그리고 티
끌 만한 집착도 없이 천지와 합일된 존재도 있으니 천상은 욕계, 색
계, 무색계를 모두 아우르고 있는 곳이다.

그런데 천상은 복을 지어서 갈 수도 있다. 이때 복의 양도 무시할
수 없지만 중요한 것은 복 짓는 마음의 순수성이다. 이런 조건의 충족
으로 천상에 이르면 복이 다하는 즉시 내려오게 된다. 그러므로 천상
도 육도 윤회의 고리에서 자유롭지는 못하다.

색계는, 오욕만큼은 벗어났으나 눈에 보이거나 계량화할 수 있는 것에 집착하는 등 유형에 대한 관념에서 벗어나지 못한 세계이다. 그래도 이 세계의 존재는 영혼이 맑으면서도 뜻이 고상한 정도는 된다. 다른 존재에게 유형무형의 해를 입히지 않으려 하고, 아름다움을 추구하면서 영적 성장에도 관심이 많다. 게다가 좋은 인연과 법문을 좋아하고 자연을 좋아할 뿐만 아니라 고상한 모습도 선호한다. 이러한 것들로 천상에 안착하기는 어렵다. 의식이 아직 시간과 공간에 대한 집착과 집단 관념으로부터 완전히 벗어나지 못했기 때문이다. 마음 가운데 명예와 권력을 은근히 바라고 추구하다가 명예와 권력이 자신에게 돌아오면 여기에 빠져 영혼이 어두워지기도 한다. 이런 사람이 목숨을 다하여 천상에 이르면 인간 세상에서의 이미지를 드러내고 으스대는 경향이 있다. 영혼은 몸이 없는 데에도 불구하고 상상력을 기반으로 '기氣 부림'을 하여 이미지의 옷을 입는다.

무색계는 욕계와 색계는 벗어났으나 자아自我에 대한 집착이 남아 있다. 그래도 천상계에는 안착한 수준이다.

삼계를 육도의 관점에서 보면 욕계에는 욕심이 치성한 동물과 아귀가 주를 이루고, 색계에는 인간이 주를 이룬다. 그리고 무색계에는 천상의 영혼들이 머문다. 그러나 윤회는 집착으로 인해 이루어지는 것이니 무색계도 윤회로부터 자유롭지는 못하다.

무색계마저 벗어난 삶은 자아를 떠난 우주적인 존재로서 자신과 세상을 균형과 조화로써 한 살림으로 엮어 시방일가十方一家를 이룬 것이다.

삼계가 중생이 육도 윤회하는 범부들이 사는 세간世間이라면, 출세간出世間은 생사해탈을 하여 번뇌조차 없는 성자가 머무는 무루계無漏界이다. 이를 법계라고도 부른다. 동남아 중심의 초기 불교에서는 이처럼 삼계世間와 출세간을 구별하지만, 한·중·일 중심의 대승불교에서는 무루계도 삼계 밖에 따로 있지 않다고 하며, 생사즉열반生死卽涅槃과 번뇌즉보리煩惱卽菩提를 교리의 바탕으로 삼는다.

　시방삼계는 시간과 공간뿐만 아니라 모든 영적 존재와 수준에 따라 펼쳐진 세계이다. 그러나 원불교는 삼계의 28천에 대해서 구체적으로 언급하지 않고 있다. 공부 단계인 법위등급에 따라 인간으로 살아가며 마음공부만 잘해 놓으면, 영혼의 세계에 이르러도 한결같아서다. 공부의 등위가 출가위出家位에 이르면 삼계의 스승인 대도사大導師가 된다.

　삼계의 대도사는 불교에서 말하는 무루계의 경지 정도에 이르러서 공적영지가 발해야 한다. 이로써 천조의 대소유무에 따른 복혜를 장만할 줄 알고, 그 시대 인심에 따라 법을 내놓는데 언어와 명상이 명쾌하고 은혜로 충만하다. 한마디로 시방삼계궁극적 진리와 유형무형의 펼쳐진 모든 세계를 마치 손바닥 가운데에 놓인 한 구슬처럼 본다.

진공묘유의 진리
진리는 텅 비었으되
만물의 조화까지 품는다

우주만유의 조화造化는 진공묘유의 진리로부터 비롯되었다. 진공묘유의 진리는 만물을 창조하고 기르는 대자연의 이치, 또한 그에 따라 만들어진 우주 만물 그 자체이기도 하다.

진공묘유에서 진공은 진리의 근원이고 묘유는 현상을 말한다. 또한 진공묘유는 궁극적 비움에서 나타나는 이치와 현상으로 이어지는 작용까지를 일컫는다.

이것은 마치 우리의 마음은 눈으로 보거나 코로 냄새 맡거나 손으로 잡을 수 없으니 비었다고 하는 것과 같고, 이 빈 마음에서 묘연하게도 수많은 감정, 생각, 사유가 있게 되니 묘유라고 하는 것과 같다.

우주도 마찬가지다. 우주에는 우주를 존재하게 하고 움직이는 이치가 있다. 이것을 보거나 냄새 맡거나 잡을 수 없어서 '진공'이라고 한다. 더불어 엄연히 운행하는 이치가 있어 때로는 질서로, 때로는 혼돈으로 우주에 생명력을 불어넣으며 존재와 존재 간 균형을 이루는 조화를 '묘유'라 한다.

존재의 원초적 근원을 찾아 들어가 볼 때도 우주의 근원과 생물의 근원 그리고 무생물의 근원에 이르기까지 텅 비었으나, 그 비움 속에는 우주가 미발未發인 채 담겨 있다.

엄밀히 살피면 비움이 반드시 묘하게 나타나는 것은 아니다. 사람의 마음을 볼 때 혼이 나간 멍한 상태를 진공이라고 부르지 않는다. 굳이 이 상태를 표현하면 진공과 구분 지어 '무딜 완頑' 자를 써서 완공頑空이라고 부른다. 물론 넓은 의미에서 완공에도 우주의 기운이 함께하는 건 맞다. 그렇지만 이 완공의 기운은 진공 속에 묘유가 내재된 온전한 성품과는 다른 기운이다. 수행자가 마음을 비우려는 것은 완공이 되려는 것이 아니다.

산 사람에게는 누구나 열정과 서원이란 에너지가 있다. 이 에너지를 잘 살려 마음을 그대로 비우면 허무나 완공이 아닌 진공이 된다. 물론 잘못 비우면 완공이 되기도 하는데, 이런 현상은 관념과 욕심 그리고 잘못된 습관을 놓으려다 도리어 열정과 서원마저 비우는 데에서 생긴 것이다.

진공이 묘유의 바탕이자 묘유의 근원이지만, 묘유를 기준으로 진공을 설명할 때는 진공에 생동감이 내재해 있는지를 본다. 이 생동감은 텅 비어 있으되 고요하면서도 뭔가 신령스럽게 아는 에너지이다. 이 모두를 공적영지空寂靈知라고 한다. 이는 우주의 근원이자 인간의 근본 내용이다. 즉 진공은 공적영지라야 진공의 뜻이 온전해진다.

진공묘유를 우주의 근원으로 설명하지만, 자신이 가진 진리성을 알고 자신을 진리로 내면화하는 사람들은 진공묘유로 수행의 근간을 삼는 이들이다.

일이 없을 때는 마음을 텅 비워 고요한 가운데 마음을 상쾌하게 지니다가 때에 따라 일의 기틀을 보고 일에 맞는 준비를 해둔다. 그리고 일이 있을 때에는 그 목적에 맞게 온 마음으로 일해 가는 것을 주체로 하여 마음을 평온하고 순수하게 발현시킨다.

　그래서 진공으로 체^體바탕를 삼고 묘유로 용^用활용을 삼아 무시선^{無時禪} 공부를 해 간다. 진공묘유로 공부하는 사람은 결국에는 자신의 영적 성장을 이루고 다른 존재를 배려할 뿐이다. 나머지 인간 세상의 삶은 의식을 풍요롭게 하는 옵션에 지나지 않다.

사은이 품은 우주만유

우주 속 한 괴멸도 큰 상생을 위한 모습

진공묘유는 우주의 근원이자 원리이다. 이것은 인간에게도 마찬가지로 적용된다. 이러한 인간은 우주만유를 통하여 태어나서 각자의 마음과 행동으로 각양각색의 삶을 펼쳐간다. 그래서 모든 사람의 삶의 모습은 각기 다르지만 서로가 간극을 채워 주고 균형을 맞춰가며 더 큰 삶의 덩어리인 사회라는 유기체를 이룬다. 나아가 이 모든 존재들이 조화롭게 우주를 만든다.

우주만유는 원불교 교리 체계에 따라 사은四恩이라고도 불린다. 뒤집어 표현하자면 사은은 우주만유를 네 가지의 영역에 따라 구분한 것이다. 천지, 부모, 동포, 법률로 구분 지었는데, 만일 이 네 가지만으로 우주만유를 전부 설명할 수 없다면 보충해서라도 살펴볼 필요는 있다.

사은을 우주만유와 동일시함에는 다소 무리가 있다. 우선 우주만유에 대해 보면, 만유는 만물에 국한된 것이 아니라 영적 존재까지도 포함할 수 있는 개념이다.

사은은 우주만유가 세상에 미치는 영향을 구체화시켜 사람들로 하여금 이해를 돕기 위해 구분한 개념이지만, 삶을 은혜의 관점으로 전환하는 의미도 있다. 그러나 사은의 내용에서 천지은의 이법理法이 곧 법률은의 법률인 것처럼 사은과 사은 사이에서도 서로 중복되는 개념이 있기도 하다. 반면 사은의 각 내용을 하나하나 밝혀 개별의 항목을 규정해 가며 진리를 통찰한다고 하지만 의식의 손실도 있다. 사실 영혼, 유전자, 로봇, 가상현실 등을 사은의 의미로 접근하면 설명 안 되는 것은 없지만 『정전』에서 밝힌 사은의 내역만으로 다 설명되기는 어렵다. 그래서 사은을 이해할 때 우주만유가 개념의 바탕을 이루어야 각 개념을 분별할 때 생겨나는 의식의 손실을 줄인다.

소태산은 인류가 사은을 통해 우주를 품고, 진리적인 삶으로 살아가기를 원했다. 사은이라는 은혜의 의미는 '은恩'이라는 상생의 원리를 근본으로 삼고 진급된 삶으로 살아가는 데 있다. 진공묘유가 우주만유를 '통'하여 나타났기 때문에 그 은혜의 이유를 존재의 이유에서 찾았다. 진공묘유가 우주만유를 통하지 않고서는 존재의 근거마저 찾을 수 없기 때문에 필연적인 관계로서의 은혜가 된다.

우주를 소우주인 인간으로 비추어 살펴보면, 인간 각자는 사은을 통하여 태어나 서로 의지하며 은혜를 재생산해 낸다. 나는 사은의 한 구성체로서 사은의 은혜를 입기도 하지만 다른 존재에게 은혜가 되어 주기도 한다. 즉 내가 사은을 통해서 세상에 태어나 원만하게 생활을 영유할 수 있듯이, 나는 또 다른 존재의 바탕이 되어서 삶을 열어 준다. 이처럼 우주만유는 서로서로 은혜로 엮어져 있다.

서로 사은을 통하여 주고받는 관계인 만큼 각자는 사은의 구성체로서 각자의 삶에 주어진 제 역할을 잘하는 것이 서로에게 은혜가 된다. 이것이 자신에 대한 최고의 배려이자 근본적인 존중이고, 다른 존재에 대한 배려이자 보은이 된다.

시간, 다만 존재할 뿐
이미지 속 세상에는 의미만이 실존

　진리와 우주는 무시광겁無始曠劫하다. 무시광겁이란 시작도 없이 한없는 세월을 일컫는다. 진리와 우주뿐 아니라 여기에 속한 작은 미생물과 세균에 이르기까지 모든 것도 무시광겁하기는 마찬가지다.

　시간과 공간 그리고 물질의 세상에 존재하는 동물들과 인간은 부모로부터 태어나서 언젠가는 죽는다. 이를 불변하는 측면에서 보면 지수화풍地水火風으로 모였다가 우주의 어디론가 흩어져 사라진다. 그러나 이 모든 존재는 질량불변의 법칙에 따라 어디에서 어떤 형태로든지 상존한다. 뼈와 살은 흙으로, 피와 땀은 물로, 체온과 호흡은 각각 불과 바람으로 사라졌다가, 육신이 형성될 때는 섭리에 따라 이 지수화풍의 기운을 모아 몸을 이룬다.

　우주도 변화를 늘 거듭해 간다. 별 하나가 사라지면 또 다른 곳에서 별이 생겨나서 우주 전체에 별이 상존한다. 마치 사람의 머리카락이 매일 빠지지만 어느 한 곳에서는 그만큼 자라면서 전체적인 양이 유지되는 것처럼 말이다.

　영혼은 이와는 달리 태어나거나 죽지도 않고 지수화풍으로 흩어지지도 않는다. 그러니 질량불변의 법칙이 적용되지 않는다. 영혼은 우주와 더불어 존재해 왔고 앞으로도 그렇게 존재한다. 이를 '즉 그대로 있음'이라고 표현한다. 그래서 우리 영혼은 우주와 하나의 존재라서 나이도 우주와 같다는 의미에서 '한 살'이다. 숫자 개념인 '한 살'과는 차이가 있다.

영혼이 시간과 공간을 인식하는 것은 인간과 다르다. 인간이 인지하고 있는 시간과 공간과 물질이 영혼에게는 이미지에 불과하다. 마치 빛을 보내서 만든 홀로그램입체영상처럼 여긴다. 단단한 건물도 아무 저항 없이 넘나들고 빛보다도 빠르게 이동한다. 영혼의 세상은 삼세과거, 현재, 미래가 동시에 존재하기에 현재가 바뀌면 과거와 미래도 바뀐다. 삼세가 원래 하나이니만큼 과거와 미래도 그냥 하나의 시간으로 존재할 뿐이다.

영혼은 마음만의 존재라서 마음을 통해 유추해서 이해하면 어느 정도는 헤아릴 수 있다. 이 세상 사람들 대부분도 마음의 관점에서는 시간의 길이보다 내용을 중요하게 여긴다. 물리적 시간의 길이는 같더라도 마음에 따라 다르게 느낀다. 사랑하는 사람과의 시간은 짧게, 싫은 사람과의 시간은 길게 느껴진다. 물리적인 시간과 심리적인 시간 가운데 어떤 게 진짜일까? 사람마다 약간의 차이는 있어도 대부분은 마음으로 느끼는 시간을 소중하게 여긴다. 이것을 아는 사람이라면 인생을 삶의 의미로 살아가길 원한다.

진리와 우주는 시작과 끝이 없이 변화를 거듭한다. 이 가운데 수준 높은 영혼은 삼세의 구분이 없이 다만 존재할 뿐이다. 그러므로 이 순간에 어떻게 깨어 있느냐가 그 영혼의 수준을 가늠하는 바로미터가 된다. 깨어 있는 만큼 현실을 진리의 결에 따라 뜻대로 펼쳐 갈 수 있다.

은현자재의 이치
스스로 은현을 반복하다

우주는 은현자재^{陰顯自在}한다. 은현자재는 숨었다 나타났다 하는 것을 스스로 한다는 뜻이다. 우주 속의 별들은 크든 작든 생성, 성장, 퇴화, 소멸의 과정을 혹은 빠르게 혹은 더디게 거친다. 그것도 한곳에서 생성하면 다른 곳에서는 소멸한다. 이러한 변화는 전체의 균형 안에서 이루어진다.

숨었다 나타났다 하는 은현의 작용은 유무^{有無}의 원리와 음양상승^{陰陽相勝}의 이치에 바탕을 한다. 음양은 하나의 기운이나 그 속에서 음과 양의 성질이 있어서 음이 기승^{氣勝}을 부려 극에 이르렀다가 꺾이면, 그 속에 숨어 있던 양이 기승하며 정체를 드러낸다.

음양상승은 만물에서 원인^因이 기연^緣을 만나 결과^果를 내는 인과보응^{因果報應}의 원리이기도 하다. 이런 인과에 따른 인간의 삶은 심신작용의 옳고^是 그름^非에 따라 이로움^利과 해로움^害을 낳으며 역동적으로 움직인다. 이런 변화가 있기에 인간이 영적으로 진급할 수 있고 수행이 가능하다.

뿐만 아니라 이러한 인과의 원리는 사회에서 사회의 구성원들이 상호작용하는 구조를 띠며 사람들의 삶을 상호 역동적이게 한다. 경제적인 면에서만 봐도 사람들이 삶과 이익을 함께 주고받으며 경제 순환을 생물처럼 움직여 가는데 이것도 유무 인과의 원리에 의한 것이다.

　은현의 이치를 인간의 생사生死로 보면 일반적으로는 새 생명이 태어났다 죽어 없어진다고 여긴다. 하지만 좀 더 생각을 넓혀 보면 변화일 따름이다. 사람이 죽으면 육신은 지수화풍으로 흩어지지만 영혼은 죽지 않고 사람으로 다시 태어나거나 천상으로 간다. 아니면 이곳도 저곳도 아닌 수라나 아귀의 영혼으로 떠돌거나 축생 또는 지옥에 머물기도 한다.

　영혼은 원래 태어남도 죽음도 없기에 육도六途 가운데 어디에선가 머물다가 인연이 다하면 또 육도의 어딘가를 향해 떠난다. 물론 수행의 힘을 갖춘 이는 영혼으로 존재할 때 우주의 기운에 합하여 머물지만 이 또한 천상의 범주에 넣을 수도 있다.

　수행을 하여 영적 진화의 구경에 이른 영혼은 우주의 살림에 주체적으로 관여하여 영향을 주기도 한다. 반면에 되는 대로 살다가 퇴화의 끝에 이르면, 먼지처럼 허공을 떠돌아다니게 되어 존재의 의미마저 상실된다.

　세상의 인지가 점점 발달하다 보면 보이지 않는 세계에 대한 것이 상식으로 통하는 데 이른다. 그러나 세상은 아직 인지가 어둠의 터널에서 완전하게 빠져나오지 못한 상태이다. 사람들 대부분은 죽으면 모든 것이 끝난 것처럼 여긴다. 그래서 세상살이가 힘들면 그냥 없어지고자 자살하는 사람의 수도 적지 않다. 삶을 비관하며 섣불리 목숨을 버렸다가는 영혼이 미아처럼 힘없이 떠돌 수 있다. 이것도 인과의 원리에 의해 움직인다. 내가 천상의 영혼으로 존재할 정도로 마음의 힘과 지혜가 없는 상태에서 인간의 삶과 몸을 부정적으로 여겨 행한 결과이다. 이런 의식과 우주의 기운은 천상과 인간을 멀리하게 되어 천상과 인간 외의 곳에서 존재할 수밖에 없다.

　우주의 공간에서 주체적인 힘으로 존재하는 존재이든, 존재감 없이 먼지처럼 떠돌아다니는 존재이든, 은현자재의 주체는 우주와 각자 자신이다. 인간 세상에 태어날 정도의 인간 대부분은 자유의지가 있어서 우주의 정칙에 따라 자연의 일부처럼 휩쓸려 살지 않는다. 이렇다 해도 인간으로 태어났다면 영적인 성장을 위한 '의미 있는 삶'을 살아야 은현에 끌리지 않는 자유의 존재로 거듭날 수 있다.

생멸 없는 도와 인과보응 되는 이치

진공묘유의 조화는 우주만유를 통하여 무시광겁無始曠劫에 은현자재陽現自在 한다. 그리고 만유는 한 체성體性이고 만법萬法의 근원은 하나이다. 이 가운데 생멸生滅 없는 도와 인과보응因果報應 되는 이치가 서로 바탕 하여 한 두렷한 기틀을 지었다.

인간은 깨달음의 존재로서 자유의지가 있고, 사유思惟할 줄 알며, 영적 가치를 중요하게 여길 줄 안다. 게다가 이 세상을 연극 무대처럼만 알아도 생물적인 사회관계에 속지 않고 영적인 삶을 살아간다.

생물적으로 잘 먹고 살며 사회적으로 영향력을 갖는 것은 인간의 일반적인 모습들 가운데 하나이다. 그러나 이런 삶에 상대적 가치를 부여하며 지내다가는 남의 가벼운 말과 시선에도 한없이 우쭐대거나 죽을 듯이 절망한다. 삶의 가운데에서 한발 비켜서서 이런 자신의 인생을 직시해 보면 인생의 본질도 아닌 그냥 스쳐 지나가버리는 흔적에 지나지 않다는 것을 알게 된다. 이런 것에 그토록 집착을 했나 싶을 때는 자신이 부끄러울 것이다. 그런데 사람들 대부분은 인생의 뒤안길에 이르렀을 때에나 체념하듯 느낀다. 이처럼 인간은 철들 만하면 죽었다가 또다시 태어나 철없이 살아간다. 마치 다람쥐 쳇바퀴 돌듯 반복하며 말이다. 이러한 반복이 인간 세상을 유지시키는 모습이 기도 하지만, 진리와 삶에 철든 사람은 이렇게 반복되는 인생을 진리의 애꿎은 장난이나 희극쯤으로 여긴다.

이 세상은 모든 존재가 살아가는 무대이고 그 공연은 시작과 끝도 없이 이어진다. 이런 무대에 서 있는 사람들은 주연이자 조연으로서 받쳐 주는 역할을 서로 바꾸어 가며 함께 해낸다. 그런데 이 가운데 한 사람의 의식이 바뀌면 그 주위의 의식도 아울러 바뀌어 간다. 이것마저 여의치 않으면 구성원 자체가 재편되거나 무대에서 내려와 다음의 무대를 향해 떠난다. 떠난 그곳에서 자기의식의 범주에 따라 또 무리를 짓고 존재한다.

이 세상의 무대에서 역할을 잘하는 존재는, 일반적인 생각에서처럼 잘사는 사람과는 다소 차이가 있다. 대통령이나 재벌 총수처럼 자리와 돈으로 평가되지 않기 때문이다. 그 사람의 의식 수준과 삶의 질로 평가된다. 각자 주어진 진리에 따른 삶의 소명에 깨어 살아가는 사람이 잘 사는 사람이다.

인생의 흐름을 알고 진리에 따라 삶을 가꾸려면 인과를 몰라서는 안 된다. 인과를 공부할 때 그 흐름을 아는 것이 중요하지만 인과에 사로잡히지 않는 것도 그만큼 중요하다. 인과를 따라 해야 할 것과 하지 않아야 할 것을 알고 살아가되, 결국에는 의식 수준을 향상해 감으로써 인과를 초월해 가야 한다. 인과는 삶의 균형에서 오는 작용이기에 의식이 성장하면 인과는 의식 성장에 반비례하여 큰 힘을 발휘하지 못한다.

그러므로 인생에서 의식 수준을 키우는 데에만 초점을 두어도 영적으로 부쩍 클 뿐 아니라 인과는 은연중에 부수적으로 좋게 형성된다.

의식 수준을 키우는 데 다른 존재에 대한 존중과 배려는 기본이 되지만 존중과 배려하는 마음은 의식을 풍성하게 하는 면도 있다.

생과 멸이 없고 인과가 서로 보응하는 세상에서 진리와 삶의 의미에 깨어 있을 때 영혼은 영롱하고 차분해져서 서두르거나 하기 싫음이 없이 없다. 그저 할 따름이 된다. 그래서 소태산은 만인이 진리를 벗 삼아 살아가기를 바랐다.

인생을 성찰에 의한 '삶의 의미'로 사는 사람은 자기 영혼의 가치를 쾌락, 부귀, 지위에 초점을 두지 않는다. 감각적 쾌락은 호르몬의 작용에 지나지 않고, 부귀는 편리를 넘어서 있지 않으며, 지위는 역할에 지나지 않은 연유이다. 만약 수행자가 남의 이목에 의해서 쾌락, 부귀, 지위를 멀리한다면 아직 수행을 한참 해야 하는 때이거나 의식의 한 곳이 비어 있다는 것을 의미한다. 수행자도 때로는 쾌락, 부귀, 지위를 수용할 수 있고 또 때로는 필요하기도 하다. 영적인 감각과 영적으로 풍요로워지는 계기로 작용하기 때문이다. 그래서 수행자가 쾌락, 부귀, 지위를 수용할 때는 반드시 자신의 영적 성장과 세상을 이롭게 해야 할 상황에 국한해서다.

이러한 모습이 타락이 아닌 영적 성장의 일환일 때에는 수행자가 미래의 법안에 깨어 있는 상태에서 매사에 의도가 순수하고 집착이 없다. 게다가 마음 씀씀이에 항상 절대 평등 속에 평온과 존중과 배려가 있다.

생멸거래의 변함에 대하여
생멸거래에 변함이 없는가
아니면 있는가

일원상 진리에서 '생멸거래에 변함이 없는 자리'라는 글이 있다. 그런데 대구를 이루는 다음 단락에서는 이 말이 빠졌다. 이러한 이유에 대해 진리에 대해 탐구하는 사람들은 흥미 있어 한다.

「일원은 대소유무大小有無에 분별이 없는 자리며, 생멸거래生滅去來에 변함이 없는 자리며, 선악업보善惡業報가 끊어진 자리며, 언어명상言語名相이 돈공頓空한 자리이다.」

위 단락 전체가 비어 있는 것을 일컫는다. 그렇다면 '생멸거래가 변함이 없다'라기보다 '생멸거래가 없다'라고 해야 맞다. 생하지 않아서 멸할 수 없기 때문이다. 그런데 생멸거래에 '변함'이 없다고 했다. 생멸거래가 있는 것을 전제로 한 것이다. 이렇다 보니 비움만으로 설명되기에는 뭔가 부족함이 있다는 것이 엿보인다. 이는 비움과 더불어 전체적인 측면을 아울러 보라는 의미가 강한 듯하다.

사정이 어떻든 비움으로만 설명되기에는 아쉬움이 있고 '생멸거래에 변함이 없다'라는 것을 그대로 보자니 문맥에 뭔가 어색한 느낌을 지울 수 없다. 문맥이 이렇다 해도 소태산의 사고思考의 기저를 이루는 것이라 면밀하게 살펴볼 일이다.

이 법문의 전체는 대소유무, 생멸거래, 선악업보가 있음을 전제로 하나, 근원에서 보면 이것들이 없다는 것에 주목할 필요가 있다. 실은 원래 없다고 하지만 원래부터 있다는 말도 틀린 표현은 아니다.

우주는 원래부터 편만하게 있는데 그 있는 근원을 찾아 들어가니 결국 없다. 이것은 마치 우주에 별이 가득한데 별 하나가 소멸하면 또 한 곳에서는 별이 생성하며 한결같은 모습을 지니고 있다. 그런데 별 하나를 소급해서 들여다보니 결국에는 텅 비어 있고, 이 빈 곳에서 별 하나가 비롯된다. 별뿐 아니라 우주 만물 또한 그러하다.

그렇다면 세상은 없는 게 먼저일까 있는 게 먼저일까. 이는 '달걀이 먼저이냐 닭이 먼저이냐?'와 다르지 않다. 우주의 근원과 우주 전체는 태초부터 함께 존재한다. 다만 모든 근원은 텅 빈 것이 한결같고, 전체 속 현실은 늘 변하지만 현실은 전체 속에서의 변화일 뿐이니 전체적인 견지에서 보면 이 또한 한결같다.

근원적인 측면에서는 대소유무도 생멸거래도 선악업보도 언어명상도 텅 비어 없다. 그런데 존재적인 측면에서 우주는 비움과 더불어 대소유무로도 생멸거래로도 선악업보로도 존재한다. 그것도 사람들이 개념 지어 구분한 것처럼 존재하는 게 아니라 통째로 존재하고 있다. 이 견지에서는 대소유무에 분별이 있는 것이 아니고 생멸거래에 변함이 있는 것도 아니다. 게다가 선악업보에 차별이 있는 것도 아니다. 이를 언어명상으로 구분해서 아무리 표현을 잘할지라도 맞지 않다.

원래 대소유무는 '한 덩이'이고 생멸거래 또한 '한 흐름'일 뿐이며 선악업보는 '삶의 모습'일 뿐이다. 우주 자연의 존재일 뿐인데 사람들이 자기들의 관점에서 구분 지어 이러쿵저러쿵한다. 진리는 구분이 될 수 없는 것이니 분별도 없고 변함도 없고 차별도 없다.

다음으로 이어지는 대목에서는 「공적영지^{空寂靈知}의 광명을 따라 대소유무^{大小有無}에 분별이 나타나서 선악업보^{善惡業報}에 차별이 생겨나며, 언어명상^{言語名相}이 완연^{宛然}하여 시방삼계^{十方三界}가 장중^{掌中}에 한 구슬같이 드러나고」라고 했다.

없는 자리에 대한 대구^{對句}로 있는 자리를 표현했는데 유독 '생멸거래에 변함이 없다'는 것에 대한 대구만 빠졌다. 그렇기 때문에 수십 년간 여기에 대한 쟁점이 여러 가지로 있어 왔다.

소태산 재세 당시에 총무부장으로서 편수 실무책임자였던 박장식[*]은 '대소유무에 분별이 나타나서'에 포함되어 생략했다^{**}고 하니 이처럼 확실한 근거가 어디 있을까 싶다. 논란에 종지부를 찍은 셈이다. 그러나 앞 문단에서도 '생멸거래에 변함이 없는 자리'가 대소유무에 분별이 없는 자리에 포함되니 앞에서도 뺄 수 있다는 이야기가 된다. 그리고 이어지는 문단에 들어가도 괜찮다는 것인지에 대한 이야기가 없어 논란의 요소를 아예 잠재우지는 못했다.

그 부분은 이렇게 설명할 수 있다. 생멸거래에 변함이 없는 자리는 비움과 동시에 전체로 존재한다는 대^大의 의미를 결정적으로 제공하는 것이니 빼서는 안 된다고 앞에서 이미 언급했으니 각설한다. 이어지는 문단에서 대구로 '생멸거래에 변함이 있다'라고 하면 괜찮을지 생각해 볼 때 문제의 요소는 여전하다.

이어지는 단락에서 '생멸거래에 변함이 있다'라고 하면 때에 따라

---

*박장식(1991~2011) : 1933년에 경성법학전문학교를 졸업. 1941년(원기26)에 원불교로 출가한 그는 주로 교서 편찬·법규 정비·교육기관의 설립과 운영·교단행정·언론기관의 설립·해외 교화 개척 등 다양한 분야에서 활동.
**김영두, 「원불교학 쟁점의 해석학적 고찰」, 『원불교사상과 종교문화』 39집, 한국원불교학회 원불교사상연구원, 2008.8. pp.66-67.

서 생멸거래를 건너뛰거나 거꾸로도 갈 수 있다는 것이 되어 문장 자체가 이상해져 버린다. 또 하나의 문제는 없는 자리에서 발현되는 순서를 따라 분별에서 차별로 이어지는 맥락이라는 데 있다. 문제의 요소가 될 만한 '변함'이란 글자를 뺀 채 '생멸거래가 있다'라고 넣어 보면 맥락의 흐름을 저해하니 넣지 않는 게 낫다. 이래저래 '생멸거래에 변함이 없다'는 것에 대한 대구는 공적영지의 광명에 따라 이어지는 단락에는 어울리지 않는다.

이상에서 알 수 있는 것은 일원상 진리의 내용이 공원정空圓正으로만 이루어진 게 아니라 대소유무大小有無로도 이어졌음을 알 수 있다.

「일원은 대소유무에 분별이 없는 자리며, 생멸거래에 변함이 없는 자리며, 선악업보가 끊어진 자리며, 언어명상言語名相이 돈공頓空한 자리이다.」가 대大로서 비움과 전체라는 자리, 즉 존재 표현이다.

그렇다면 「공적영지空寂靈知의 광명을 따라 대소유무大小有無에 분별이 나타나서 선악업보善惡業報에 차별이 생겨나며, 언어명상言語名相이 완연宛然하여 시방삼계十方三界가 장중掌中에 한 구슬같이 드러나고」는 한 개체인 인간의 의식이 발현되는 경로를 따라 드러나는 것이라 나타남과 개체라는 의미인 소小가 된다.

「진공묘유의 조화는 우주만유를 통하여 무시광겁無始曠劫에 은현자재隱顯自在하는 것이 곧 일원상 진리이다.」는 존재와 존재가 서로 의지하며 변화를 거듭하는 것이라 유무有無이나 이 유무도 대大 속에서 이루어진다. 때로는 소小를 머금은 대의 '불생불멸의 도道'와 유무有無의 '인과보응의 이치'가 서로 바탕하여 한 두렷한 기틀을 짓는다. 또한 우주가 호흡하듯 대와 소가 숨었다가 나타나기를 거듭하며 거대한 생동감을 자아낸다.

일원상 신앙

일원상 진리를
통째로 가슴에 품고
내용 하나하나에 깨어
믿는 것이
일원상 신앙이다.

진리가 은혜로 다가와 일렁이다

세상에는 진리의 내용을 찾아 수행해 가는 사람들이 더러 있다. 그런데 수행을 원만하게 하는 수행 단체나 수행자들의 자유의지를 구속하지 않는 종교는 드물다.

흔히 참된 종교라면 종교가 진리 앞에 겸허하고 참된 수행자라면 신앙, 수행, 일에서 늘 진리에 깨어 자신을 살필 줄 안다. 이때 조금이라도 진리와 어긋나고 있다고 생각이 되면 초심으로 돌아가 바로잡는다. 이러한 것은 진리에 늘 깨어 있고 종교라는 집단 관념으로부터 자유로울 때 가능하다.

본질적인 진리를 추구하는 종교라면 종교라는 형식에 진리를 규명해서 집어넣으려고 하지 않는다. 이런 종교는 진리의 내용을 찾아나서는 사람들의 모임이고 이로써 정리되어 가는 단체이다. 따라서 진리를 구현해 가는 방식도 시대와 대중의 인심과 생활의 방법에 따라달라질 수 있다는 것에 의식이 열려 있다.

수행의 길을 걷는 사람이 수행의 마음을 유지하고 영성을 키우기 위해서는 진리를 품고 공부하는 사람들끼리 서로 마음을 나눌 곳이 필요하다. 세상 속에서 홀로 수행하기란 어렵다. 어찌 수행한다 해도 수행의 깊이를 다지고 균형 잡힌 의식과 수행으로 세상과 어울리는 것은 더더욱 어렵다.

수행이란 수행하는 사람들과 함께 의견을 나누고 격려하며 서로에게 자극이 될 때 서로 지속해 갈 수 있는 동력을 얻는다. 이렇게 되려면 어느 정도의 인원은 있어야 한다. 물론 모임이 커갈수록 내용보다 단체를 위한 단체로 전락할 염려는 늘 있다. 그렇기에 수행의 본의에 깨어 본의를 잊지 않도록 해야 한다.

수행은 삶에서 이루어질 때 실답다. 생활하는 부처는 이런 곳에서 나온다. 수행이 삶에서 이루어지다 보면 시비는 늘 따를 수밖에 없다. 삶이란 정답이 없기 때문이다. 이렇다 해도 진리에 까닭을 두고 사는 사람이라면 어떤 진리에 의한 최적의 심법인지의 여부를 모르지는 않는다.

소태산은 깨달음과 초월적 기행보다 인간으로서의 삶으로 부처의 경지를 직접 보여주었다. 선반 위의 진리를 생활로 가져와 누구나 수행과 삶을 통해 부처의 경지에 이를 수 있는 자신감을 가지도록 말이다. 진리를 인간으로서 내면화한 모습이니 이러한 선지자들이 세상에 있다는 것은 인류의 홍복이 아닐 수 없다.

삶의 궁극적인 의미를 찾고 최상의 삶을 꿈꾸는 사람이라면 우선 나의 꿈과 진리의 삶에 방향이 일치되는가부터 살펴보아야 한다. 이때 일치된다 싶으면 마음에 확신을 갖고 호흡을 길게 갖고 가면 된다. 확신이란 것은 한 번으로 되는 게 아니다. 수행해 가며 수행의 소소한 결과들이 내가 가는 길에 확신을 주고, 이미 이 길을 걸어온 사람의 모습을 보며 확신이 거듭 될 때 확신은 가슴 깊이에서 자리하게 된다.

소태산의 경우도 어려서부터 마음에 품은 것을 이루기 위해 기도하고 스승을 찾아 나섰다. 마음에 품은 크고 원만한 진리라서 이를 충족시켜 줄 스승은 끝내 찾지 못했다. 결국 스스로 온갖 어려움을 겪어가며 깨달음을 이루어낼 수밖에 없었다. 정산도 품은 마음을 달랠 만한 사람이 없을 듯했지만 소태산을 만나서야 회심을 풀어 줄 인물로 알아보고 스승을 삼았다. 이처럼 인간이 인간을 대상으로 우러나는 마음을 신심信心이라고 한다면 신앙信仰은 인간이 진리를 대상으로 쓰는 말이다. 신앙이라 하면 오늘날 대부분의 사람들은 재앙에서 벗어나 복을 비는 형태를 떠올린다. 이런 기복적인 신앙에는 바람, 겸허, 정성, 복은 있어도 마음과 말과 행동이 삶에서 진리로 배어나기는 어렵다.

원불교는 가슴속에 품은 진리를 삶 속에서 구현해 가는 과정 모두를 신앙으로 삼았다. 포괄적 의미에서의 신앙이라 할 수 있다. 어떤 것이든 해 가는 과정에 내용이 담겨 있다면 결과 면에서 당장은 좀 미진할지라도 언젠가는 좋은 결과로 다가온다. 진리에 의한 삶이라면 과정과 결과는 더더욱 그러하다.

과거에는 언변을 통해 정신 계몽을 하고 초월적 수행으로 사람의 마음을 홀릴 수 있었다. 앞으로는 진리를 여의지 않는 삶의 모습이 아니라면 세상의 인심조차 얻기 어렵다. 생의 목적을 경제적 풍요보다 삶의 본질과 의미에서 찾을 때가 되면 사람들은 인성과 삶의 품격에 관심을 갖기 시작한다. 삶의 모습이 다양할지라도 최고의 품격은 영적 가치에 있고 이 가치는 마음의 씀씀이로 가늠된다. 인지가 활짝 열리는 날에는 그 사람의 눈빛과 음성 그리고 미소 띤 몸짓만 보아도 그 사람의 영적 수준을 아는 데까지 이른다.

원불교는 일원상 진리를 내면화해 가는 단체이다. 그 내면화는 진리를 우러러 마음에 담고자 하는 데에서 비롯된다. 진리 하나하나의 모습이 가슴속 은혜로 다가와 감사와 보은으로 잔잔하게 일렁이는 것이 신앙이다. 그래서 일원상 신앙을 하려면 진리의 내역과 진리의 속성 하나하나를 마음속에 품어 믿어야 한다.

입체적이고 온전한 우러름
진리 신앙의 구경은 진리 인격

   과거에는 신이 인간에게, 성질 고약한 임금이 백성을 향해 폭정을 하듯이 한다고 여겼다. 그래서 자연재해나 병이 돌면 신이 인간에게 노했다며 신의 노기를 풀기 위해 제단을 차려놓고 곡물이나 짐승 또는 사람까지도 바쳤다. 신을 한마디로 못된 존재로 여겼다.
   그러나 시대를 이어오며 신은 하나님이나 부처님처럼 사랑과 자비로운 모습으로 인간에게 점차 다가왔다. 현대에 와서는 신을 착하게 여긴 나머지 신앙의 형태도 복을 비는 쪽으로 바뀌었다.

   인지가 열리는 요즘은 신의 권한이 인간에게로 넘어오고 있다. 신이 인간에게 일방적인 재앙과 사랑을 준다기보다 인간의 심신작용에 따라 신이 반응하는 것으로 받아들이게 되었다. 신은 인간처럼 자유의지를 지니지 않았다. 식識을 지닌 진리로서 우주의 원리, 이법理法, 자연이기 때문이다. 그래서 인지가 열린 사람일수록 성품을 발현시켜 상황과 형편에 맞게 진리를 활용해 가고자 노력한다.
   과거에는 신과 인간의 관계가 일방소통이었다면 오늘날은 쌍방소통이다. 쌍방소통의 관점에서는 신을 더 이상 신이라고 부르지 않고 진리라고 부른다. 진리에 대해서도 더 이상 의인화한 신으로 여기지 않게 되고 종교 역시 진리와 소통하는 사람들의 모임일 뿐이라고 여기는 데 이르렀다.

소태산은 알지 못하고 믿는 모든 것을 미신迷信이라 규정했다. 그리고 사람들이 진리에 대한 깊은 이해와 믿음으로 삶 속에서 수행하기를 바랐다. 진리를 깊이 이해하는 사람이라면 진리의 원리와 흐름과 위력을 알고 활용할 줄 안다.

진리와 우주에는 변화하는 이치가 있다. 그렇기 때문에 우주와 인간의 근원인 성품을 회복하여 삶 속에서 그대로 발현시켜 간다면 누구나 여래부처가 될 수 있는 것이다. 진리의 속성은, 근본이 비었지만 신기하게도 아는 것이 있다. 이것이 연緣을 따라 각각의 특성을 지닌 인因이 나름대로의 모습인 과果로 나타난다. 이러한 것은 상황에 따라 서로 영향을 주고받으며 생명력을 갖는다. 이 가운데 자유영혼의 존재들은 음양상승陰陽相勝의 원리로 인과가 형성되는 이치를 알아서 심신을 작용해 간다.

우주의 모든 존재는 그 자체로 완성된 존재이다. 이를 부처라고 한다. 이러한 존재들이 천지자연의 작용과 마음 씀씀이와 주고받는 행동이 서로 얽히고 얽혀 지낸다. 이것을 알면 자신에게서 내보낸 마음 씀씀이는 어떤 경로를 통해 어떤 형태로든 내게 되돌아온다는 것에 의심의 여지가 없다. 그러므로 자신에 대한 불공으로 마음 씀씀이와 행동을 이루는 것에서 불공이 시작된다. 이러한 인과 관계는 일원상 신앙의 핵심을 이룬다. 그래서 소태산은 일원상 신앙을 인과보응의 신앙문이라고 하였다. 그러나 여기에 그치지 않고 인과의 굴레를 벗어나 자유롭게 넘나드는 자유의 힘을 지닌 영혼들도 있다.

일원상 진리는 우주의 영혼이라 할 수 있는 법신불로서 그리고 우주 만물로서도 존재한다. 또한 우주 만물은 서로 살리는 관계로 형성되는데 이것을 소태산은 은혜의 관계로 보았다. 은혜를 천지, 부모, 동포, 법률로 구분하여 사은四恩이라 이름 지었다. 이 사은을 다시 펼치면 너른 세상에 온갖 형상이 **빽빽**하다는 의미의 삼라만상森羅萬象이 된다.

사은은 일원상의 진리가 우주 만물에 내재하여 운용하는 이치, 그 원리를 은혜의 차원에서 구분한 내역, 이 둘을 아우른다. 진리를 네 가지로 구분함으로써 진리를 이해하는 데에 도움이 되나 때로는 인식의 손실을 가져오기도 한다. 그래서 사은 신앙을 하되 사은으로 구분하기 이전의 일원상 신앙을 간과하게 되면 손실된 신앙에 그칠 수 있다. 이를 정리하면, 일원상 신앙의 내용은 진리의 속성에 담긴 하나하나가 처처불상으로 이루어졌고, 진리와 우주 만물 모두를 아우른 입체적이고 온전한 진리로 이루어졌다는 것이다.

원불교 신앙은 진리 신앙이자 자타력병진 신앙으로서 쌍방소통이다. 진리의 힘을 부려 쓰기 위해 기도하고 보은하는 것과, 진리를 닮아 가려고 수행하는 것이 아울러 신앙의 원만한 모습을 이룬다. 이러한 것도 형식에 그치면 신앙의 구색을 맞추는 정도에 불과하게 되는 등으로 관념적인 신앙에 그칠 수 있다.

신앙을 통해 수행이 깊어지고, 진리의 인격에 의한 기도와 보은 활동이 이루어져야 삶의 질과 깊이에 품위를 더해 간다. 유기적인 관계로 서로 바탕을 이루며 상승작용을 해야 진리적이면서도 자타력병진 신앙에 걸맞다.

지극한 믿음
여래도 지극한 믿음에서 비롯

　지극한 믿음은 깨달음과 같다는 말이 있다. 지극하게 믿어서 실천하는 것과 깨달음에 의한 실천은 결국 서로 같다는 이야기다. 진리에 대한 믿음이 지극한 사람이라면 수행을 하지 않을 수 없다. 시일의 장단은 있을 수 있어도 깨달음에는 반드시 이른다. 깨달음을 얻는 과정에서 앎과 수행이 함께하게 되면 깨달음에 이른 즉시 행동의 습관으로 자리하게 된다. 따로 수행이 필요하지 않다. 이것이 돈오돈수頓悟頓修의 길이다.

　지극한 믿음의 의미를 깊이 새기지 않고 단지 지극하게 믿는 것과 깨달음이 같다는 말을 단순하게 받아들여 믿음에만 초점을 두는 것은 바람직하지 않다. 진리를 지극하게 믿는다는 생각에 빠져 지내다 보면 자신이 어느덧 도그마에 빠져 어떤 이야기도 듣지 않는 지경에 이를 수 있다.

　한 경영 철학 이론에서 제시하기를, 세상을 망치는 지도자는 '그 방면에 전문 지식도 없이, 소신이 있으며, 부지런하기까지' 하다는 것이다. 그 일에 무지하면서도 남의 말은 아랑곳하지 않고 부지런히 밀고만 나아가면 그르치는 일이 한두 가지가 아니다. 이런 곳에서는 구성원들의 고생이 참 많다.

수행자가 대중을 이끌 상황에서 이렇게 되지 않으려면 우선 하고자 하는 것이 진리의 본질과 스승들의 본의에 부합하는지, 또한 이 시대 대중의 의식을 한발 앞서서 이끌고 있는지에 대해 늘 대조하고 되짚어 보아야 한다. 그리고 이것을 스승과 도반들을 만나 직접 흉금을 터놓고 이야기한다면 삶의 숲과 나무를 함께 보며 세상을 이롭게 하는 길로 나아가는 데 도움을 얻을 수 있다.

한 기관장으로 있던 교무는 입사한 직원들에게 반드시 하는 말이 있다. "내 자신부터 기존의 직원들이 지금 하고 있는 업무는 익숙하지만 이것이 오히려 정체되는 원인이 되요. 일반사회에서나 젊은 사람의 관점에서 의견을 많이 내 줘요. 의견 수렴을 해서 진리적 신념으로 일을 합리적으로 하려고 노력은 할 것입니다. 그런데 아니다 싶으면 진지하게 세 번만 말해 줘요. 이때는 전면 재검토할게요."

그는 지금도 큰 사안을 검토할 때는 스승과 동기, 후배에게 의견을 구한다. 그런데 주위 사람과의 이견이 생길 때에는 그 밖의 서너 사람에게도 더 묻는다.

사회에서는 성공 가도를 달릴 때, 수행자에게는 주위에서 최고의 지혜를 가졌다고 하며 스승이라 불릴 때가 가장 위험하다. 자신이 세상 최고인 것처럼 생각되어 다른 사람의 의견을 진지하게 듣지 않을 수 있다. 설사 듣는다 하여도 생각이 열린 척만 하지 자기 생각으로 평가하고 재단하는 것에서 끝내기 쉽다. 이것은 소통이 아니다. 진짜 마음이 열려 마음의 품이 큰 사람은 세상 어느 것도 정답이 없는 것을 알기에 서로의 의견을 나눔으로써 지혜를 나누려 한다. 특히 전문가 앞에서는 내 이야기를 많이 하는 것보다 전문가의 고견을 권해서 잘 듣고 질문을 잘하여 전문가의 지혜를 내 것으로 삼는다. 좋은 질문은 전문가에게도 더욱 성장하거나 풍요롭게 하는 자양분이 된다. 전문가로서도 이런 사람이 고맙고 자신의 에너지를 불러일으키니 이런 사람들과 많은 교류를 갖고 싶은 마음이 든다.

수행자가 뭔가를 믿고 나아갈 때는 진리를 이정표와 잣대로 삼아야 한다. 그리고 이를 마음에 품어 하나하나를 되새기며 삶의 모습으로 가져가야 일생이 헛되지 않는다.

하지만 깨닫지 못한 믿음에는 미혹의 그림자가 늘 존재한다. 믿음으로 정성스럽게 수행을 해도 간혹 '이게 정말 맞는 것일까?'라는 망설임이 믿음과 수행 사이의 틈으로 비집고 들어온다. 자신의 믿음과 수행 길에 의문을 갖는 것은 깨달음의 길과 완성도 있는 삶에 한발 더 다가설 수 있는 원동력으로 작용한다. 깨달음에 이르러야 미혹의 그림자는 비로소 흔적 없이 사라지게 된다. 자신이 깨닫기 전인데 자신에게 미혹의 그림자가 있다고 스스로 자책할 필요가 없다. 깨달음에 이르기까지는 자신이 진리를 향해 제대로 가고 있는지 되돌아보는 것은 진솔한 수행자의 모습이다. 깨달음도 이 진솔함 위에 수행이 쌓여 이루어진다.

깨달음이 지극한 믿음이 될 수는 있어도 지극한 믿음이 곧 깨달음이 될 수는 없다. 그래도 지극한 믿음을 가지라고 하는 것은 지극한 믿음으로 가다 보면 어느덧 깨달음뿐만 아니라 수행의 구경에 이를 수 있기 때문이다. 여래라는 경지도 결국 이 지극한 믿음에서 비롯된다.

일원상 신앙으로서의 부처
내 존재 자체가 부처이다

    누가 나에게 인심 쓰듯 부처라고 하는 것에 취해 자기 최면을 걸 듯 '나는 부처야!'라고 해서 실제로 부처가 되는 것이 아니다. 이것은 '내가 부처이면 좋겠다.'는 바람이지, 마음에 밑 깔려 있는 마음은 '나는 원래 부처가 아니야!'라는 것을 반증하고 있다.

    그런데 우리 모두는 원래 있는 그대로가 부처라는 사실이다. 그렇다고 쳐도 자신이 때때로 심심해서 견딜 수 없고 짜증나는데 부처라 할 수 있을까? 또한 돈이라도 많이 있어서 어려운 곳에 기부라도 해야 부처로서 좀 폼이라도 나겠지만 그것도 아니다. 진짜 부처였으면 좋겠다는 바람만 가지고 살다가 한두 번 '내가 부처일 수 있지.'라는 생각에 위안 삼는 정도이다. 수행자라 해도 대부분은 이러한 수준을 넘어서지 못하고 있다.

    『정전』 첫머리에는 처처불상處處佛像 이라 하여 우리는 있는 그대로가 부처라고 하는 교법의 대전제가 있다. 그런데 「일원상 신앙」에서 일원은 일체중생一切衆生 의 본성本性 이라고 하여 우리는 본질에서만 부처이지 지금은 부처가 아니란다. 기분이 살짝 나빠질 수 있는 말이지만 사람들 대부분이 자신의 마음 씀씀이를 알기에 부정하지 못한다.

진리 자체가 완성된 존재라 이를 인격적인 면에서 볼 때는 진리가 곧 부처가 된다. 이러니 우주와 만물이 진리가 아닐 수 없다. 모든 인간들 또한 당연히 부처이다. 사고뭉치라고 해도 부처가 아닌 것은 아니다. 이렇듯 일체중생의 본성이라는 말도 처처불상이라는 개념 위에 펼쳐진 개념으로 보아야 한다.

우주와 그 속의 수많은 구성체가 각각의 역할로 한 몸을 이룬다. 구성체들이 자기가 하고 싶어서라기보다 진리, 즉 우주의 프로그램에 의해서 움직여 간다. 이러한 것을 우주의 식識이라고 한다. 이 가운데 자유의지를 지닌 인간도 '우주의 프로그램이 미치는 범주天業' 안에서 자기 재량으로 할 수 있는 것은 그리 많지 않다. 인간 역시 우주의 프로그램에 연계되어 프로그램에 따라 대부분 움직여 갈 따름이다.

그렇다고 우주와 연계된 인간이 우주의 프로그램 밖의 일을 전혀 할 수 없다는 것은 아니다. 마치 진리와 우주를 자유공간처럼 생각하고 활동할 수 있는데, 좀 다른 것은 그 공간마저 인간의 자유의지의 역량에 따라 신축성 있게 만들어 갈 수 있다는 점이다. 따라서 부처와 중생도 수행적 관점에서 자유의지의 역량으로 구분한 개념에 지나지 않다.

부처는 진리의 권능 밖 여지에서 자유의지로 우주 프로그램의 원리와 패턴을 이해하고 최적화할 줄 안다. 나아가 최적화된 프로그램으로 우주의 프로그램에 영향을 줄 뿐만 아니라 우주의 프로그램을 부분적으로 움직이기도 한다. 그런데 중생은 이 자유공간을 동물적인 본능대로 살며 대부분의 삶을 소진해 버린다. 이처럼 부처와 중생은, 인간이 동물적인 삶을 넘어서 진리적 깨달음으로 살아갈 수 있는 길을 제시하기 위하여 구분해 놓은 개념에 불과하다.

우리 각자는 우주적 존재 그 자체로 부처이다. 게다가 깨달음의 영혼을 지닌 존재로서 진리성을 회복하여 진리의 삶을 살아갈 위대한 존재이기도 하다. 가슴속 깊은 곳에서 "나는 내 존재 자체가 부처다!"라는 믿음을 놓지 않을 수만 있어도 부처로서의 삶과 수행의 길을 걷게 된다. 이것이 「일원상 신앙」의 의미 가운데 하나이자 부처관이라 할 수 있다.

진리를 가슴속에 품는 신앙과 수행
여래는 진리를 내면화한 존재

세상 사람들 모두가 가슴 깊은 곳에서 진리를 받아들이는 데는 아직 이르지 못하고 있다. 그렇다고 진리에 의한 법을 내려놓고 세상인심에 휩쓸려 재색명리를 삶의 우선 과제로 삼는 것을 우선시하는 것은 바람직하지 않다.

진리를 의인화하지 않고 진리에 직접 다가설 수 있도록 간결하게 정리만 되어 있어도 의식이 깨어 있는 사람들은 진리를 알아 가며 실행도 아울러 해 간다. 원불교는 진리에 의한 사실적이며 합리적인 신앙과 수행의 체계를 갖추고 있다. 인지가 채 열리지 않은 세상인심으로 접근하기에는 아직 이른 감이 없다고 하기에는 세상의 인지가 엄청 빠르게 열리고 있다. 이 시대 사람들 가슴의 온도에 맞게 다가서야 하는 과제가 더 큰 듯싶다.

진리의 입체적인 표현인 일원상을 대할 때 설명이 아닌 마음 깊은 곳에서 마음이 솟아나야 한다. 그런데 이성으로 진리를 신앙하는 사람들은 자신에게조차 설명하려 든다. 물론 교리적 체계를 세워 가며 납득할수록 신뢰가 쌓이기는 한다. 그러나 진리를 머리로 이해하는 데에 익숙해지다 보면 이것에도 매너리즘에 빠져서 마음이 가슴으로 내려오기까지 힘겨울 수 있다.

　신앙의 방법은 보이지 않는 힘에 매달려 의지하는 것에서 비롯하여 진리를 더듬거리듯 알아 가는 방법이 있고, 또는 진리에 대한 정확한 이해 아래 하나하나 내면화해서 알아 가는 방법이 있다. 인지가 열릴수록 후자에 가까운 신앙을 한다. 내면화된 신앙은 진리 하나하나에 깨어 있어야 하는데 이렇게 하려면 아주 수승한 지도인 아래에서 밀착된 수행을 해야만 한다. 그러나 이런 지도인은 찾기도 어렵고 가까이하기도 어렵다.

　그래서 일상이 바쁜 사회인은 간혹 일이 없을 때 체계적으로 공부하다가 삶 속에서 스스로를 일깨워 진리에 솔직하게 다가서는 방법으로 수행해 가는 것이 좋다. 사실 마음공부라는 게 늘 붙잡고 있어서 되는 것이 아니다. 배워서 마음으로 받아들여 가슴에 품고 있다가 일상에서 사안에 따라 꺼내어 씀으로써 조금씩 는다.

　진리를 받아들이는 것은 누구나 마음만 먹으면 어렵지 않다. 가슴으로 품는 데까지의 시간이 조금 걸릴 뿐이다. 이쯤에서 권태기가 오기 때문인지 사람들 대부분이 여기에서 그친다. 일단 진리를 품게 되면 이후부터는 호흡을 길게 갖고 경계에 따라서 살아가기만 해도 된다. 이로부터는 마음공부에 조금씩 힘이 실려 영혼의 자유를 향해 접근해 간다.

　그러나 진리에 의한 삶은 눈에 보이거나 손에 잡히는 것이 아니다. 게다가 흥미조차 일어나기 어렵다. 설사 흥미가 한때 생겼을지라도 지속하기는 더더욱 어렵다. 자기 내면을 바라보며 살아가는 삶이 쉽지는 않아도 일단 마음속에 진리를 품고 내면화에 이르기만 해도 수행에 자신감이 선다. 이로써 진리로 살아가는 것이 일상이 될 정도가 되면 영혼의 자유를 얻는 것은 시간문제일 뿐이게 된다.

영혼의 자유를 얻기 위해서는 우선 내면의 가치관이 삶의 중심을 이루어야 한다. 그런 다음 마음 비움에 의한 근본 지혜를 진실로 얻고 싶은지, 진리의 결을 따라 그대로 발현시키는 삶에 매력을 느끼고 실제로 그렇게 하고 싶은지, 진리로 내면화된 마음이 따뜻한 배려로 나타나는 것이 좋은지, 어떤 상황에서도 이것이 최우선 과제가 되는지 등을 되짚어 본다. 스스로 생각해 보아도 스스로가 괜찮은 사람이라 느낄 정도가 되면, 이러한 마음들이 내면에서 우러나게 되어 챙기려 애쓰지 않아도 지속된다. 진리가 온전하게 내면화되는 날에는 마음 씀씀이 하나하나와 삶 자체가 진리이자 신앙 자체이다.

진리를 내면화한 존재를 여래라고 한다. 사람들은 여래를 우러러보나 자기 자식만큼은 여래가 되기보다 명문대를 나와 돈 많이 벌고 권력의 중심에 서기를 바란다. 그런 다음에 여래가 되면 좋겠다고 하니 이런 사람에게는 여래란 삶의 옵션 정도에 불과하다. 이런 마음으로는 영적 성장을 이루기가 어렵다.

자식에게 처음부터 여래라는 큰 그림을 보여 주면 자식은 지레 겁을 먹고 여래라는 말조차 듣기 싫어할 수 있다. 인지가 열릴수록 성공이라는 결과물보다는 성장이라는 데 관심이 많다. 그래서 기성세대가 청소년들에게 직업을 삶의 목표가 되도록 해서는 안 된다. 진리를 내면화하고 그 마음으로 각자의 재능을 계발하여 먹고 살 수 있다면 성년이 되어서도 행복한 삶을 산다. 뿐만 아니라 동물의 의식 수준에서 벗어난 영적 존재로 살아가려고 노력을 한다. 결국에는 사람들 모두가 진리를 가슴에 품고 살아가는 데 이른다.

진리를 가슴에 품는 방법으로 가장 좋은 것은 매일 진리 전에 심고를 올리는 것이 있다. 진리의 삶을 간절하게 바라는 심고를 하루에 두 번씩 10년만 해도 어느덧 진리가 자신의 감성에 스며든다.

진리의 기운을 부려 쓰다
진리의 힘을 빌리려면
진리의 기운으로 접근해야

진리를 활용하는 데에는 진리와 우주 자연과 인간을 알아야 한다. 하지만 다른 한편으로는 어느 하나라도 깊이 알면 다 통해서 알게 된다. 진리와 우주, 인간은 하나의 기운으로 이어졌다. 뿐만 아니라 인간 한 사람에게도 진리와 우주 자연이 축소되어 담겨 있다. 이것만 깊이 이해만 해도 진리의 기운이 요원하게만 느껴지지는 않는다.

우리의 마음은 하나의 기운 덩어리다. 서너 해 수행 적공만 들여도 기운을 느끼는 것은 어렵지 않다. 나아가 영적 안목이 열리면 기운뿐만 아니라 영혼도 보고 다른 사람의 마음도 볼 수 있게 된다.

기운과 마음을 보는 사람에 대해 일반적으로 대수롭게 여길 수 있다. 그러나 기운과 마음을 보는 정도는 수행 초기에 있을 수 있는 보편적인 현상 중 하나이다. 이러한 것을 대수롭게 여기면 수행을 아직 잘 모르는 것이고 이상하게 여기고 싶다면 자신감이 없거나 시기와 질투가 투영된 마음일 수 있다. 세상의 인지가 열리면서 점점 세상 여기저기에서 기운과 마음을 보는 정도의 체험들은 일상에서 어렵지 않게 한다. 보편적이고 상식적인 것쯤으로 여기는 데 이른다.

마음은 기의 덩어리라서 수행자라면 그 사람의 말보다 기운을 먼저 본다. 속 깊은 수행자의 기운은 깊어서 헤아리지 못하니 그것 또한 능사는 아니다. 이러한 이야기들은 기를 이해함으로써 세상과 진리를 가늠하고 기운을 활용하자는 데 그 의미가 있다.

진리의 힘을 빌리려면 진리의 기운으로 접근해야 한다. 그 최상의 방법이 기도이다. 기도는 마음을 드리워 기운을 모으거나 보내는 강력한 힘을 지녔다. 게다가 기운의 원리를 알면 기도의 위력을 제대로 활용할 수 있다. 그러나 잘못 알면 의도와는 다른 결과가 나타난다. 가령 "내일 비가 오지 않게 해 주세요."라고 빌면 진리는 비로 반응한다. 진리에 바라는 것은 맑은 날이지만 비에 의한 마음 기운이 도드라져서 진리 작용은 비로 된다.

진리는 내 마음을 따라 반응하지만 진실로 원할 때 그 반응의 정도가 진리에 더욱 밀접해진다. 성공을 바라는데 실패할지 모른다는 마음이 자리하면 진리는 실패의 기운으로 반응한다. 즉 진리는 바보스러울 정도로 반어법을 모르고, 언어 이면의 진실도 모른다. 기운에 반응할 뿐이다.

진리의 기운은 유유상종類類相從으로 반응하는 특성도 있다. 상생의 기운을 드리면 상생으로 반응하기 때문에 감사의 기도를 올리면 살리는 기운이 감돈다. 그리고 긍정적인 생각을 하면 상서로운 기운이 다가온다. 그런데 유유상종 안에서도 역동적으로 만드는 기운이 있다. 양극성을 지닌 기운이다.

진리는 그대로 반응하니 기도하는 마음과 기운 관리를 잘해야 본의에 맞게 진리의 힘을 부려 쓸 수 있다. 신앙 행위 가운데 가장 대표적인 것이 기도인데 이 기도는 마음 에너지를 진리에 드리워 자기가 원하는 것을 얻고자 하는 행위이다.

법신불 사은의 바탕은 일원상 신앙

　　어려서 원불교 교당을 다니는데 그곳에서 일원은 법신불이라 하여 '원불교는 법신불 신앙인가?'라고 생각했는데 『정전』에서는 '일원상 신앙'이라고도 하며 또 '사은 신앙'이라고도 한다. 그리고 처처불상이니 사사불공을 하란다. 어찌 보면 좋은 말을 나열해 놓은 듯하다. 그런데 하나로 꿰어진 느낌은 들지 않았다. 원불교의 신앙이 가슴속으로 들어와 자리하는 게 아니라 이지적 이해의 차원에 그쳤다.

　　이 가운데 가장 대립되는 부분이 법신불과 사은이다. 이 법신불의 내용은 사용처마다 조금씩 다르다. '법신불 일원상'에서의 법신불은 본원의 의미를 지닌 법신불과 법신불^{자성}, 보신불^{지혜}, 화신불^{자비}을 아우른 삼신불이란 의미를 아울러 지녔다. 그런데 '법신불 사은'이라 할 때의 법신불은 법신불^{본원} 그 자체이고 사은은 화신불^{나타남}이 된다. 즉 법신불은 보신불 화신불과 구별되어 궁극적인 진리를 상징하는데 사은은 나타난 자리로서 화신불을 상징한다. 그러면 보신불이 빠진 채 법신불 사은은 어느 때는 법신불 신앙이라 하고 어느 때는 화신불 신앙이라고 하는 격이 된다.

　　영령함과 지혜를 뜻하는 보신불은 법신불 사은에서 법신불이 주체가 된 곳에 속하기도 하고 사은이 주체가 된 곳에 속하기도 한다. 이렇듯 양쪽에 다 속하지만 무게 중심이 좀 더 기운 곳은 공적영지와 진공묘유의 성질을 지닌 법신불이다.

교리의 기저를 이루는 체계는 일원은 법신불이고, 법신불은 사은이고, 사은은 우주만유로 되어 있다. 일원이라는 진리는 일반적으로 삼신불을 아우르는 개념이나 여기에서는 근원적 존재로서의 법신불^{삼신불}_{의 하나}을 이른다. 이러한 의미의 법신불, 즉 진리가 우주만유^{천지, 부모, 동}_{포, 법률}의 없는 곳 없이 스며들어 있으니 세상 어느 것 하나도 진리 아님이 없다. 인간은 물론이고 돌, 풀, 나무 등도 모두 이에 포함된다.

그러므로 원불교 신앙을 법신불 사은 신앙이라 한다. 법신불이 우주의 영혼이라면 사은은 우주의 몸과 같다. 내외를 아우른 입체적 신앙이라 할 수 있다. 그래서 법신불을 호명할 때는 우주의 영혼이 내 마음에 깃들게 하고, 사은을 호명할 때는 돌, 풀, 나무, 동물, 인간 등이 나를 호응하게 한다.

이렇다 해도 법신불과 사은 가운데 신앙의 궁극을 이루는 것이 무엇이냐 할 때는 법신불 신앙이라 할 수 있다. 사은은 나타난 자리로서 변화하는 특성 때문에 궁극적인 신앙의 대상이라기보다 사실불공의 대상에 가깝다. 법신불이 사은에 내재해 있어서 법신불 신앙만 잘해도 처처불상을 모시고 사사불공을 하는 마음이 된다.

법신불 신앙을 하는 모습은 선정^{禪定 선을 닦아 마음 궁극의 근원에 머무른 상태}이고 기도이고 진리와 함께하는 마음 그 자체이다. 선정은 법신과 합일하는 것이고, 기도는 법신불과 하나로 연결되는 것이다. 이렇듯 진리와 함께하는 마음은 마음이 언제나 진리를 떠나 있지 않게 된다. 나아가 법신불 신앙의 궁극에 이른 모습이라면 선정에 의한 기도라 할 수 있다. 기독교 계열에서 기도의 극치를 묵상기도라고 하는 것도 이러한 이유이다. 여기에서 묵상기도는 마음으로 기도하는 의미를 넘어서 무념무상이 됨을 말한다. 이 마음이 되어서 발하는 마음은 진리와 하나가 되어 마음 그대로 진리에 드리우게 된다. 그래서 기독교에서도 선정을 닦을 수 있는 좌선에 관심이 높다.

사은우주만유 신앙은 감사하는 마음이고 삶이고 보은이다. 그러나 불공에만 있는 것은 아니다. 사은에 내재한 진리에 내 마음의 기도가 근원이 되는 기운을 움직이기도 한다. 불공 이전에 기도가 우선되어야 하는 이유이기도 하다.

법신불 사은 신앙의 기저는 일원상 신앙이다. 일원상 신앙에는 진리에서부터 발현되는 흐름이 있다. 그 흐름에 따라 명명한 것이 법신불 사은이다. 그러므로 법신불 사은은 일원상 신앙이 바탕이 되어야 한다.

진리를 인간의 인식체계로 정리한 것이 교리이다. 이 교리를 어느 정도 공부하여 생활하고 가르치면 교리 공부의 실력은 더욱 깊고 세밀해진다. 교리는 인간의 인식체계에 따라 논리적 구분으로 발전시킨 것이라서 많은 사람들이 보편적으로 이해하는 데 도움을 준다. 그러나 어느 정도 구분했다가는 다시 하나로 어우러져서 한맛으로 가져가는 것이 필요하다. 구분하는 과정에서 생겨나는 의식의 손실을 메울 수 있기 때문이다.

사은만 보더라도, 우주 만물을 네 가지 은혜로 구분해서 설명한 것에 지나지 않는 개념이다. 그런데 이것을 모르고 사은이 온전한 것으로만 생각해서는 안 된다. 우주 만물을 네 조각을 내어 그 사이에 있는 유기체적인 것을 잃어버릴 수 있다. 그래서 사은을 생각하고 말할 때는 의식이 항상 우주 만물을 떠나지 않아야 한다.

　법신불 사은은 일원상 신앙을 바탕으로 한다. 이것을 알면 원불교 신앙 명호인 법신불 사은을 생각하고 부를 때, 마음에 '우주의 근원인 법신불'과 '우주 만물인 사은'이 어우러져 입체적으로 담긴다. 이 마음으로 드리운 기운은 진리와 우주에 가득 차게 된다.

일원상 수행

일원상 진리를 신앙하는 동시에
수행의 표본으로 삼아서

일원상과 같이 원만구족圓滿具足 하고 지공무사至公無私 한
각자의 마음을 알고 양성해 가며 사용하는 것이
일원상 수행이다.

텅 비어 가득 차다

원만구족하고 지공무사한
마음의 근간, 진공묘유

선천 시대의 가치인 공익, 희생, 제도, 명예, 권위 등으로 종교가 양적 발전을 거듭해 왔다. 하지만 종교의 핵심 가치인 진리 인격을 지닐 수 있도록 하는 수행에 대해서는 소홀한 면이 없지 않다.

수행에 대한 정보는 수행처에서 점점 세상 밖으로 나오게 된다. 이렇다 해도 수행은 정보만으로 채울 수 있는 것이 아니다. 수행으로 진리 인격을 도야해 가는 길은 진정한 수행자들과 교감이 이루어질 때 수행이 한층 더 깊고 넓어져 간다.

세상의 인식이 열리기 위해서는 우선 수행에 대한 좋은 프로그램이 있어야 한다. 그다음 실질적이고 깊이 있는 수행을 위해 사제지간에 긴밀한 교감이 필요하다. 이런 관계는 과거 유교적 상하관계처럼 무거운 관계가 아닌 친구 같은 사제지간이어야 실효가 있다. 제자가 스승을 생각하기에 나보다 도에 조금 더 잘 아는 친구 같아야 사제지간에 허심탄회하게 도를 건네고 받을 수 있다.

진리 인격을 닦아 갈 때 진리 인격을 지닌 사람의 곁에서 삶과 기운과 눈빛을 직접 엿볼 수 있다면 도움이 많이 된다. 이런 교감은 어릴수록 온몸으로 밀도 있게 받아들여 인생의 큰 자양분이 된다. 이런 것을 조금 들은 부모들은 자녀들이 수승한 지도자를 만나면 자연스럽게 많은 것을 얻을 것이라고 생각하는데 그렇지 않다. 아이에게 만나게 될 수행자에 대한 정보를 주어야 아이도 마음의 준비를 한다.

소태산은 1916년에 세상 모두가 진리를 내면화한 인격을 지닌, 영적 자유의 존재로서 행복하게 살아갈 수 있도록 법을 내놓았다. 그리고 그 법이 시대에 따라 무르익어 가기를 바랐다.

진리 인격에 대해 「일원상 진리」에서는 이 진리는 우주와 만물의 본원이자 모든 성현들의 마음 씀씀이라는 내용으로 쓰여 있다. 그리고 「일원상 신앙」에서는 이를 하나하나 믿어 가슴으로 새기라는 내용으로 되어 있다. 이어서 「일원상 수행」은 진리의 내용보다는 우리 각자의 마음이 원만구족圓滿具足 하고 지공무사至公無私한 것이니 알고 양성하고 사용하라는 내용이다.

이를 종합해 보면 '우주와 만물의 본원'이자 '모든 성현들의 마음 씀씀이'이자 '우리 모두의 마음 깊이 내재해 있는 마음'이니 이를 바탕으로 인격에서 나온 마음이 원만구족하고 지공무사하다는 것이다.

이 원만구족하고 지공무사한 마음의 근간은 '일원상 진리'의 내용인 진공묘유眞空妙有 에 있다. 진리는 텅 빈 속성과 빈 데서 오묘하게 나타나는 속성으로 이루어졌을 뿐 아니라 진리의 모습 그 자체이기도 하다. 이는 수행의 이념이자 행동의 기준이 된다. 이를 수행을 통해 내면화에 이르게 되면 이후부터는 진리와 동화된 본질이 다양한 모습으로 나타난다. 나아가 마음을 마음대로 써도 진리를 벗어나지 않는다.

모든 만물의 근원을 소급해 들어가 보아도 만물의 근원은 텅 비어 있다. 그런데 비어 있는 것은 만물을 보이지 않게 잉태하고 있다가 기연 따라 모습을 드러낸다. 이러한 원리는 초목에서부터 인간에 이르기까지 적용되지 않는 것이 없다. 우주도 움직이는 주체를 찾으려 해도 찾을 수 없이 텅 비었는데 그로부터 스스로 움직이며 다양한 모습을 나타낸다. 이것을 진공묘유라고 한다. 일원상 수행을 진공묘유의 수행문이라고 하는 이유가 여기에 있다.

사람이 진리를 품어 살아가는 근간도 진공묘유이다. 진리의 인격을 지닌 성현들의 삶을 볼지라도 진공으로 마음의 바탕을 삼고 묘유로 활용의 주체를 삼았다. 이를 인간의 심법으로 원만구족하고 지공무사하다고 했다. 진공의 마음이 되면 원만구족하고 묘유의 마음이 되면 지공무사하다.

마음이 진공이 되어도 살아 있는 사람의 마음속에는 누구나 열정이란 것이 내재해 있어서 허무한 데로 빠지지 않는다. 마음을 비우면 내재된 열정이 발현되어 자비로 나타나 원만구족한 성향을 띤다.

'원만하다'는 것은 두루 갖추었을 뿐 아니라 다른 것과의 균형과 조화를 이루는 것을 의미하고 '구족하다'는 것은 모자람 없이 모든 가능성과 모든 존재를 품고 있음을 의미한다. 그러므로 원만구족함은 절대평등한 세상에서 세상을 두루 살리는 방향으로 움직인다.

원만구족한 모습은 우주의 이법理法과 기운의 작용이 어느 굴속이나 물속의 어느 미생물에게까지도 미치지 않는 곳이 없듯이 우주 전체와 우주의 근원에 가득 차 있다. 이런 모습을 텅 비어 가득 찼다고 말한다. 인간의 마음도 비어서 세상에 드리우면 내면의 열정이 세상을 위한 균형과 조화로 이루어 번져 간다.

그런데 사람들은 어려서부터 인간 사회에서 자기 앞가림하며 살다 보니 자기 보호와 경쟁의 습관이 생겨난다. 이런 상대적인 습관의 대부분은 기득권을 쥐려는 욕심으로 변질된다. 이러한 것이 생존을 위한 몸부림일 수 있다. 그러나 자기 성찰 없이 이기적인 감정과 판단이 집착하는 습관으로 자리하게 되면 결국 자신의 인생을 옭아매는 쪽으로 작용한다. 그래서 인생길에서 언젠가는 관념화된 생각이나 욕심에 따른 행동을 내려놓는 동시에 진리와 인간의 본질에서 인생을 다시 세워 갈 필요가 있다.

지공무사 至公無私

지극히 공변되어 사사로움이 없는 마음

진리는 텅 비었지만 이 가운데 우주의 근원으로 가득 차 있다. 또한 우주를 움직이는 원리로 존재한다. 이러한 진리는 우주의 그 어디에도 머물지 않은 곳이 없다. 그뿐만 아니라 머무는 그곳 그곳에 알맞으면서도 다른 것과 유기적인 균형과 조화를 이룬다. 소태산은 이를 인간의 관점으로 지극히 공변되어 사사로움이 없다는 뜻의 지공무사至公無私한 모습으로 보았다.

진리는 세상의 원리이자 우주이니만큼 개별적이거나 욕심이 있을 수 없다. 이를 자유의지가 있는 개별 영혼인 인간의 관점에서 볼 때 사사私私로움이 없다고 표현했다.

이쯤에서 인간이 과연 지공무사함을 지닐 수나 있는 것인지 반문하게 된다. 일반적인 사람의 경우에는 의문부호가 붙겠지만 석가모니, 예수, 소태산 등은 이미 진리성을 회복하고 진리 인격을 지닌 지공무사한 삶을 살아갈 수 있음을 삶으로 보여주었다. 그러나 인간이 성현의 상을 만들어 놓고 성현들의 인간적인 부분을 소홀히 다루었다. 일반 사람으로서 성현이 되는 과정과 인간적인 면을 소상히 밝혔다면 지금쯤은 지구상에 많은 성현들이 봇물 쏟아지듯 나왔을 것이다.

필자의 학창 시절에는 여래의 경지에 있었던 소태산, 정산, 대산을 친견한 사람에게 인간적인 면을 듣고 싶다고 조르듯 말하면 간혹 그들의 인간적인 소소한 모습을 들려주었다. 그들의 훌륭한 면은 충분하게 들어왔기에 인간으로서의 성자를 느끼고 싶어서였다.

　대산을 보필한 한 선배에게 "대산께서는 성질이 급하신 면이 있으신데 일반인과 어떤 점이 다른가요?"라고 물었다. 한참을 생각하다가 "의식 수준과 마음의 힘이 남다르셨지."라고 대답했다. 여기에서 중요한 것은 성질이 급한 대산을 폄훼하려는 게 아니다. 성질 급하기로는 그 시대의 성자로 불리던 성철 스님은 더했다. 이런 것을 보면 성질 급한 것이 그 시대 사람들의 특성인 면도 없지 않다. 이러한 사례를 뒤집어 생각하면 성질 급한 사람도 여래가 될 수 있다는 뜻이 된다. 성질 급한 특성을 지닌 사람이 이것을 알면 성자의 포장된 인격만을 쫓아서 급한 성격 없애느라고 일생을 허비하지는 않게 된다.

　특성이 사람마다 다르듯 여래들도 각각 다르다. 각기 다른 품성에서 풍기는 독특한 매력이 있다. 그런데 오늘날의 여래상은 인간적인 모든 것을 뭉개버리고 혼이 없는 모습으로만 남겨 놓았다. 여래의 인생 그대로 내놓아야 후대 사람들이 이를 토대로 실질적인 수행을 해 가는데 말이다.

　지극히 공변되어 사사로움이 없는 마음이 되는 가장 효율적인 방법은 의식을 키우는 것이다. 진리의 근원과 전체 그리고 유기적인 관계를 알면 의식에 공평함이 생기고 자신만을 위하는 마음도 사라진다. 또한 각자가 자신의 특성에 맞게 수행해 가면 지공무사함의 세밀한 부분도 어느덧 채워져 간다. 이런 수행의 풍토는 지구촌에 살 내음 풍기는 정감 있는 수행자가 다양하게 존재할 수 있게 한다. 뿐만 아니라 후대의 수행자에게 사실적이면서도 다양한 길라잡이도 되어 준다.

'원만구족', '지공무사'와 '삼대력', '삼학'
내 마음속 원만구족 지공무사

진리를 표현하는 관점은 크게 두 가지로 나뉜다. 일원의 진리를 범우주적인 관점에서 보면 진공묘유眞空妙有 이지만, 이를 인간의 관점에서 보면 '원만구족 지공무사'라고 한다. '원만구족 지공무사'는 수행적 접근으로 회복하고 닮아 가야 할 심법의 표준이다. 또 하나는 진리의 속성인 공원정空圓正 이라는 개념이 있다. 여기에서 '공'은 비움, '원'은 영묘함, '정'은 바르게 나타남을 일컫는다. 이는 수행 과목인 삼학정신수양, 사리연구, 작업취사 과 그로 얻은 마음의 힘인 삼대력 수양력, 연구력, 취사력 의 근간이 된다.

'진공묘유'에 근간을 둔 '원만구족 지공무사'와 '공원정'에 근간을 둔 '삼대력'은 글자와 구성에서 좀 차이를 보일 뿐 모두 진리의 내용을 온전하게 표현한 것으로서 서로 같다. 다만 진리를 체體 근본와 용用 나타남으로 보았느냐 아니면 체와 상相 지혜과 용으로 보았느냐만 다를 뿐이다.

'원만구족 지공무사'의 내용은 '진리는 비어서 두루 미치었기에 두렷하여 모자람이 없고, 지극하게 공변되어 우주 살림을 할지언정 자신만을 위해 일을 도모하지 않는다.'라는 뜻이다. 또한 '공원정'의 내용은 '진리는 텅 비었으되, 신령하여 모르는 것이 없고, 곳곳마다 알맞게 나타난다.'라는 뜻이다.

참고로 각산신도형의호은 원만구족에 '공'과 '원'을 지공무사에 '원'과 '정'을 분배*했다. 그리고 정산은 수양공에 필요한 요건으로 연구원와 취사정를, 연구에 필요한 요건으로 수양과 취사를, 취사에 필요한 요건으로 수양과 연구를 분배**해서 주종 관계로 보았다. 이렇듯 '공원정'만으로 볼 때 '원연구'은 상황과 경향성에 따라 '공수양' 또는 '정취사'에 기우는 면이 없지 않다.

이를 좀 더 본질에 비추어 살펴보면 원만구족하다는 것은 '공수양, 원연구'을 중심으로 '정취사'을 내포하고 있다. 우선 '공'과 '원'만을 볼 때 '공'은 '공'을 중심으로 '원'을 내포한다. '공' 가운데에는 원적무별圓寂無別 두렷하고 고유하여 분별 주착이 없음함이 있어 '원'의 성질을 포함하고 있기 때문이다.

또한 정산은 "정할 때는 원만구족한 진경이 주가 되고 동할 때는 지공무사한 마음이 주가 된다.***"라고 했다. 이렇듯 정할 때의 표준인 원만구족함을 위한 수행에는 수양과 연구가 중심을 이루는 것처럼 '공과 원'을 중심으로 하되 정을 준비하는 것이다. 그리고 동할 때의 표준인 지공무사함을 위한 수행에는 취사가 중심을 이루는 것처럼 '정'을 중심으로 하되 '원과 공'이 내포된다. 이처럼 '원만구족 지공무사'를 온전하게 하기 위해서는 삼대력이 꼭 필요하다.

---

*『교전공부』정전 교의편 p.62. 원불교출판사 개정 1992 4판. 신도형 저.
**『정산종사법어』경의편 15.
***『한울안 한이치』제1편 법문과 일화. 3.일원의 진리 22절.

한 예를 들면, 수양력을 얻는 방법 가운데 하나인 좌선만을 잘하려고 해도 삼대력이 필요하다. 좌선을 하려고 할 때 정서적^{수양}으로 아주 불안하면 좌선에 접근조차 어렵고, 혹 접근했을지라도 좌선법^{연구}을 모르면 몰라서 못하게 되고, 어찌 하게 될지라도 의지력^{취사}이 없으면 지속적으로 해낼 수 없다.

반면 삼대력이 있으면 차분한 마음으로 자기에게 맞는 방법을 찾아하게 되어 선정에도 이를 수 있다. 이러한 좌선은 수양력뿐 아니라 삼대력의 뿌리가 되어 준다. 그러므로 삼대력은 다시 삼학을 닦는 데도 필요하다. 또한 삼대력 하나하나와 원만구족하고 지공무사한 심법을 닦는 데도 없어서는 안 된다.

원만구족하다는 것은 일이 없을 때의 표준이다. 일이 없을 때에는 일이 있을 때를 대비해서 준비해 두어야 한다. 이때 준비를 어떻게 했느냐에 따라 일의 성패가 좌우되는 경우가 많다. 여기에서의 준비는 정서적 안정과 지혜에 따른 관점 그리고 일의 기틀에 따라 그 일을 실현해낼 수 있는 모든 것을 아울러 말한다.

일 없을 때^{정靜적인측면}의 수행에는 '수양'을 중심으로 좌선, 염불과 기도, 운동, 휴식 등이 있고 '연구'를 중심으로 경전, 독서, 의두·성리, 정기일기가 있다. 그리고 '취사'를 중심으로 해야 할 일과 생길 만한 일을 준비해 가는 것도 아울러 필요하다. 이를 종합하면 원만구족은 '공과 원'을 중심으로 자성반조^{自性返照(空寂靈知)} 해 가되 목적반조^{目的返照}에 의한 준비도 아울러 해 가는 공부인 것이다.

성현의 인품을 지닌 사람일수록 삶의 토대인 '일이 없을 때 해야 할 것'에 많은 시간과 노력을 들인다. 이는 수양과 연구를 중심으로 생활하다가 때때로 일 있을 때에 지공무사함으로 할 수 있는 심리적인 것과 일에 대한 준비를 말한다. 이러한 생활로 자신을 길들여 가는 사람은 어느덧 마음을 비워 존재하다가 비움의 극치인 선정에 이르러 무의식마저 정화해 낸다. 그리고 근본지혜가 솟아나는 과정 속에서 진리의 의식이 마음 깊이 깃드는 데까지도 이른다.

그런데 수행자 대부분은 마음의 근원에 머물러 마음 씀씀이의 밑바탕을 이루는 과정에서 마음을 놓는 힘과 에너지가 생성되는 것에 그치고 만다. 여기에 그치는 것이 안타깝다는 의미이지 하찮다는 의미는 아니다. 이를 바탕으로 마음을 일으켜 체계적인 수행으로 수행의 단계를 밟아 올라갈 수만 있다면 안정된 심리 속에서 수행의 진전을 이룰 수 있는 장점은 분명히 있다.

일상이 아주 단순할 때는 생활이나 일에 마음을 곧추세우지 않아도 된다. 이때는 일이 없는 심정으로 생활하거나 일이 있을 때를 위해 연습 삼아 생활해 간다. 인생의 여정은 마라톤과 같아서 완급 조절이 필요하기 때문이다.

지공무사하다는 것은 일 있을 때의 표준이다. '정 취사: 주의, 조행, 상시일기'을 중심으로 이루어지나 '원'이 받쳐 주고 '공'을 내포한다. 그러므로 일에 있어서는 취사가 주가 되지만 그 밑바탕에는 그동안 닦아 온 수준만큼의 수양과 연구가 취사의 질을 결정하는 요건이 된다. 이를 다른 관점에서 보면 일할 때는 '정'을 중심으로 목적반조를 하되 자성반조가 심법의 바탕이 될 수 있도록 깨어 있어야 한다.

원만구족하고 지공무사한 마음을 갖는다고 하는 일에 꼭 성공을 거두는 것은 아니다. 다양한 변화를 일으키는 역동적인 사회에서 성공하기 위해서는 전문적인 지식과 지혜와 준비된 연구가 필요하다. 뿐만 아니라 그 시대의 인심을 읽고 세간의 비위를 맞추거나 불합리한 법을 피해서 이익과 세력을 도모할 수도 있어야 한다. 또한 복잡다단한 일과 예기치 않은 상황에서도 정서가 흔들리지 않을 정도의 담대함과 배짱도 필요하다. 그래야 그 어려운 상황들을 헤쳐 나아갈 수 있다.

이렇듯 사회적 성공을 생각한다면 원만구족하고 지공무사한 마음을 지니고자 하는 것보다 사회에 맞닥뜨려 잔뼈가 굵어 가며 사회에 영향력을 키우는 길이 더 빠르고 확실할 수 있다. 그런데도 원만구족하고 지공무사한 마음을 알고 지녀서 양성해 가고 그 마음으로 살아가라고 하는 것은, 이 마음이 진리의 인격이기 때문이다. 이 인격으로 살면 사회적 성공은 더딜 수 있다. 그러나 다른 사람을 힘들게 하지 않고 세상을 이롭게 하는 방향에서 어렵지 않게는 살아간다. 이런 삶에서 영혼은 품위가 생겨난다. 물론 긴 안목에서는 더 큰 성공을 거둘 수 있겠지만 그 시대의 인지가 열릴 때에나 가능하다.

삶의 역동적이고 복잡한 상황에서 원만구족하고 지공무사함으로 모든 일이 순조롭게 저절로 되면 좋겠지만 마음 챙김만으로도 괜찮을 정도의 일은 된다. 이 정도의 일을 넘어서 일이 정말 잘되려면 일 없을 때의 탄탄한 준비와, 일을 끝낸 후 상시일기와 정기일기를 쓰는 것이 꼭 필요하다. 상시일기는 체크 항목에 따른 검토라면 정기일기는 체크 항목에 없는 것까지 되짚는 검토와 더불어 창의적 발전을 이룰 모멘트 moment 근거, 계기, 동기 가 될 수 있다.

일에 닥쳐서는 원만구족하고 지공무사한 마음을 바탕으로 온 역량을 끄집어내어 은혜를 창출하는 데에 초점을 두어야 한다. 이때 실수나 실패를 생각하는 것보다 마음의 힘을 빼고 하나하나의 일에 자신감으로 전념을 하되 평상심 平常心 을 여의지 않는 것이 좋은 결과를 얻는 데 도움이 된다. 일이 있을 때는 일이 없을 때의 심정처럼 평상심으로 하면 일의 효과가 크다. 이는 심리적인 것까지 준비가 잘되었다는 것을 의미한다. 이에 덧붙여 목적을 이루기까지는 때때로 정교하고 우직하고 단호하고 신속·정확하게 취사해야 할 때가 있다. 이때 일의 상황에 따라 어디에서 힘을 빼고 어디에 주안점을 둘지를 선택해서 행동해야 수행에 균형과 조화를 이루어 큰 성과로도 이어진다.

즉 차분함을 잃지 않는 판단력으로 그 일의 목적, 성질, 상황에 맞게 역동적인 취사가 된다는 것은 일의 결과뿐 아니라 삶에 법이 깃들어 영적 성장까지 이룬다는 뜻이다. 이처럼 원만구족하고 지공무사함으로 살기 위해서는 삼대력이 필요하고 그 삼대력을 닦기 위해서는 삼학이 필요하다. 이 삼학의 각 내용은 사람과 상황에 따라 경향성이 가감되며 자기에게 최적화된 수행으로 빛을 더한다.

그러나 이때 그 무엇보다 중요한 것은 내 마음속에 '원만구족하고 지공무사한 마음이 자리하고 있느냐!'라는 것이다. 아무리 훌륭한 진리적인 수행법도 개념에 그치면 생각의 유희에 지나지 않는다. 내면 진솔함을 가슴에 담아 조금이라도 삶으로 일궈내야 원만구족하고 지공무사함이 내 자신에게 내면화가 될 수 있다. 내면화가 되면 시간과 더불어 마음과 몸의 습관으로 자리하고 상황에 따른 능력도 생겨난다.

수행의 경로가 담긴 일원상 수행
진리 인격과 심법의 발현 경로

일원상 수행에는 진리로 인격화해 가는 모습과 경로가 담겨 있다. 정산은 "움직이거나 머무르거나 간에 밖의 물질과 자아의 구분을 놓는 공부에서 정할 때에는 원만구족한 진경眞境 구경에 이른 경지이 주가 되고 동할 때에는 지공무사한 마음이 주가 된다."라고 했다. 이는 출가 위의 심법인 대공심大空心 대공심大公心과 같다. 이러한 인격을 닦아 가기 위해서는 진리의 속성인 공원정으로 수양·연구·취사로 수행해 가는 길이 있다. 원만구족하고 지공무사한 각자의 마음을 알고 양성하여 사용하자는 것은 연구·수양·취사라기보다는 진리의 모습인 원만구족·지공무사를 알고 이를 내면화하여 살아가자는 내용이다.

그런데 「일원상 수행」에서 많은 혼돈이 야기된다. 이러한 혼돈은 견성見性·양성養性·솔성率性을 사리연구·정신수양·작업취사의 삼학과 같이 놓고 비유하는 데에서 비롯된다. 이는 수행을 흐름이 아닌 경향성에 따른 관점으로 보았기 때문이다. 수행은 학문 이전에 실전으로 이루어 가는 것이다. 그런데 이를 경향성으로 보게 되면 논리의 덫에 걸려 수행의 감각은 메마르고 비틀어져 버린다.

사실 진리의 내용을 담는 면에서 원만구족·지공무사가 삼학과 같고, 알고·양성하고·사용하는 것은 견성·보림·성불과 같다. 견성·보림·성불을 자꾸만 삼학과 비교하는데 이 두 개념을 직접 연관 짓는 것은 사실상 무리이다.

견성見性은 삼대력을 어느 정도 알고 실천하며 세밀한 부분까지 이루었을 때 이르는 경지이다. 즉 깨달음의 범주에까지 다다른 정도인데 이를 수행의 과목이자 방법의 하나인 사리연구에 국한을 시키는 것은 어색하게 짜 맞춘 느낌을 지울 수 없다. 마치 건축에 대한 책을 막 펼쳐 본 사람을 최고의 건축가라고 단정 지어 부르는 것과 같다.

일반적으로 견성·양성·솔성에서는 양성을 쓸 때 성품을 단련해 간다는 뜻의 한자인 '養性양성'을 쓴다. 그런데 「일원상 수행」에서는 '養成양성'이라고 썼다. 이 '養成양성'은 견성을 했지만 아직 부처의 경지에는 이르지 못하였으니 부처의 경지에 이르기까지의 내면화의 과정, 즉 보림保任*을 통해서 부처의 심법을 지니자는 뜻이다.

그런데 이를 정신수양에 결부시키는 것은 어색하기 짝이 없다. 정신수양 과목만 봐도 염불, 좌선, 나아가 기도까지도 포함한다. 이것만으로 보림이나 내면화된 성불이 이루어질 수 있을까? 내면화는 동정 간에 아우르며 모자란 정서, 지혜, 행동, 심법 등의 세밀한 부분을 채워 완성을 이루는 과정이다. 그런데 정신수양 과목은 여기에 비하면 한 부분에 그친다. 즉 여기에서의 양성養成은 보림 또는 성불의 경지를 뜻한다. 이 경지에서 매듭을 짓고 앞으로 나아가는 길이 수행 길인데, 이 경지를 수양해 가는 과목이자 방법인 정신수양과 결부시키는 건 격에 맞지 않다.

---

*보호임지保護任止의 준말로서 수행인이 진리를 깨친 후에 안으로 자성이 요란하지 않게 잘 보호하고 밖으로 경계를 만나서 끌려가지 않게 잘 보호하는 공부.

솔성率性은 견성과 양성을 거쳐 부처의 심법을 갖추어 사용하자는 의미이다. 이 개념은 성불 또는 제중과 같이 쓸 수 있다. 양성을 보림으로 여겼다면 솔성은 성불이 되고 양성을 성불로 여겼다면 솔성은 제중이 된다. 그런데 작업취사 공부인 주의, 조행, 상시일기만으로 부처의 경지에 이를 수 없는데 이를 취사력이라고 하는 것처럼 억지스러운 게 어디 있는가 싶다.

정신수양과 사리연구에도 최고의 상태에서 작업취사를 최고의 수준으로 해낼 수 있는 삼대력을 갖춘다면 솔성의 본의에 근접할 수 있겠다. 그러나 작업취사 하나만 떼어 놓고 솔성과 같은 동등한 개념으로 쓰는 것은 무리가 많다.

솔성은 최고의 심법을 갖추어 가거나 이미 갖추었을지라도 자신과 주변 상황역경.공경.순경에 따라 살아갈 정도가 되는 것을 지향한다. 스스로 심신의 건강을 돌보는 것에서 출발하여 주변 사람의 마음을 법으로 알게 모르게 일깨우고 그곳 그곳에서의 삶을 살맛 나게 가꾸어 가는 삶이다.

이를 수행 선상에서 종합해서 보면, 수행을 처음 할 때는 정신을 수양하고 사리를 연구하며 작업에 취사해 가는 것 하나하나를 배우는 것부터 시작한다. 그리고 일상에서 배운 만큼 원만구족하고 지공무사한 마음이 되어 그 마음을 사용하려는 노력이 이루어진다. 이렇게 삼학을 어느 정도 알고 단련하여 삼대력이 쌓여 깨달음에 이를 정도가 되는 것을 일컬어 견성이라고 한다. 여기에서 다시 내면화하는 과정인 보림을 거쳐 성불로 이어 간다. 그리고 이 심법으로 세상을 유익하게 만드는 것이 제중이 된다.

이해를 돕기 위해 견성, 양성, 솔성이라고 나누어 부르는 것뿐인데 글자 그대로 성품에 국한된 견성見性, 양성養性, 솔성率性이라고 생각하면 이는 삼학 본의와 멀어도 너무 먼 느낌이다. 견성, 양성, 솔성은 모두 성품에 의한 것에서부터 마음작용에까지 이르는 것이라 엄밀한 의미에서 정신수양 과목에서 벗어나 있지 않다. 마치 단전을 여의지 않고 생각하고 사는 것만으로는 좌선의 응용에 지나지 않기 때문에 무시선이라고 할 수 없는 것처럼 말이다. 견성, 양성, 솔성의 삶은 맑고 순수하고 영롱하기는 하나 지혜와 취사에 실질적이지는 못하다. 소태산의 정신으로 볼 때 미흡하기 짝이 없다.

성품을 여의지 않고 진리와 삶을 통찰해 내어 적재적소에 사용하는 것을 삼학이자 무시선이라고 하고 이로써 맑고 지혜로운 영성이 되어 은혜를 창출해 내는 것을 원만구족하고 지공무사하다고 일컫는다. 그리고 진리와 삶을 통찰하고 내면화하여 체화된 감각으로 은혜를 창출해 낸다면 이는 견성·보림·성불 그리고 제중이 되는데, 이런 사람을 부처라고 부른다.

그래서 견성·양성·솔성보다 알고 양성하여 사용하자는 말이 훨씬 적실하면서도 쉽고 알차다. 알고 양성하여 사용하자는 것은 삼학이나 삼대력보다는 진리를 알고 내면화하여 살아가자는 의미의 수행 경로로서 견성·보림·성불이나 견성·성불·제중으로 보아야 한다. 이처럼 일원상 수행의 내용은 인격의 덕목을 수행의 경로에 따라 밟아 가도록 했다. 이 큰 흐름을 놓치고 일원상 수행을 그저 삼학 수행의 징검다리 정도로 여기는 것은 소태산의 뜻을 협소하게 만드는 일이다.

수행을 체계적이면서도 세밀히 해내는 데에는 많은 시간과 노력이 뒤따른다. 이런 과정에서 수행을 위한 수행에 빠지거나, 다른 수행을 접해 보다가 다름의 신선함에 현혹되어 잘못된 상황으로 내몰리는 경우가 종종 눈에 띈다.

수행에서 꼭 필요한 것은 어느 상황에서도 수행의 본질과 목적을 잊지 않고 올곧게 나아가는 것이다. 그렇게 되기 위해서는 진리의 인격과 이를 이루는 크고 간결한 흐름을 화두처럼 삼아갈 강령이 필요한데 「일원상 수행」에는 이 모든 것이 간결하게 담겨 있다.

원만구족과 지공무사
평온과 마음 다함

　『정전』 속 '원만구족 지공무사'라는 용어는 「일원상 수행」과 「일원상 법어」에 나온다. 「일원상 수행」은 심법과 수행의 경로에 초점이 맞춰져 있다면 「일원상 법어」는 수행을 하며 온전하게 이루어 낸 모습이 제시되어 있다.

　법타원은 일상에서 원만구족하고 지공무사한 삶에 대해 누누이 강조했다. 필자는 그 뜻을 막연하게 가슴으로만 품고 있다가 스무 해 남짓한 기간 동안 삼동연수원에서 무시선을 마음껏 해 보며 명백해졌다. 이로부터 무시선 수행을 체계화한 프로그램을 만들어 가르치게 되었다. 그즈음에 법타원과의 문답이다.

　"요즘 대중에게 무시선으로 생활하는 방법을 가르칩니다."

　"어떻게 하나?"

　"자신이 일상에서 자주하는 일 가운데 잘하는 것부터 하나씩 '평온한 마음'을 지니고 '마음 다함'으로 하게 합니다. 이것이 진공眞空으로 체體를 삼고 묘유妙有로 용用을 삼는 공부이지만 사회적 언어로 가르칩니다."

　"원불교 용어 가운데 다른 말은 없냐?"

"원만구족한 마음을 바탕으로 지공무사하게 사용하는 것입니다."

"그래 됐다. 이제는 원불교 용어를 먼저 쓰고 사회적 언어로 말해 주는 게 좋겠다!"

"네."

이날의 문답 이후 원만구족함을 평온한 마음의 표준으로 삼고, 지공무사함을 마음 다함의 표준으로 삼아서 무시선 공부를 진행하고 있다. 이는 출가위 심법의 결정체인 대공심大空心 대공심大公心과 다르지 않다.

한 선객이 교무에게 묻는다.

"『정전』을 봐서는 잘 모르겠기에 사전을 찾아 내용을 봐도 원만구족함과 지공무사함은 별 차이가 없는데 굳이 나눌 필요가 있나요? 그런데 원만구족함이 체고 지공무사함이 용이라고 하니, 일상에서 체와 용으로 어떻게 쓰는지 궁금합니다. 실례를 들어 설명해 주시면 좋겠어요."

교무가 선객의 물음에 대답한다.

"원만구족함은 공空을 바탕으로 하는 절대 평등입니다. 비었기 때문에 원만구족할 수 있고 절대 평등할 수 있습니다. 이는 근본과 전체에서도 하나인 것처럼 나의 자녀나 남의 자녀 모두가 하나이므로 모두를 존귀함으로 두루 사랑하고 보살피는 마음을 말합니다."

"이건 마음만 먹으면 누구나 될 것 같지만 시비이해是非利害가 꽉 들어차서 서로 맞물려 돌아가므로 시비에 몰리고 이해가 나누어지는 상황에서는 쉬운 게 아닙니다. 게다가 애먼 중상모략이 다가오고 괜한 손해를 보아야 하는 상황에서는 마음을 비우고 널리 사랑할 수 있기란 여간 어려운 게 아닙니다. 이런 상황에서 일을 미워할지언정 사람을 미워하지 않고 세상 모두가 행복하기를 바랄 수 있을 정도만 되어도 원만구족한 마음을 지닌 사람입니다."

"지공무사함은 공☆을 바탕으로 하는 상대평등을 말합니다. 전체 속의 개체는 특성을 지니며 유기체를 이루지요. 발이 움직이는 것을 발이 움직인다고 하지 않고 그 사람이 움직인다고 말하듯이, 온몸의 신체 각 부위는 다른 모습이나 제 역할을 함으로써 전체를 위해 움직입니다. 또한 전체를 위하는 것이 각 부위를 위하게 되는 것이니 이래저래 하나의 유기체를 이룹니다."

"전무출신의 도에 이런 말이 있습니다. '각자 맡은 바 직장에서 그 일 그 일에 힘과 마음을 다하면 곧 천지행을 함이 되나니라.'라고요."

"내 자녀가 식사해야 할 때를 걸러 배고픈데 자녀의 친구들은 각자 밥을 먹고 놀러왔다고 칩시다. 그런데 내 수중에는 내 자녀를 먹일 만큼의 돈밖에 없어요. 이때 어떻게 하는 게 지공무사한 처사가 될까요?"

"자녀와 그 친구들까지 두루 보살피는 것은 원만구족한 마음에서 비롯된 모습입니다. 그러나 돈은 한정되어 있고 또 내 자녀의 심신 건강과 성장은 나의 의무와 책임 범위 안에 있습니다. 이때 자녀 친구들에게 양해를 구하고 배고픈 자녀에게 음식을 제공하는 게 지공무사한 모습이 됩니다."

전체 속에 각자는 전체 속에서 균형을 이루며 자기 역할을 해야 할 의무와 책임이 있다. 전체를 헤아리는 마음이 원만구족이라면 사회적 균형 속에서 책임과 의무를 힘껏 다해 내 자녀를 잘 키우는 것이 지공무사한 마음과 행동이다.

영혼의 울림으로서의 앎
수행은 사랑과 인정에서 비롯

「일원상과 같이 원만구족하고 지공무사한 각자의 마음을 알자는 것이며」처럼 일원상 진리의 입체적인 모습을 소태산은 원만구족하고 지공무사하다고도 했다. 이는 진리를 인간의 마음과 삶의 모습으로 이해하기 쉽게 표현한 것이다. 게다가 믿는 것을 넘어서 알기까지 바라는 내용이다.

진리를 알아 가는 길은 신뢰^{믿음}에서 비롯되어 배움, 이해, 사유, 수행, 정밀한 앎, 폭넓은 의식으로 이어진다. 나아가 선지자로부터 진리에 대한 요소 요소의 핵심이 될 만한 것과 삶에 응용된 진리의 이야기를 들어 심화해 간다. 그리고 다양한 해설서를 봄으로써 중론이 생기면 이를 종합하고 분석하여 정리함으로써 앎에 매듭이 생긴다. 비로소 아는 것과 모르는 것의 윤곽이 좀 더 드러난다.

하지만 이런 앎은 관념의 틀을 만들어 스스로 거기에 갇히기도 한다. 본질적인 의미에 깨어 관념을 덜어 내어 사유할 수 있어야 관념으로부터의 자유를 얻을 수 있다. 이후부터는 삶에서의 수행을 통해 앎이 실질적이게 되면서도 더욱 정밀해진다. 그리고 주위의 다양한 삶을 접하면서 폭넓은 이해와 포용의 앎으로 발전해 간다.

알아 가는 길에서 무엇보다 중요한 것은, 아는 만큼의 앎이라도 삶 속에서 하나하나 실천해 가는 것이다. 이로써 진리와 은혜로 증명해 낼 수 있어야 실답다. 실천하지 않은 앎이란 기억에 불과하고 가설에 따른 생각의 유희에 지나지 않는다. 진정한 앎이란 삶 속에서 하나하나 실천해 보는 데에서 생겨난다.

어느 날 한 수승한 수행자는 젊은 청년과의 문답이 있었다.

"저는 열 가지의 과제를 서너 가지로 종합하여 분석하고 이해해서 기억하는 것까지는 어느 정도 하겠는데 열 가지의 공부^{수행}거리를 내 것으로 만드는 것은 어렵습니다."

"정답을 맞히거나 분석해서 명료하게 하는 것으로써 경쟁에서 이기고 남에게 인정받는 것에 익숙해져서 그래. 진리적인 이해가 어느 정도 되었으면 이후부터는 자신의 마음에 귀 기울여 마음의 소리를 듣고 삶에 깨어 조금씩 해 봐. 공부의 내용들이 자신에게 점점 스며들게 될 거야."

수행을 모범적으로 하는 사람이 수행에 의외로 진전이 더딘 경우가 많다. 수행은 논리나 의지적인 부분보다 감각적인 부분이 크다. 수행과 직결된 성품이나 마음은 그 씀씀이를 계량화할 수 없는 것이라서 글이나 노력만으로 알기 어렵다. 수행은 이해도 필요하지만 결국에는 감각적으로 접근해서 감각적으로 알아차리고 감각적으로 체득해야 한다.

영적인 성장을 진정으로 바란다면 수행에 대한 이해와 노력에 그쳐서는 안 된다. 자신으로부터 솔직해야 인생이 가슴으로 들어와 수행할 마음이 난다. 영적 수행은 이로부터 시작된다고 할 수 있다.

수행은 감각이라 했듯이 수행의 시작이자 바탕을 이루는 것은 사랑과 인정이다. 사람은 사회적 동물이라 누군가의 인정을 받을 때 정서적으로 안정되어 일이든 수행이든 해야 할 것에 집중할 수 있다. 인정 욕구는 자연스러운 것이나 인정을 타인에게 지나치게 바라면 자신의 행동과 모습도 남의 시선에 의지하게 된다. 자신이 스스로를 인정할 때 남의 이목에 크게 좌우되지 않고 자신 내면의 솔직한 수행을 할 수 있다. 자기 인정이 부족한 사람은 남달리 수행하는 것 같아도 늘 인정 욕구에 머물러 수행의 본질에는 한 발짝도 다가서지 못한다. 이런 상 태에서는 수행을 하고자 몸부림쳐도 제자리에서 헤맬 뿐이게 된다.

수행을 잘한다고 이름이 꽤나 알려진 사람이 있다. 그는 다른 사람 과 달리 독특한 행동을 종종 보인다. 그런데 곁에서 함께 지내본 사람 들은 그를 일컬어 "자기를 남에게 잘 보이기 위한 말과 행동들뿐이지 기운도 마음도 편안하지 않고 호도하는 말만 많다."라고 한다.

그는 자라면서 사랑을 충분히 받지 못했다. 그 아쉬움을 새벽 좌선 시간에 열심히 참석하여 인정받으려고 했다. 게다가 초월적 체험을 했다고 다른 사람에게 이야기하고 이상한 행동을 특출 난 것처럼 포 장해서 이야기하는 쪽으로 풀어 갔다. 그러나 함께 살아 본 사람들은 수행자는커녕 인간 자체가 덜 됐다고 한다. 사랑에 대한 아쉬움을 내 면 솔직한 노력으로 승화시켜 갔다면 아주 이상적일 텐데 그렇지 못 한 것이 자신을 거짓 인생으로 만든 경우이다.

수행은 열심히 하는 것보다 의외로 자기를 사랑하는 데에서부터 시 작된다. 자기를 사랑하게 되면 영혼의 울림이 있는 곳을 향해 나아갈 수 있다. 이로부터 삶에 영혼의 울림이 일어나고, 이 울림으로 진리를 알게 된다. 이 앎을 삶에서 실천해 가면 내면에 담긴 진리는 더욱 깊 고 영롱하며 풍요로워진다.

진리의 앎
앎은 삶을 통해 촘촘하고 깊어 간다

진리와 내 마음은 원래 원만구족하고 지공무사하다. 그런데 내 마음이 그렇지 못할 때가 혹 있었는지 되돌아보는 것도 수행자로서의 바람직한 모습이다. 원만구족의 반대는 편협하고 모자라는 것이고, 지공무사의 반대는 자기밖에 모르는 것이다. 생각 없이 되는 대로 살다 보면 편협하고 모자라게 되고 하는 일에서도 자기밖에 모를 수 있다.

원만구족하고 지공무사한 삶은 아는 것만으로 되는 것이 아니다. 그렇다고 생각만으로 되는 것도 아니다. 마음을 비워감으로써 알게 되고, 더불어 함께하는 삶을 살아감으로써 앎의 간격이 촘촘해지며 진정으로 알게 된다.

돌, 물, 불, 바람, 공기, 초목 등은 존재 자체가 비어 있어 비울 것도 없다. 이러한 자연에는 어떤 작용이, 자유의지가 아닌 식識의 반응으로 일어난다. 그래서 자연에 대해 안다는 식의 능동적인 표현을 쓰지는 않는다. 동물들은 자연 작용과 달리 자유의지에 의한 본능으로 살아간다. 이러한 것이 기반이 되어 살아가는 인간에게는 동물로서의 본능 외에 각혼覺魂 깨달음의 혼이란 것이 더 있다. 사유하고 때로는 깨어 있는 비움으로 존재하는 각혼 말이다. 그런데 사람은 사회화 과정에서 경쟁이란 구도를 설정하고 이기기 위해 바쁘게 지낸다. 이렇게 해서 생긴 욕심은 각혼에 담긴 지혜를 덮어 버린다. 자기에 갇힌 욕심은 마음의 시각을 편협하고 단촉하게 만든다. 마음을 본질에서 쓰고자 할 때는 세월 따라 습성으로 굳은 편협하고 단촉한 마음마저 비워 내야 하는 수고로움이 더 따른다.

지공무사한 마음은 모두를 생각하는 것만으로 온전해지지 않는다. 세상과 더불어 균형과 조화를 이루며 지공무사함이 조금씩 더 깊고 넓어져 간다. 이러면서 지공무사에 대한 앎도 머리가 아닌 느낌과 삶의 피부로부터 받아들이게 된다. 이 앎에는 이성적 판단의 땀구멍 사이로 온기가 들어와 있다. 따뜻하면서도 역동적인 느낌이다.

세상을 동물의 근성에서 벗어나 영적 성장의 관점으로 바라보면 삶의 숲이 늘 눈앞에 드러난다. 이로써 마음이 여유로워져서 삶에 대한 큰 그림을 자기 주도적으로 그려 가는 것이 한층 수월하다.

원만구족하고 지공무사한 각자의 마음을 삶에 드리우며 알게 되는 만큼 삶 속에서의 몸부림이 있어야 한다. 그만큼 내 안에 원만구족하고 지공무사함이 밀도 있게 스며든다. 우리 일상의 삶과 삶에서 일어나는 감정, 생각, 행동 하나하나는 사람마다 각자의 영성을 일깨우는 최적화된 과제들로 이루어졌다. 때로는 불합리하고 과한 것도 있지만 크면 큰 대로 작으면 작은 대로 내게 꼭 필요한 것들이다.

괜한 괴로움을 주기 위해 오는 것들이 아니다. 때로는 버겁고 힘들어도 그 일에 영혼이 긴 호흡으로 깨어 존재할 때마다 내 영성은 한 뼘 훌쩍 자라난다. 이때 소소한 배려의 마음을 흩뿌려 존재할 수 있다면 자신과 주위에 따스함이 더해져 가며 내 영혼은 한층 더 풍요롭게 성장한다.

일원상 수행과 삼학
마음을 알고 양성하고
사용하는 것에 대하여

원불교 출가 수행자의 길을 걷는 한 학생이 스승을 찾아 질문을 한다. 스승의 수행적 고뇌가 담긴 교리 설명과 그동안 정설처럼 관념화된 교리 체계가 부딪치는 질문이다. 학생이 작정코 하는 질문이라서 스승이 대답하는 데 여간 애먹는 게 아니다.

"스승님! 일원상과 같이 원만구족하고 지공무사한 각자의 마음을 알자는 것은 사리연구에 속한다고 배웠습니다. 그런데 앎은 삶의 몸부림을 통해 촘촘해진다는 스승님의 말씀은 사리연구와는 멀게 느껴집니다.

"사리연구 과목이 경전, 강연, 회화, 의두, 성리, 정기일기이지? 이것으로 원만구족하고 지공무사한 각자의 마음을 온전히 알 수 있을까? 온전히 알 정도라면 견성의 경지에는 이르러야 되는데 말이야."

"그래도 80%에는 이르지 않을까요?"

"20%에도 미치지 못할걸. 한 사람이 도자기 굽는 것을 알려면 책을 읽고 발표하고 토론하고 궁구하고 기록해 가는 것으로 도자기 굽는 것을 얼마나 알 수 있다고 할 수 있을까? 20%를 안다고 하는 것도 과분하지 않을까? 도자기를 몇 번이라도 흙으로 빚고 구워봐야 그제서 조금 안다고 할 수 있다. 이처럼 앎^{견성}의 경지에 이르기까지는 진리를 배우고 연구했던 것을 내면화하며 삶을 구현해 가는 과정이 필요해. 이러한 것이 거듭되며 수행에 완성도를 이루어 가지. 그래서 앎은 사리연구라기보다 수행의 한 경지로 보는 게 맞다. 물론 사리연구의 경향성이 전혀 없지는 않다. 앎이 어느 정도 깊다면 이미 수양과 취사에도 어느 정도의 경지에 이르렀다는 것을 의미해. 마치 대산 스승이 대각의 문에 이르는 길로 육순차^{六順次(견문見聞, 사색思索, 수증修證, 허령虛靈, 지각知覺, 신명神明)}*를 밝힌 것처럼 말이야. 닦아 증득한다는 것은 수양만 해서 되는 게 아니라 체득까지 하는 것이고, 지각도 근본지혜가 의식^{감각, 지식, 경험, 판단의 총체}의 바탕 위에 이루어져 열리는 것이거든. 견성이라면 육순차에서 지각 정도는 돼야 해. 견성에 이를 정도라면 수양과 취사의 완성도에도 최소한 80%는 이를 정도가 되어야 하지 않을까? 그래서 앎에 이은 '양성'은 앎의 완성에는 어느 정도 다다랐다는 것이지. 그러나 아직 그 앎이 가슴과 삶으로 완전하게 내려오지 못했다는 뜻이기도 해. 내면화의 완성 단계로 나아가는 과정은 아직 남아 있다고 봐."

"소태산 여래는 「교의품」 5장에서 천지만물의 시종본말과 인간의 이치를 걸림 없이 알고^{見性}, 성품자리를 양성^{養性}하며 오직 바르고 공변되게 처리하자^{率性}라고 했고, 「천도품」 26장에서는 '수도인은 마음을 깨쳐 알고, 안 뒤에는 맑게 키우고 사^邪와 정^正을 구분하여 행을 바르게 하면……'이라고 했습니다. 이는 「삼학」의 내용과 같고, 「일원상 수행」의 맥락과도 같습니다. 그렇기 때문에 「일원상 수행」과 「삼학」을 일치시켜 공부해야 하지 않을까요?"

---

*『대산종사법문집 제3집』 제3편 수행. 87 사리연구.

"이 법문 때문에 알고 양성하며 사용함을 삼학으로 보는 게 수십 년 동안의 정설처럼 여겨진 것도 사실이지. 그런데 법문들의 흐름을 좀 더 상세히 보면 뭔가 발견할 수 있을 것이다.「교의품」5장에서 이 치를 알고, 성품을 양성하며, 바르고 공변되게 처리하자고 했는데 이 는 세 단락이 한 흐름으로 이어지지 않아. 성품을 알고 양성해서 사용 하자고 하면 이야기가 되지만 말이야. 이치를 알고 성품을 양성하자 는 것과 바르고 공변되게 처리하자는 것은 마치 '알고'는 밖을 향하고 있고 '양성하자'는 안을 향하고 있어. 그리고 '처리하자'는 밖을 향하 고 있지. 이 개념들은 앞말과 뒷말이 이어지지 않고 각각의 수행처럼 되어 있는 것을 느낄 수 있지 않니?「천도품」26장에서는 '수도인은 마음을 깨쳐 알고, 안 뒤에는 맑게 키우고 사^邪와 정^正을 구분하여 행 을 바르게 하면……'에서는 마음에 국한시켰지만 앞으로 나아가는 느 낌이 들지. 마치「일원상 수행」에서 원만구족하고 지공무사한 각자의 마음을 알고 양성하며 사용하자고 하는 것처럼 세 단락이 한 흐름 속 에 있어.「일원상 수행」의 원만구족하고 지공무사한 각자의 마음을 아는 것은 진리에 의한 마음을 온전하게 아는 것인데 마음을 깨쳐 안 다면 그래도 일치하는 면이 있지만 보편적이지는 않다. 양성하는 것 은 진리에 의한 마음을 온전하게 내면화하자는 것인데 맑게 키우는 정도로 보는 것에는 언어의 폭과 깊이에서 차이가 너무 난다. 사용하 는 것은 '살아가는 것이자 활용하는 과정인데 정과 사를 구분하여 행 을 바르게 하자는 것은 경지를 이룬 사람과 학생처럼 수준의 차이를 보이거든. 그러므로 알고 양성하며 사용하자는 것은 삼학보다는 수행 의 경로가 아니겠니?"

"그럼『정전』「일원상 수행」을『대종경』「교의품」5장이 완전하게 설명해 주지 못하네요?"

"이야기의 맥락이 일치하지는 않지만 「일원상 수행」을 「교의품」 5장이 여러 각도에서 살펴볼 수 있게 하는 등으로 내용을 풍부하게 해 주고는 있어. 한 개념에 확신이 서면 그 개념을 여러 각도로 보기도 하고 그로써 응용도 가능해야 근원에서부터 전체 그리고 유기체를 이루는 것까지 하나로 꿰어 알 수 있거든. 그 일환으로 보인다."

"그런데 「천도품」 26장에서 '맑게 키우고'는 양성에 속하는 것이자 수양에 해당되지 않나요? 그렇다면 양성과 수양이 일치되는 것 같은데요?"

"맑게 키우라는 것은 마음으로 깨쳐 안 것을 내면에서 순연하게 발현시킬 뿐 아니라 알던 것을 더욱 깊고 촘촘하고 넓고 활달하게 키우라는 의미이잖아. 수양보다는 종합적인 내면화와 성장이 아닐까 싶은데? 춤추는 사람에게 염불과 좌선은 지난 습관을 놓거나 사람들 앞에서 떨리는 것을 잡는 데 도움이 될 수는 있어도 춤을 심신에 스며들도록 하지는 못하거든. 춤이 심신으로 스며드는 데에는 까닭과 신념^{서원}, 정서적 안정^{수양}, 이론과 창의적 생각과 판단^{연구}, 열정과 정성^{취사} 이 아우른 반복이 필요하다."

"이제는 좀 알 것 같아요."
"사실 「일원상 수행」에서 알고 양성하고 사용하자는 것에서 양성이란 글자는 양성^{養性}이 아니라 양성^{養成}이거든. 그렇기 때문에 견성, 보림, 성불이 맞아. 약간 다른 견해를 갖는다 해도 견성, 성불, 제중을 넘어서 있지 않다고 봐. 소태산 여래의 교리 전반의 맥락을 생각해 보아도 이와 다르지 않거든."

"그럼 「일원상 수행」에는 삼학이 담겨 있지 않나요?"

"말이 달라서 그렇지 내용이 없는 것은 아니야. 삼학의 근간이 되는 공원정空圓正은 진리를 세 가지 면으로 바라본 것이고, 진리를 인격적 측면으로 바라본 원만구족 지공무사함의 근간이 되는 진공眞空 묘유妙有는 진리를 두 가지 면으로 바라본 것이니 원만구족하고 지공무사함이 삼대력과 같지. 한 사람을 상반신과 하반신으로 보거나 머리, 몸통, 팔다리로 나누어 보는 것과 같아. 그런데 원만구족 지공무사는 삼학보다는 삼대력이 더 어울려. 원만구족 지공무사함은 진리를 인격적 측면에서 본 온전한 인격을 말하는 것이라 삼학을 닦아 삼대력을 갖추는 것과 같다고 봐. 이는 출가위 심법인 대공심大空心 대공심大公心의 근간이 되기도 해. 그리고 이를 '알고 양성하고 사용하며'는 수행의 경로나 삼학의 경향성도 전혀 없지는 않다. 즉 원만구족 지공무사가 삼대력의 성격이라면, 이를 수행해 가는 경로인 '알고 양성하고 사용하며'는 삼학의 중복된 발전 형태라 할 수 있다."

"소태산 여래는 「교의품」 5장에서 일원상 수행을 어떻게 해야 하냐는 질문에 '일원상을 수행의 표본으로 하고 그 진리를 체받아서 자기의 인격을 양성하라'고 했습니다. 그리고 '일러준 방법대로만 하면 누구나 성불할 수 있다'고도 했습니다. 이것을 「교의품」 5장에서 밝힌 대로만 공부해도 일원상 수행을 온전하게 하는 것이라고 생각했는데 스승님이 아니라고 하시니 스승님 말씀에 공감되면서도 망설여지네요?"

"응, 나도 그래서 100번은 더 생각하고 연마하고 한국의 석학과도 논리 구조에 대해 이야기도 해 봤어. 『정전』「일원상 수행」과 『대종경』「교의품」 5장을 보면 '언어의 구성과 온도'에서 느낌이 많이 다르다는 것을 알 수 있을 거야. 「일원상 수행」에서는 진리의 인격에 대한 용어를 원만구족 지공무사로 밝히고 이를 알고 내면화한 심법으로 살아가라는 게 요지이거든. 논리가 깔끔하면서도 따뜻해. 「교의품」 5장은 이를 다양한 각도에서 바라보고 분석하고 조합하여 「일원상 수행」의 내용을 도와주고 있어. 그런데 언어의 구성은 산만하고 이지적인데에 그쳤기 때문인지 차가워. 즉 「교의품」 5장은 「일원상 수행」을 부연한 법문으로 보는 게 맞아. 만약 내용을 일치시키려고만 한다면 부조화에 어색함을 지울 수 없다. 「교의품」 5장의 내용이 「일원상 수행」의 내용을 도와주는 게 아니라 오히려 상하게 해. 그래서 처음에 수행자의 길을 걷는 사람들이 「교의품」 5장을 읽고 수행의 마음을 일으키기보다 이지적인 분석에 골몰하는 현상을 낳기도 하지. 「일원상 수행」에서는 진리 인격으로 원만구족 지공무사한 심법을 마음 깊이 간직해야 하는데 '알고 양성하며 사용하자'는 것을 삼학으로 섣불리 바라보니 원만구족 지공무사함은 뇌리에서 사라지고 '알고 양성하며 사용하자'는 수행의 경로마저 놓쳐 심화된 경지로 나아가지 못하는 면이 있어. 「일원상 수행」을 자꾸 삼학으로만 보려고 하면 「일원상 수행」이 무슨 필요가 있을까? 그냥 삼학만 강조해도 되는데 말이야. 그래서 그런지 그동안 교리공부를 하는 대부분의 사람들이 「일원상 수행」은 「삼학」과 같으니 「일원상 수행」을 건너뛰고 「삼학」에 이르러 수행하는 것을 강조해 온 경향이 없지 않았다."

진리의 내면화
평온함과 마음 다함이
체화된 감각으로 되다

「일원상과 같이 원만구족하고 지공무사한 각자의 마음을 양성^{養成} 하자는 것이며」 여기서의 양성^{養成}은 성품을 기른다는 뜻의 양성^{養性}이 아니다. 원만구족과 지공무사한 마음을 내면화하는 것을 뜻한다. 양성^{養性}으로는 원만구족 지공무사함에 아우르는 것조차 힘겹다. 그저 원만구족에 포함된다고 할 수 있다. 남은 지공무사는 솔성^{率性}에 가깝다.

원만구족을 양성^{養性}, 지공무사함을 솔성으로 보면 지혜의 의미를 지닌 견성^{見性}은 원만구족과 지공무사 두 곳에 모두 속한다. 그러나 주안점은 될 수 없다. 상황에 따라 일 없을 때는 원만구족에 좀 더 기울고 일 있을 때는 지공무사에 좀 더 기우는 정도이다.

일 없을 때의 수행은 자성반조^{수양}에 초점을 두어 원만구족한 인격을 갖추는 데 힘쓰는 것이다. 그리고 앞으로의 형세에 따라 취사 준비를 하는 것도 아울러야 한다. 또한 바쁜 상황이 아닌 일에서는 자성반조로 성품에 발현시켜 이치와 일의 결 따라 진행해 가는 것도 필요하다. 이러한 일을 해 나가는 순서는 수양, 연구, 취사이다.

일 있을 때의 수행은 그 상황과 여건부터 고려해서 이에 알맞은 목적반조^{취사}로 지공무사하게 일을 해 가는 것이다. 이때 목전의 일이라서 일을 제대로 하는 것에 주안점을 두되 자성을 여의지 않는 균형감을 갖고 하는 것이 필요하다. 게다가 그동안의 모든 역량을 담아 일하되 삶과 일의 본의를 잃지 않도록 한다. 이러한 일은 취사, 연구, 수양으로 이어 가는 모습을 띤다.

원만구족과 지공무사의 근간은 진공과 묘유이다. 양성養性은 진공에 속하나 양성養成이라고 할 때는 진공원만구족 묘유지공무사를 아우른다. 이처럼 양성養性과 양성養成은 개념의 범주가 다르다. 양성養性은 진공과 묘유를 내면화하여 원만구족 지공무사의 인격으로 자리매김하는 것을 이름한다.

진리는 만물을 두루 감싸 안고 우주 살림을 하여도 '나'라는 흔적이 없다. 우리의 마음도 이처럼 원래 같으므로 내면화하면 누구나 진리의 모습이 되어 살아간다. 이 내면화는 의지를 갖고 노력만 해서 되는 것이 아니다. 머리로 이해한 것이 가슴으로 스며들고 몸에 배어야 한다. 이러한 모습이 원만구족하고 지공무사한 마음과 삶이다. 이런 삶을 일반적으로는 '평온함'과 '마음 다함'으로 살아가는 것이라고 표현할 수 있다. 평온함으로 원만구족의 의미를 담아내고 마음 다함으로 지공무사함의 의미를 다 담아낸 것이다.

원만구족 지공무사를 평온함과 마음 다함으로 의미를 다 담기에는 아쉬운 부분이 없지 않다. 그러나 삶 속에서 실현해 가다 보면 언젠가는 '평온함마저 없는 평온함'에 이르고 '함이 없는 마음 다함'에 이르게 된다. 수행의 목적은 크고 바르며 수행의 방법은 접근성이 쉬워야 수행하고 싶은 마음이 난다. 수행의 구경에 이르는 것은 그다음 문제다.

원만구족하려면 최소한 마음이 평온해야 한다. 그래야 내재된 열정이 은혜의 길로 나아갈 수 있다. 지공무사하려면 최소한 마음을 다해서 할 수 있어야 한다. 그래야 최고의 은혜를 창출해낼 수 있다. 평온함과 마음 다함이 내면화에 이르면 잠자다가 일어날 때와 길을 가다가 누군가가 툭 건드릴 때 체화된 반응으로 나타난다. 그래서 예기치 않은 다급한 상황에 처해서도 편협한 욕심, 나태심, 정제되지 못한 행동으로 나오지 않는다면 평온함과 마음 다함으로 체화된 사람이라 할 수 있다.

인격은 체화되어 이루어지고 체화된 감각은 내면화로부터 이루어진다. 원만구족한 내면은 평온하다. 이 평온함에 이르기 위해서는 최소한 표면의식 정도는 비워져야 한다. 이를 위해서는 일이 없을 때 생각과 감정을 놓고, 사물과 사람에 대해 관념 없이 그대로 바라보는 연습이 필요하다. 연습을 꾸준히 하다 보면 평온함이 마음 깊이 스며들 때가 온다.

또 한편으로는 일에 앞서 평온함을 챙기면 자신이 그동안 쌓고 경험한 평온함에는 이를 수 있다. 그 마음을 지니는 것만으로도 수양이 된다. 좀 더 깊은 비움을 느끼려고 하면 좌선, 염불, 기도 등을 해야 한다.

다른 한편으로는 일하는 순간에 마음 다함으로 깨어 있는 연습을 하고 의식의 범주도 키우는 것이다. 교리공부나 의두·성리 연마, 감각감상과 심신작용 처리 건 기재, 회화와 문답감정 등이 의식을 원만하게 하는 데 큰 도움이 된다.

평온함과 마음 다함을 내면화하는 데 조석심고만 한 것이 드물다. 10년을 아침저녁으로 진리에 마음을 드리운다면 이 과정에서 그 심고의 내용이 자신에게 스며들어 내면화되는 것을 자신이 자신부터 알아본다.

보림
내 안의 불성佛性을 태교하듯 기르다

　수행할 때, 성품의 발현 과정을 배우고 성품을 단련한 후에 상황에 맞게 잘 사용하는 사람은 견성 후 성불의 과정을 거친 사람이다. 그런데 성품을 발현시켜 가는 과정에서 성품을 아는 만큼이라도 살아 보려고 애쓰다가 견성에 이른 즉시 성불까지 하는 경우도 있다.

　견성, 즉 성불이 되는 수행은 스승 곁에서 할 때 훨씬 효율적이다. 스승의 심법 하나하나를 배울 수 있기 때문이다. 그러나 스승이 곁에 있다고 해서 수행이 다 잘되는 것은 아니다. 수행도 대체로 그 시대의 관념을 넘어서지 못한다. 그래서 스승과 제자도 수행의 본질과 관념 사이에서 눈치를 보다가 다 일러주지도 못하고 다 배우지도 못하는 경우가 많다. 진리에 철들어야 스승의 본의와 관념 사이에서 진리에 의한 성찰로 수행할 줄 안다.

　견성은 이지적인 이해를 넘어서 성품을 직관적으로 알고 또 실천을 통해 세밀히 아는 정도의 깨달음이다. 다만 성품으로 존재하고 진리와 하나가 된 지혜로 은혜를 나타내는 데에는 미흡함이 있다. 그래서 성불의 과정이 필요하다.

　견성과 성불의 과정 사이에는 보림이란 것이 있다. 견성을 했어도 중생의 습성을 놓고 내면화로 이어 가는 과정을 보림이라 한다. 보림은 임산부가 배 속에서 아이를 기르는 것과 비슷하다. 진리를 잉태하고 태교하여 부처로 낳기까지의 수행 과정으로 보면 된다.

조선 시대에는 여자가 임신하면 친정으로 가는 풍습이 있었다. 친정이 심리적으로 편안하기 때문이다. 거처할 장소도 모나거나 위험한 곳은 피하고, 먹을 때도 온전한 음식을 섭취한다. 그리고 적당한 운동과 일을 하고 경전이나 양서를 읽는다. 무엇보다 좌선, 염불, 기도 등을 통해서도 수양을 주체 삼아 생활해 간다.

수행자의 보림도 마찬가지다. 수행을 어느 정도 하다 보면 성현의 마음이 깃들어 발아될 때가 온다. 이때는 경계가 극심한 곳을 떠나 스승이나 도반이 있는 곳 또는 마음 편한 곳에서 수행을 한다. 일이 없을 때는 성품으로 존재하되 적당한 운동과 휴식 그리고 경전, 의두·성리 연마와 좌선, 염불, 기도 등을 주로 하고, 때에 따라서는 앞으로 해야 할 일도 틈틈이 연마해 둔다. 일할 때는 가급적 복잡하고 힘든 일보다는 단순하고 가벼운 일부터 해 가며 성품으로부터 순한 발현이 이루어지도록 힘쓴다. 만약 주변 사람들과 함께할 때와 일을 해야 할 때는 마음 다함으로 하는 가운데 성품을 여의지 않도록 한다.

성품을 여의지 않고 대소유무大小有無에 따른 통찰력으로 살아가는 것이 생각의 습관과 행동의 습관으로 자리하여야 부처라 할 수 있다. 보림으로써 부처의 기틀이 형성되었을지라도 혹독한 경계에 바로 뛰어들기보다는 약한 경계에서부터 경계의 수위를 조금씩 높여 가며 마음을 다져 가도록 한다. 이러한 수행 과정이 도광산채韜光鏟彩 명검은 빛과 무늬를 숨긴다이다.

원만구족 지공무사한 수행
삶은 수행으로 예술이 되고
불공으로 풍요롭다

「일원상과 같이 원만구족하고 지공무사한 각자의 마음을 사용하자는 것이 곧 일원상 수행이니라.」에서처럼 원만구족과 지공무사를 다 알고 품어서 사용하면 얼마나 좋을까?

사람들은 원만구족과 지공무사함을 알고 품은 만큼 사용하게 된다. 사용될수록 앎과 행동은 조금씩 더 깊고 넓어진다. 이러한 경험들이 의식과 삶에 촘촘하고 켜켜이 쌓여 머리에서 가슴으로 내려온다. 이윽고 삶 자체로 되어 버린다.

'일원상 수행'의 과정은 삼학에서의 수양, 연구, 취사의 순서처럼 이루어지지 않았다. 수양, 연구, 취사의 순서는 일이 없을 때의 수행 순서이다. 또한 일이 단순할 때에 발현되는 순서이기도 하다. 한편 '일원상 수행'은 알고 양성하며 사용하자는 수행의 경로에 따라 진행된다. '아는 것' 하나에도 삼학이 들어 있듯 '양성'과 '사용'에도 삼학은 각각 들어 있다. 그러므로 '일원상 수행'이 일상으로 이어지면서 삼학도 더욱 탄탄해져 간다.

일이 없을 때의 수행에서는 성품에서 발현되는 순서를 따른다. '삼학'에서는 수양, 연구, 취사의 순서 그대로 이어지고, '일원상 수행'에서는 원만구족, 지공무사로 이어진다. 그런데 성품을 발현시킬 때는 발현시키기 이전에 성품으로의 회복이 선행되어야 한다. 성품을 여의지 않고 산다고 생각했어도 일상에서 일하며 자신도 모르게 성품이 관념, 대립, 욕심, 상, 습관 등으로 물들 수 있기 때문이다.

회복이란 말이 마음의 영역인 원만구족에는 걸맞다. 그런데 행동의 영역인 지공무사에는 회복이란 말이 걸맞지 않다. '상황에 걸맞게 길러 갈 덕목'이라는 말이 더 어울린다. 회복하는 데는 염불, 좌선, 기도 등이 효과적이다. 그렇지만 내면 진솔한 수행으로 할 때 효과를 본다. 스스로에게 '진정으로 진리로 존재하려는가.'라는 진솔한 질문이 필요하지만 그동안 닦아 놓은 수양력이 이 질문에 답하기도 한다.

사람마다 지닌 원만구족하고 지공무사한 진리성을 진리의 결에 따라 온전하게 발현시켜 가면 진리의 인격과 모습으로 나타난다. 게다가 각자의 본래 마음으로도 회복하게 된다.

일이 있을 때는 작업취사가 주체이다. 이때는 그동안 닦은 수양력과 연구력 취사력의 순서대로 쓰는 게 아니다. 취사가 중심이 되어 역량껏 사용하게 된다. 이 역량껏이라는 말에는 수양력과 연구력이 녹아 있어서 하나의 감각으로 나타난다는 뜻이 담겨 있다. 일이 있을 때에 '일원상 수행'은 지공무사가 주체가 되는데 무사無私함을 원만구족이 받쳐 준다. 일이 중요하고 급할 때는 내 역량의 모든 것을 끄집어내야 하지만 그렇지 않다면 힘을 빼고 적당한 선에서 할 줄도 알아야 한다.

진리로 살아갈 때는 수행의 대전제가 있어야 한다. 그래야 수행을 위한 수행에 떨어지지 않고 올곧게 나아갈 수 있다. 그런데 진리로 살아가려 해도 그동안 배우고 터득한 것이 너무 많은데 이 가운데 무엇을 적용할지 몰라 헤매는 경우가 있다. 이럴 때는 뭉뚱그려 한두 가지로 축약시켜 수행의 표준으로 잡는 것이 수행을 잘할 수 있는 방법이다. 이 한두 가지에는 자신의 수행 모든 것이 담겨 있어야 한다. 이 한두 가지로 일상의 모든 일을 대조하고 단련해 가면 그동안 쌓아 온 수행의 모든 것이 딸려 온다. 이렇게 뭉뚱그린 한두 가지는 화두의 소재로 아주 훌륭하다.

이로써 진리로 존재하면 자신이 삶의 바다에 내던져진다 할지라도 세상의 파고에서도 멋진 항해가 된다. 물론 처음에는 운심이 다소 어설플 수 있다. 그러나 세월 따라 도는 익고 삶은 풍요롭다.

수행의 순서를 어떻게 잡느냐에 따라 수행의 내용이 많이 달라진다. '일원상 수행'을 완성된 경로에서 보면, '알고'는 견성이고 '양성養成'은 견성을 내면화하는 과정이거나 보림이다. 또한 이 양성은 성불로도 볼 수 있다. 즉 '양성'을 보림으로 보면 '사용'은 성불이 되고, '양성'을 성불로 보면 '사용'은 제중이 된다.

성불과 제중에 대한 관점은 두 가지로 나뉜다. 제중은 성불하면 할 수밖에 없으므로 성불을 중요시하는 관점과, 제중을 위해서 성불하는 것이므로 제중을 중요시하는 관점이 있다. 원불교는 후자에 방점을 둔다. 이렇다 해도 우려되는 점이 없는 것은 아니다. 전자는 평생을 수행만 하다가 삶 모두를 자칫 허무하게 보낼 수 있고, 후자는 수행이 깊지 못한 상태에서 사회적 활동만 하다가 세상의 머슴으로 생을 마칠 수 있다. 그러므로 자신의 성향에 따라 수행의 방향과 방법을 적절하게 조율할 필요가 있다. 어찌 되었든 수행으로 영적 성장을 이루든 세상을 널리 위하든 모두 나름의 의미가 있다. 그래도 더 바람직한 것이라면 자신의 영적 성장과 세상을 위하는 것이다.

「일원상 수행」을 정리하면 원만구족 지공무사는 진리의 요체이고 인격적 표준이자 삶의 표준이다. 또한 알고 양성하고 사용하는 것은 삶 속에서의 수행이자 도의 구경이 이르는 경로이다. 그리고 삶의 이상적인 모습이다. 원만구족 지공무사함으로 수행하며 살아갈수록 의식은 풍요롭고 가슴은 온기로 가득 찬다. 여기에서 또다시 자유로워지며 수행과 삶은 예술로 승화되고 불공은 멋스럽기까지 하다.

일원상 서원문

일원은 언어도단 言語道斷 의 입정처 入定處 이요
유무초월의 생사문 生死門 인 바
천지 · 부모 · 동포 · 법률의 본원이요
제불 · 조사 · 범부 · 중생의 성품으로

능이성 能以成 유상 有常 하고 능이성 무상 無常 하여
유상으로 보면 상주불멸 常住不滅 로 여여자연 如如自然 하여 무량세계를 전개
하였고
무상으로 보면 우주의 성주괴공 成住壞空 과 만물의 생로병사 生老病死 와
사생 四生 의 심신 작용을 따라 육도 六途 로 변화시켜
혹은 진급으로 혹은 강급으로
혹은 은생어해 恩生於害 로 혹은 해생어은 害生於恩 으로
이와 같이 무량세계를 전개하였으니

우리는 이 일원상을 체 體 받아서
심신을 원만하게 수호하며
사리를 원만하게 알며
심신을 원만하게 사용하는 공부를 지성으로 하여

진급이 되고 은혜를 입기로써
일원의 위력을 얻도록까지 서원하고
일원의 체성 體性 에 합하도록까지 서원함.

수행자의 큰 꿈, 「일원상 서원문」
진리의 삶으로 영성의 진급을 꿈꾸다

　　「일원상 서원문」은 원불교에서 가장 중요하게 여기는 경문이다. 이 경문은 여래인 소태산이 썼으니 당연히 경經이라 해야 하는데 문文이라 했다. 이를 겸손이라는 말로 표현할 수 있다지만 소태산의 열반 후 제자들이 얼마든지 '경'으로 고칠 수 있었다. 이것은 겸손으로 설명할 수 없는 이유가 있다는 것을 암시한다. 서원문의 내용이 진리의 요체이자 소태산 자신의 서원이고 모두가 현재 입장에서의 서원이기 때문에 '문'을 그대로 썼다는 것이 원불교의 중론이다.

　　소태산은 "난리가 나서 다 없어지더라도 이 서원문 하나만 있으면 다시 회상을 펼 수 있다.*"라고 했다. 이처럼 서원문에는 소태산의 의식이 고스란히 담겨 있다.

　　진리의 요체만을 생각할 때는 서원문 말고도 「일원상 진리」에서 이미 깊고 간결하게 밝혔다. 그런데 서원문에는 「일원상 진리」에 없는 꿈이 있다. '큰 꿈'이라는 뜻인 서원을 제목으로 썼듯이, 진리의 삶을 살며 영성의 진급을 바라는 내용으로 이루어졌다.

---

*『대산종법사법문집』, 제3집, 제5편 법위 64, 원불교출판사, 1988, p.297.

이러한 진급을 위해서는 진리와 세상 만물로 이어진 기운과 유기체를 이루는 것은 물론이고 진리와 하나 되고자 하는 꿈을 향해 늘 깨어 있어야 한다. 그리고 은혜를 입기 위해서는 보은의 마음이 가슴에 저미어 실행으로 나타나야 한다. 이를 원문에서는 진급이 되고 은혜도 입기 위해서는 진리의 체성에 합하고 위력을 얻기까지 꿈을 놓지 않아야 한다고 했다.

진급과 은혜는 삶의 궁극에 이르는 과정과 삶의 모습이다. 그리고 진리의 체성에 합하고 위력을 얻는 것은 마음의 경지와 상태라 할 수 있다.

진급을 이루기 위해서는 홀로 수행한다고 되는 것이 아니다. 주위 사람들과 함께할 때 이루어진다. 진정한 진급은 은혜를 내포하고 진리와 하나 된 삶을 의미한다. 그래서 서원문 가운데 가장 핵심적인 단어가 '진급'이라 할 수 있다.

인간은 수명이 다할 때 몸은 사라져도 영혼은 죽지 않는다. 이 영혼은 많은 생을 오가며 어느 형태로든 존재한다. 이러한 불생불멸한 존재들의 궁극적 본능은 자유이다. 이 자유는 진급에 비례하는 것이라 인간으로 존재하든 영혼만으로 존재하든 진급을 바랄 수밖에 없다.

우리는 「일원상 서원문」처럼 이생에 진리에 합하고 위력을 얻고자 한다. 그런데 이생에 이 꿈을 완성할 수 있다는 보장은 누구도 할 수 없다. 꿈을 향한 여정에서 조금이라도 진급이 되었다면 이생은 그래도 보람된 삶이 아니겠는가 싶다.

이 한 생에 인간의 소소한 행복을 놓고 산중에 들어가서 진리에 합하고 위력을 얻고자 목숨 건다면 미련하기 그지없는 사람이다. 마치 인생을 복권에 모두 걸고 근근이 살아가는 것과 다르지 않다. 체성에 합하고 위력을 얻는다며 인간으로서의 삶을 불고하다가는 삶을 통째로 날려버릴 수도 있다.

　인생에서는 그 시기마다 겪고 배워 가며 성장해야 할 덕목들이 빼곡하게 들어차 있다. 그때마다 배워야 할 것을 놓고 폐쇄된 환경 속에서 수행하여 영적 성장을 이루겠다는 자체가 어리석은 짓이다. 마치 물고기를 잡겠다는 사람이 물을 떠나 허공에 그물이나 낚싯바늘을 드리우는 것과 같다.

　인적 없는 곳에서 수행만 하면 어린아이처럼 순수하기는 하다. 아이가 가장 예쁠 때가 잠잘 때라는 것처럼 수행할 때만 예쁠 수 있다. 이런 수행으로는 삶에 서툴러 고집스럽고 돌발적인 행동을 보이기 쉽다.

　수행은 삶 속에서 인식하고 구분하고 공유하고 나누며 균형과 조화를 이루어야 한다. 삶의 적재적소에 마음 씀씀이를 가져가는 과정 속에서 도가 고루 익어 간다. 나아가 맑고 수준 높은 의식으로 삶의 품격을 이루어 결국 온전한 자유를 얻는 데까지 이를 수도 있다.

　삶의 초점을 진급에 두면 진리에 합하고 위력이 생기는 건 시간문제이다. 물론 삶의 초점을 진급보다는 진리와 하나 되는 데 두어도 궁극에는 진급에 이르기도 한다. 도의 궁극은 하나이고 도에 이르는 길은 여러 가지다. 마음의 초점을 어디에 두어도 언젠가는 서로 만나게 되어 있다.

　자신이 지닌 삶의 환경이 시간과 공간적으로 여유가 있다면 진리와 하나 되는 삶을 대전제로 두고 진급을 삶의 목표로 삼는 것이 좋다. 만약 삶이 자기 의지와 달리 치열하다면 삶의 목표를 진급에 두고 삶과 호흡하고 내면에 깨어 있는 데 둔다. 이때는 치열함 때문에 다른 생각에 흐를 염려가 없어 오롯한 수행이 될 수 있다. 일반적인 상황에서는 인생의 주 목표를 진급에 두고 긴 호흡으로 해 가는 것이 이 한 생에 모두 쏟아부어 진급하려 하기보다 좋다. 이생에 자신이 조금이라도 진급해 간다면 그 인생은 결코 허투로 보낸 인생이 아니다. 인생에서는 더러는 해찰도 하며 자신을 돌아볼 여유도 필요하다. 진급은 위로 자라는 것이라면 해찰은 옆을 풍성하게 한다. 그러니 진급과 해찰을 반복하며 볼륨 있는 진급으로 나아가야 삶에 여유가 있을 뿐 아니라 온전한 수행이 된다.

원불교에서는 이 서원문 독경을 새벽 좌선 시간이나 법회 시간 등 웬만한 의식에서 빼지 않고 한다. 왜냐하면 영혼의 진급에 대한 꿈을 언제나 잊지 말고 살라는 소태산의 간절한 부촉 때문이다. 인생의 가치를 생각해 볼 때 영혼의 진급만큼 긴요한 게 있을까 싶다. 영혼의 진급이 청소년들의 꿈이 되면 좋겠다. 인류의 문화는 청소년으로부터 발전하게 된다. 청소년들의 꿈이 영혼의 진급이 될 때 세상은 삶의 의미가 주체를 이루고 사람들은 영성으로 빛난다.

서원문의 구성과 요지
진리와 하나 되며 진리의 힘도 얻다

　진리가 근원에서 발현될 때 변하지 않는 면과 변하는 면으로 나눠 볼 수 있다. 사람도 변하는 이치가 있기에 수행을 하는 것이다. 그래서 수행을 통해서 진급하고 진리와 더불어 하나가 되어 사는 것이 가능하다. 이런 내용이 「일원상 서원문」 안에 고스란히 담겨 있다. 이 서원문의 원문 그대로의 구성에 따른 요지로 살펴보도록 한다.

　「일원은 언어도단의 입정처이요 유무초월의 생사문인 바 천지·부모·동포·법률의 본원이요, 제불·조사·범부·중생의 성품으로」는 진리의 근원을 표현한 것이다. 그런데 보이지 않는 근원을 직접적으로 설명하는 것은 마치 바람을 그림으로 나타내려는 것처럼 어렵기만 하다. 보이지 않는 바람은 직접 그릴 수 없어 나뭇잎이 움직이는 것으로 간접적인 표현을 할 수밖에 없다. 여기에서도 진리의 근원에 대해 우주의 본원, 사람의 성품처럼 현상을 기반으로 해서 빗댄 설명을 취했다.

　「능이성 유상하고 능이성 무상하여」는 진리의 한량없는 세계를 움직이지 않는 면과 움직이는 면으로 바라본 것이다.
　「유상으로 보면 상주불멸로 여여자연하여 무량세계를 전개하였고」

는 우주의 근본은 물론이고 전체도 변하지 않는 면으로 보았다. 변한다고 하면 우주의 포태 속에서 변화를 거듭할 뿐 우주 전체에 입각해서 보면 항상 그대로다. 영혼 또한 본질적으로 소멸하지 않고 진리와 더불어 존재한다.

그러나 「무상으로 보면 우주의 성주괴공과 만물의 생로병사와 사생의 심신작용을 따라 육도로 변화를 시켜 혹은 진급으로 혹은 강급으로 혹은 은생어해로 혹은 해생어은으로 이와 같이 무량세계를 전개하였나니」는 변하는 측면을 표현한 것이다. 우주의 포태 속에서는 끊임없이 한 곳에서 생성하고 또 한 곳에서 소멸해 간다. 인간의 육신뿐만 아니라 만물도 모습을 나타내어 자라나고 늙어 가며 병들게 되다가 이윽고 생명을 다한다. 그래도 포태 속의 질량은 변하지 않는다. 물질의 형태와 성질은 끊임없이 변화를 거듭할 뿐이다. 영혼 또한 영적 수준에 따라 크기와 힘과 빛이 달라지고 그에 걸맞은 환경에 이르러 존재할 뿐, 죽지는 않는다.

「우리 어리석은 중생은 이 법신불 일원상을 체받아서 심신을 원만하게 수호하는 공부를 하며, 또는 사리를 원만하게 아는 공부를 하며, 또는 심신을 원만하게 사용하는 공부를 지성으로 하여」는 진리의 변하는 원리를 기반으로 수행하여 자신을 변화시켜 가는 내용이다. 특히 인간의 삶에서 균형 잡힌 수행은 심신을 아울러 닦을 때 이루어진다. 그리고 진급을 위한 닦음은 심신 수호와, 일과 이치를 아는 것과, 심신을 사용하는 것에 따라 수준의 차이를 보인다.

「진급이 되고 은혜는 입을지언정, 강급이 되고 해독은 입지 아니하기로써」는 인생의 목적이자 인생의 의미에 기준점을 표현한 것이다. 수행의 궁극적인 목적은 마음, 즉 영혼의 자유에 있다. 자유에 이르려면 영성의 진급을 이루어야 하고 이 진급은 세상과 더불어 할 때 풍요롭게 된다. 그러니 영적인 진급을 원하는 사람들은 세상과 함께하지 않을 수 없다.

「일원의 위력을 얻도록까지 서원하고 일원의 체성에 합하도록까지 서원함.」은 영성이 진급된 경지이자 궁극적인 모습임을 표현한 것이다. 궁극에는 사은과 더불어 진리의 위력을 얻고 진리와 하나가 되는 것이다. 이것은 이생만의 서원이 아닌 영생의 서원이 된다.

언어도단 言語道斷 의 입정처 入定處
언어로 못다 이를 본연의 경지

언어도단 言語道斷 이란 어이없어 말문이 막힌다는 뜻보다 진리의 근원은 말과 글로써 도저히 표현할 수 없다는 의미이다. 말과 글로써 표현하는 것은 인식에 도움을 주는 정도이지 대상과 일치시킬 정도는 아니다. 진리에 대한 말과 글이 아무리 정교하고 섬세해도 시대와 상황에 따른 아주 작은 표현에 지나지 않는다.

진리를 말과 글로써 표현하는 것을 과신하다 보면 오히려 진리 인식에 잘못된 관념을 넣어 주는 꼴이 되고 만다. 사과에 대한 언어적 표현이 아무리 잘 되어도 사과가 될 수 없는 것처럼 진리에 대한 언어적 표현도 진리가 될 수 없다. 그러므로 언어가 진리의 본질을 인식하는 데 오히려 방해가 될 수 있다는 것을 간과해서는 안 된다.

사과는 종류와 크기가 다양하고, 각각 모양도 질감도 맛도 색깔도 다 다르다. 색깔만 해도 빨간색과 초록색 그리고 노란색 등 각각이다. 그런데 대부분의 사람들은 사과의 색은 빨갛다고 여긴다. 빨간 사과에 국한하여 좀 더 생각해 보아도 다 같은 빨간색이 아니다. 빨간색의 채도와 명도 등 아주 다양하다. 사과의 색은 빨간색과 더불어 군데군데 노란색과 초록색이 있을 수도 있다. 사과의 색 하나만 보더라도 이처럼 다양하기 그지없는데 사과를 빨간색이라고만 하는 것은 사과의 아주 작은 일부분을 표현한 것에 지나지 않다.

그런데 사과를 본 적도 없는 사람이 사과의 색깔은 빨갛다는 말만 듣고 사과의 색깔이 빨간색이 아니면 사과가 아니라거나 익지 않았다고 한다면 어떨까. 이처럼 언어가 주는 한계가 매우 크다.

진리에 대한 언어적 표현도 이와 다르지 않다. 언어는 사물의 실체가 될 수 없다. 그 시대와 사회에서 통용되는 인식체계에 의해 대상의 의미를 가늠 잡는 데 도움이 되는 정도이다. 즉 언어는 진리를 가르치는 손가락에 불과하다. 그런데에도 이 손가락을 진리처럼 여길까 염려되어 서원문에서는 진리는 말과 글이 끊어졌다는 뜻의 언어도단이라는 단어를 썼다.

'언어도단'은 언어가 진리의 간접적인 표현이니 언어를 진리처럼 생각하지 말라는 것과 언어가 주는 관념 이전의 상태를 말한다. 이런 의미로 언어도단은 입정처入定處를 형용하는 것에 그친다.

입정처는 우주와 만유의 근원이다. 인간이 깨어 있는 상태에서 알기 위해서는 선의 깊은 경지에 드는 방법이 있다. 이로써 우주와 만물과 의식의 근원을 체험하는 것이 가능하다. 선정에 들면 모든 감정과 생각을 멈추고 놓아서 마음의 흔적마저 없는 깊은 곳에 잠겨 있게 된다. 일반적으로 이해하기 수월한 정도에서 표현하면 꿈도 없이 깊이 잠든 상태이거나 생각 하나가 일어나기 이전이라고 할 수 있다.

마음의 심연에 깊이 잠기는 선정禪定은 우주의 근원과 같은 경지에 들어 통하는 것이다. 진리의 근원을 이해하는 데 가장 적실할 뿐만 아니라 그 이상의 진리를 체득하여 아는 길이기도 하다. 그러므로 영적인 사람이 되고자 한다면 이 선을 하지 않을 수 없다.

유무초월有無超越 의 생사문生死門
유무의 차원을 넘어선 마음과 세상

「유무초월有無超越 의 생사문生死門 인 바」에서 유무초월은 있으나 없고, 없으나 있는 것을 말한다. 그리고 생사문은 유무초월한 곳에서 생성하기도 하고 유무초월한 곳으로 돌아가기도 한다는 뜻이다.

진리의 근원을 찾아 들어가 궁극에 이르러 보면 텅 비어 있다. 그런데 텅 빈 이곳에서 모든 존재가 비롯되어 우주를 형성한다. 또한 나타난 존재들은 언젠가 사라지는데 사라진 형체도 우주에 흩어지는 것이라서 우주의 질량에서는 늘 같다. 우주 속 계절의 변화가 요동쳐도 이는 우주의 호흡처럼 변화일 뿐이다. 이렇듯 진리는 너무 작아서 유무를 초월해 있고 너무 커서 유무를 초월해 있다. 있다고 하자니 없고, 없다고 하자니 있으니, 이것을 있다고 할 것인지 아니면 없다고 할 것인지 애매하다. 이미 '있고 없음'을 초월한 모습이기 때문이다.

소우주인 사람에게도 유무초월의 모습이 있다. 나의 마음이 오감을 통해서 받아들여 느끼고 생각하는 것을 보면 분명하게 있는 건 맞다. 그런데 모양과 색깔도 없고 냄새도 없다. 물론 잡을 수도 없다. 이런 마음을 있다고 해야 하나 아니면 없다고 해야 하나. 다만 있다고 하면 있고, 없다고 하면 없다.

초월은 넘어섰다는 뜻으로 그 개념 속에서 시시비비를 나누는 것이 아니라 그 개념의 이전이나 밖에 있다는 의미이다. '유'는 있다는 뜻이지만 없다는 것에 의한 개념에서 비롯되었고 '무'는 없다는 뜻이지만 있다는 것에 의한 개념에서 비롯되었다. 유무를 초월함은 이런 상대적인 개념을 넘어서 유무가 생기기 이전뿐만 아니라 유무를 아우른 표현이자 그 범주나 수준을 넘어선 경지를 이른다.

유무가 생기기 이전의 근원에 이른 사람은 유무에 대한 관념이나 욕심 그리고 습관으로부터 벗어나 새로운 시각으로 세상을 바라볼 줄 안다. 이런 마음은 맑고 편안하다. 이렇다 해도 일의 기틀을 따라 적절하게 사용하기 위한 과제는 아직 남아 있다. 유무를 아우르거나 범주를 넘어선 사람은 나와 상대 그리고 그 상황 너머를 바라볼 줄 안다. '바라보는 나'가 '하는 나'와 분리되어 '하는 나'를 위에서 바라보게 되면 상황에 함몰되어 헤매지는 않는다. 최소한 본질적인 의미에 깨어 살아갈 수는 있다. 게다가 진리에 따른 의미로 세상과 삶의 흐름을 읽어 내기까지 한다면 유무초월한 의식을 지녔다고 할 수 있다.

아예 유무초월한 삶으로 살아가는 사람이라면 인생에 적응하여 잘 살고 못사는 것 정도의 굴레는 벗어난다. '가치 실현을 어떻게 해 나갈 것인가'에 대한 것에 초점이 맞춰져 있다. 나아가 인간의 굴레를 벗어나 육도六途를 넘나들며 살아간다.

생사문이란 그곳에서 나와 그곳으로 드는 문이란 뜻으로 만물의 근원을 찾아 들어가면 물질의 성질마저 없는 곳을 일컫는다. 만물은 그로부터 비롯되고 그곳으로 돌아간다.

사람의 마음도 사람마다 각각 다르고, 한 사람의 마음에도 여러 마음이 존재한다. 그런데 마음의 근원을 찾아서 들어가 보면 모두 흔적이 없다. 마음은 이곳에서 푹 쉴 수 있으며 에너지를 얻는다. 그리고 이곳에서 나온다. 일반 사람들은 숙면을 취할 때 무의식적으로 이 마음이 되다가 깨어나서는 고정관념과 욕심 그리고 습관의 굴레 속인 혼돈의 삶에서 헤맨다. 하지만 진리를 알고 진리의 삶을 사는 사람은 숙면 속에서는 물론이고 깨어 있을 때에도 마음의 근원에서 쓰고 마음의 근원으로 거두어들인다. 유무초월의 생사문으로 살아가는 것이다.

즉 유무초월은 우주의 근원이고 우리 자성이다. 찾으면 없지만 여기에서 우주 만물이 나온다. 있다고도 할 수 없고, 없다고도 할 수 없다. 그런데 우주 만물은 여기에서 생성하고 이곳으로 들어가니 생사문이라 한다.

그리고 유무초월은 영적 세계마저 아우른 우주 전체이기도 하다. 보거나 만질 수 없는데 있고, 있다고 하는데 가없다. 만물은 이 안에서 나고 이 안에서 사라지니 우주 전체가 생사문이다. 또한 우주 전체와 우주 안의 모든 존재가 변화할 뿐 영영 사라지지도 않으니 생사문이 유무초월해 있다.

우주, 부처, 인간은 하나의 근원

진리는 우주를 네 가지 은혜로 구분한 천지·부모·동포·법률의 근본이고 모든 부처와 중생의 본래 마음이기도 하다. 이것은 진리를 인간의 시각으로 이해할 수 있도록 제시한 것이다. 여기에는 인간의 관점에서 다가가 근원으로 회복하라는 의미가 담겼다.

우주와 인간의 근원은 하나이고 사은四恩의 뿌리도 하나이다. 또한 모든 부처와 각 수행처의 지도자, 일반인, 동물의 삶에서 크게 벗어나지 못하는 사람 그리고 동물들조차도 그 뿌리는 하나로 이어졌다. 즉 우주의 모든 근간은 하나이다. 그 하나를 진리라 하고 그런 진리의 이름을 일원一圓이라고 부른다.

그런데 많은 사람들은 부처와 자신을 다르다고 여긴다. 원래는 하나라고 누누이 들어왔기에 머리로는 하나라고 여기는데 정서적인 느낌에서는 여전히 다른 종으로 여겨지는 것은 어쩔 수 없는가 보다.

부처로서의 자신을 찾아 적공하다가 삶이 조금만 어려워도 불상에 복을 빌어 어려움을 넘어서게 될 경우, '역시 기도와 불공만 한 게 없다.'라고 여긴다. 이런 마음이 들 때, 수만의 보살에게 불공하는 것이 여래 한 사람에게 불공하는 것보다 못하다는 내용의 불경마저 접하게 되면 그 마음에는 부처는 닮아 갈 대상이라기보다 불공할 대상으로만 여기게 된다. 진리를 제대로 알지 못하는 가운데 경에서 이런 모순된 법문이 대립을 이루면 결국 삶에서는 자신의 경험을 토대로 판단하고 행동한다. 이런 경험적 오류가 수행을 통해 자기 부처를 이루려는 의지마저 놓게 하는 현상을 낳는다.

예술적인 분야에서 배울 때, 이류인 수만 명보다 일류 한 사람에게 배우는 것이 깊이가 있는 것처럼 수만 명의 보살보다 여래 한 사람에게 배우는 것이 깊이가 있는 것은 사실이다. 세상 문명이 아무리 발달되어도 세상에 여래가 없다면 그 세상은 동물의 삶에 가깝다. 그러나 지구의 한편에서라도 여래가 조용히 심법을 전하면 그로부터 여래의 종자가 퍼져 세계로 나아간다. 그러므로 여래의 심법을 전하거나 이를 돕는다는 것은 그 어떤 사업보다도 크고 중요하다. 하지만 돕는 것보다 여래의 심법을 배워서 이어 가고 전하는 일은 더더욱 거룩한 일이다.

일반적으로 기도하는 내용을 보면 자신의 지혜를 밝히는 것보다 건강, 재물, 결혼, 자식, 권력, 명예의 범주를 넘어서 있지 않다. 인간의 굴레에서 벗어나서 생각해 보면 아무런 쓸모없는 것에 매달리는 것이다.

인간 삶에서의 질은 영적 가치관으로 판단된다. 삶의 품위는 삶에 녹아난 영적 가치관의 수준에서 드러난다. 인간으로 태어나 인간과 더불어 살아가되 영적으로 성숙한 삶을 살아가며 주위와 나누는 것이 원불교의 인생관이다. 즉 영적으로 성숙한 사람은 우주와 부처 그리고 중생의 근원이 하나라는 것에 깨어 진리의 삶으로 세상과 나누며 살아간다.

능이성能以成, 유상有常, 무상無常
스스로 존재하고 변화해 간다

진리의 근본은 유상有常도 무상無常도 아니지만 나타날 때는 유상의 측면과 무상의 측면이 아울러 있다. 그런데 유상이든 무상이든 능이성能以成 하다.

'유상'이란 항상 그 모습으로 있다는 뜻으로 변하지 않는다는 의미이고, 무상이란 유상의 반대로 항상 그 모습이 아닌 것으로 변한다는 의미이다. 그리고 능이성이란 누가 시켜서도 아니고 어떠한 생각을 가지고 하는 것도 아니다. 진리의 흐름 따라 그저 작용하는 것을 이른다.

변하지 않는다는 '유상'의 측면에서 진리와 우주는 시작도 끝도 없이 그대로 존재한다. 그 근원을 살펴보아도 고유 물질의 성질마저 없이 항상 비움으로 존재해 있다. 그뿐만 아니라 우리의 영혼도 생겨남 없이 죽지 않고 진리와 우주와 함께 호흡해 간다. 영원한 존재인 영혼은 사람으로 살 때는 육신이라는 옷을 입었다가 육신의 수명이 다할 때는 육신이라는 옷을 벗고서 영혼만으로 존재하기도 한다. 육신을 영혼의 옷처럼 아는 사람은 생명과 물질에 따른 작은 변화에 아등바등하지 않는다. 소유의 삶이 아닌 존재의 삶으로 의미 있게 살아갈 줄 안다.

한순간도 가만히 있는 것이 아니라 변한다는 뜻인 '무상'으로 볼 때, 우주는 성주괴공으로 변하는 주기가 엄청나게 길어 멈춘 것처럼 보일지라도 춘하추동과 다르지 않다. 똑같지 않으나 일정한 패턴으로 변화해 간다. 이러한 주기를 이루는 것은 생명을 가진 모든 생물도 마찬가지다. 생로병사의 주기로 변화해 가는 것이 바로 그것이다.

변화는 물체에 국한되지 않는다. 외형이 다를 뿐 변형체와 생멸이 없는 영혼들도 내용적으로는 끊임없이 변화를 거듭한다. 이 변화가 근간이 되어 영혼들은 천상, 인간, 수라, 아귀, 축생, 지옥을 오간다. 그런데 자연의 법칙과 착심이 맞물려 오가는 것이 대부분이다. 이와는 달리 끌림이 아닌 자기의 선택에 따라서 자유롭게 오가는 영혼들도 있다. 맑은 지혜와 힘이 있는 영혼들이다.

자유로운 존재가 되려면 삶의 우선순위를 무엇보다도 영혼의 진급에 맞출 수 있어야 한다. 인간 세상의 복이란 풍요롭게 사는 것을 넘어서 있지 않다. 복을 이해할 때는 자기의 삶이 지닌 영역 안에서 생각해야 의미가 있다. 몸을 지닌 인간으로 살든 영혼만으로 존재하든 영혼을 풍요롭게 하는 차원이라면 모든 영역 안에서 의미를 상실하지 않는다. 이런 복이라면 복이 복을 위한 목적이 아닌 영적 성숙의 한 덕목으로 작용해 간다.

진리와 우주가 유상과 무상으로 한없는 세상을 벌여 놓았지만 그렇게 될 수 있는 원동력은 능이성에 있다. 수행자가 '능이성', 즉 '함 없는 마음'으로 우주와 호흡하며 살아가는 것은 진리에 숨결을 불어넣는 것이다. 능이성을 체득한 수행자는 미흡한 것을 돌이켜 살피고 채워갈 따름이다. 그리고 해야 할 것을 할 뿐, 과거에 묶이지도 않고 무엇을 도모하지도 않는다.

'능이성'은 수행자에게 해탈의 근간이 된다. 즉 해탈한 이는 일을 '함이 없는 마음'으로 해 간다. 그리고 결과에서도 예술적인 완성도를 보인다.

은생어해 恩生於害, **해생어은** 害生於恩
어려움에서 은혜로, 은혜에서 어려움으로

세상살이를 보면 어려움 속에서도 은혜를 나타내는 은생어해恩生於害
이거나 반대로 은혜로운 상황에서 오히려 어려움을 만드는 해생어은
害生於恩인 경우가 비일비재하다. 어떤 사람들은 살아생전에 또는 생을
달리하면서까지 이러한 삶의 패턴으로 반복해 간다. 이런 반복은 돈
이 많든지 잘생겼든지 권력과 명예가 있든지 상관없이 이루어지고 있
다. 진리의 시스템에 의한 프로그램과 같은 인과에 이끌려서 살아가
는 데 바쁘다. 이런 인과의 굴레를 벗어날 수 있으려면 내 안의 지혜
를 밝혀 살아가야 한다.

진리는 음과 양이 서로 양보하며 우주에 생명력을 불어넣으며 한량
없이 이어 간다. 음이 한껏 드러나는 겨울이었다가도 음 속에 있는 양
에게 양보하면, 양이 움트기 시작하여 한껏 드러나서 여름이 된다. 음
과 양이 서로 양보하는 것은 물과 기운이 가득 차면 빈 곳으로 흐르는
자연의 원리와 같다.

사람의 마음도 은혜가 가득 차면 자기도 모르게 비우려는 쪽으로
흘러 어려움으로 채우고, 다시 어려움으로 힘들면 이것을 이겨내고
은혜로 채워간다. 이런 삶의 패턴으로 때로는 좋아하고 때로는 괴로

워하면서도 좀처럼 벗어나지 못한다. 고락상반苦樂相半 고와 낙이 서로 절반을 이룬다의 인생길이다. 고락상반도 어느 정도 마음의 힘이 있어야만 가능하다. 힘이 없으면 어려운 처지에 자포자기가 되어 원망만 일삼게 된다. 즉 해에서 해가 나온다는 뜻의 해생어해害生於害로 점철된 인생이 되고 만다.

인간이 지혜가 있으면 자연의 흐름에 따라 준비할 줄 안다. 내 삶이 풍족해도 그 은혜로움에 취해서 자만하거나 권세를 부리거나 하지 않는다. 세상과 나눔으로써 스스로 어려움에 빠지지 않도록 하니 영원한 낙을 수용해 갈 수밖에 없다.

가정에서도 지나친 보살핌으로 온실에서 키운 듯 자란 아이는 마음과 생활에 힘이 없다. 시간이 지나면 부모에게 괴로움의 그림자로 다가올 수 있다. 이는 부모가 삶의 지혜와 마음의 힘이 부족한 데에서 비롯된다.

인간은 모자람을 벗 삼아 살아갈 때 심신이 건강해지고 영적으로도 성장해 간다. 아이가 커서 행복하게 살아갈 수 있는 길은 어려서부터 정신·육신·경제의 자력을 키워서 성년이 되었을 때는 자력으로 살아가는 것이다. 이것을 도와주는 부모가 아이에게는 은혜에서 은혜를 만들어 주는 부모이다.

지혜 있는 사람은 지혜와 복을 가질수록 조심하고 나눔으로써 보존해 간다. 그러나 더 지혜로운 사람은 지혜와 복의 나눔을 자신의 영적 성장을 위한 것으로 생각한다. 이러한 삶에서는 풍족하여도 차서 넘칠 수가 없기 때문에 덜어 낼 필요도 없다. 그저 영혼의 진급을 위해 살아갈 뿐인데 주위의 환경이 좋아지고 주위 사람들이 행복해 한다.

우리 어리석은 중생은 이 법신불 일원상을
중생이 진리를 마음에 담다

　서원문 원문에서 「우리 어리석은 중생은 이 법신불 일원상을」이라는 말에는 세상과 사람들에 대한 소태산의 애틋함이 드러나 있다. 소태산은, 깨닫지 못하여 관념의 틀과 욕심, 아무렇게나 길들여진 습관으로 살아가는 사람들을 안타까워했다. 그래서 우주의 영혼이자 이치인 일원상을 있는 그대로 오롯하게 본받아 살기를 바라는 마음이었다.

　「우리 어리석은 중생은」에서 '우리'는 도반의 의미가 있지만 엄밀한 의미에서 여래는 이미 깨달음과 수행을 마쳤으므로 '우리'에 포함되지 않는다. 그런데도 이 말을 쓰는 것은 한국의 정서 속에서의 '우리'는 너와 나 그리고 함께한다는 의미가 있는 것은 물론이고 때로는 이를 넘어서 쓰이기 때문이다. 부모가 아주 어린 자녀에게 "아휴~ 우리 똥강아지."라고 하며 엉덩이를 툭툭 쳐줄 때의 '우리'에는 보살핌으로 잘 자라길 바라는 사랑과 아끼는 마음이 담겨 있다. 이처럼 깨달은 이의 마음에 담긴 '우리'에는 부모가 어린 자녀를 보는 듯한 사랑과 보살핌이 있다.

　'어리석은 중생'에 대해 '비움과 겸손의 마음으로 수행심을 놓지 않는다.'는 의미로 보기도 한다. 그러나 깨달은 자는 상相의 그림자가 드리운 비움이나 겸손을 좋아하지 않는다.

어리석다는 표현은 가치관의 정점인 진리를 깨닫지 못하고 동물적 본능에 사로잡혀 살아가는 것을 이른다. 중생의 삶은 가치관에 의한 삶이 아닌 동물에게 주어진 습성에서 벗어나지 못한 채 이끌리듯 살아가는 삶이다. 즉 어리석음과 중생은 같은 의미를 지녔다. 어리석은 중생의 범주에는 깨닫지 못한 사람과 그에 버금가는 영혼들 모두가 포함된다. 중생의 삶은 일반적인 동물들처럼 생존에 따른 본능과 생각에 국한되어 있다. 교육제도에서 한발 비켜선 사랑과 기운을 더 필요로 한다. 중생은 사랑과 기운으로 정화되어 가기 때문이다.

어리석다는 말은 일반적으로 듣기에 좋은 말이 아니다. 자존감이 부족한 사람에게는 더더욱 기분 나쁜 말이다. 이 마음 이면에는 지혜롭고 싶다는 것이 있기는 하다. 향상을 도모하는 마음이니만큼 수행의 원동력이 되기도 한다.

그런데 수행으로 비롯된 자존감을 가진 사람은 자기의 작은 모자람마저 어리석다고 표현하는 것을 서슴지 않는다. 지금의 자신보다 앞으로의 자신 성장에 대해 기대하는 바가 클 뿐만 아니라 자신감마저 있기 때문이다. 그래서 자신을 항상 수행 과정의 연속성에 두고 미래에 대해 열려 있다.

실로 어리석다는 것은 어리석기 때문에 어리석다고도 하지만 다 알고 어리석다고도 한다. 승려 지눌知訥만 해도 이름의 한자가 '알 지知'에 '말 더듬을 눌訥'이다. 다 알고 어눌하다는 뜻이다. 지눌처럼 어리석다는 말을 자기에게 쓸 수는 있어도 일반적으로 남에게 쓸 말은 아니다. 원문인 '우리 어리석은 중생'도 요즘 시대의 정서에는 맞지 않다. 그냥 '우리는'으로 바꿔도 의미의 훼손이 일어나지 않으니 바꾸는 것이 좋을 듯싶다.

「이 법신불 일원상」에서의 법신불은 우주의 영혼이자 부처의 마음이다. 일반적으로 진리를 원만하게 인식하기에는 부족한 면이 있어 소태산은 일원상이라는 것으로 진리의 원만한 인식체계를 세웠다.

일원상은 법신불을 좀 더 사실적이고 세분해서 속성과 모습을 아울러 밝힌 진리이다. 즉 법신불은 일원상의 형용이고 일원상은 법신불의 사실적 내용을 담은 진리의 이름이다. 우주의 근원이자 일반 사람들의 본래 마음이기도 하다. 그뿐만 아니라 일원상의 속성은 비었으되 이곳에는 우주의 정보와 운행 그리고 창조적 역량이 담긴 지혜가 있다. 일원상은 우주가 우주로 할 수 있는 역동성과 끊임없는 균형과 창조를 이루며 한 우주로 존재한다. 대중이 일원상에 대해 인식을 제대로 하는 날에는 일원상 앞에 굳이 법신불이라는 수식어를 붙이지 않아도 무방한 날이 온다.

일원상을 있는 그대로 본받는다면 진리의 마음이 되어 진리와 호흡을 하며 진리의 삶을 살 수 있다. 인간은 사유하는 동물이기 때문이다. 사유가 주체가 되느냐 동물적 본능이 주체가 되느냐에 따라 삶의 내용은 무척이나 달라진다.

동물적 본능에 의한 자유의지가 발동하면 관념과 욕심이 생겨난다. 이것이 습관이 되고 관성으로까지 이어지면 자기 의지로는 어쩔 수 없게 된다. 동물적 본능에 휩쓸려 사는 인생이 되고 만다. 그러나 인간은 사유라는 창조적 주관을 장점으로 가지고 있어서 일원상의 속성을 마음속에 담기만 한다면 우주에 생명력을 불어넣는 신성한 존재뿐 아니라 우주의 주인이 되기도 한다.

동물로서의 인간이 무조건 나쁘다는 것은 아니다. 동물로서의 특성만으로도 인간은 그 자체가 아름다운 모습이기도 하다. 또 이 특성에 의한 완성된 인품은 매력이 있다. 그런데 인간이 동물적인 한계에 갇혀 살지 말라는 것은 인간이 동물의 특성에 함몰되어 영적인 부분을 소홀히 여기고 계발하지 않을까 저어함이다.

영적 수행과 진리 인식 그리고 삶의 구현

심신을 원만하게 수호하고 알고 사용하기만 해서는 안 된다. 이것만으로도 균형 잡힌 수행이 될 수 있으나 자신의 한계에 그치기 쉽다. 일원상을 체받은 수행이어야 진리적 인격으로 나타난다. 이렇듯 소태산은 진리를 내면화하여 살아가는 방법으로 진리의 속성을 인간의 관점에서 수행의 강령으로 잡았다.

'체받아서'는 머리로 알거나 모방에 그치는 게 아니다. 어린아이가 뭔가를 받아들일 때 온몸으로 흡수하여 받아들이는 것처럼 있는 그대로 받아들이는 것이다. 즉 진리의 속성인 공원정空圓正을 온통 내면화하는 것을 넘어서 인격화한 모습을 말한다. 진리를 체받고자 하는 마음도 중요하지만 진리의 온전함에 다가설 수 있는 수행도 필요하다. 진리를 체받기 위해서는 마음과 몸을 원만하게 수호하고 일과 이치를 원만하게 알며 마음과 몸을 원만하게 사용하여 정신수양, 사리연구, 작업취사인 삼학공부를 온몸으로 해야만 한다.

법문에서 반복되는 단어로 '심신', '원만', '또는'이 있다. 특히 심신과 원만은 소태산 가르침의 특성이 돋보이는 단어이다. 이상이 현실에 실현되려면 심신을 아우르지 않고는 될 수 없다. 아는 것에 사리事理 가 아울러야 하는 것도 같은 맥락이다. 또한 수양이나 교법이나 생활 어디 한편에 치우친 수행이 아닌 균형과 조화를 이루어 심법으로 나타난 것을 '원만'이라고 했다.

인간으로서 수행을 제대로 하고자 한다면 마음만 가지고 되는 것이 아니다. 몸도 아울러 돌보며 해야 한다. 인간에게 몸은 마음을 담는 기계와 같다. 마음이 전파라면 몸은 텔레비전에 비유할 수 있다. 양질의 전파를 보내도 텔레비전의 모니터나 회로가 낡거나 고장 나면 영상과 음향이 제대로 나올 수 없는 것과 같다. 몸이 건강하지 않으면 마음이 그만큼 편안하지 못할 뿐만 아니라 행동에 많은 제약이 따른다. 물론 건강하지 않은 몸을 벗삼아 수행하여 마음의 힘을 얻는 경우도 있다. 이렇게 되면 좋지만 최소한 건강을 지켜가는 자체만으로도 어느 정도의 수행은 된다. 그러나 보편적인 삶을 넘어 마음을 계발하는 데에는 건강이 꼭 필요하고 중요하다. 건강한 만큼 수행을 활달하게 지속적으로 할 수 있기 때문이다.

수행이란 것이 사실 하루아침에 되는 게 아니다. 설사 전생에 닦은 공덕으로 전생만큼은 어찌 빠르고 쉽게 회복했더라도 이생의 몫은 고스란히 남아 있다. 수행은 어차피 진행의 연속이다. 그래서 심신을 돌보지 않는 수행이란 단축하여 깊어질 수 없다. 영적 수행이라 해도 심신을 수호하는 데에서 균형 잡힌 수행이 이루어진다.

소태산은 일과 이치에도 아울러 알아 가라理事並行 고 일렀다. 삶과 진리 어느 하나만 편벽되게 알려고 하거나 어중간하게 알 것이 아니다. 소태산은 삶과 진리를 두루 모자람 없이 알아 가기를 바랐다. 각혼覺魂 을 지닌 인간으로서 진리를 모른다면 인간으로서의 가치를 놓고 동물로서의 인간으로만 살다 가는 것이니 얼마나 허망하겠는가.

진리도 한갓 '이법理法으로서의 진리'로 아는 것은 진리인식이 아직 하늘에만 머문 격이다. 진리가 복잡다단한 인간의 삶에 담겨 사회적 관념과 인간의 애환이 얼키설키 뒤섞여 속절없이 흘러가는 속에서 드러나 생동감을 더한다. 게다가 진리 당처, 깨친 자로부터 요리된 진리, 삶의 몸부림 속에서 알아지는 진리가 한데 어우러질 때 세상의 진리인식은 더욱 깊고 넓고 풍부하게 열린다.

소태산은 심신을 아울러서 원만하게 사용하라고까지 했다. 사람으로 태어나 수행을 삶에 담지 못한다면 그 수행은 어쩔 수 없는 환경을 제외하고는 병든 수행이 되고 만다.

심신의 바탕을 온전히 하고 심신의 건강을 돌보며, 진리와 일에 대해 두루 알아 가고, 영혼과 육신을 아울러 온전히靈內雙全 하여, 심신을 최상의 상태로 구가할 뿐만 아니라 일에서도 예술적 경지에까지 이를 수 있다면 세상이 얼마나 살맛 날까 싶다.

심신을 원만하게 사용하는 것은 '일이 없을 때'는 심신을 수호하는 것에서 출발하여 사리를 알고 심신을 사용해 가는 것이라면, '일이 있을 때'는 목적에 마음을 두고 그동안의 역량을 일에 녹여 내는 것이다.

사람으로서 종족을 보존하며 행복하게 사는 것도 중요하나 삶에서 수행이 빠지면 그 인생은 헛헛하기만 하다. 영적인 존재로서의 가치가 상실된 상태에서는 삶의 의미가 없다. 그래서 인간으로 태어났다면 수행을 하지 않으면 안 된다. 수행을 이왕 하려면 온전하고 균형 잡힌 수행이어야 한다. 영성을 일깨우고 진리인식을 고양시킨 것으로 삶을 구현할 수 있는 수행 말이다.

소태산은 영성을 일깨우기 위해 심신을 원만하게 수호하라고 했고, 진리인식을 고양하기 위해 사리를 원만하게 알라고 했다. 그리고 진리를 삶에서 구현하기 위해 심신을 원만하게 사용하라고 했다.

심신을 수호하고 사리를 알고 심신을 사용하는 데에 모두 원만하게 하라는 것에서 '원만'은 두리뭉실하게 하라는 뜻이 아니다. 원만이라고 하면 어디 한편에 치우치거나 모자람 없는 것을 이른다. 그런데 이를 삶으로 확대해 보면 존재들이 서로 균형과 조화를 이루며 은혜로운 관계를 형성해 가는 것이다.

원문 곳곳에서 '또는'이란 단어가 보인다. 이를 국어학적인 측면에서 보면 '이것' 아니면 '저것'이라는 선택의 뜻으로, '수호' 아니면 '아는 것' 아니면 '사용' 중에서 선택하라는 의미를 지니게 된다. 그리고 수학적인 측면에서 '또는'은 합집합으로 둘 중 하나만 맞아도 된다는 뜻으로 쓰인다. 왠지 이 모두는 법문의 본의와는 다르니 문법적으로 옳게 쓰인 것은 아니다.

이 법문의 본의를 생각하면 '또는'보다는 '그리고'가 의미에는 더 맞다. '그리고'는 국어에서 병렬 접속부사이고 수학에서 교집합으로 모두 다 아우르거나 맞다는 뜻이기 때문이다. 영문 『정전』에는 다행스럽게 'or'가 아닌 'and'로 번역되어 있다. '그리고'가 흐름상 어색하다면 같은 의미인 '또'나 '및'을 쓰는 것도 괜찮을 것 같다. 그러나 「일원상 서원문」은 100년 가까이 독경해 왔던 경문이라 음절이나 음색을 생각하면 '또한'이라고 쓰는 것도 좋을 듯싶다.

그런데 조금 더 깊이 생각해 보면 '또는'이란 말에 깊은 속내가 엿보인다. 소태산이 기본적으로 진리의 세 가지 속성을 아우른 균형 잡힌 수행이어야 한다고 하는 것에는 의심할 여지가 없다. 그러니 '또는'보다는 '그리고'라는 말이 맞다.

그런데 수행이란 삼학 수행을 고루 하되, 때로는 자신의 삼대력을 비추어 봐서 모자란 것을 채우거나 삼학 가운데 한 방면에 조예가 깊은 선지자를 어찌 만나서 전심으로 배울 때가 있다. 이때는 각자 처지에 맞게 채우고 배우라는 의미에서 '또는'이란 말이 필요하다. 수행할 때 삼학을 아우르는 것만 강조하면 삼학의 11개 과목_{좌선, 염불, 경전, 강연,} _{회화, 의두, 성리, 정기일기, 상시일기, 주의, 조행} 가운데 하나라도 소홀히 하면 안 된다는 의식을 갖게 한다. 실제 원불교 정기훈련 때마다 11개 과목을 하나도 빠짐없이 비빔밥처럼 섞어서 해야 제대로 하는 것처럼 여겼을 때가 한동안 있었다. 수행은 자신의 취향과 삼대력을 비추어 보아서 가슴에서 원하거나 자신에게 모자란 것을 채울 수 있어야 살아 있게 된다. 소태산은 자신이 평소 강조했던 것은 대중이 이미 충분히 알고 실천하기 때문에 각자에게 필요한 부분마저 채우라는 의미에서 '또는'이라고 썼다고 보인다.

의식의 흐름을 갖고 글을 읽는 사람에게는 '또는'이란 어색한 접속사에 걸려 다음 내용으로 넘어가지 못하게 하는 면이 있다. 소태산의 '또는'에 얽힌 깊은 뜻을 충분히 이해하고 있다면 미래의 편집에서는 논란의 요소가 있는 접속사를 생략하는 것도 괜찮을 듯싶다.

소태산은 진리의 속성을 기반으로 삼학을 고루 원만하게 닦아 가기를 바랐다. 닦아 삼대력을 어느 정도 이루면 자신의 필요에 따라 수행하는 길도 열어 놓았다. 이로써 꼭 심신을 아울러 닦아서 실생활에 유용할 뿐만 아니라 원만한 진리의 인격을 얻도록 했다.

심신을 잘 지킨다는 것

심신의 균형과 조화를
영적 가치관의 삶으로 승화

소태산은 마음과 몸을 두루 원만하게 지켜 보호하는 데에 늘 살피고 공력을 들이라고 했다.

육도 가운데 사람으로 태어나 살아가는 삶의 특징은 영혼과 육신이 아우른 데에 있다. 사람의 육신에 깃든 영혼은 다른 동물에 담긴 것과 달리 육신의 뇌 기능이 사유하는 데 모자라지 않다. 게다가 육근의 한계를 넘어서 마음의 눈을 뜨고 진리의 세계를 아는 데에 이르기도 한다.

다행스럽게도 인류의 역사와 함께 마음의 눈을 뜰 수 있는 수행도 거듭 발전해 왔다.

사람들 대부분은 동물로서 생존과 종족 번식의 욕구는 삶의 곳곳에서 꿈틀댄다. 아울러 사회 구성원으로서 기득권과 상대적인 비교에 따른 열등감으로 삶에 대한 행복의 척도를 삼는다.

이런 인간의 삶은 일본원숭이의 삶과 크게 다르지 않다. 사회를 이루는 일본원숭이들 가운데 대장은 권력과 욕심을 한껏 부린다. 나머지 원숭이는 대장이 두렵고도 부러운 대상이다. 대장보다 힘이 없는 원숭이들 간에도 나름대로 사회적 서열이 있다.

그러나 마음이 깨어 있는 사람은 권력과 욕심을 부릴 수 있는 충분한 힘이 있어도 동물의 삶에 그친 모습들이 삶의 매력으로 다가오지 않는다. 그래서 동물적인 삶의 패턴을 벗어나 영적 가치관으로 살고자 몸부림친다. 영적 주체로 살아가는 것이 큰 삶이자 존귀한 가치가 있음을 누구나 막연하게나마 아는 까닭이다.

몸이 없는 영혼은 생각하는 즉시 빛보다 빠르게 움직이므로 수행하기 어렵다. 인간은 몸이 있는 것만으로도 삶의 밀도가 영혼의 것보다 훨씬 높다. 인간에게는 거추장스러운 몸이 있어서 생각을 멈추어 행동할 수 있는 여유가 있다. 이 여유라는 여백은 수행할 수 있는 기회를 제공한다.

수행에서 우선할 것은 삶의 여백에서의 수행보다 동물적 습성으로부터 맥없이 끌려가지 않는 것이다. 동물에서만 느껴지는 정보를 깊이 이해하고 바라보고 깨어 있어도 동물적 본능에 맥없이 끌려가지 않을 정도는 된다. 수행의 절반은 이룬 셈이다. 이어서 인간으로서의 동물적 본능과 영적인 특성을 구분하면 동물적 본능을 조절하고 영적인 데에 집중할 수 있다. 또한 육신은 수행뿐만 아니라 보은의 도구로서도 아주 유용하다. 마음과 육신의 균형과 조화를 알고 영적 가치관의 삶으로 승화시킬 때 수행의 완성은 그만큼 가까워진다.

영혼이 자유로운 존재로 살고자 한다면 인간으로서 갖게 되는 한계를 인식하고 진리적인 안목으로 깨어나야 한다. 삶의 통찰과 사회적 관념을 벗어난 생각 그리고 영적인 의미로 깨어난 가치관이 뼛속에 스며들어 자연스러운 모습이 되면 가능하다. 쉽지 않지만 못할 것도 아니다.

몸 수호
몸 건강은 수행과 보은의 토대

심신 수호는 마음과 몸을 지키고 보호하는 것이다. 소태산은 마음을 키우고 몸을 건강하게 하라는 대신에 지키고 보호하라고 했다. 이 말은 마음의 근본과 몸 건강은 이미 갖추어져 있다는 의미이다.

마음의 근본은 텅 비었으되 영묘하게 아는 힘이 있어서 그대로 발현만 시켜도 마음이 삿되지 않는다. 건강 면에서도 태어날 때 온전했다면 건강도 이로부터 비롯된 것이니 건강을 유지만 하여도 생활에 크게 불편함이 없다.

그런데 세상을 살아오면서 마음은 관념과 욕심 그리고 잘못된 습관에 젖어 편협함과 혼탁함으로 왜곡되기 쉽다. 그리고 몸은 편협한 마음의 영향으로 면역성이 저하되거나 기능이 약해지기도 하고 또 관리를 잘못해서 엉망이 되기도 한다.

법타원은 제자들에게 "자기 건강관리 하나 제대로 하지 못하는 사람이 어찌 수행을 잘할 수 있겠냐? 건강하지 못하면 항마까지는 할 수 있어도 출가위와 여래위까지 하기는 힘들다."라고 했다. 사실 수행의 정도는 같이 일하고 생활해 보면 여실히 드러난다. 항마위는 해탈에 방점이 있다면 출가위로부터는 보은에 방점이 있다 보니 몸의 건강이 중요한 요소로 작용한다.

과거의 농경사회에서는 몸을 움직여야만 경제 활동이 가능했다. 그러나 지금은 정보화시대라 몸을 그렇게 많이 움직이지 않아도 경제 활동이 충분히 가능하다. 건강은 적당한 음식 섭취와 휴식 그리고 운동 등으로 유지할 수 있다. 일반적으로 건강은 자유롭고 행복한 삶을 살기 위해 필요하다. 수행자에게는 일반적인 삶을 넘어서 수행과 보은을 위해 필요하다. 운동량도 수행과 보은에 지장이 없을 정도면 충분하다. 물론 몸 관리를 잘하다가 아름다워지는 것까지야 어쩔 수 없는 일이다.

마음이 건강한 몸에 깃들면 편안하기 그지없다. 수행의 관점에서는 불편한 몸을 통해서 수행하는 것도 의미가 있다. 그러나 건강한 몸으로 활달한 수행과 보은을 하여 영적 성장을 이루는 것만 못하다. 또한 영적인 가치를 극대화하기 위해서도 건강한 몸으로 수행과 보은을 해야 한다. 몸과 환경이 불편한 상황에서는 기껏해야 이겨내는 힘과 이해할 수 있는 공감 능력이 쌓이는 정도에 그치기 쉽다. 그렇지만 심신이 건강하면 마음껏 수행과 보은 활동을 함으로써 진리의 근본을 체득하고 궁극의 가치를 실현하여 폭넓은 진리의 삶을 경험할 수 있다.

체질은 사람마다 다르지만 살아가며 바뀌기도 한다. 또한 사고로 몸이 불편해질 수 있고 나이가 들어 노쇠해질 수도 있다. 건강의 척도는 획일적이지 않다. 그러므로 건강관리는 각자가 처한 상황에서 정성껏 하되 수행과 보은에 지장이 없을 정도라면 아주 훌륭하다.

몸은 나이에 따른 한계가 있기 마련이니만큼 젊어서는 수행과 보은에 힘을 기울이고, 기력이 쇠약하며 병고와 벗할 때에는 해탈의 삶으로 살아가는 것이 인생의 또 다른 맛이 아닐까 싶다. 건강은 한마디로 수행과 보은의 토대이고 그 관리는 수양의 기초가 된다.

비움과 열정 사이
영적 가치를 기반으로 한
마음 비움과 열정

마음의 근본은 누구나 텅 비어 맑고 영롱하다. 이 마음속 에너지는 진리가 동물로서의 인간에게 부여한 본능과 같은 프로그램으로 담겨 있다.

마음속 에너지 가운데 하나인 성性 에너지는 후세를 이어 가는 데에 아주 중요한 역할을 한다. 자녀를 낳으면 이 에너지는 헌신적 사랑으로 변하여 자녀를 키우는 데에 온 힘으로 쓰인다. 그러나 인간들은 동물로서의 근성을 누르고 주로 경쟁에 따른 경제의 논리와 이성이라는 잣대로 사회적 균형과 사회적 분위기를 형성하며 삶의 흐름을 잇고 사회를 성장시켜 간다.

인간에게 내재된 영적 에너지인 비움과 열정은 영체로 존재하면서도 영롱하다. 하지만 동물적인 인간이 갖고 있는 성과 헌신적 사랑 그리고 사회적 욕망은 한시적이다. 그 기능은 시간의 흐름을 따라 순차적으로 옅어진다. 이러한 기능에 집착하면 몸의 기능이 노쇠해도 마음이 영적 습성으로도 자리하게 된다. 영체로 존재할 때도 집착이라는 업이 그대로 이어진다. 사람들 대부분이 이 업의 카테고리 안에서 허덕인다.

동물적 본능에 의지하다 보면 인간의 성은 은밀한 희소성으로 만든 쾌락의 놀이가 되고, 헌신적 사랑은 소유에 의한 애착이 된다. 그리고 사회적 활동은 지배의 욕망으로 남는다. 이처럼 될 수밖에 없는 것은 동물로서 가장 큰 일은 종족 번식에 있기 때문이다. 태어난 자식을 어떤 여건에서도 잘 키우는 데에는 조건 없는 애정이 필요하다. 그러나 지나치면 소유욕이 되어 상대를 구속하는 데에 이른다. 또한 소유욕은 과잉보호로 이어진 나머지 자식 스스로가 생활의 힘을 길러 갈 기회마저 유린해 버린다. 나아가 사회적 활동으로 상대적 우월감을 채우는 것과 아울러 자기가 가진 것을 자식에게 물려주려는 것이 맞물리다 보면 그 욕심은 정도를 넘어서 사회적 해악으로까지 이어진다. 마음이 삶에 깨어 있지 않고서는 집착의 골을 만들어서 서로 다투고 할퀴며 상처 주는 삶에서 벗어나기 어렵다.

사람은 살아 있다면 누구나 열정이 있다. 성과 헌신적인 사랑 그리고 성장하고자 하는 열정 말이다. 이 열정을 사회적 경쟁 속에 놔두면 욕망으로 치닫게 되는데 영적 가치를 기반으로 마음 비움이 되면 이 열정은 싱그럽게 살아난다.

이런 사람에게 있어 성은 교감을 넘어서 있지 않고 헌신적 사랑은 존재의 존중과 배려가 되어 상대의 행복을 바라보고 돕는 자비가 된다. 또한 사회적 활동을 자신의 영적 성장의 마당이자 삶의 이해와 나눔의 장으로 승화시켜 간다.

마음 수호

본래의 마음을 지키고 보호

각자의 영혼은 우주와 더불어 존재하고 있다. 한 영혼이 인간으로 태어날 때의 마음이 어떠하다고 단언하기는 어렵다. 순수하다고도 할 수 없고 그렇지 않다고도 할 수 없다. 무수히 많고 다양한 영혼들은 인간 또는 다른 존재로 나름대로 경험하면서 길들여진 마음을 각각 지니고 있기 때문이다.

인간이란 존재가 아기로부터 시작할 즈음에는 이미 지닌 성정마저 드러나기 이전이라 그 자체로도 순수하기 그지없다. 이 순수함 속에 담겨진 업인業因은 기회를 엿보며 특성을 드러내려고 한다. 이러한 특성을 알면 순수함이 짙게 남아 있을 때가 법의 그림을 짙게 드리울 수 있는 기회이기도 하다. 법의 그림을 짙게 드리우면 업인은 법에 반비례하여 힘을 발휘하지 못하고 결국 희미해지고 만다.

때로는 업인이 발동하여 삶의 내용을 바꾸려 할 때는 죽을 만큼이나 애써야 한다. 그러니 죽을 만큼 공들이는 수고를 덜어 내려면 업인이 발동하기 전에 근본적인 데 공들이는 것이 좋다. 마음 비움으로 존재할 수 있다면 업인은 힘을 잃다가 소멸해 가기 때문이다.

영혼들은 수많은 생을 오가며 각각의 성정을 길들여 왔다. 그렇다 해도 마음의 근본에서는 모두가 같다. 근본은 텅 비었으되 신령스럽게 아는 게 있고, 나타난 면에서는 우주와 균형을 이루는 가운데 각각의 특성을 지니고 있다. 이런 근원을 살펴서 회복하여 발현시키면 업으로 드리워진 흔적은 찾을 데가 없다. 나아가 진리의 인격마저 얻게 된다.

그러면 전생에 수행을 잘하여 놓은 법력마저 놓으란 것이냐는 반문이 생길 수 있다. 전생부터 닦아 온 법력보다 순수하고 영롱함 위에 법력을 쌓아 가는 것이 법력의 수준을 더 높일 수 있는 기회인 것만은 사실이다. 마치 그림을 그리다가 마음에 들지 않아서 그리던 그림을 폐기하고 다시 깨끗한 캔버스canvas에 그릴 때는 이전에 그림을 그려 왔던 감각과 새로운 상황에 따른 것이 한데 어울려 더 나은 그림이 펼쳐지는 것과 같다.

마음 수호守護란 전생의 업인에 담긴 것을 지키고 보호하라는 의미보다 진리의 근원과 같은 본래의 마음인 성품을 지키고 보호하라는 본질적인 의미에 더 가깝다. 이 의미로 마음을 수호해 가는 방법으로 좌선, 염불, 주송, 기도 등이 있다. 그러나 이러한 방법으로 인적 없는 곳에서 성품을 발현시키려 해서는 안 된다. 온실의 화초처럼 기르게 되어 마음의 힘이 없을 수 있기 때문이다.

인간의 삶은 육신을 가지고 사회 생활하는 데에 그 특성이 있다. 거추장스러운 육신을 가지고, 성숙하지 못한 다양한 사람들 틈에서, 관념의 틀과 욕심 그리고 잘못 길들여진 습관을 수행의 자료로 삼아서 수행해야 영적으로 힘이 생기고 성숙해진다. 그래서 원불교는 수행을 일상생활에서 동動과 정靜, 즉 일이 없을 때와 일이 있을 때의 특성을 따라 하도록 했다.

일이 없을 때는 마음을 닦아 성품을 회복하여 성품을 발현시켜 간다. 그리고 다가올 일을 헤아려 준비하고 이에 걸맞은 수행도 함께 해 둔다. 일이 있을 때는 그 일을 온 마음으로 하되 성품을 여의지 않도록 한다. 성품을 챙기는 즉시 일이 없을 때 닦아 놓은 만큼의 비움 정도는 된다. 일의 여부에 상관없이 성품을 단련하고 사용하다 보면 어느덧 성품을 온전하게 회복하게 되며 수행도 함께 마치기도 한다. 돈 오돈수 頓悟頓修 깨달음과 수행이 일시에 구경에 이른 경지 의 경지이다.

그러나 일반적으로는 전생부터 훈습된 성정과 자라나면서 형성된 성격 그대로 살아간다. 사회적 관념에 적응하며 생긴 관념과 욕심이 뒤엉키기까지 하면 내 주위에 있는 사람들과 좌충우돌하지 않을 수 없다. 마음을 조금이라도 비우고 조정하며 살아야 그나마 괜찮다. 그러나 이것마저 익숙하지 않아서 죽기로써 해내야 겨우 된다. 이러한 삶이 태어나자 주어졌다는 자체가 거추장스러운 세상이기는 하다. 세상이 이러하기에 수행하여 영성을 닦으면 영성이 더 풍요롭고 힘도 있는 법이다. 이런 세상에서 수양도 하고, 수양해 온 마음으로 존재도 하고, 그 마음으로 살아갈수록 마음은 더욱 맑고 단단하고 풍요롭다. 어느덧 견성, 즉 성불뿐 아니라 제중의 은혜로 나타날 수도 있다.

사리를 원만하게 아는 공부
지혜의 빛은 행동을 통해
더 밝고 깊어진다

불가에서는 예로부터 수행하려면 일을 놓아야 한다고 했다. 수행에만 힘쓰는 승려를 이판승理判僧이라고 하는데 돈은 없지만 여전히 존경받아 왔다. 수행에 전념해도 깨닫지 못할 것 같은 승려가 절의 살림을 맡아 운영하며 수행승을 돕는데 이런 승려를 사판승事判僧이라고 한다. 옛날에는 사판승을 낮잡아 보는 경향이 있었지만 경제의 논리가 득세하는 요즘에는 사판승의 인기가 꽤 높다고 한다.

원불교에서는 수행과 일을 하나로 보고 수행이 일로 이어져야 온전하게 여긴다. 즉 이판과 사판을 아울러야 너른 세상을 위하는 공사판公事判이 될 수 있기 때문이다. 그러나 수행하는 곳에서도 사람이 모이는 곳에 돈이 모이고 돈이 모이는 곳에 정치권력이 생긴다. 이로써 수행은 순수성을 잃어버리고 만다. 수행하려는 사람도 일반 사람의 범주에서 시작하는 것이라 수행보다는 권력이 생기는 곳에 의식이 기울기 마련이다. 공사판에서는 자기 성찰을 게을리해서는 수행하기 어렵다. 그래서 수행하는 곳은 수행의 본의만 빼놓고는 정치권력이 될 만한 요소를 제도적으로 제한해야 수행이 살아난다.

'사事'는 일을 일컫는데 그 일에는 인간의 시비이해是非利害로 옳고 그르고 이롭고 해로움이 늘 뒤따른다. 이러한 일은 이理라는 우주의 이치인 대소유무大小有無에 의해 이루어진다. '대大'는 근본과 전체 '소小'는 현상과 개체 '유무有無'는 변화와 유기체이다. 즉 천조의 대소유무를 알아서 인간의 시비이해가 건설되는데 대소유무에 맞으면 '시是'가 되고 '이利'가 되나, 대소유무가 왜곡되어 나타나면 '비非'가 되고 '해害'가 된다.

일의 근원과 전체를 살피고 지금의 상황과 특성을 고려해서 조화와 흐름을 읽어 낸다면 바른 판단이 될 확률이 높다. 그뿐만 아니라 시비이해 속에도 진리가 있는 것이라 시비이해의 내용과 결과를 살피고 되짚어가면 대소유무의 내용이 온전했는지 되돌아볼 수 있다. 이로써 통찰력이 실용적으로 계발된다. 이러한 것이 불법으로 생활하고 생활에서 불법을 닦는 길이기도 하다.

일상에서 사리 연마하는 방법으로 두 가지가 있다. 일이 없을 때와 일이 있을 때이다. 일이 없을 때는 경전, 강연, 회화, 의두, 성리, 정기일기 등의 공부를 주로 하고, 일이 있을 때는 생활과 마음을 경전 삼아 살피고 대조하고 감정을 얻어 다시 일상에 적용한다.

나아가 이치에 따라 일을 성립해 가고 일로써 이치를 돌아본 것이 머리에서 가슴으로 내려오도록 단련해 간다. 이것의 여부는 시비이해의 기로에 서 보면 안다. 말로는 청산유수나 막상 선택의 기로에 서서 진리에 의한 마음보다 관념과 욕심에 따라 선택한다면 진정으로 아는 것이 아니다. 이것은 기억하는 정도이거나 생각의 유희에 지나지 않았다는 것이다.

머리로 이해한 것이 가슴으로 내려오면 꿈에서도 그 생각을 떠나지 않게 된다. 나아가 몸으로 스며들어 배어나야 하는데 체화된 감각으로 이어져 반응으로 나타나야 비로소 참으로 알았다고 할 수 있다. 몸으로까지 배어나지 않는다는 것은 아직 미진함이 있다는 뜻이다. 생각이 확고하면 가슴에서 울리고 몸으로 반응되어 나타난다.

몸으로 스며드는 데까지는 우선 도량상규와 내면에 귀 기울인 마음 사이에서 균형을 잡을 필요가 있다. 도량상규도 내면 솔직한 마음에서 만나야 실질적인 수행에 도움이 되지 그렇지 않으면 실없이 눈치만 보게 된다. 이런 눈치는 수행보다는 명예욕으로 발전할 수 있다. 그다음 유무념으로 주의와 조행을 길들이고 상시일기로 몸과 입과 마음에 따른 행동을 고르는 노력을 해 간다. 게다가 일상에서는 목적반조에 의한 자성반조를 하여 생활 속에서 공적영지가 나타나도록 한다. 이렇게 진리의 인격으로 살아가려는 노력이 켜켜이 쌓이며 아는 것도 더 풍부하고 더 세밀해진다. 하지 않으면 있던 지혜도 사라지고, 하면 없던 지혜도 생긴다는 말처럼 말이다. 지혜의 빛은 행동으로 나타날 때마다 더욱 밝아져서 넓고 멀리 비춘다.

수행은 결국 좋은 습관을 길들이는 것

인간은 몸이 있어 수행과 보은을 더욱 잘할 수 있다. 몸이란 것이 좀 불편해도 수행에는 아주 유용한 도구이다. 영혼만으로 존재할 때보다 몸이 있으면 생각하고 행동에 옮기기까지 시간과 공간이라는 틈이 존재한다. 이 틈 속에 시간과 공간의 여지와 수행의 과제가 촘촘하게 있다. 생각을 거듭하며 되돌아보고 행동할 수 있어 수행하기에 아주 좋다.

그렇다고 몸이 수행과 보은의 순일한 도구만 되는 것은 아니다. 인간은 동물로서 갖게 되는 생명 보존과 종족 번식 그리고 윤택한 삶과 후대 환경 발전에 대한 기본 욕구들이 강하다. 이렇다 보니 수행과 보은은커녕 욕구에 휘둘리기 쉽다. 수행의 문에 들어서 해야 할 것은 나태심이 주저앉고, 조용히 마음을 길들여야 할 때에는 무료함이 조급증을 일으켜 생각 없이 일을 저지르게 한다.

몸에 예속된 욕구를 떨쳐 내지 못하는 것은 심안心眼이 아닌 고깃덩어리의 눈인 육안肉眼에 함몰되기 때문이다. 욕구가 좀 더 기승을 부리면 부족함에서 열등감이 생기고 풍족함에서 오만방자한 마음이 생겨나 주위 사람들과 끊임없이 좌충우돌하며 번뇌를 양산해 낸다.

그러나 심안이 뜨이면 골칫거리인 이 몸이 영적 성장을 하는 데에 유용한 도구가 되고 사회라는 것이 내 마음의 거울이자 내 영성을 풍요롭게 하는 마당이 된다. 마음이 몸을 마음대로 사용할 수 있다면 그 사람은 마음의 힘이 굉장히 큰 사람이다. 그리고 몸에서 오는 생물적 반응과 사회적 활동 등을 넘어서 영적 성장에 초점을 두는 사람은 하늘사람이라 할 수 있다.

하늘사람은 인간의 척박한 삶을 영적 성장의 도구로 사용할 뿐 인간의 범주에 함몰되지 않는다. 그러기 때문에 재색명리가 좀 부족해도 당당하기 그지없고, 설사 좀 있어도 우쭐댈 것도 없다. 이는 겸손해서가 아니라 영적인 삶에서는 이러한 것이 그리 중요하지 않기 때문이다. 겸손은 사실 그 속에 숨겨진 상相과 겉치레인 것이라 그리 매력적인 모습은 아니다.

마음가짐은 그 깊이와 횟수에 따라 몸에 스며들기 마련이다. 그래서 수행자는 마음가짐 하나를 조심하는 것은 물론이고 몸에 스며들 것까지도 생각하며 길들여가야 한다. 수행이란 결국 좋은 습관을 길들이는 것이다. 인생의 막바지에 이르면 마음의 습관과 몸의 습관만 남다가 결국 죽어 갈 때는 마음의 습관만이 남는다. 수행은 곧 마음의 습관을 잘 길들이는 것이라 할 수 있다. 마음이 자기의 영적 수준을 가늠하는 잣대이다. 그리고 삶의 질을 형성한다.

수행자가 보은을 하는 것은 내생에 누릴 영화를 위한 것이 아니다. 보은 그 자체가 자신의 영성을 풍요롭게 하기 때문이다. 수행자는 자기의 영혼을 사랑한다. 조금 더 풍요로워진 자신의 영혼만으로도 흡족하다.

육근을 원만하게 사용하는 공부

심법의 궁극은
원만구족하고 지공무사한 삶

육근六根이란 눈, 귀, 코, 입, 몸, 마음이고 여기에서의 원만이란 원만구족圓滿具足 지공무사至公無私 의 준말이다. 원만구족과 지공무사 이 둘은 하나이지만 체體와 용用으로도 구분한다.

원만구족은 두루 갖추었다는 의미로서 비움 속에 우주를 품은 것이라면, 지공무사는 은혜가 너른 세상에 고루 미치나 사사私邪가 없다는 의미로서 너른 세상을 위하는 마음에 내가 없음을 일컫는다.

이를 삼대력에 견주어보면 원만구족은 수양을 중심으로 내재된 연구를 품어 취사의 준비를 하는 것이고, 지공무사는 취사를 중심으로 연구를 벗하는 동시에 수양을 바탕으로 삼는 것이다.

다시 체와 용으로 구분하면 원만구족은 체體로서 마음의 근본 바탕인 자성반조自性返照가 주체가 되고 지공무사는 용用으로서 목적반조目的返照가 주체가 된다.

자성반조에 의한 마음은 관념과 욕심 그리고 습관의 흔적이 없는 마음을, 목적반조는 그 일을 하게 되는 취지가 관계와 상相의 흔적이 없이 선명하여 은혜가 나타남을 이른다. 만약 은혜로 나타나지 않는다면 그동안의 자신의 수행을 되짚어 볼 필요가 있다. 뭔가의 하자가 있는 게 분명하다.

은혜에 초점을 두다 보니 뭔가 잘못된 것은 분명하나 자신의 문제로만 볼 필요는 없다. 상대에게 문제가 있을 수 있고 또 자신의 특성 가운데 하나로 사람 간의 부조화일 수도 있기 때문이다.

때로는 다른 사람을 헤아리느라고 자신을 놓고 다른 사람에게 맞추기만 하거나 사람들과 갈등을 자기 탓으로 여겨 못 견디는 것은 좋은 모습이 아니다. 생각의 균형이 타인에게 너무 기울어졌다. 자신의 삶에 자신은 정작 없고 은혜에만 초점을 두면 좋은 사람이라는 말은 듣게 될지 몰라도 나중에는 마음병이 들어 누구도 어찌 할 수 없는 지경에 이를 수 있다.

남을 배려하다 지친 사람들에게 위안을 주기 위해 자기 생각만 하고 살라는 경우가 있다. 그런데 관념이나 욕심 그리고 잘못된 습관마저 원만구족하고 지공무사하다는 말을 찍어다 붙여 아무 거리낌 없이 화내도 괜찮다고 하는 경우는 옳지 않다.

또한 화를 자주 내는 것에 죄책감 있는 사람에게 '화도 원만구족하고 지공무사한 것일 수 있다.'고 이야기해 주면 그 사람이 죄책감에서 벗어나 위안을 받기도 한다. 그렇다고 이런 것으로 사람들의 인기에 영합하여 법문을 적절하지 않게 남발하는 것은 바람직하지 않다.

화의 경우에, 원만구족은 화란 원래 좋은 것도 나쁜 것도 아니니 화를 무조건 없애려는 것보다 그 상황에 깨어 마음을 바라보자는 의미가 크다. 지공무사는 마음이 차분해진 상태에서 내 마음의 세정과 의도를 알고 마음을 공변되게 쓰자는 데 의미가 있다. 화는 공변된 데에 필요하면 내고, 지나치거나 내지 않아야 하면 내지 않으면 된다.

화란 강하게 표현하는 행위일 뿐이다. 상대가 막무가내로 억지 부리거나 비상식적인 행동으로 다른 사람에게 피해 줄 때나 교정이 필요할 때에 부득이 사용하는 것이라 일상에서 자주 사용할 것은 못 된다.

마음의 바탕이 빈 사람이라도 의도하지 않게 다른 사람을 언짢게 할 수 있다. 이때 의도된 행동은 아니었지만 상대가 기분 나빴다면 미안하다며 이내 잘못된 부분을 찾아 고치려고 한다면 마음 바탕이 빈 사람이다. 심신을 사용하는 데에 원만구족함이 내면의 잣대라면 지공무사함은 관계의 잣대라 할 수 있다.

진리와 법의 대부분은 상식 밖에 존재하지 않는다. 물론 진리와 법이 세상의 상식에 넘어설 수 있으나 이때는 수승한 수행자들 몇 명에게 물어보면 판별이 난다. 요즘은 세상의 인지가 열리는 데 속도가 붙었다. 인지가 열릴수록 고준한 진리와 법도 상식으로 통한다.

진급의 의미
삶의 본질에 깨어
영적으로 성장해 가는 것

인간은 동물이기에 앞서 영적 존재이다. 몸의 터전이 영혼을 불러들이지만 영혼이 몸의 터전을 만들게 하기도 한다. 때로는 영혼들이 터를 차지하려고 자리다툼도 벌인다. 영혼이 몸의 터전에 깃들 때는 정자와 난자가 수정되어 사람의 조건이 형성될 즈음이다. 그런데 힘을 지닌 영혼이 이미 자리 잡은 영혼을 밀어내고 그 자리를 차지하기도 한다.

그러나 부모와 형제 등과의 보이지 않는 조건에 의해서도 어느 정도 조율되는 것처럼 영혼의 힘만으로 되는 것이 아니라 서로 어울려 복합적으로 작용한다. 임산부가 자리와 마음가짐을 조심하는 것도 이런 이유가 있기 때문이다. 그러므로 남편이나 함께하는 식구가 있다면 다 함께 마음, 말, 행동거지를 바르게 갖는 것이 여러 모로 좋다.

인간의 삶은 이미 형성된 사회적 관념 아래에서 시작이 된다. 요즘의 세상은 조금 더 높은 관직에 오르고 관념이 만든 괜찮은 직업을 갖고 맘에 드는 배우자를 만나 잘 먹고 사는 것에 넘어서 있지 않다. 때로는 경주하도록 유인하기 위해 앞에 놓아둔 먹이를 향해 쫓아 달리는 동물과 같다. 인간은 종족 번식에 충실할 수 있게 심어 놓은 생명,

성, 사랑의 에너지를 쫓도록 만들어졌다. 삶의 굴레에서 한발 벗어나 통찰해 보면 그저 동물적인 삶에 불과하다.

결혼도 미룬 채 사업에 전념하여 성공한 기업가가 어느 날 인생을 살아가는 게 무슨 의미인지 모르겠다며 푸념해 왔다. "돈 벌고 결혼해서 아이를 키운다고 생각해도 시시하고, 그 돈을 사회에 희사해 봐도 별 의미가 없어 살맛이 나지 않는다."라고 한다.

그렇다. 사회가 물질적으로 풍요하여 사람들이 의식주에 궁핍하지 않을지라도 사회 구성원 각자가 힘쓰지 않으면 그 사회는 건강하지 않다. 사회는 물질보다는 사람들 마음의 에너지가 움직여야 건강하다. 사회가 발전할수록 건강, 사랑, 돈, 명예가 마음의 에너지를 활성화시키지 못한다.

그래서 사람들은 잘 알지 못한 것에 목맨다. 목적이 정확하지 않기에 에너지를 써도 당도할 수 없으니 에너지를 쓰고 또 쓰며 죽을 때까지 쫓으며 산다. 이러면 우울증에는 걸리지 않고 일생을 살 수는 있으나 우울증에 걸리지 않는 것만 가지고 인생을 잘 사는 것이라 할 수는 없다.

사람들의 인지가 깨어날수록 사람들은 세상, 자연, 사물들 속에서도 삶의 본질에 깨어 영적 의미를 찾는다. 이렇게 사는 사람의 마음은 차분하나 하고자 하는 것을 꾸준하게 이어 가는 특성을 지녔다. 그리고 모자람과 아픔 그리고 반목이 있는 삶에서도 영적 의미에 깨어 경계를 영적으로 성숙해지는 단련의 자료로 삼아 지낸다.

영적으로 성숙하려는 것은 인간으로 존재하든 영적으로 존재하든 자신의 자유로운 삶을 디자인하기 위해서다. 자유에 이르기 위한 수행은 삶의 밀도가 높은 인간의 삶에서 하는 것이 아주 효율적이다.

인간계에서 산다는 의미

영혼의 진급에 가장 좋은 수행처

우리의 영혼은 태어나지도 죽지도 않는다. 다만 영혼의 내면이 변하고 삶이 변할 따름이다. 내면이 변한다는 것은 영적으로 성장하거나 쇠락함을 뜻한다. 성장은 진급이고 쇠락은 강급이다. 몸을 지닌 삶이나 영혼만으로 존재하는 세상은 크게 천상, 인간, 수라, 아귀, 축생, 지옥인 육도로 구분된다. 이것도 진급의 정도에 따라 대체로 나눌수 있으나 절대적 기준은 아니다.

육도 가운데 천상계가 가장 위에 있지만 인간계에는 천상계의 낮은 영혼보다 더 높은 경지에 이른 사람도 많다. 물론 동물보다 못한 인간도 있기는 하다. 때로는 아주 높은 경지의 영혼이 육도를 초월해서 인간계뿐 아니라 축생계를 자유자재로 넘나드는 경우도 없지 않다.

육도 가운데 어느 곳에 있든 진급의 극에 이른 존재는 우주^{시간과 공간} 그리고 영적세상 의 기운을 돌리거나 운행에 관여하기도 한다. 그러나 반대로 강급의 극에 이르면 먼지처럼 우주를 떠다니는 영혼들도 있다.

그런데 열반한 "어느 법사^{항마 이상의 도인} 님은 누구로 태어났다고 하는데……"라는 이야기가 나돈다. 바람직한 말들이 아니다. 인간계에 산다는 것만도 힘이 크게 쓰인다. 여기에 게으르지 않은 수행과 교화를 하여 항마 이상이 될 정도의 심법을 지녔다면 이 한 생에 혼신의 힘을 쏟았음을 의미한다. 이렇다면 인간계로 온다고 해도 천상계에서 좀 쉬었다가 오는 게 일반적이다.

천상계에서 경지가 높은 영혼이 인간계에 올 때는 안주처, 유희장, 사업장을 삼지만 대체로 이 세 가지를 겸한다. 천상계에 있지만 낮은 경지의 영혼은 기본적으로 맑고 순수하지만 지혜와 마음의 힘이 부족하여 자유에 많은 제약이 따른다. 이런 영혼들이 자유를 얻기 위해 천상보다 훨씬 밀도 있게 수행할 수 있는 인간계를 찾는다. 이처럼 천상계에서도 높은 경지인 법계에 이를 정도가 되지 않을 바에는 인간계에서 수행하는 게 낫다. 인간계에서의 수행은 삶 속에서 많은 사람들과 어울리며 마음을 닦고 진리 의식으로 깨어 생활을 함으로써 극대화된다.

인지가 어둡고 힘이 없는 상태에서 영적으로 밝으면 많은 정보를 조절하지 못해서 오히려 정보를 모르는 것만도 못할 수 있다. 다행스럽게도 인간의 몸으로 올 때 전생을 망각한다. 평범한 일상의 삶을 영위하는 데에도 다행스러운 일이고 수행에서도 큰 도움이 된다.

수행하는 과정에서 영혼의 세계를 보기도 하지만 혹 못 보더라도 영혼의 세계에 대한 이해는 필요하다. 영혼의 세상과 인간의 삶이 어떻게 이어지고 실다운 수행은 어떤 것인지 알 수 있기 때문이다. 진리와 영혼에 대해 수승한 수행자들이 편편이 내놓은 법문이나 언행을 종합해 보면 대체를 알 수 있다. 그럼에도 헷갈리는 것은 곁에서 정법으로 올곧게 수행하는 이에게 물어서라도 해결하도록 한다.

그동안 육도 가운데 인도가 가장 좋다는 말이 있다. 항마에 실질적으로 이르지 못했으면 천상보다 인간이 낫다는 뜻으로 받아들이면 된다. 또한 육도는 다른 데에 별도로 있지 않고 마음에 있을 뿐이라는 말들도 여러 곳에서 한다. 시공간의 세계와 영혼의 세계가 함께 공존하여 시공간의 세계에서는 영혼의 세계가 보이지 않고 영혼의 세계에서는 시공간의 세계는 이미지일 뿐이다. 모르는 사람은 다르다고 말하고 아는 사람은 다른 데 있지 않다고 말할 수 있다. 이 말을 제대로 이해하지 못해서 육도는 실상이 없고 마음으로 지어낸 것이라거나 육도는 마음의 경지를 구분한 정도라고 말하기도 한다.

살아생전 제대로 항마 이상을 한 사람이 열반했을 때 좌산^{이광정의 호}은 영가에게 '법계에 쉬셨다가 이 회상에 일이 있을 때 다시 오셔서 일해 달라'고 부촉했다. 이것만 보아도 실상 육도가 없다는 말이 얼마나 어폐가 있는지 알 수 있다.

요즘 사람들 가운데 천상을 보고 물어오는 경우가 있는데 이런 일은 인지가 발달할수록 신통의 범주가 아닌 상식으로 통하게 된다. 영혼의 세계를 대체만 알아도 인간의 삶에서 중요한 것이 영혼의 진급밖에 없음을 알기 때문에 수행을 하지 않을 수 없다.

진리의 퍼즐
영계에 대한 이해가
삶의 의미 해석을 돕는다

낱말, 숫자, 도형 등을 짜 맞추는 퍼즐은 주변을 고려해서 이해해야 풀어 가기 쉽다. 많은 부분이 비게 되면 답을 찾기 어려울 뿐 아니라 답이라 여겨도 확신을 갖기 어렵다. 수행자라면 누구나 고민되는 것이 진리의 퍼즐이다. 수행하며 좌선이나 무시선을 단계에 따른 체계적인 방법으로 다듬는 것보다 보이지 않는 세계에 대한 정보를 대중과 공유하는 것이 훨씬 더 어려운 이유에서다.

한 후배가 이야기를 걸어왔다.

"선배는 모든 것을 갖춰서 앞길이 탄탄대로인데 공연히 영적인 이야기를 해서 신통을 강조하는 것처럼 오해를 받고 있으니 이젠 하지 않는 게 어때?"

"세상의 인지가 점점 열려 가고 있어. 열린 인지를 어루만져 주고 방향을 제시해 주는 게 수행자가 할 일이 아닌가 싶은데. 특히 수행자라면 인지가 열린 시대에 영적인 부분을 세상에 제대로 드러내야 하는 게 아닐까?

"그렇긴 하지만 선배가 상처 입을까 염려되어서."

"이로써 세상의 인지가 더 열리는 기연이 되면 그만 아닌가? 수행자가 더 이상 바랄 게 뭐 있나! 난 진리에 부끄럽지 않고 싶어."

진리의 개념과 윤회 그리고 인과에 대해 맛보는 정도를 넘어서 나머지 빈 퍼즐의 영역이 영혼의 세상이다. 이것이 미신이나 신통의 범주가 아닌 상식의 범주가 되어 가지만 아직 이른 감이 있다. 의혹의 눈초리를 간혹이나마 마주하는 것도 편하지만은 않다.

영혼들의 세상에 대한 이해가 적으면 인과에 대해서도 잘 모를 수밖에 없다. 인과를 이야기하며 영혼의 이야기를 신통처럼 여기는 것은 이율배반二律背反 이다. 법문에 의해 진리의 퍼즐을 맞춰 보면 인과나 영혼에 대해 어느 정도는 맞춰 갈 수 있다. 그러나 그 내용들을 좀 비틀어 놓은 것이나 은유적 표현으로 된 것에 이르면 사람들 대부분은 퍼즐을 제대로 풀어 갈 수 없다.

실은 인간보다 더 진화된 영혼들의 세상이 천상이다. 천상도 영혼의 기운이 맑고 뜻이 고상하면 이를 수 있으나 이로써 천상에 있다 한들 무슨 의미가 있을까. 천상에 머문다고 해도 인간 세상의 기준으로 볼 때 최소한 항마의 경지에 이를 정도의 수준은 되어야 영혼의 자유라는 측면에서 의미가 있다.

인간 세상이 수행하기 좋다는 것을 강조하다 보니 천상보다 인간 세상이 낫다는 해프닝을 한동안 겪어 왔던 것도 사실이다. 이러한 속내를 모르면 천상을 인간 세상보다 못한 곳으로 여기고 만다.

영혼 세상을 어느 정도 이해해야 이 세상을 제대로 이해하고 삶을 의미 있게 살아간다. 영혼의 세계를 신통이나 미신으로 치부하고 취미 삼아 수행하고 봉사하는 삶을 전부로 여기는 것은 진리 수행하는 곳에서 추구할 일이 아니다.

수행과 봉사를 삶의 취미 정도에서 그치면 개개인은 마음 편안하게 살다가 가는 것을 넘어서지 못한다. 또한 이런 단체는 구성원을 통제하거나 유지하기 위한 전체주의나 관료주의로 전락하기 쉽다.

수행자의 삶은 재색명리를 도구 삼아 심법에 심혈을 기울여 영적 성장을 이루는 데 초점이 있고, 수행 단체는 이들의 수행을 돕는 데 목적이 있다.

요즘은 인지가 열려 가는 시대이다. 삶을 직시하여 동물의 범주에서 벗어나 영적인 가치관으로 살려는 사람들이 많아지고 있다. 세상 사람들이 관심을 갖는 시중의 책만 보아도 영적인 주제를 다룬 책이 적지 않다. 이런 책들을 읽는 것만으로도 진리의 퍼즐을 잇는 데 일정 도움은 된다. 게다가 수승한 수행자를 만나 수행하는 가운데 선정^{禪定}에 의한 관조로 알아 간다면 금상첨화이다. 이 세상에서 영적인 세상에 대한 것은 점점 상식으로 통해 간다.

은혜는 수행의 부산물
수행은 자기 영혼을 사랑하는 것부터

　인간으로서 살아가는 데에 은혜를 입는 것은 중요하나 진정한 수행자의 길로 들어선 사람은 은혜를 입으려 애쓰지 않는다. 은혜를 입고자 하는 즉시 욕심의 굴레에 들어가 집착의 틀을 만들어 그 속에서 또 다른 지옥을 만들기 때문이다. 은혜는 수행의 부산물에 지나지 않는다.

　한국의 어느 지역에서는 석존성탄절에 절 세 곳을 찾아서 연등을 단다. 그래야 하고 있는 사업도 잘되고 복도 받는다고 한다. 복을 받아도 크게 받기 위해서는 어느 한 곳보다는 여러 곳을 아우르는 게 낫기 때문이다. 그리고 대중이 있는 곳과 못자리가 될 만한 교육이나 교화의 현장도 찾아서 돕는다. 이보다도 최고의 복전인 수승한 수행자를 돕는 일이라면 두 팔을 걷고 나선다. 게다가 나무 주위에 거름을 묻는 것처럼 내색하지 않음으로써 복의 효과를 더욱 높인다. 하지만 이러한 것도 욕심을 바탕으로 한 것이라 무루의 복덕으로 이어지는 못한다.

　인간의 세계는 욕계에 속한다. 인간으로 살며 남보다 괜찮다 싶으면 욕심의 굴레를 애써 넘으려 하지 않는데 권력에까지 맛들이다 보면 욕심의 굴레는 끝이 없게 된다. 그동안 쌓아 놓은 재색명리에 손실이 생길 것 같으면 진리나 법은 아랑곳하지 않고 이성이 마비된 채 날뛴다. 이런 감정 흐름에서는 진리나 복도 재색명리를 도모하고 지키는 수단에 지나지 않는다. 결국에는 진리마저 등지게 되어 삶에 법도가 없으니 재색명리마저 잃고 만다.

진정한 수행자라면, 나중에 받을 복을 짓기 위해서 널리 베푸는 행동을 하는 것보다 영적으로 아름답게 성장하기 위한 일환으로 세상과 나눈다. 즉 사은^{四恩}에 보답하거나 널리 베푸는 것은 은혜를 받으려는 것이 아니다. 자신의 영혼이 성장하는 조건 가운데 하나가 포용력인 것을 아는 까닭이다. 베푸는 마음을 마음 안으로 간직하고 생활에 드리우다 보면 어느덧 마음 가운데 미움도 사라진다. 마음의 방향이 영혼이 성장하는 쪽이라면 마음에서 미움이 사라지는 정도는 그대로 살아가기만 해도 어느덧 된다.

베푸는 마음보다 좀 더 어려운 게 애착을 떼는 것이다. 마음 가운데 애착, 즉 사랑마저 떼어야 사람을 소유하려는 마음에서 존재로 대하는 쪽으로 바뀐다. 이로부터 소유에 따른 욕심이나 집착이 없이 상대의 행복을 위한 배려만으로 사람을 대하게 된다.

명문대를 졸업하고 대기업에 다니는 준수한 용모의 남성이 찾아왔다.

"저는 결혼도 하지 않고 한 여자만을 바라보고 살아왔는데 그녀는 주변에 있는 그런 저를 불편하다고 하니 어떻게 하면 좋을까요?"

"그녀를 사랑하기보다는 내 속에 담긴 마음을 사랑하네요. 진정으로 사랑한다면 그녀가 바라는 것을 해 주는 것이라 생각합니다. 그녀의 주변에서 서성이는 것을 그녀가 불편해하면 그녀의 시야에서 떨어져 그녀를 위한 기도를 해 주는 것이 그녀를 진정으로 사랑하는 모습이라 생각됩니다."

"그렇게 하려고 하니 마음이 허전하고 쓰리지만 노력해 보겠습니다."

"해 보면 마음 따뜻해진 자신을 사랑하게 될 거예요. 이후에는 진정으로 사랑하는 사람이 생기기도 할 것이고요."

　수행의 시작점은 포용할 수 있는 내 영혼을 사랑하는 데에서 비롯된다. 그래서 복 지으려는 게 아니라 다른 존재에게 베푸는 내 마음을 사랑하여 베푸는 것이니 베푼 것을 내색할 것도 없다. 저절로 상 없는 복이 되어 은혜가 찾아와도 도모하지 않음으로 복도 다함이 없는 복이 된다.

　복이든 사랑이든 갈구하면 멀어지고, 해야 할 것을 하면 복이든 사랑이든 찾아든다. 이보다도 자신의 영혼을 사랑하는 것으로 생활하고 일하는 데에서 찾아든 복과 사랑은 마르지 않는다.

　수행은 자기 영혼을 사랑하는 데에서 시작되어 세상과 더불어 하나로 이어진다. 결과를 두고 복을 짓고 받는다고 표현될 뿐이다.

사람으로 지구촌에서 살아가는 의미

「일원상 서원문」, 이 경문만 남아 있으면 정법회상을 다시 일으킬 수 있다. 경문의 내용 가운데「진급이 되고 은혜는 입을지언정 강급이 되고 해독은 입지 아니하기로써 일원의 위력을 얻도록까지 서원하고 일원의 체성에 합하도록까지 서원함」이 핵심을 이룬다. 이 내용 가운데 진급이 되고 은혜를 입고자 하면 강급이나 해독은 저절로 없게 되니 강급과 해독에 대해서 굳이 언급하지 않아도 된다. 햇볕을 드리우면 어둠은 별도로 뺄 필요 없이 사라지는 것과 같다. 즉 삶의 의미가 진급에 있고 그 진급을 풍요롭게 하는 것이 나눔에 따른 은혜에 있다는 것이다. 그리고 진급의 극치는 진리에 합하는 것에 있고 은혜의 극치는 진리의 위력을 얻는 것에 있다.

대부분의 사람은 잘 먹고 편안하게 살다 죽는 것을 큰 복으로 여긴다. 그러나 현실에는 먹고 살기에 급급한 사람, 조금 더 물질적으로 풍요롭게 살고자 몸부림치는 사람, 자기가 하고 싶은 일을 우선으로 여기는 사람들이 있다. 반면 자기의 재능이나 재력 또는 육체적 봉사로 여력이 닿는 데까지 어려운 사람을 돕거나 세상 발전에 기여하고 싶은 사람들도 있다. 이 가운데 몇몇 사람들은 사회적 명망이 생기면 살맛 나는 것처럼 지내다가, 명망이 사라지면 삶의 낙오자처럼 실의에 잠겨 몸서리치기도 한다. 아무짝에도 쓸모없는 명망이라도 뒤집어쓰고 보려는 집단의 고착된 관념에 자아성찰 없이 사로잡혔기 때문이다. 삶의 질에서 보면 동물의 삶과 크게 다르지 않다.

진리적인 관점에서 보면 삶의 가치는 물질적 풍요보다 삶에 대한 자세에 그 무게 중심이 있다. 주어진 삶의 여건에서 인간으로 성실히 살아가는 것이 그리 쉬운 건 아니다. 그러므로 진리적으로 삶의 의미에 깨어 살아가려는 몸부림 자체만으로도 숭고한 존중을 받을 만하다. 이들 가운데 누가 더 잘하고 못하고는 그리 중요하지 않다. 여기서 서로 경쟁하고 평가하고 시기하는 것은 마치 함께 잘 살자고 금광에 들어가서 금을 발견하자 서로 조금 더 가지려고 싸우다 모두 죽는 꼴과 같다. 보기조차 아까운 사람이니 서로를 북돋우며 수행하는 것만으로 행복해야 할 일인데 말이다.

종교를 믿고 수행하고 성직에 몸담은 것만으로 진리로 삶에 깨어 사는 건 아니다. 삶에 영적 의미가 담겨 있지 않으면 종교, 수행, 성직도 한갓 빈 껍질에 불과하다. 세상의 인지가 열릴수록 껍질보다는 내용을 중시한다. 그래서 종교도 결국에는 종교라는 그 자체만으로 권위를 인정받던 시대는 사라지고 실다운 수행과 심법만이 세상의 호응을 얻는 쪽으로 바뀌어 간다.

삶의 가치를 진리와 삶의 본질에 두고 살다가 삶의 느낌을 넘어 영적인 고뇌로 깨달음의 혼을 불러일으키면 얼마나 좋을까. 이러한 것도 하다 보니 어느덧 저절로 되어야 인생이 고달프지 않고 또 깨달음에 이르러서도 편안함과 따뜻함이 내재해 있다. 저절로 되지 않는 채 수행을 치열함으로 일관하면 몸에 병이 생긴다. 그래서 나이 쉰 전에 수행의 대체를 끝내든지 아니면 수행을 취미 삼아 긴 호흡으로 해 가야 건강한 수행이 된다.

또한 수행의 목표도 깨달음보다 진급에 두고 수행하다가 조금이라도 더 진급이 되면 만족하고 감사할 줄 아는 사람이 수행을 잘하는 사람이다. 그러면 나머지 인생은 덤으로 여겨 도의 즐거움으로 여유 있게 뚜벅뚜벅 살 수 있다.

어떤 삶이든 그 속에서 영적으로 깨어 있어 진급을 거듭하고 있느냐가 인간으로 살아가는 지상 최대의 과제이긴 하다. 그 진급의 끝은 진리와 하나가 된 나머지 일상의 마음과 언어 그리고 행동이 모두 진리의 삶이 되는 것이다. 그러나 수행을 어느덧 다 이룬 듯해도 수행은 손 놓을 수 있는 건 아니다.

우주도 영혼도 인간의 삶 어느 것도 그대로 머물러 있는 것은 없으니 진급의 끝도 없다. 이를 아는 사람은 스스로가 영적으로 지고^{至高}해진다 싶으면 자신을 비워 낼 줄 안다. 그리고 이후부터는 이전과는 다르게 채우며 진리와 호흡^{균형과 조화} 해 간다. 이로써 마음에는 함이 없고 삶에는 그저 존재할 뿐이게 된다.

일원의 위력을 얻은 심법과 삶의 모습
영적 성장의 궁극은 자유

「일원상 서원문」은 진리의 인격으로 살아가는 삶을 꿈꾸는 것이다. '일원의 위력을 얻도록까지 서원함'은 진리의 삶을 살고자 하는 마음이고 '일원의 체성에 합하도록까지 서원함'은 진리와 한마음 한 몸이 되는 것을 말한다. 즉 일원의 위력을 얻은 심법과 삶의 모습은 지공무사하고 일원의 체성에 합한 심법과 삶의 모습은 원만구족하다.

인간으로 살아가는 길은 여러 가지 있으나 그 길의 끝에서 바라는 것은 행복이다. 행복은 삶의 만족에서 온다. 이 흐뭇한 마음을 느끼는 상황, 대상, 시간, 정도는 사람마다 다르다. 이 가운데 큰 어려움이 없이 사는 것만으로도 충분히 행복하다는 사람과 재색명리에 대한 욕심이 충족되어야 행복하다는 사람이 있다.

전자는 삶의 어려움을 딛고 이제 살만해진 사람의 마음이고, 후자는 갈구함을 채워 충족해야 하는 사람의 마음이다. 세상에는 전자보다는 후자가 좀 더 많은 듯싶다. 그러나 이러한 의식 모두는 중생의 범주에서 벗어나지 못했다. 중생의 범주를 좀 더 깊이 들여다보면 동물의 삶과 크게 다를 바 없다.

서원문은 중생과 동물의 의식을 넘어선 진리의 존재, 즉 영적 존재로 이 세상을 벗 삼아 살아가고자 하는 염원이다. 영적 존재는 동물적인 삶에서 깊은 행복을 느끼지 못한다. 아무리 많은 돈과 맘에 드는 이성과 권력과 명예라도 일본원숭이 사회를 이루어 사는 동물의 예 의 욕심처럼 보여서 양에 차지 않는다. 영적 존재는 영적인 충족감에서 깊은 행복감을 느낀다.

영적 존재라 하여 만족의 척도가 모두 같지는 않다. 현실에 깨어 있는 자체만으로 행복을 느끼는 사람이 있는가 하면 영적 성장을 이루어 가는 데에서 행복을 느끼는 사람이 있다.

현실에 깨어 있는 수준이 깊어 우주와 하나가 되는 정도라면 돌이나 나무들과의 교감을 넘어서 돌과 나무 그 자체가 된다. 그러나 인간으로 태어나 수행을 해서 고작 이 정도로 만족할 것 같으면 인간으로 살아가는 의미가 무색해진다. 인간으로 태어나 거추장스러운 몸을 이끌고 문제투성이인 지구촌에서 사는 것은 삶을 통한 수행으로 영적 성장을 이루기 위해서다. 그런데 이러한 목적을 망각한 삶은 삶의 본질적 의미를 놓친 채 고달픔만 가득하다.

영적 성장의 궁극은 자유다. 마음을 마음대로 쓰는 데에도 진리에 어긋나지 않고 진리와 우주에 영향력 있는 그런 자유 말이다. 영혼이 자유의 힘을 지니려면 진리와 하나가 되어 진리의 마음과 습관을 지녀야 한다. 이를 일원이라는 진리의 체성에 합한 삶이라고 부른다.

이를 위한 수행법으로는 정신수양, 사리연구, 작업취사가 있다. 이 삼학은 진리의 모습을 이루는 덕목이자 수행이다. 삼학으로 이루어진 인격을 삶에서 바라보면 정서가 안정되고, 통찰과 삶의 지혜를 지녔으며, 정성된 모습이 부드럽고 자연스럽다.

진리와 하나가 된 모습은 진리와 하나 된 삶일 때 제대로 되었다고 할 수 있다. 이러한 삶은 일원이라는 진리의 위력을 천지, 부모, 동포, 법률의 은혜에 대한 보은으로 이루어진다. 집안을 위해 희생한 사람이 집에서 영향력이 있듯이 진리의 위력도 사은四恩 보은에서 생긴다. 보은에서 나온 인격이 풍기는 것은 푸근한 포용력이다.

진리의 원만한 인격은 진리의 체성에 합하고 위력을 얻어 안정, 통찰, 정성, 포용으로 나타난다. 이 네 가지는 진리의 인격을 이루어 가는 수행자의 표준이다. 이 완성도에 따라 진급의 수준이 가늠된다.

일원상 법어

이 원상圓相의 진리를 깨달으면

온 세상이 나의 소유인 줄 알며
우주 만물이 이름은 각각 다르나 둘이 아닌 줄 알며
제불조사와 범부중생의 성품인 줄 알며
생로병사의 이치가 춘하추동과 같이 되는 줄 알며
인과보응의 이치가 음양상승陰陽相勝과 같이 되는 줄 알며
원만구족한 것이며 지공무사한 것인 줄 안다.

그러므로 이 원상은 눈, 귀, 코, 입, 몸, 마음을 사용할 때에도
원만구족하고 지공무사하다.

이 원상圓相의 진리를 각覺하면
진리를 진정 깨달으면 알게 되는 것들

원상圓相은 일원상一圓相의 준말이다. 일원상은 진리의 이름인데 굳이 이름을 붙인 이유는 진리에 대한 개념이 워낙 방대해서 개념마저 잡기 어렵기 때문이다. 방대한 진리를 일반적으로 알기 쉽게 일목요연하게 정리하여 일원상이라는 이름을 붙였어도 이마저 어렵기는 마찬가지다. 정리되기 이전보다야 훨씬 쉬워졌지만 진리라는 자체가 언어로 다 설명될 수 없다. 또 아무리 설명을 잘한들 설명이 진리 자체가 될 수 있는 것도 아니다. 이 일원상은 진리를 가리키는 이정표에 불과하다.

일원상은 진리와 인간과의 관계, 진리의 속성, 진리의 이법, 진리의 모습, 진리의 인격화 등에 대해 일목요연하게 밝힌 것을 말한다. 원상은 일원상의 약어이지만 표현의 느낌은 진리의 모습과 진리의 인격화에 가깝다. 진리를 깨달으면 다음과 같다고 하며 뒤에 나열된 조건들만 보아도 이해하는 데 어렵지 않아 보인다.

세상에는 종교나 수행 단체 또는 나름대로 수행하는 사람들이 많다. 이 가운데에는 수행이나 계시·죽음의 체험 등으로 진리 혹은 영적인 세상에 대해 경험하는 이들이 있다. 그래서 그런지 요즘에는 영혼을 귀신 등과 같이 어두침침하고 이상한 것으로 여기지 않는다. 일상의 삶에서 수행을 함으로써 영혼의 성장을 꾀할 수 있다고 받아들인다.

그런데 수행을 한다고 해도 깨달음의 기준이 없으면 무엇이 진짜인지를 알 수 없고, 선지자를 따라서 수행하려 해도 누가 바르고 깊이 있는 수행자인지 몰라서 망설이게 된다. 설사 수행을 하여 어떤 경지를 맛보았어도 이것이 어느 정도인지 알지 못해 제자리에서 헤맨다.

소태산은 진리를 알고 싶어서 스스로 많은 스승을 찾아 헤매었던 아픔이 있었다. 그러기에 '진리를 진정 깨달으면 이런 마음이 된다.'라고 제시한 것이 「일원상 법어」이다. 즉 깨달음의 기준이라 할 수 있다. 이것은 또한 깨달음의 길을 걷는 사람이라면 「일원상 법어」처럼 심법이 되도록 노력하라는 뜻이기도 하다. 깨달음의 기준은 깨달은 사람들의 모습을 제대로 인식할 수 있는 잣대가 되고, 수행을 좀 하여 깨달음의 경지에 이르렀다면 그 지경의 심법을 일상에서 드러내고 있느냐는 성찰의 요건이 된다.

깨달음에 이르면 신통 묘술을 잘 나타내는 지경에 이른다기보다 의식 세계가 달라진다. 진리에 의한 의식이 열리고 삶에서도 진리에 따른 심법으로 생활하게 된다. 법어는 이런 보편적인 견해에 바탕 하였기에 일반 사람 누구도 알 수 있다. 다만 제시된 기준은 최소한의 조건이기 때문에 여기에 충족되지 않는 깨달음이란 있을 수 없다는 강렬하고도 단호함이 엿보인다.

수행하여 깨달으면 법어처럼 살 것이고, 다른 사람이 깨달았다고 할 때도 법어에 준하여 상대방을 보면 적실하게 알 수 있다. 이 기준은 원불교 수행자는 물론이고 이웃 종교와 수행 단체 그리고 수행에 관심이 있는 모든 사람들의 기준으로도 통한다.

법어를 요즘의 사회적 언어로 표현하면 다음과 같다. 「진리를 깨달 으면 온 세계가 모두 우리의 소유인 줄 안다. 또는 우주 만물의 이름 은 각각 달라도 실은 하나이다. 또는 깨달은 사람이든 그렇지 못한 사 람이든 마음의 근본은 다르지 않다. 동물들의 생로병사는 계절의 춘 하추동처럼 돌고 돈다. 죄복罪福을 짓고 받는 이치는 음양이 서로 숨 었다 나타나는 것과 같다. 또는 그 근본은 텅 비었으되 모자람이 없이 담뿍 찼으며 세상을 향해 지극히 두루 공평할지언정 이기적이지 않 다. 이 진리는 육근六根을 각각 사용하는 데 있어서 마음의 토대가 비 어서 두루 위하나 씀씀이에 이르러서는 이기적이지 않고 균형과 조화 를 이루며 은혜로 나타난다.」

수행을 바르게 하고 싶다면 법어에 자신이 가까워지고 있는지 살펴 서 아직 먼 느낌이 들면 뭔가 잘못된 게 분명하다. 혹 수행 초입에서 법어의 내용 전체처럼 된다는 것이 엄두가 나지 않는다면 접근해 볼 만한 한두 가지로 수행해 보는 것도 좋다. 수행은 자기 내면의 솔직함 으로 출발해야 맑고 순수함을 잃지 않을 뿐 아니라 할수록 법어에 다 가선 심법을 쓸 수 있게 된다.

법어로써 수행하는 데 다른 사람들이 나의 심법이 법어에 맞지 않 다고 하면 자신의 수행을 처음부터 되짚어 볼 필요가 있다. 원불교 수 행자가 법어에 미치지 못했다는 말은 들을 수 있어도 법어로 심법의 표준을 잡는 사람이 아니라는 말을 들어서는 안 된다. 이러한 경우 소 태산의 제자는 아닌 것이다.

시방삼계十方 三界가 오가吾家의 소유所有인 줄을 알며
온 세상은 나의 것

온 세상이 나의 집이고 우리의 소유다. 여기에서 나의 집이란 '큰 나'라는 의미와 '우리'라는 의미가 있다. 아이들이 자라나며 '나'라는 것을 알고 또 '내 것'을 알면서 점점 소유하려고 한다. 그리고 소유한 이것을 가꾸려는 마음도 생겨난다. 이런 마음에서 잘하려는 습관이 들겠지만 다른 한편으로 소유하는 것 외의 더 많은 것을 잃어버리기도 한다. 마치 점 하나 찍어 당분간은 내 소유로 만들 수 있으나 나머지를 다 잃는 것과 같다.

작은 나에 갇혀 있으면 나의 밖에 있는 모든 것들과 상대를 이루게 된다. 상대와 경쟁하고 비교하는 삶이란 고달프기 그지없다. 그런데 만약 나를 놓을 수만 있다면 세상과 하나가 될 수 있다. 세상과 동떨어질 수 없는 내가 되고, 나의 일이 세상일이 되어 온 세상이 내 것이 된다.

대산은 완도 동백 숲에서 "온 세상을 내 것으로 삼은 사람이라면 저기 있는 논에서 벼 좀 베어 올 수 있어야 하지 않나요? 아마도 여러분의 논이라면 벼 한 움큼 정도는 쉽게 베어 왔을 겁니다." 좌중은 조용하게 바라만 보고 있으니 화두로 남기고 그 자리를 마쳤다. 온 세상이 내 것이라면 대산의 말에도 두 번 생각할 것도 없고 가슴 답답할 것도 없다. 가슴속에서 내 것이 아닌데 내 것이라고 생각하라고 하니 생각을 궁굴리고 가슴도 답답해져 온다. 대산의 질문에 대한 답은 소태산의 법문에 있다.

소태산은 전주와 익산을 잇는 경편철도 주주들은 경편열차를 무료로 이용하는 것을 부러워하는 제자에게 "그대는 경편열차를 소유해도 가난하다."라고 하며 「나의 소유하는 법은 단번에 거액을 들이지도 아니하며, 모든 운영의 책임을 직접 지지도 아니하고, 다만 어디를 가게 되면 그때마다 얼마씩의 요금만 지불하고 나의 마음대로 이용하는 것이니, 주야로 쉬지 않고 우리 차를 운전하며, 우리 철도를 수선하며, 우리 사무를 관리하여 주는 모든 우리 일꾼들의 급료와 비용이 너무 싸지 아니한가. 또, 나는 저번에 서울에 가서 한양 공원에 올라가 산책하면서 맑은 공기를 한없이 호흡도 하고 온 공원의 흥취를 다 같이 즐기기도 하였으되, 누가 우리를 가라는 법도 없고 다시 오지 말라는 말도 아니하였나니, 피서 지대에 정자 몇 간만 두어도 매년 적지 않은 수호비가 들 것인데, 우리는 그러지 아니하고도 그 좋은 공원을 충분히 내 것으로 이용하지 아니하였는가. 대저, 세상 사람이 무엇이나 제 것을 삼으려는 본의는 다 자기의 편리를 취함이어늘 기차나 공원을 모두 다 이와 같이 이용할 대로 이용하였으니 어떻게 소유한들 이 위에 더 나은 방법이 있겠는가. 그러므로 나는 이것을 모두 다 내 것이라고 하였으며, 그뿐 아니라 세상의 모든 것과 그 모든 것을 싣고 있는 대지 강산까지도 다 내 것을 삼아 두고, 경우에 따라 그것을 이용하되 경위에만 어긋나지 않게 하면 아무도 금하고 말리지 못하나니, 이 얼마나 너른 살림인가. 그러나 속세 범상한 사람들은 기국이 좁아서 무엇이나 기어이 그것을 자기 앞에 갖다 놓기로만 위주로 하여 공연히 일 많고 걱정되고 책임 무거울 것을 취하기에 급급하나니, 이는 참으로 국한 없이 큰 본가 살림을 발견하지 못한 연고니라.」*라고 했다.

정산은 오가의 소유를 주인 정신으로 보았다. 「주인은 상이 없기 때문에 알뜰하고 국한 없는 공이 돌아오나니 주인의 공부와 주인의 사업을 꾸준히 계속하면 마침내 시방세계가 오가의 소유인 지경에 이르게 되며.」**라며 말이다.

세상을 오가의 소유로 삼은 사람은 마당 하나를 쓸지라도 지구의 한 모퉁이를 쓴다. 이런 사람은 마음뿐 아니라 행동에서도 남다르다. 사람은 육체적으로 지구 구성체의 하나로 살 수밖에 없다. 지구를 내 살림 삼는 것은 지구의 한 구성체로서의 역할을 다하는 것이다. 지구의 한 모퉁이를 쓸지라도 지구에 미칠 영향을 생각하여 쓸어 모은 쓰레기를 분리하여 버린다.

나의 의식을 확장해 가는 것이 한순간의 마음은 되어도 나의 의식으로 자리하기까지 쉽지 않다. 노력이 필요하다. 나의 의식을 확장해 가기 위해서는 우선 내가 소유한 것부터 소중하게 관리하는 것부터 되어야 한다. 이것이 잘되면 내 것을 놓음으로써 온 세상을 내 것으로 삼는 수행을 해 본다. 이런 연습이 쌓여 심신에 스며들면 어느덧 온 세상과 호흡하며 큰살림을 일구며 살아가는 데 이른다. 이런 사람은 마음이 커지면서 작은 내가 저절로 비워질 뿐 아니라 온 세상과 나의 관계를 체계적이고 합리적으로 관리하며 운용해 가는 모습을 띤다.

---

*대종경 불지품 17.
**정산종사법어 공도편 15.

이름은 각각 다르나 둘이 아닌 줄을 알며
진리도 세상도 우리도 하나

강원도에는 예로부터 네 개의 유명한 산이 있다. 금강산과 봉래산과 풍악산과 개골산이다. 원래 하나의 산인데 계절에 따라 다르게 부르는 것일 뿐이다. 이를 모르는 사람은 네 개의 산이 분립해 있는 줄 안다.

진리도 마찬가지다. 하나님, 법신불, 도, 자연 등도 별개인 것 같으나 그 궁극에서 보면 하나이다. 교지를 정립한 종교들이 자기네 신이 다른 신과 달리 최고라며 주장할지라도 그 근원을 살펴보면 다른 종교의 교지와 서로 다를 바 없다. 종교마다 진리에 접근하는 관점이 다를 뿐이다.

하나의 진리로 향한 다양한 길은 사람들 각자가 자기 성향과 필요에 따라 선택할 수 있다는 것이 된다. 매력적이지 아닐 수 없다. 세상은 점점 종교의 울이 터져서 종교 하나만 선택한 사람, 여러 종교를 선택한 사람, 선택 없이 여러 종교를 넘나드는 사람 등으로 선택의 여지도 다양해져 간다.

이쯤에서 종교가 지녀야 할 덕목은 진리 앞에 겸허해지는 것이다. 종교가 진리를 구속하는 즉시 종교는 타락하여 인류가 오히려 종교를 걱정하는 수준으로 떨어질 수 있다.

원불교는 일찌감치 하나의 진리를 주장해 왔다. 이 진리를 하나라
는 의미는 '일' 진리라는 의미는 '원'으로 하여 일원 一圓이라고 이름하
였다. 모든 진리가 원래는 하나라는 것을 온 세상이 상식처럼 알게 되
는 날에는 '진리'라는 보통명사만 써도 하나의 진리로 통하는 날이 온
다. 아직까지는 하나의 진리를 일반적으로 모르기에 일원이란 이름으
로 일목요연하게 정리해서 설명한 것일 따름이다.

진리는 하나이지만 세상도 하나이다. 이뿐만 아니라 모든 나라와
사람 그리고 생물들도 한 유기체로 이루어졌으니 이 역시 하나다.
소우주라는 사람의 몸에는 눈, 귀, 코, 입, 목, 팔, 다리, 몸통 등이
있다. 뭔가를 보는 데에는 눈이 주된 역할을 하고 걷는 데에는 발이
주된 역할을 한다. 이렇듯 육근은 각각의 역할을 해 간다. 그런데 손
으로 물건을 집었을 때 손이 집었다고 하지 않는다. 집은 사람의 이름
을 대며 그가 집었다고 말한다. 육근 각각의 일은 각각의 일이 아니라
하나의 일이기 때문이다.

교당 법인에 관한 일이 잘못된 적이 있었다. 결정권자가 잘못했지
만 그 자리에 젊고 영민한 교무가 함께 있었다는 이야기를 들은 법타
원은 "그 교무는 어떤 말과 행동을 했냐?"라고 물었다. 아무 말도 하
지 않았다고 하니 "이 일에 그 교무의 책임도 절반은 있다."라고 했
다. 그리고 "내가 있는 자리에서 할 수 있는 일이 있는데 어찌 지위
고하와 책임 여부를 따져 옴짝달싹하지 않을 수 있냐!"라고 하며 주인
의 심경에 아쉬움을 토했다.
이 영향을 받은 필자는 교중의 방향이나 결정에 정 잘못되겠다 싶

을 때 한번 정도는 이야기하는 편이다. 그때마다 반향을 일으키다 보니 평화주의자인 필자를 모르는 대중은 필자를 날카로운 이미지로 여기는 면도 없지 않다. 나의 안일에 좋을 리 없는 것도 알지만 잘못된 일에 침묵한다는 것은 수행자의 양심에 관한 것이라서 감내할 수밖에 없다.

거시적 안목에서 보면 인종, 나라, 종교, 경제 등도 모두가 하나로 이어졌다. 요즘은 세계의 경제도 하나의 권역으로 나아가고 있다. 경제부터 하나로 묶이다 보면 지구가 하나의 국가 개념이 되고 국가는 자치주의 개념으로 바뀌어 간다. 결국에는 인류가 하나의 사회를 이루어 인종과 국적에 상관없이 서로를 형제 보듯 하게 된다.

그렇다고 주위에 있는 사람들을 무조건 도와주는 것은 바람직하지 않다. 도움을 준다는 것이 도움 받는 사람의 자력을 나약하게 만들 수 있기 때문이다. 만약 건강에 큰 이상이 없는 발을 도와준다며 휠체어에 태워 한없이 다닌다고 생각해 보자. 이내 발이나 몸 전체가 나약해지고 만다.

인간의 영적 자유는 자력에서부터 비롯된다. 그렇기 때문에 대산은 사회 평등의 기본 조건으로 자력을 내세웠다. 정신^{자주력}, 육신^{자활력}, 경제^{자립력}에 자력을 갖춰야 부부간에도 평등할 수 있고, 성직자도 정신적으로 자유로울 수 있다.

어느 나라에 여행을 가면 심신 멀쩡한 거지가 돈을 구걸하며 지금 네 주머니에 있는 돈도 본래는 네 것도 아니니 나눠 쓰자고 한단다. 본래는 네 것도 내 것도 아닌 것은 맞다. 그러나 인간으로서 영성의 힘은 사회 성원으로서 역할을 해 가며 기초가 쌓인다. 도움이란 것도 자력을 위한 것이라야 의미가 있는데 그 거지의 말은 구걸을 위한 궤

변에 불과하다.

인간 사회의 복지도 기본 생존권을 보호하는 것을 넘어선 지나친 복지도 바람직하지는 않다. 지나친 복지는 개인·사회·국가의 의지를 무너뜨려 개인·사회·국가를 영영 쓸모없게 만든다. 의지가 없게 길들여 놓고 방치하는 것만큼 못된 폭력도 드물다.

세상은 하나이고 자신은 세상과 한 유기체를 이루고 있다. 세상은 그 존재 자체로서 완전한 것이니만큼 인간도 그 존재로 완전하다. 그래서 존재 자체를 부처라 한다. 자기가 조금 모자라면 모자란 대로 조금 능하면 능한 대로 자기 역할을 하는 것이 부처의 삶이다.

내가 다른 사람들과 비교해서 조금 모자란다고 내 일을 다른 사람에게 미루는 것은 내 존재를 포기하는 것과 같다. 지금 내 일이 세상의 일이므로 내 일을 다른 사람에게 미루거나 의지해서 편안하게 살려는 것은 곧 자신과 세상을 잃어버리는 처신이 되고 만다.

세상 속 자신을 보면 지금의 삶과 일이 자신뿐 아니라 세상을 위한 일이니만큼 허투루 생각해서는 안 된다. 그럼 어느 정도를 해야 내가 존재로서의 부처虛處佛像의 삶을 살 것인가라는 생각이 들 것이다. 그때는 최선을 다하고 그 이후의 나머지는 진리에 맡길 정도면 된다. 즉 진인사대천명盡人事待天命을 표준으로 두고 사는 게 좋다.

물론 해도 해도 모자란 것이 삶인데 최선을 다하라는 것만큼 무책임한 말도 드물다. 심신 간에 병나지 않을 정도에서 조절하며 소신껏 해 보는 것이다. 내가 심신 건강하게 일 잘하는 것이 곧 우주를 건강하게 하는 일이고 내가 행복한 것이 우주에 따뜻한 온기를 불어넣는 일이다.

우주 관점에서의 사람은 우주의 세포에 불과하다. 그러므로 사람 각자는 우주의 일을 하는 것이다. 그러니 자신이 주위 사람들보다 비교 우위에 있다고 우쭐댈 것도 없고, 비교 아래에 있다고 해서 주눅들 필요도 없다. 역할이 많든 적든, 역할을 잘하든 못하든 서로 도와주며 우주의 일을 할 뿐이다. 저 사람이 잘하는 것이 우주가 잘되는 것이니 나의 일을 잘해 주는 것이 된다. 그러니 서로를 북돋아 주며 함께하는 것이 서로 잘 사는 길이다.

내가 곧 우주라는 것을 진정으로 아는 사람은 나의 일이 우주에까지 미치는 영향을 생각한다. 그러니 주위 사람들을 힘들게 하지 않고 주위 환경을 함부로 하지 않는다. 세상과 하나가 되어 호흡해 가는 삶이라 할 수 있다.

제불·조사와 범부·중생의 성품인 줄을 알며

내가 본디 부처인데

일원의 진리를 깨달으면, 모든 부처이든 계파를 세운 수장이든 일반적인 사람이든 마음의 근본은 모두가 같은 줄 안다. 여기에서 제불과 조사는 깨달은 사람이고, 범부와 중생은 깨닫지 못한 사람이며, 성품은 마음의 근본을 뜻한다. 이런 구분에도 불구하고 깨달은 사람이나 깨닫지 못한 사람이나 마음의 근본은 다 같다.

일반적으로 '부처'라고 하면 '석가모니'라는 인물을 떠올린다. 부처의 본뜻은 깨달은 사람, 즉 성품에서 발현된 지혜로 자신과 세상에 유익을 주며 살아가는 사람을 말한다. 깨달은 사람에는 깨달은 즉시 확철대오廓徹大悟로 부처가 되는 사람과, 깨달아 견성은 했지만 아직 마음과 행동에 미진함이 있어 수행 적공으로 여래의 인품을 닦아 가는 사람이 있다. 그러므로 엄밀하게 이야기하면 부처와 깨달은 사람은 의미가 좀 다르긴 하다.

인간과 더불어 우주 만물도 존재 자체가 부처인지라 성품이든 마음이든 부처든 중생이든 구분하는 것 자체가 의미 없다. 그런데도 다시 부처와 중생을 구분하는 것은 인간이 자유의지를 지녔기 때문이다. 영적인 역량에 따라 존재와 역할이 달라지므로 영적으로 성장해 가라는 데에 그 의미가 있다.

수행적 의미에 국한시켜 볼 때 본래 마음인 성품에서는 부처나 중생이나 같으나 마음을 쓰는 데에서는 구분이 된다. 그리고 심법의 경지를 말할 때는 부처보다는 여래라는 말을 주로 사용한다. 부처와 여래는 같은 경지이나 느낌이 좀 다르다. 부처는 포괄적이라면 여래는 구체적이다. 여래는 언제 어디에서든지 성품을 여의지 않음을 뜻한다. 원불교 법위의 최상위를 부처가 아닌 여래라고 한 것도 이런 의미로 보인다. 여래는 성품에서 마음을 발현시켜서 사용하는 반면, 중생은 관념과 욕심과 잘못된 습관에서 왜곡된 마음을 사용한다. 이렇다 해도 여래와 중생의 성품은 서로 같다. 성품을 회복하여 진리의 결을 따라 사용한다면 누구나 여래가 될 수 있다.

성품에서 마음이 발현되는 경로를 보면, 사물을 있는 그대로 인식하는 것에서부터 비롯하여 구분한다. 구분하는 것에 이름과 기호를 붙여 인식에 효율을 더해 간다. 구분된 것에 대한 느낌과 접촉으로 마음의 자료가 모아지고, 그 자료를 바탕으로 사유하기에 이른다. 사유와 경험을 바탕으로 바람직하고 좋아하는 것이 생기고, 좋아하는 것을 반복적으로 하며 습관이 생겨난다. 이와 아울러 종합된 의식이 형성되며 인격을 낳는다. 인격에 의해 인생의 방향이 달라진다. 여기에서 또 한 번 숙성되며 인품으로 자리매김이 된다. 이렇듯이 성품에서 순연하게 발현시켜 마음을 한결같이 쓰는 사람을 여래라고 부른다.

여래는 마음을 쓸 때 사람들이 일하러 직장으로 갔다가 집으로 돌아와 쉬는 것처럼 마음을 성품에서 발현하여 쓰고 성품으로 거두어 쉰다. 그래서 여래의 마음 주소를 성품이라 한다.

그러나 깨닫지 못한 사람의 마음은 성품이 아닌 차별에서 이루어진다. 마음이 차별이라는 집에서 나와 차별이란 집으로 돌아간다. 차별은 좋고 싫어하는 마음이나 차별 자체가 나쁜 것은 아니다. 마음이 차별에 주착되어 왜곡되고 편협하게 나오니까 나쁘다고 하는 것이다. 이러한 마음을 주착심住着心이라고 부른다.

주착심은 지난날에 느끼고 보았던 마음으로 바라보는 마음이라서 상대가 한번 미우면 다른 모든 것도 밉다. 또한 한번 좋으면 무조건 다 좋다. 마음이 이렇다 보니 바른 판단을 할 수 없는 것은 물론이고 마음이 산란하기만 하다. 마음이 쉬지를 못하니 불면증에 시달리는 데 이른다. 이렇게 사는 사람의 마음 주소는 주착심이다.

차별에 주착된 마음보다는 차별 이전의 분별에서 쓰는 마음이 순수하면서도 지혜 있는 마음이다. 그런데 이 분별에는 관념적인 것과 객관적인 것이 있어서 쓰임새가 서로 다르다. 관념적 습관으로 분별하는 것을 분별성이라 하고 객관적으로 구분하는 것을 분별이라고 한다. 분별성은 습관적으로 분별하는 고정관념의 영역으로서 부정적으로 쓰인다. 반면 분별은 지혜의 영역에서 객관적 지식의 토대 위에서 잘하면 잘한 대로 보고 못하면 못한 대로 보는 의식을 말한다.

분별에서 마음을 쓰는 사람은 일을 미워할지언정 사람을 미워하지 않는다. 전에 일을 그르쳤던 사람이 다음에 잘하면 그 잘한 일을 칭찬하며 좋아한다. 이런 사람은 어질고 배운 지식 그대로 활용해 가는 사람이다. 그러나 객관적 지식의 토대 위에서 쓰는 마음으로는 일과 마음의 본질을 꿰뚫어 볼 수 없다.

이보다도 좀 더 마음을 깊이 쓰는 사람은 분별 이전의 성품에서 마음을 쓴다. 문학에 소질이 있는 교무가 교화 현장으로 가면 글을 쓰지 못한다고 하니 여러 대중이 대중의 본보기로 휴역을 시켜야 한다고 했다. 한 교무가 교단에는 글 쓰는 사람도 있어야 한다며 제도적으로 직책을 별도 마련하여 방도 주고 용금도 주며 글 쓰는 데 전념하게 했다. 그래서 여러 책도 나오고 원불교 사전의 초석을 다지는 계기가 되었다. 규칙 이전의 본질에서 마음을 쓴 심법이다.

여래의 마음은 본적과 현주소가 모두 성품이나, 중생의 마음은 본적이 성품이나 현주소는 차별에서 비롯된 주착심이다. 즉 여래와 중생의 마음 본적은 성품이지만 현주소가 다르다. 내가 본디 여래이지만 마음을 주착에서 쓰는지 차별에서 쓰는지 아니면 분별에서 쓰는지 그것도 아니면 성품에서 쓰는지 살펴보자.

마음을 주착에서 쓰고 있으면 차별에서 쓰고, 차별에서 쓰고 있으면 분별에서 쓰고, 분별에서 쓰고 있으면 성품에서 쓸 수 있도록 해 보면 언젠가는 마음의 본적과 현주소가 성품인 여래에 이르게 된다.

생로병사의 이치가 춘하추동과 같이 되는 줄을 알며
생로병사도 계절처럼 변하는 것일 뿐

사람은 누구나 태어나면 세월 따라 나이 들고 병 들다가 죽음에 이른다. 이런 생로병사가 마치 봄이 되면 여름과 가을을 거쳐 겨울이 오는 것과 같다. 그래서 죽음이 죽음으로 끝나는 게 아니다. 다시 새 몸으로 삶을 살기도 하고 영혼으로 존재하기도 한다.

변화에 주기는 있으나 똑같은 반복은 없다. 계절만 해도 작년의 봄과 올해의 봄이 같을 수 없고, 마음으로 느끼는 봄도 스무 살 때의 봄과 서른 살에 느끼는 봄이 다르다. 또한 나이 서른 즈음의 인생과 마흔 즈음의 인생은 다르다. 어느 한순간도 같은 것 없으니 순간을 소중히 여기며 살아가면 인생이 영적 의미로 담뿍 차오른다.

생로병사가 계절의 흐름과 같은 것을 알면 사는 데 마음이 한층 여유롭다. 그뿐만 아니라 죽어서 다시 태어날 때 어떻게 태어나 어떻게 살아갈 것인지를 지혜롭게 준비할 수 있다.

물론 다시 태어난다고 해서 반드시 사람으로만 태어난다는 보장은 없다. 사람이 죽으면 대략 여섯 가지의 길로 떠다는데 그 길은 천상, 인간, 수라, 아귀, 축생, 지옥이다. 이를 육도六途라고 한다.

이 가운데 갈 만한 길로는 천상과 인간이다. 인간과 축생의 길은 사람으로 살기도 하고 눈으로 보아왔기에 어느 정도 이해되지만 그 외의 길은 영적인 세상이라 쉽게 이해되지 않는다. 그래도 알고 싶다면 빙의된 사람이나 무당을 통하거나 수행자의 이야기나 문헌을 통해 어림잡을 수는 있다. 좀 더 논리적으로 이해하고 싶으면 여러 이야기를 듣고 공통점을 새겨 보는 것이 좋다. 그러나 정 궁금하면 자신이 직접 수행해서 아는 방법도 있다.

한 영혼이 지고한 영혼으로 존재하며 우주에 혼을 불어넣든, 멍하고 약해져서 존재감이 없어지든 영혼으로서 존재하지 죽거나 아주 없어지지는 않는다. 영혼들은 영혼 자체로만 존재하든지 동물 안에 들어가서 존재하든지 생물에 기대어 존재하든지 한다. 게다가 인과에 상관없이 흘러 다니거나 인과에 끌려다니거나 인과를 궁굴려 다니기까지 한다. 영혼은 어차피 사라지지 않으니 이왕이면 존재의 방식을 대자유를 얻기까지 진급하는 방향으로 가져가는 게 낫다.

영혼으로 존재하는 최상위의 세상이 육도 가운데 천상이다. 천상에 존재하는 영혼들이라 할지라도 영적 수준이 다 같은 건 아니다. 영적 수준이 천층만층이다. 이곳에는 삶의 고통은 없으나 수준이 낮으면 그 위로는 올라갈 엄두도 낼 수 없는 한계가 있다.

영적 성장에 좋은 조건은 첫째, 몸_{시공간의밀도가높다}을 가지는 것이고 둘째, 맑은 기운과 철학적 사유와 의지를 갖고 살 수 있는 곳에 존재하는 것이다. 이런 곳이 인간 세상이다. 영적으로 성장하기에는 인간 세상이 천상보다 유리하다.

인간의 기본 기질은 동물적 기질이다. 동물의 삶은 건강하게 살며 종족 번식과 보존을 하는 데 맞춰져 있다. 이러한 바탕 위에 인간은 재색명리에 가치를 두고 윤택하게 살아가려고 한다. 이렇게 하여 물질문명이 필요충분한 데 이르면 인간으로서의 가치에 눈을 뜨게 된다. 이때 철학적 사유를 넘어서 우주의 이치와 모습 그리고 진리를 탐구하다가 삶의 가치를 진리적이고 영적인 데로 옮겨간다.

인간으로서 수행을 하려면 인과에 대해 눈을 떠야 한다. 인과는 음양 상승의 이치에 따라 움직인다. 삶이 인과에 저촉받을 때는 자연의 흐름처럼 이루어진다. 채워진 것은 빈 곳으로 흘러 빈 곳을 채우면 채워진 것은 다른 빈 곳을 향해 또 흐르는 것처럼 말이다. 사람들이 자신의 모자란 것에 집착을 보이는 경향도 이러한 현상 가운데 하나이다.

다른 사람의 세정을 몰라 불편하게 하고, 자신의 부족함을 채워 보려 하고, 돈 생기면 가질 수 없었던 것부터 사고, 양극성을 지닌 이성에 끌리고, 상대보다 자기 좋아하는 것을 기준으로 삼고, 한껏 하다가 지칠 즈음 편안히 쉬고 싶어한다. 이처럼 부족함, 아쉬움, 호기심, 양극성, 편안함 등으로 선택하는 것들도 그 뿌리를 보면 모자람에 있다. 이 모자람을 채워 가며 개인, 사회, 국가, 세계 등이 서로의 이해와 발전을 이루어 간다.

그러나 진리에 철든 사람은 인과를 선택할 때 양극성에 따라 이끌리기보다 자신의 영성을 위한 길을 선택한다. 이끌림은 감정이 주체가 되어 현안에 급급한 것이라면, 선택은 이성이 주체가 되어 거시적 안목에서 영적 성장과 자유를 추구하는 것이라 할 수 있다.

이끌리는 마음은 착심의 기운으로서 무겁고 어둡다. 그래서 열반에 들어 육도의 길에 들어섰을 때 멀리 가지 못하고 평소 주위의 인연을 따라 수생하고, 착심이 마음을 가리어 영성이 어두워지니 끌리는 대로 간다. 잘 가야 인간 세상으로 가고 영적으로 머무를지라도 수라 정도에 가는 것이 전부다.

그러나 영적 가치를 추구하는 영혼은 모자람에 이끌리기보다 영적 성장에 초점을 두고 선택해 간다. 함께 살아갈 사람을 선택할 때도 서로를 소유하기보다는 존재로 여길 사람을, 서로 마주 보기보다는 함께 나아갈 곳을 바라 볼 사람을, 서로의 행복과 영성에 도움이 될 사람을 찾는다.

모자람을 채워 가는 에너지가 업이다. 이 업이 형성되는 과정을 십이연기十二緣起 라고 한다. 여기에는 무명無明 미혹, 행行 움직임, 식識 의식, 명색名色 심신 결합, 육입六入 육근을 갖춤, 촉觸 외부 접촉, 수受 감각작용, 애愛 좋음, 취取 취득, 유有 업이 형성됨, 생生 업인으로 태어남, 노사老死 삶의 고통으로 이어짐 가 있다.

업은 무명에서 비롯되므로 마음을 깨치면 그에 따라 일어나는 모든 것도 사라진다. 대산은 "마음을 깨치면 십이인연을 궁굴려 다니고 마음이 어두우면 십이인연에 끌려가게 된다."라고 했다. 즉 부처는 인과를 궁굴리고 중생은 인과에 끌려다닌다. 부처와 중생 모두가 모자람에 기반하지만 모자람에 끌려 살면 고통이 내재하고, 모자람을 궁굴려 결정보決定報 살면 자신 스스로가 진급과 행복을 설계하는 삶을 살아가게 된다.

인과보응의 이치가 음양상승^{陰陽相勝}과 같이 되는 줄을 알며
짓고 받는 이치가
음양상승으로 이루어진다

불교에서의 인과의 원리는 '이것이 있으므로 저것이 있다^{此起故彼起*}'는 것이다. 그런데 소태산은 인과의 원리를 음양상승^{陰陽相勝}으로 보았다. 짓고 받는 이치가 자연의 원리인 음양상승으로 이루어진다는 것이다.

인과가 짓고 받는 이치라는 것은 일반적으로 많이 접하는 것이라 일반적인 이해의 범주에 있다고 본다. 그런데 인과가 자연의 이치라면 나와 상관없이 이루어진다는 것을 의미하기에 일반적으로 이해하기 어려울 수 있다. 그러나 자연의 이치라서 조금 자세히 알고 나면 이해가 어렵지 않을 것이다.

음양상승의 기저는 음양이 존재한다는 이야기이다. 물론 음양 이전을 무극^{無極}, 자성, 법신불, 일원상, 하나님 등이라고 한다. 무극에서 태극^{太極}, 태극에서 음양, 음양에서 오행^{五行}이 나오고, 오행에서 삼라만상^{森羅萬象}으로 펼쳐진다.

인과를 이 가운데 음양의 차원에서 보았고 삼라만상^{우주 만물}에는 음양이 내재해 있다고 보았다. 그런데 음과 양이 서로 싸워 음이 이기면

---

*『잡아함경』 12, 법설의 설경.

음이 되고 양이 이기면 양이 된다. 그러나 한 번 이겼다고 언제나 이길 수 있는 것은 아니다. 양이 극에 이르면 점점 쇠약하게 되고, 이때 내재해 있던 음이 점점 힘을 발휘해서 두각을 나타낸다.

음양의 원리는 자연의 섭리와, 섭리에 따른 자유의지의 존재가 짓고 받는 이치로 나누어 볼 수 있다. 음양의 자연 섭리로 변화하는 것이 사계절이다. 그리고 자유의지를 지닌 존재의 인과는 한 존재의 마음과 말과 행동이 다른 사람과 사회와 자연에 미쳐서 나타나는 반응들이다.

자연의 이치는 우주가 스스로 하는 일이 있는가 하면, 사람들의 영향이 미쳐서 반응으로 나타난 것도 있다. 인구의 폭발, 자원 낭비, 환경 훼손, 인간의 낙후된 인식이 우주 자연에 미치면 우주 자연은 자정 활동을 하게 된다. 이것이 인간에게 미치는 것을 천업天業이라고 한다. 천업을 과거에는 천벌로 본 경향이 심했다. 그래서 좋지 않은 일이 일어나면 하늘에 제사를 지냈다. 그러나 인지가 깨인 사람들은 우주의 조화와 균형부터 본다. 그런 다음 개인의 마음, 기운, 삶이 우주에 미치는 영향까지 알면 개인이 우주와 어떻게 호흡해 가야 하는지 알게 된다.

또한 인간의 자유의지에 따라 사람들끼리 마음과 말과 행동으로 인과를 주고받게 되는데 이러한 것이 마치 음과 양이 서로 이겨 나아가는 것처럼 된다. 복을 수용하고 사용하는 것이나 지혜를 얻고 사용하는 것도 음양상승의 원리에 따라 움직인다. 겨울엔 음이 드러나고 양이 그 속에 숨었다가 여름이 되면 양이 드러나고 그 속에 음이 숨는다. 이러한 순환은 서로에 바탕하여 서로를 이겨 나가는 이치와 같다.

사람들이 복을 받고자 하나 전생이든 현생이든 짓지 않고는 받을 수 없다. 이것이 인과이다. 이러한 원인과 결과 사이에는 매개가 되는 연緣이 있다. 마치 콩 씨가 싹을 틔워 콩이 열리는데 땅, 거름, 물, 공기, 온도, 다른 식물과의 연관 관계 등의 조건이 적절하게 필요한 것처럼 말이다. 만약 연이 없으면 결과도 그때 또는 나중에 이루어져서 나타난다.

인과 관계가 물질적인 것은 수학 문제처럼 어렵지 않으나 마음과 마음 그리고 돈과 명분 등이 얽히면 엄청 복잡해진다. 게다가 단체, 사회, 국가 등이 어우러져서 짓게 되는 공업共業에 정치적인 면까지 더하게 되면 복잡함에 미묘하기까지 하게 된다. 이렇듯 인과는 일처리, 구조적 문제, 개인의 사정, 심리 상태 등이 여기저기 얼키설키 얽혀 있다. 인과가 인생 전반에 거쳐 바다처럼 펼쳐져 있지만 또렷이 맺히는 경우는 마땅히 해야 할 것을 못 해서 된 것이 대부분이다. 그러니 현실의 일을 전생에만 책임 전가할 게 아니다. 차라리 전생의 업을 개의치 않고 현실에 깨어 법답게 사는 것이 인생을 단순하게 보고 잘 살아가는 길이다. 그런 다음 인과를 생각해도 충분하다.

사람의 인과에는 물리적인 것을 넘어서 마음가짐, 환경 조건, 마음 씀씀이, 처리 과정, 상호 관계 등이 얽혀 있어서 변수가 많다. 그래서 똑같은 일에서도 노여움이 작으면 작은 '인'을 맺고, 같은 크기의 '과'를 큰마음으로 받으면 과의 영향력이 작다. 또한 무상으로 복을 지으면 복이 깊고 크게 작용하며, 복을 받을 때 대중과 나누면 복이 다하지 않아서 오래 지속된다. 하지만 이 모든 것이 인과에 이끌려 사는 사람들의 흐름을 넘지는 못한다.

인과의 원리는 같지만 인과에 끌리지 않고 인과를 궁굴려 살 수도 있다. 마치 음과 양이 서로 이기는 것이 아니라 양보하는 것처럼 자신의 필요에 따라서 선택하며 살 수 있다. 그 필요의 중심에는 자신의 영성이 있다. 복을 지으려는 것이 아니라 남에게 줄 수 있는 자기의 마음을 사랑하기 때문에 상이 있을 수 없고 덜어 낼 것도 없다. 해를 받을 때도 유쾌하지 않음을 알기에 되갚지 않는다. 모든 것을 의미 있게 선택하기 때문에 모든 것이 자연스럽다.

영적 성장이나 자유를 위해 어려운 상황을 선택하여 공부하는 것이 단편적으로 보면 '해'일 수 있지만 깊이 보면 진급의 자양분이다. 영적으로 힘이 있는 사람이라야 이러한 선택이 가능하다.

사람들 마음가짐 하나가 우주와 자신의 삶과 사회에 영향을 미친다. 인과에서 인간으로서 할 수 있는 가장 기초적인 마음이다. 마음 한번 가질 때 깨어서 보자.

인과의 유형
중생의 인과에서 의식의 인과까지

인과의 유형에는 '중생의 인과'와 '불보살의 인과' 그리고 앞에서도 언급이 없었던 '의식의 인과'가 있다. 이러한 인과에서 인因에는 성격이 '또렷한 업'과 '가변성이 있는 업'으로 나뉜다. 이는 내용에 따라 행복한 업, 괴로운 업, 무심한 업이 있고, 짓는 범위에 따라 개인의 업, 함께한 업, 진리 자연의 업이 있다. 그리고 받는 시기도 현재, 미래, 먼 미래가 있어서 업의 성향에 따라 다르게 나타난다. 그러나 이러한 업도 상생의 마음과 의지로써 어느 정도는 다스려 갈 수 있기에 과거의 업業보다는 지금의 마음과 의지가 무엇보다 중요하다.

일반적으로 널리 알려진 인과가 '중생의 인과'이다. 여기에서는 무명無明과 착着으로 업을 이루어 짓고 받는다. 누군가에게 한 대 맞으니 "너 왜 때려!" 하면서 더 세게 때린다. 그러니 상대는 "살살 쳤는데 왜 세게 때려!" 하면서 두 대를 때리다가 서로 뒤엉켜 난투극을 벌이는 것처럼 업이 커지는 성향을 지녔다. 그래서 이 인과에서 업이 쉬려면 받을 자리에서 달게 받고 갚지 않아야 한다.

복을 지을 때 '주었다는 마음'이 들어 있으면 받은 상대가 나를 소홀히 여길 때 섭섭함이 더 커져서 예전보다도 못한 사이가 된다. 그래서 복이 끊이지 않으려면 복을 짓고 나서 잊거나 내색하지 않아야 한다. 이런 복이라면 받을 때도 깊고 크게 다가온다.

내생 길에 이르러서는 그동안 살아오며 생긴 착심을 놓고, 사람으로 태어나 정법회상에서 수행하기를 염원하는 것이 최선의 길이다. 이 마음만 되어도 생사에서 자유로워질 뿐 아니라 내생에 복과 지혜가 아우른 가운데 영적 성장을 위한 기반을 닦을 수 있는 기연이 된다.

불보살의 인과는 서원과 설정으로 이루어졌기에 대자유를 향한 영적 성장에 맞춰져 있다. 불보살은 자기의 부족함을 알고 그 부족함을 채우기 위해 삶과 인연과 과제를 설정해서 살아간다. 그리고 복과 죄를 짓고 받을 때에도 복과 죄에 마음을 두지 않고 사랑하는 자기 영혼을 성장시키려는 데에 가치를 둔다. 누군가가 내게 어려움을 주면 그 어려움의 고통을 알기에 되갚기보다는 그런 아픔을 되돌려주려 하지 않는다.

불보살은 복을 지을 때 받기 위해 짓는 것이 아니라 누군가에게 흔연히 줄 수 있는 자신의 마음을 사랑하기에 그 일을 한다. 이러한 마음에는 상相이 있을 수 없다. 상이 없다 보니 복혜福慧가 다할 날이 없고, 마음이 맑고 풍요롭다. 좀 더 세세하게 들여다보면 그 마음에 안정, 통찰, 정성, 포용의 기운이 가득하다.

의식의 인과는 의식의 정도에 따라 인과의 형성이 달라지는 것을 말한다. 의식이 크면 인과는 변화에 지나지 않을 뿐이다. 우주의 사계절이 우주의 호흡과 같은 것처럼 내 의식이 우주가 되면 인과도 사계절처럼 삶의 묘미에 지나지 않게 된다. 그 무더운 여름의 기온도 따끈하니 좋고 추운 겨울도 상큼하리만큼 시원하니 좋은 것처럼 인과도 그러하다. 이렇게 우주 자연의 법칙과 음양상승의 도를 알고 의식에 균형과 조화를 이루는 것은 해탈과 자유의 기틀이 된다.

붕어 다섯 마리가 어항에서 노닌다. 한 마리가 네 마리를 괴롭혀 그 한 마리를 들어내면 네 마리가 편안하게 살겠다 싶었는데 네 마리 가운데 한 마리가 다시 세 마리를 괴롭힌다. 그러니 괴롭히는 붕어를 미워하며 들어내기보다는 괴롭힘을 줄이고 서로 도울 수 있는 교육과 환경을 조성해 주는 방향을 모색하는 게 낫다.

붕어의 행동은 서열과 약육강식 그리고 무리로부터 학습된 행동일 수 있다. 동물의 근성을 고려한 환경 조성과 교육으로 문제에 접근해야지 '중생의 인과'를 단순하게 끌어들여 "괴롭히는 붕어, 너도 언젠가는 당할 거야!"라고 하든가 또는 괴롭힘을 당한 붕어에게 "언젠가 너도 그랬으니까 당하는 것이겠지!"라며 숙명론처럼 여기는 것은 너무도 편협한 시각이다.

개미의 사회에서도 인간 사회의 일면을 엿볼 수 있다. 개미 연구자들에 따르면 개미들 가운데 항상 20~30%는 놀고먹는다. 일하는 개미가 일에 지쳐 있을 때 이어서 일하고, 병정개미가 싸움에서 죽으면 이어서 싸운다. 인간도 개미처럼 사회적 역할에 따른 비율이 존재한다. 게으른 사람에게 "그렇게 놀고먹다가 내생의 업으로 굶주려 고통을 받을 것이야!"라고 악담할 것이 아니다. 이런 사람도 거시적 안목에서 볼 필요가 있다.

인간은 사회적 동물이다. 호르몬의 지배를 받아 번식하려 하고, 욕심과 경쟁으로 성장해 가고, 재물욕으로 풍요로운 문화를 만들며, 명예욕이 있어 명분에 따라 절제도 하고 정치도 한다.

영적인 인간이야 이러한 삶에 속지 않겠지만 나는 영적인 인간이라며 동물적인 삶들을 너무 속되다고 업신여기며 으스댈 것도 없다. 영적 수행도 인간 세상 속에서 맡은 역할의 한 단면에 속해 있다.

우리의 의식에 결핍됨이 없는지 살펴보고 결핍된 것이 있다면 이생을 마치기 전까지는 해결해야 한다. 우리의 의식 작용은 음양상승의 물리적인 현상처럼 이루어진다. 우리의 마음 하나가 반복되거나 확신에 차 있거나 전일하면 말과 행동으로 나타나서 인격을 형성하고 운명을 가른다. 이처럼 마음먹은 대로 되는 것도 있지만 결핍에서 오는 욕구는 마음먹은 것보다 더 큰 에너지로 다가온다.

우리가 흔히 참는 것을 미덕이나 마음의 힘으로 여기지만 무조건 참기만 하는 것은 결핍의 기운을 만들어 내어 언젠가 채워야 할 대상이 된다. 윤락가에는 전생의 수행자도 더러 있다. 이러한 경우는 세상을 이해하려는 차원에서 설정된 삶일 수 있으나 결핍에 따른 경우가 더 많다. 성을 경멸하거나 다른 이의 성행위를 조롱하는 것은 인간과 성에 대한 의식이 모자란 데에서 기인한 것이므로 성에 따른 업으로 다가올 수 있다. 성은 윤리가 아니다. 성을 무조건 참기만 하라는 것은 인권 유린이다. 성은 생명과 인권이 결부되어 있는 것으로 접근해야 한다. 성과 생명에 대한 조심스러운 접근과 상대를 존중하고 배려하는 마음이 필요하다.

우리의 의식이 맹목적 반복이나 각인된 생각으로 되는 대로 길들여지는 것을 조심해야 하지만, 의식이 모자라거나 한 곳으로 치우치는 것도 조심해야 한다. 진리와 삶의 이해에 혹 모자람이 있는 건 아닌지 또는 옳음, 이익, 은혜, 성장, 영성, 수행 등에도 치우치지 않는지 말이다.

사람은 태어나서 살다가 언젠가는 죽는다. 이때 마지막에 남는 건 마음의 습관뿐인데 이것이 그 사람의 의식 수준이자 영적 수준이다. 이 수준대로 영혼으로든 인간으로든 존재하게 된다. 그래서 마음가짐 하나에도 조심하고 의식의 균형이 깨지지 않도록 조심하는 이유이다.

세상 사람들은 짓고 받는 이치를 모르고 욕심껏 자행자지自行自止 하기 일쑤다. 그래서 진리와 삶에는 인과가 있다는 것을 알려줄 때 이 중생의 인과를 알려 준다. 다른 사람을 배려하고 자연을 존절히 활용하면 한 만큼 내생에 복을 받지만 반대로 살면 내생이 힘들게 된다는 내용이다.

그런데 인과를 일반인에게 맞춰 설명하다 보니 일반인들로 하여금 인과를 숙명론처럼 받아들이게 한 면도 적지 않다. 이 같은 인과에 갇혀 지내면 오히려 인생을 지옥처럼 느끼며 살아가게 된다. 그래서 선지자들은 인과를 섣불리 알면 모름만 못하다고 했다. 인과를 아주 철저히 알면 숙명론에서 벗어날 수 있겠지만 '중생의 인과'만으로는 인과를 다 아는 데에 한계가 있다.

'불보살 인과'까지 알아야 착심과 상으로 된 업의 굴레에서 벗어난다. 이런 사람은 자기의 삶을 자기가 설정하고 자신이 주체가 되어 살아간다. 경계마저도 나의 영혼을 사랑하고 영적으로 성장할 기회로 받아들이고 사람들에 대한 배려에도 공부와 영적 풍요로움이 담겨 있다.

나아가 '인식의 인과'까지 알면 의식이 확장되어 마음과 행동 하나하나에도 여유가 있고, 의식의 균형과 조화를 이룬 삶을 산다.

진리가 나의 의식과 삶이 될 때

진리를 깨달아 알아 가는 것에도 차이가 있다. 말을 알아듣는 정도, 기억하는 정도, 내용을 이해하는 정도, 가슴 깊이 느끼는 정도, 꿈에서조차 잊지 않는 정도, 실행해 가며 앎이 깊어지는 정도, 실행 그대로 나타나는 정도 등이다. 수행이 진정으로 이루어지기 위해서는 진리를 가슴 깊이 느끼는 정도는 되어야 한다.

진리를 깨달으면 온 세상이 나의 소유이고, 우주 만물이 하나이고, 성품에서는 부처와 중생이 없고, 생사가 계절 바뀜과 같고, 인과가 음양상승처럼 파형을 이루어 간다는 것쯤은 안다. 그리고 이 모두는 원만구족하고 지공무사한 마음과 삶으로 귀결된다. 만약 마음과 삶으로 귀결되지 않는다면 이념이나 생각의 유희에 지나지 않다는 의미이다. 진리가 내 마음속으로 스며든 것은 아니다.

그렇다면 '원만구족하고 지공무사한 것만 밝혀도 되지 않는가!'라고 생각할 수 있다. 원만구족하고 지공무사함이 그 앞의 모든 조목을 다 품을 수 있어야 온전하게 된다.

온 세상이 나의 소유, 우주 만물이 하나, 성품에서는 부처와 중생이 없는 것은 전체와 근본에서 하나이자 절대 평등의 자리로서 원만구족이다. 그리고 생사가 계절 바뀜과 같고 인과가 음양상승하는 것은 변화 속에서도 언제나 지극히 공변^{公遍} 행동이나 일 처리가 사사롭거나 한쪽으로 치우치지 않고 공평함 되게 움직이는 것으로서 지공무사이다. 이러한 것은 경향에 따라 나눈 것이다. 내용의 깊이에서 보면 원만구족하기에 지공무사로 제대로 나타난다. 그리고 지공무사가 되어야 좀 미진했던 원만구족함이 채워진다. 원만구족과 지공무함이 하나의 입체를 이룰 때 진리의 온전함과 같다.

그러나 원만구족한데 지공무사하지 못하고, 지공무사한데 원만구족하지 못할 수 있다. 원만구족한데 지공무사하지 못한 사람은 성품에서 발현된 마음을 쓰기는 하나 공변되지 못할 때이다. 마음은 순수한데 다른 사람을 배려하지 못하는 사람이 있지 않은가! 반면, 지공무사한데 원만구족하지 못하는 경우도 있다. 일을 사심 없이 열심히 하는데 마음이 맑은 성품에서 평온하게 발현시키지는 못하는 경우이다. 기업주 입장에서는 일을 열심히 해 주는 직원이 좋다. 그러나 그 직원은 남 좋은 일 해 주며 복은 쌓을 수 있어도 자기 수행이 없다.

그러니 지극히 원만구족하고 지공무사할 줄 알아야 하는데 이렇게 되려면 진리를 깨닫고도 삶에 존재하려는 몸부림이 있어야 한다.
진리를 깨달아 원만구족해도 삶에서 원만구족함으로 온전히 존재하는 것은 쉽지 않다. 일이 없을 때는 성품에 깊이 들어 존재할 수 있어도 일이 있는 데에서 관념, 욕심 등에 미동하지 않기는 더욱 어렵기 때문이다.
자식이 위험에 처했을 때 또는 자식의 앞날이 결부된 일일 때 부모들 대부분은 자식을 위해서라면 성품마저 팽개치는 것을 마다하지 않는다. 이런 상황에서 자식을 놓고 자신의 청정함만 챙기는 것도 원만구족함은 아니다. 이래저래 원만구족함이 온전하기란 쉽지 않다.

일상에서 공변된 마음으로 존재하다가 지공무사함이 극에 이를 때가 있다. 지구의 환경이나 나라나 회상이 시급할 때이다. 이럴 때 공도인은 자신과 가족을 불고하고 공변된 마음으로 그 일들을 해낸다. 살다 보면 나를 온전하게 놓는 데 힘이 생기다가 체화된 감각에까지 이른다. 그럼에도 놓기 어려운 것이 자식에 대한 사랑이다. 자신의 빈 마음에 넣어도 못해 준 사랑에 가슴 저미어 온다. 공도를 위해 어찌할 수 없으니 자식을 진리와 우주의 울에 넣어 일치시키는 것밖에 없다. 이러한 의식意識과 기도는 자신을 더욱 원만구족하게 한다. 이 마음으로 살다가 공도의 일이 진정되어 소소한 일상으로 돌아오면 자식에게 충만한 사랑을 줄 수 있다. 그러나 일을 시급하게 하다 보면 공감된 배려에 서투를 수 있다. 이때부터는 절제된 법도로 지공무사하게 함을 배워야 한다. 이렇게 함으로써 원만구족함이 비로소 온전하게 담뿍해지고 지공무사함에 절도節度가 있게 된다.

원만구족과 지공무사의 개념을 경향성으로 구분하면 체體와 용用의 관계로서 진공과 묘유, 근본과 나타남, 전체와 개체, 근본 전체와 움직임, 성품과 의지작용, 마음과 몸, 절대평등과 상대평등, 텅 빔과 공익 등으로 볼 수 있다.

「일원상 법어」에서도 「일원상 수행」에서와 마찬가지로 일원상은 원만구족하고 지공무사하다고 하였다. 진리의 근본이나 전체의 모습을 보니 원만구족하고, 진리가 나타나 움직이는 것으로 보니 지공무사하기 때문이다. 그리고 일원의 진리를 깨달은 그대로 살아가는 사람의 인격을 보면 원만구족하고 지공무사하며 그의 삶 또한 그러하다.

진리의 한 구성체 면에서 볼 때 진리와 우주의 모든 존재는 존재 자체로 원만구족하니 처처불상이고, 움직임에서는 널리 균형과 조화로 지공무사하니 사사불공이 된다.

원만구족圓滿具足은 모자람 없이 두루 갖추었다는 의미로 우주의 근원이자 사람의 본래 마음이다. 우주 만물의 근원은 물질의 성질마저 없이 텅 비었다. 인간의 마음속 깊은 곳도 텅 비어서 모양, 색깔, 냄새가 없다. 끝없이 추구해 들어가도 아무것도 없던 그곳에 우주, 세상, 만물이 들어 있고 인간의 마음도 들어 있다. 들어 있지 않은 것이 없다.

지공무사至公無私는 지극히 공적인 의미에 이르면 사적인 것은 저절로 없어진다는 의미이다. 우주와 만물은 하나의 입체적인 덩어리이자 유기체를 이룬다. 그렇기 때문에 우주 어느 한 곳에 손실에 생기면 모든 우주가 움직여 손실을 메우고 반대로 너무 꽉 차면 어느 한 곳을 비운다. 메우고 비우는 것도 우주를 위한 것이지 어느 하나만을 위해 그런 것은 아니다. 그래서 세상은 하나이고 인류도 하나이다. 세상은 입체적인 하나의 큰 덩어리이지만 그 속에 어느 하나도 소홀히 있는 것이 없다. 그 작은 하나가 큰 하나에 기운으로 연하여 움직이되 자기의 역할을 잘함으로써 결국 큰 덩어리를 먹여 살린다. 마치 나무의 잔뿌리가 자기 역할을 잘 해냄으로써 큰 나무를 먹여 살리는 것처럼 말이다.

사람은 우주의 관점에서 보면 하나의 세포에 불과하나 자유의지를 지녔다. 인간은 우주에 비하면 자기 하나 어쩔 수 없을 만큼 작으나 지혜 있는 사람은 우주의 흐름에 따라 노닐 줄 안다. 마치 강물 위에 작은 배를 띄워 놓고 노 젓듯 노닐며 살아간다. 게다가 마음에 우주를 품어 하나가 되는 사람은 마음을 우주에 던져 큰 삶의 파문으로 숨결을 불어넣으며 우주의 정점에서 우주와 더불어 살림까지 하게 된다.

진리와 하나가 되기 위해서는 진리에 의한 삶을 살려는 마음이 필요하다. 그리고 진리를 이해하고 통찰해 낸 것이 가슴으로 내려와서 꿈에서도 마음에 그려질 정도가 되어야 한다. 그러면 점점 온몸으로 내려와 세포 하나하나에 전해져서 나의 의식과 삶이 된다. 이러한 삶의 모습은 원만구족하고 지공무사함이 될 수밖에 없다.

육근을 원만구족하고 지공무사하게 쓴다

손끝 하나에도 진리가 담기다

세계보건기구는 건강에 대해 육체적·정신적·사회적으로 온전함에 가까운 상태라고 정의했다. 이 가운데 사회적 온전함의 상태는 행복이자 보람이라 할 수 있다.

사람들의 보람은 인간관계, 돈, 사랑, 양육, 교육, 사업, 의료, 명예, 권력, 학문, 기술, 예술, 스포츠, 자연보호, 동물보호 등에서 재미, 성과, 나눔, 공유 등을 느끼는 데에 있다. 그러나 이 모든 것은 인간이라는 동물에 국한되어 느낄 수 있는 것들이다. 인간을 넘어서 영적인 존재까지 영역을 넓히면 인간은 영적인 관점에서 현실의 삶을 재조명하게 된다.

영적인 관점에서 인간의 삶은 가치의 삶이다. 이 가치는 영혼만으로 존재할 때에도 그대로 이어져 실효성이 있어야 한다. 일생을 동물적인 삶^{재색명리}에 그쳐 살면 영혼만으로 존재하는 데 이르러서는 마음이 헛헛하기만 하게 된다. 인간으로의 삶에 최고의 가치라면 진리적인 인품이다. 이 인품은 영적 수준으로 그대로 이어진다. 인품을 닦는 인생이라야 인생이 헛되지 않는다.

진리가 인간을 통해 나타나지 않으면 그저 자연의 이치에 그치고 만다. 인간은 자유의지로 진리에 생명력을 불어넣는 존재이다. 인간이 동물로서 먹고사는 일에만 급급해하며 살아간다면 진리와 우주는 심심하기 짝이 없다.

인간의 영혼이 영롱할수록 진리와 우주도 영롱해진다. 또한 인간의 영혼이 가장 영롱할 때는 마음에 진리가 담겨 있을 때이다. 이왕 수행을 하려면 마음에 비움과 영롱함을 그대로 담고, 생활의 모습 하나하나에 진리의 속성과 기운과 모습을 담아내야 수행한 보람이 있다.

과거의 수행을 보면 진리의 근본과 같은 성품에 머무르는 데에 대부분 그쳐 있다. 진리를 성찰한다고 해도 이념에 그쳐 삶으로는 한 발짝도 더 나아가지 못하기 일쑤였다. 소태산은 수행이 이념에 그치는 것을 좌시하지 않았다. 인간의 육근 동작 하나하나에 진리를 담아 살도록 했다. 좌선, 염불, 무시선 등을 할지라도 결국에는 육근六根 하나하나를 일상생활 속에서 진리로 구현해 갈 수 있는 큰 길을 열어 주었다. 그 진리를 인간 일상의 삶으로 표준 잡을 수 있도록 표현한 말이 원만구족과 지공무사이다.

이 원상으로 육근을 사용할 때의 심정과 모습이 원만구족하고 지공무사하다는 것이다. 이 심정과 모습은 빈 마음을 토대로 두루 위하는 마음이고, 마음 씀씀이가 이기적이지 않은 조화와 균형을 이룬다.

이렇듯 원만구족은 마음의 근본이 비어 있으나 그 비움은 세상을 품은 마음이다. 지공무사는 나타난 것으로서 지향점을 갖는데 혼자가 아닌 다른 존재와 더불어서 함께 이루어 가는 것이다. 즉 원만구족하고 지공무사함은 내재된 성품에서 면밀하게 깨어나 세상의 어울림 속에서 균형과 조화를 이루어 가는 삶을 일컫는다.

어른한테도 입버릇처럼 반말하는 사람이 있다. 사심 없는 반말인데 듣는 사람이 기분 나쁘다고 말한다. 성품에는 존댓말이나 반말이 없고 또 낮잡아 보려는 마음도 아니었는데 기분 나쁘게 생각하는 사람이 말의 분별에 사로잡힌 것일까?

낮잡아 보려고 반말한 것이 아니기에 원만구족함에 미흡하지는 않다. 하지만 반말이 낮잡아 보는 말투로 통용되기에 지공무사함에는 미흡하다. 이때 진정 지공무사한 사람이라면 자신이 억하심정 없이 반말을 했어도 상대가 "반말 듣는 거 싫어요."라고 하면 변명하기보다 "미안해요. 이제부터 반말하지 않을 게요!"라고 한다.

빈 마음이 원만구족이고 보편성과 상황에 적절함이 지공무사이다. 사람을 대할 때는 관념을 놓는 것이 원만구족이 되고 그 사람의 특성과 세정, 지역 국가에 따른 문화를 헤아리는 삶이 지공무사가 된다.

삶 속 비움과 공변된 진리의 모습

인간의 삶은 육근 작용을 통한 시스템으로 움직인다. 어느 하나만으로 심법과 삶을 설명하기는 어렵다. 그럼에도 불구하고 동작 하나하나에 깨어 있고자 하면 육근이라는 시스템의 성능을 한층 고양시켜야 한다. 그래서 소태산은 육근 동작 하나하나에 진리로 깨어 살아가기를 부촉했다.

"이 원상은 육근을 사용할 때 쓰는 것이니 원만구족하고 지공무사한 것이다." 이는 소태산 사유思惟의 기저를 이루는 생활시불법生活是佛法 불법시생활佛法是生活과 맥락을 같이한다. 생활할 때 불법을 놓지 않고 불법으로써 생활을 하라는 의미이다.

이러한 관점에서 본문을 의역하면 '이 진리는 육근을 사용할 때에도 쓰인다. 육근을 사용할 때 진리 심법의 표준은 원만구족하고 지공무사함으로 삼는다. 이때 원만구족은 비움에 바탕하여 널리 이롭게 하는 마음을 지니는 것이고, 지공무사는 개체의 특성과 이들의 유기적 관계 그리고 상황에 맞게 은혜로운 방향으로 나아가는 것이다.

눈을 사용할 때

눈은 마음의 창이라 할 정도로 마음가짐이 그대로 투영된다. 눈을 사용할 때 마음이 담겨 쓰이지만 눈을 통해 마음에 쌓이는 것도 많다. 그러기 때문에 수행자는 자신의 눈을 보고 괜찮게 살아가고 있는지 되짚어 보기도 한다. 또한 많은 사람들이 눈을 통해 주고받은 메시지로 말과 행동을 재해석하듯이 눈은 말과 행동보다 구체적이지는 않지만 진실의 여부에서는 더 신뢰받는 경향이 있다.

눈을 원만구족하고 지공무사하게 사용하기에 앞서 눈 건강부터 챙겨야 한다. 평소에 눈을 존절히 사용하고 눈 운동을 하며 눈에 좋은 음식을 먹는다.

생활의 중추적 역할을 하는 마음은 이 눈으로부터 많은 영향을 받는다. 글을 읽고 빛, 색, 풍경, 상황과 여러 환경에서 받아들인 정보가 마음에 투영되어 차곡차곡 쌓인다. 여기에 책, 경전, 텔레비전, 세상의 모습 등을 통해 받아들인 정보는 더욱 풍성해진다. 이러한 것들은 배움, 사유, 통찰, 행동의 강령을 세우는 데에 큰 토대가 된다.

원만구족은 빈 마음으로, 편견으로 왜곡됨이 없이 눈에 비친 그대로 바라보는 것이다. 그렇다고 무엇이든지 무조건 다 받아들이는 게 좋다는 것은 아니다. 나이가 어릴 때는 눈에 비친 것이 마음에 강하게 흡착되어 인성의 바탕을 형성하기 때문에 주위에서 적절히 걸러 주어야 한다. 성년에 이르러서도 자신의 정서에 맞게 거를 것을 거르고 받아들여야 할 것은 받아들여야 한다. 한 예로 납량특집이나 폭력적인 영상은 정서에 전혀 도움이 되지 않으니 안 보는 게 낫다. 이러한 것이 지공무사로 바라보는 것이다.

쓰임에 있어서 원만구족은 관념·욕심·습관 이전의 마음으로 흥미롭게 바라보는 것이라면, 지공무사는 눈으로 자신 정서의 영향을 고려하여 수용하고, 의도가 순수한 상태에서 적절한 눈의 대화와 시선 처리 등을 말한다. 지공무사한 시선에는 공감과 따뜻함이 있는가 하면 상대의 잘못에 질책도 있을 수 있다. 대중과 타인에 이롭고 자신에게도 이롭다면 눈을 지공무사하게 잘 사용한 것이라 보인다.

귀를 사용할 때

소리가 정서에 미치는 영향이 크다. 너무 시끄러운 소리, 날카로운 소리, 음산한 소리, 음탕한 소리, 부정적인 말소리 등에 자주 노출되는 것은 정서에 좋지 않은 영향을 미친다. 반면 적당한 물 흐르는 소리, 파도 소리, 바람결에 숲의 나무와 풀이 움직이는 소리, 새소리, 아이 웃음소리, 긍정적인 말, 칭찬, 좋아하는 음악, 독경 소리 등은 정서적 안정에 많은 도움을 준다. 이러한 소리들은 어릴수록 나이 들수록 자신의 정서에 영향을 더욱 받는다.

원만구족은 빈 마음으로 귀 기울여 잘 듣는 것이고 지공무사는 말하는 사람의 입장에서 경청하는 것이다. 직접 만나 듣는 자리라면 간혹 눈을 마주치며 눈빛이나 고갯짓으로 공감을 표시해 주면 더 좋다.

사람들은 잘 들어주는 사람, 공감해 주는 사람을 좋아한다. 때로는 객관적 사실에 합리적이지 않아도 감정에 공감해 주는 것이 우선할 때가 있다. 가족, 절친한 친구, 마음이 힘든 사람 등이 위안받아야 하거나 편이 되어 주어야 할 때의 이야기이다. 상담을 받고자 하는 사람의 대부분은 일에 대해 스스로가 어느 정도 답을 알고 있다. 이때는 위안을 받고 싶어서 하는 이야기이다. 답보다는 들어주는 것이 필요하다.

그렇다고 아무 이야기에 공감해 주는 것은 바람직하지 않다. 합리적인 선을 알고 있는지 짚어보아서 알고 있다면 문제 될 게 없다. 만약 모른다면 적당한 때에 일러주는 것도 상담자가 할 일이다.

또한 귀를 사용할 때 남의 비밀을 엿듣는 것은 바람직하지 않다. 엿듣는 마음이 자신의 정서를 혼탁하고 산란하게 만든다. 다른 사람의 과실을 듣는 것은 그 아픔을 공유하게 되는 것이자 발설하는 기폭제가 된다. 꼭 들어야 할 상황이 아니면 듣지 않는 것이 가십거리로 말하는 사람의 구업을 멈추게 하고 사회의 문화도 건실하게 만드는 데 일조한다.

코를 사용할 때

향기는 사람의 정서를 안정시키고 기분을 전환시키는 데 좋다. 그래서 명상하는 곳에서는 조명, 음악과 더불어 향기로써 정서를 편안하게 만들어 준다. 반면 좋지 않은 향기는 불쾌감을 불러일으킨다. 그러므로 쓰레기 냄새, 매연, 생선 비린내, 지린내, 땀 저린 냄새, 머리 냄새, 몸 냄새 등은 관리할 필요가 있다.

원만구족하게 코를 사용하는 데 있어 빈 마음으로 고유의 향기를 맡는 것이라면 지공무사는 세상에 담긴 향기를 적절히 맡고 반응해 주는 것이다. 일상에 있을 법한 냄새들에 마음이 열리면 좋고 싫은 냄새에 대한 폭이 지나치게 좁거나 크지 않다. 그래서 시골의 두엄 냄새나 사람의 체취에 그리 민감하게 반응하지 않는다.

한 아이는 엄마와 함께 엄마가 자주 왕래하던 집에 놀러 갔다. 그곳에는 넓은 마당에 놓아 기르는 골든리트리버 종의 큰 개가 있었다. 아이는 순하고 사람을 좋아하는 이 개를 보자마자 부둥켜안고 좋아했다. 이 모습을 본 엄마가 아이에게 "개 냄새나! 그만하는 게 어때?"라고 말을 툭 던졌다. 아이는 엄마에게 "개에서 개 냄새가 나는 게 당연하지. 난 이 냄새가 좋은데!"라며 개에게서 좀처럼 떨어지지 않았다.

냄새를 허용하는 폭이 넓으면 주변의 많은 냄새에 예민하게 반응하지 않고 수용하고 느끼려 한다. 그만큼 의식의 폭을 키우는 데에도 도움이 된다. 그렇다고 다른 사람의 체취를 남몰래 킁킁거리며 맡는 것은 좋지 않다. 이러한 행동은 상대방에게 불쾌감을 준다.

또한 마약류나 환각류 등에 대해서는 애초에 접근하지 않는 게 좋다. 이는 환각과 중독이라는 좋지 못한 영향에 노출되어 인생뿐 아니라 영적 성장에도 아주 좋지 않다.

입을 사용할 때

옛글에 구시화지문口是禍之門 이라는 말이 있다. 입은 재앙을 불러들이는 문이란 뜻이다. 혀는 몸을 자르는 칼이니 입을 닫고 혀를 깊이 감추면 가는 곳마다 몸이 편안하다고 했다. 이는 사회가 불안한 상황에서 나올 법한 이야기이다. 이때는 말 백 마디를 잘해도 한 마디 잘못하면 목숨을 내놓아야 하기에 입을 조심하는 게 현명하다.

그러나 정산은 구시화복문口是禍福門 이라 했다. 입을 잘못 쓰면 재앙의 문이지만 잘 쓰면 복을 불러들이는 문이란 뜻이다. 사회가 안정된 곳에서는 말을 삼가기보다 말을 잘하는 노력이 더 필요하다. 말은 마음에서 비롯되는 것이니 마음가짐부터 잘 갖도록 한다. 그리고 표현을 적절히 해 간다.

마음을 담아 적절하게 표현하는 것이 실지 생활에서는 복잡하고 어렵기 그지없다. 사람과 상황마다 변수가 다양하고 크기 때문이다. 듣는 사람을 고려하지 않은 지나치게 많은 말은 조심하고, 주제에 맞는 내용을 따뜻하면서도 솔직담백하고 간단명료하게 표현하도록 노력해야 한다. 말의 기술은 단시간에 이루어지는 게 아니다. 남의 말을 함부로 끊지 않고 이야기의 호흡을 맞추어 가는 감각과 태도를 평소에 길들이는 것이 필요하다. 그리고 남의 비밀 폭로, 거짓말, 말 바꾸기, 흉보기, 과장된 말, 약속 깨기, 둘러대는 말, 막된 말, 욕설, 중상모략 등은 되도록 하지 않아야 한다.

입은 음식을 먹는 데에도 쓰인다. 이때 원만구족은 빈 마음으로 맛보고 먹는 것이라면 지공무사는 일, 사람, 상황, 문화의 식사예절에 맞게 적당량을 먹는 것 등이다. 원만구족함은 본질에 따른 것이라 본질에 충실하면 되지만 지공무사함은 함께하는 사람과 일하는 조건과 상황이 때와 장소에 따라 달라지므로 경우의 수가 많다.

먹는 것 중에 마약은 의료 목적이 아니면 복용하지 말고, 술을 과하게 마시지 않고, 흡연을 삼간다. 그리고 신선하고 바른 음식을 고루 균형 있게 섭취하고, 자신의 체질과 건강에 맞는 식사를 하며, 인권과 동물권과 공정무역에 따르지 않는 먹거리를 멀리한다.

입은 먹고 말하는 데 쓰이나 때로는 코를 도와서 호흡하는 데에도 쓰인다. 그러다 보니 음식의 종류나 소화계통의 문제에 따라 입 냄새가 나기도 한다. 구강을 건강하게 관리하는 것과 입 냄새가 나지 않도록 하는 것도 자신의 정서상으로나 사회생활을 하는 데 중요하다. 또한 다른 문화권의 사람을 만나는 날에는 마늘처럼 먹고 나서 입 냄새가 나는 음식은 되도록 먹지 않는다. 그들에게 불쾌감을 줄 수 있다.

음식을 먹는 방법에는 선식禪食『무시선』참조 수행을 배워두면 영적 성장에 도움이 될 뿐만 아니라 식사에도 품위를 더해 준다. 선식 수행은 위 건강에도 도움이 된다.

몸을 사용할 때

몸에 대해 소태산은 만사만리^{萬事萬理 모든 일과 이치}의 근본^{시작점이 되는 바탕}이라 했다. 만사만리를 통달한 여래가 되기 위해서는 수행으로나 보은으로나 이 몸을 떠나서는 할 수 없다는 의미이다.

몸을 사용하기에 앞서 건강부터 돌봐야 한다. 운동과 활동으로 힘과 유연성, 순발력, 지구력, 면역력 등을 키우고, 생활 속에서 적당한 긴장과 휴식의 균형을 이루는 것이 필요하다. 아울러 주기적인 생리활동으로 몸 안의 흐름을 원활히 하는 데 염두에 두고 관리해 둔다. 몸을 원만구족하고 지공무사하게 사용하는 데 그만큼 원활할 수 있다.

동물의 습성을 지닌 이 몸을 법으로 단련하고 활용하는 과정에서 마음의 힘이 쌓이고 일과 일치에도 밝아진다. 아울러 삶에서 구현으로 이어 가며 영성의 성장을 조금씩 더 이루게 된다.

몸을 사용할 때 원만구족은 관념, 편견, 감정, 욕심, 경험 등을 놓은 빈 마음으로 행동하는 것이고 지공무사는 주어진 일을 할 때 상황마다 자신의 안전을 돌보며 일의 성질에 따라 알맞게 해내는 것이다.

몸을 원만구족하고 지공무사하게 사용하기 위해서는 자력이 있어야 한다. 이것이 육신의 자활력^{自活力}이다. 삶에서 스스로 먹고살 만한 재능 하나 이상은 꼭 터득해 두어야 한다. 그리고 위기 상황에서 자신을 보호하는 데 기본이 되는 호신술이나 수영, 자동차 운전 등을 배워 두는 것도 필요하다. 또한 일상생활에서 먹거리를 다루거나 요리도 할 수 있어야 하고, 청소나 빨래 등을 하는 데에도 어려움이 없어야 한다. 게다가 가정생활에 필요한 간단한 수리와 집 가꾸는 기술 정도를 터득해 두면 몸의 자활력을 잘 세운 사람이다.

또한 사람들과 함께 생활해 가는 데 필요한 행동의 억제력, 추진력, 정성심이 몸에 배어 반응으로 나타나도록 몸을 단련해 간다. 나아가 일상의 상황에서 존절하면서도 편안하고 자연스러운 생활 모습을 지닐 수 있도록 한다. 생활이 한결 수월할 뿐 아니라 주위 사람으로부터 신뢰를 얻는다.

여기에서 행동의 억제력이란 살생, 도벽, 아동 성범죄, 성폭력, 성추행, 도박, 싸움, 횡령, 친한 사이의 금전 여수, 공중사에 대한 단독 처리, 사치, 못된 사람과 어울림, 나태 등을 하지 않는 것이다. 추진력이란 신용 지키기, 언행일치, 이사병행, 영육쌍전, 동정일여 등으로 균형 잡힌 행동을 하는 것이다. 그리고 정성심을 단련하는 것은 무엇이든 끈기를 갖고 함으로써 행동의 습관으로 되다가 결국 체화된 감각으로 나타나는 것이다.

마음을 사용할 때

마음은 뇌 기능의 영역과 영혼의 영역으로 나눌 수 있다. 뇌 기능은 몸 기능의 일부이지만 영혼은 몸과 별립되어서도 존재한다. 이 영혼이 몸과 함께할 때는 마음이라고 부른다. 이 마음은 뇌 기능의 영향을 많이 받는다. 그러므로 사람의 몸에 내재된 영혼은 뇌를 중심으로 전체에 어려 있기 때문에 뇌만으로써 이 영혼의 전체를 규정할 수 없다.

뇌 기능은 유전적인 부분과 어떤 프로그램을 통한 단련으로 향상된 부분이 아울러 이루어진다. 뇌 기능에 이상이 생길 경우에는 뇌를 자극하거나 약물과 치료 프로그램을 사용하여 조절할 수 있다.

영혼의 존재가 몸에 담겨 마음을 쓸 때 '원만구족'은 일이 없든 있든 마음이 근본과 전체에 절대적인 비움과 사랑으로 존재함을 일컫는다.

일이 없을 때는 빈 마음을 바탕으로 집중하는 연습을 간혹 하고, 앞으로 해야 할 일을 생각하며, 자신과 세상을 위해 기도를 하는 마음이다. 일이 있을 때는 그 일에 맞닥뜨려 진리와 삶을 이해하고, 분별 없는 자리에서 분별하는 마음으로 세상을 널리 위하는 것이 원만구족한 마음 씀씀이라 할 수 있다.

'지공무사'는 상황에 최적한 마음가짐이다. 존재에 대한 적절한 사랑, 사람마다의 세정을 살피되 합리적인 사고, 공정함과 순리, 전체 속의 균형과 조화를 이루는 마음을 말한다.

지공무사한 마음가짐과 씀씀이에는 조심할 마음과 지녀야 할 마음과 갖춰야 할 마음이 있다. '조심할 마음'은 아만심, 화욕심에서 비롯된 것, 포장된 마음, 미움 독배를 마시며 상대를 저주하는 것, 시기 내가 드러나고자 하는 마음에 기인한 것, 질투 등이다. 그리고 '지녀야 할 마음'은 생명 소중, 사람에 대한 존귀함, 사람을 믿기보다는 법, 다양함 속에서 선택, 잘 배우기, 반면교사, 까닭 있는 삶, 물건을 소중히 여기되 집착하지 않는 마음 등이다. 나아가 '갖춰야 할 마음'은 정서적 안정, 마음의 힘, 맑고 순수한 마음, 통찰력, 정성심, 포용력, 존중과 배려, 여유, 자율, 몰입, 창의력, 평상심, 담대함 등이다.

이런 마음들을 일시에 다 해결하려 하면 이미 마음의 부담으로 작용하여 어느 하나도 하고 싶지 않게 된다. 마음들의 대체를 알되 마음에서 부담이 적은 것부터 접근해서 하나하나 해결해 가도록 한다. 수행이 순숙되면 그 모든 마음의 요소들을 펼쳐 보아서 자신이 해결에 미흡한 것을 채움으로써 완성을 이루어 간다.

사람이 운명殞命을 하게 되면 육신은 지수화풍地水火風으로 흩어지고 마음은 영혼이란 존재가 된다. 이 영혼에는 살아생전에 삶을 통해 들였던 습관들 중에 마음의 습관만 남는다. 그래서 운명하기 전에는 영혼의 상처, 여한, 갈구, 집착 등을 어느 정도 정리해야 운명해서 '가고자 하는 존재의 방향'대로 떠나갈 수 있다. 그렇지 않으면 생을 달리하면서까지 그 미진함으로 고통의 윤회에 떠밀려 살게 된다. 인간의 삶을 영생이라는 긴 안목으로 볼 때 사람의 목숨보다도 영혼에 미치는 영향을 더 중요하게 여겨야 하는 이유이다.

반면 '가고자 하는 존재의 방향'으로 나아가는 데 힘이 되는 것은 신념, 비움, 통찰, 추진, 정성, 포용이다. 이를 위해 소태산은 서원과 수양·연구·취사의 힘을 기르라 했고, 삶에서는 이를 강령 잡아 원만구족하고 지공무사한 마음으로 살아가라고 했다.

사랑의 관점에서 본 원만구족은 절대적이고 전체적인 사랑이다. 존재 그 자체를 흠뻑 위하고 세상의 모두를 위하는 사랑을 말한다. 지공무사는 상대적이고 개체에 맞는 사랑이다. 전체 속에서 개체의 특성, 환경, 조건에 맞는 책임과 의무의 범위 안에서의 사랑이라 할 수 있다.

육근을 원만구족하고 지공무사하게 쓰는 데 있어 천지팔도, 솔성요론, 계문을 참조하면 원만구족하고 지공무사함에 대한 대체를 잡아가는 데 도움이 된다. 게다가 시대의 인지에 따라 해석하고 실생활에 도움이 되는 실질적 덕목들에 대한 단련도 필요하다. 그러나 시대가 발전해도 삶의 진리표준인 대공심大空心 대공심大公心, 즉 원만구족하고 지공무사함은 달라질 수 없다.

이 원만구족 지공무사를 수행의 관점으로 바라보면 단전주에 의한 선정과 무시선을 통한 삶이라 할 수 있다. 또한 원만구족 지공무사는 선정을 닦아 '나'라는 것도 없는 자리인 진공真空으로 존재하는 것이고, 육근 동작 하나하나에 깨어 절도에 맞는 묘유妙有의 모습으로 나타나는 것이다. 이것이 생활로 이어지면 일의 본질에 깨어 전일한 마음이 되고, 동작 하나하나가 일 속에 녹아들어 무심이 되어 산다.

삶 전체의 생활 리듬에서는 긴장과 이완, 잡을 때와 놓을 때가 적당해야 삶이 건강하다. 이는 지공무사함으로 깨어 살다가 원만구족함으로 쉬는 것과 같다. 또한 일과 휴식 또는 일과 생활의 균형을 맞추는 것이기도 하다. 일할 때는 그동안의 삶에서 닦아 온 정서, 지혜, 활동의 역량을 전일하게 일정 시간 쏟아부었다가 생활로 돌아와서는 휴식, 명상, 독서, 놀이, 여행 등으로 균형 잡아 간다. 이러한 균형은 수행은 물론 건강과 행복한 삶의 기초가 된다.

삶의 궁극에 이르러 그동안의 삶이 비움에 쉬다가 은혜를 나눔으로써 보람된 삶이었는지 되돌아볼 때 그에 걸맞은 삶이었다면 그 삶은 잘 살았던 삶이 틀림없다. 게다가 비움으로 세상에 맑게 드리운 기운과 예술적인 삶의 모습과 불공은 세상을 향한 최고의 선물이 된다.

여래는 성리를 얻었기에 원만구족하고자 노력할 게 없다. 원만구족은 절대적인 것이라 한번 확실하게 이루었으면 이로써 이미 원만구족함이 된 것이다. 그러나 지공무사는 다르다. 여래라도 노력을 멈출 수는 없다. 상대적이고 상황에 따라 달라질 수 있는 것이라 절정에 이른들 언제까지 머무를 수 있는 것이 아니고 어느 때 마칠 수 있는 것도 아니다. 이는 의두의 연속이자 삶의 연속선상에 있기 때문이다.

늘 깨어 변화의 묘미마저 즐기다

　　육근이 원만구족하고 지공무사하여도 사람마다 다 같지는 않다. 심법의 수준이 같다고 하여도 마찬가지다. 이는 사람마다 직업마다 나이마다 시대에 따라서도 다르다.

　　빈 마음을 바탕으로 세상의 존재들이 널리 행복하기를 바라는 마음은 '원만구족'이다. 이는 절대적 가치를 이름한다. 이와는 달리 책임 범위 안에 있는 것과 할 수 있는 것에서 하나하나의 존재의 특성과 형편에 맞게 손길을 내미는 것은 '지공무사'함이다. 상대적 가치를 이름한다.

　　사람들이 노력하여 원만구족한 심법을 갖췄다면 이 심법은 어떤 상황에서도 나타남이 대체로 같다. 그러나 지공무사함에서는 같은 수준의 심법을 갖췄어도 사람마다 다르다. 원만구족한 마음을 바탕으로 지공무사하다고 해도 사람마다의 특성과 형편, 유형에 따라 관심과 행동과 삶이 다를 수밖에 없다.

　　원만구족한 인품을 지닌 부모일지라도 자식 개개인의 특성에 따라 사랑하지만 유독 모자라는 자식에게 마음이 더 쓰이는 것이 인지상정이다. 이렇다 해도 잘난 자식도 외로울 수 있으니 잘하는 것에 칭찬하고 모자란 자식에게 함께 배려해 주어야 한다.

그런데 자녀 모두가 사회 성원으로 자기 몫을 다해 살아간다면 이야기는 달라진다. 마음을 편안하게 해 주는 자녀나 삶의 활력이 되는 자녀에게 마음이 기울게 된다. 이렇다 해도 공변되지 못한 것은 아니다. 자녀들에 대한 애틋한 사랑, 보호 의무, 교육 기회 균등, 의식주와 용돈 등에 소홀하지 않고 일상의 삶에서 차등을 두지 않는다면 그 정도의 마음 쏠림은 애교 수준에 지나지 않다.

세상 사람들은 저마다 타고난 기질이 다르고, 유기체적 사회에서 자라나며 생겨나는 재능과 사회적 역할이 있고, 진리와 지구촌 사람으로서 각 분야마다 변혁을 주도해야 할 사명을 띠고 다른 사람들과 어우러져 살아간다.

사람마다 타고난 기질의 유형은 대체로 의지형, 논리형, 감성형, 직관형으로 구분된다. 의지형인 사람은 체계가 세워지면 우직하게 따라가나 자의적인 게 부족하고, 논리형인 사람은 이치와 실제에 부합되는 이유가 타당해야 마음이 움직이나 진리와 삶을 글로 배우는 데 그치기 쉽다. 감성형인 사람은 가슴이 뛰면 열정을 다해 살아가지만 기분에 좌우될 수 있고, 직관형인 사람은 본질, 전체, 상황, 미래가 머리에 그림으로 그려져 입체적으로 꿰어지나 사람들의 세세한 세정을 모를 수 있다.

그러나 삶에 깨어 있고 자신을 변화시켜 가는 사람은 점차 이 네 가지 유형을 고루 지니게 된다. 원만한 성향을 이룬 모습이다. 그럼에도 불구하고 자기 기질에 따라 나머지를 수용한 것이라 기질적인 특성이 전혀 없어지는 것은 아니다.

공익에 대한 관심은 직업에 따라 다르게 나타난다. 사람과 첫 대면을 할 때 미용사는 머리에, 치과의사는 치아에, 신발 디자이너는 신발에 시선이 저절로 간다. 또한 자동차 정비사는 자동차의 엔진소리와 메커니즘에, 전기공은 상태와 배선에 관심이 쏠린다. 일반인 중에는 새로 산 자동차를 운전하다 보면 거리에 동종의 차가 이렇게 많은 줄 몰랐다고 한다. 무엇이든 자신이 관심 갖는 것이 눈에 뜨이기 때문이다.

공익에 관심이 많아도 그 관심은 그동안 자신이 몸담아 온 분야에서부터 비롯되어 세계에까지 미친다. 관심이 온통 수행에 있는 사람이 영성을 닦으니 삶의 차원이 달라져 간다. 이것이 주위 사람들로 확산되기를 바라는 마음이 생기니, 영성에 관심을 갖게 되는 사회적 분위기가 형성된다. 사람들은 국가의 행정이 이러한 사회적 분위기가 형성되어 가도록 돕기를 바란다. 이런 분위기가 된다는 것은 세계 인류가 영성으로 조금씩 거듭나고 있다는 뜻이다.

세상에는 각 분야의 전문가가 있어 각 분야의 연구가 깊어져 간다. 이들을 함께 아우를 수 있는 각 전문가들이 서로 조화를 이룸으로써 세상은 한층 더 발전을 이룬다. 전문 분야마다 지공무사한 사람이 있고 이를 아우른 지공무사한 사람이 있을 때 세상이 지공무사해진다. 이를 뒤집어 생각해 보면 세상이 지공무사하다는 것은 전문 분야마다 지공무사한 사람을 인정하고 함께하는 사회로 나아간다는 것을 의미하기도 한다.

원만구족함과 지공무사함은 나이에 따라서도 받아들임이 다르다. 삶에 대한 밀도가 어린아이는 어른보다 훨씬 높다. 흔히 세월의 속도가 나이에 비례한다는 말이 있는데 이 체감이 맞는 말이다. 나이 들수록 학습의 밀도가 낮으니 세월도 빠르게 느껴질 수밖에 없다.

어릴수록 삶의 밀도가 높은데 어린이가 받아들일 게 없으면 어린이는 이 시간이 여간 지루한 게 아니다. 그래서 아이들은 시간을 쪼개어 받아들이는 데 바쁘다 보니 약속 시간에 임박하여 뛰듯이 도착하기 일쑤다.

어른은 머리로 받아들여 가슴으로, 행동으로 이어지나 이는 온몸으로 통째로 받아들여 온몸으로 나타낸다. 그래서 어린이에게 배운 것을 논리적으로 설명하라고 하면 어린이는 논리적 설명을 잘하지 못할 수 있다. 그러나 어릴 때 학습된 것은 잘 잊히지 않을 뿐 아니라 감각으로 나타난다. 어릴 때는 어느 하나하나를 나누어 체험하는 것보다는 통째로 체험하는 게 중요하다. 하나의 이론적 지식보다 삶의 현장을 보여주고 사람을 직접 대해 보고 일해 보는 것이다. 나아가 어느 한 방면에 일가를 이룬 사람을 만남으로써 그의 삶에 대한 감각을 느낄 수 있는 기회를 제공하는 것은 아이 성장의 질에 큰 도움이 된다.

자동차는 몇 년 단위로 변하는데, 차의 일부분을 변경한 페이스리프트 face lift 와 전체를 바꾼 풀모델체인지 full model change 가 있다. 한 시대도 조금씩 변화할 때가 있는가 하면 변화의 폭이 크고 빠를 때가 있다. 요즘 시대의 변화 폭과 속도는 과거 어느 때보다도 크고 빠르다.

이때의 젊은이들이 어른에게 배울 게 없다고 한다. 시건방져서 그런 게 아니다. 아이들의 의식이 어른들과 다르기 때문이다. 젊은이들은 대체로 함축적 시각 정보를 좋아하고 함께 정서와 이야기를 나누되 의미가 있는 것을 좋아한다. 그래서 동영상 공유 서비스를 좋아하고, 함께 참여하는 방송을 좋아한다. 게다가 느낌, 생각, 삶을 공유할 수 있다면 상대방의 나이를 불문하고 마음을 연다.

젊은이들은 나이, 돈, 지위, 지식 등에서 우위에 있는 사람이 일방적으로 가르치려는 것에 대해 손사래를 친다. 어른이 무조건 싫어서 그런 것은 아니다. 미래에 대한 감각이 열려 있는 성숙한 어른이 친구가 될 수 있다면 마다할 리 없다. 그동안 사회는 이런 어른을 길러내지 못했으니 어른은 외롭고 젊은이는 길 잃은 어린양처럼 삶이 힘들다.

젊은이는 원시시대부터 버르장머리 없는 사람이었다. 과거의 형식과 권위에 고분고분하지 않은 채 신선한 변화를 시도하니 그럴 만하다. 이 말을 시대가 바뀌어 가는 비명쯤으로 여기면 세대의 갈등보다는 좋은 시대가 오고 있다는 반가운 소식으로 생각할 수 있다. 소태산이 교리와 제도가 그 시대의 대중에 부합하지 못하는 것을 염려했듯이 이때의 지공무사는 의식이 미래로 열려 있고 변화에 두려워하지 않는 마음과 말과 행동이다.

모두를 위하고자 할지라도 그 시대에 따라 화두는 다를 수밖에 없다. 누구나 배고프지 않고 아프지 않고 함께 어울려 살기만 해도 좋을 때가 있다. 이때는 일의 효율성을 높이는 것이 세상을 위하는 일이다. 그러다가 어느 정도 먹고 사는 데 어려움이 없을 만할 때에 이르러서는 일보다는 개인의 인권과 행복을 위하는 일이 세상을 위하는 일이 된다.

효율을 높이려니 공익에 따라 개인의 희생이 담보되나 안정에 이르면 개인의 행복에서 비롯된 공익으로 나아가야 한다. 마치 양지식물이 살기 위해 나무의 기둥과 뿌리를 돌볼 새 없이 햇볕을 찾아서 가지와 잎이 뻗어 올려야 할 때가 있다면, 햇볕이 안정되게 확보되자 뿌리와 나무 기둥이 튼실하도록 힘써야 하는 것과 같다. 이것마저 안정되면 뿌리에서부터 잎사귀에 이르기까지 균형 잡힌 성장을 조절해 가되 주위의 나무와도 조화를 이룬다. 이처럼 사회도 성숙하면 개인과 공익이 균형과 조화를 이루어 생활문화의 성장을 이루다가 정신문화의 성장을 이루는 데 초점을 둔다.

인권 본위의 시대에 지공무사함은 기술보다 문화, 경제 발전보다 환경, 통제보다 자율, 획일성보다 다양성, 수직적 사고보다 수평적 사고, 형식보다 내용, 조건보다 느낌의 온도 등으로 관심의 중심이 바뀌어 간다. 이는 과거에도 없던 말들이 아니라 여러 선지자와 선지식인들로부터 끊임없이 회자되어 왔던 말들이다. 그런데 오늘날에는 이러한 말들이 말로서 그치는 것이 아니라 젊은이의 가슴에 이미 아로새겨져 있고 삶의 피부에 와 닿게 되었다.

의식이 열리고 개인의 행복이 중요한 사회에서 젊은이들이 잊어버리지 않아야 할 것이 있다. 어울림의 연습, 역할의 연습, 완성도의 연습 등이다. 느낌과 생각과 삶을 나눌수록 삶은 풍요로워진다. 그러므로 유기체적인 관계에서 리더와 전문성을 갖춘 사람, 호응하는 사람들이 평등하게 함께 만들어 가는 것을 배워야 한다. 그래야 작은 하나에서 높은 완성도를 이루게 되며 개인과 사회와 세상에 완성도 있는 문화가 형성된다. 문화의 완성도는 짜임새와 기술적 정교함만을 일컫는 게 아니다. 하나의 정형화된 완성도와 자유로움의 극치 그리고 정형과 자유의 균형과 조화를 이룬 완성도를 포함한다. 나아가 완성을 부숴 비워 낼 수 있는 자유로움에서 완성의 극치로 치닫는다. 밝은 빛을 누그러뜨려 포근함을 자아내듯이 말이다.

공도인의 일상 면면
삶 속 공변된 모습

　공변된 마음은 실생활의 모습에서도 드러나기 마련이다. 일상에서 나타나는 모습이 아주 다양하여 모두 언급할 수 없지만 일상에 비춰지는 몇 가지만 봐도 알 수 있다.

　공도인은 마음 씀씀이의 방점을 내용에 두고 자신에게 솔직한 수행을 한다. 수행의 자세나 시간보다는 내용에 관심이 있다 보니 제도나 명예, 권력에는 안중에도 없다. 그리고 일을 하는 데에서도 남의 시선을 의식하기보다는 대중에게 유익한 것에만 관심 있을 뿐이다.

　이러한 것은 의식의 방향에서도 나타난다. 의식이 현실과 함께 미래도 중요하게 여긴다. 현실의 실적이 만약 미래의 가치에 반한다면 이내 놓는다. 그러니 하는 일마다 미래의 가치에 허물이 있을 수 없다. 당장 성과가 나타나는 일이 아니라면 미래의 징검다리는 되어야 가치 있게 생각한다. 그래서 하는 일이 처음에는 좀 미약한 듯해도 날이 갈수록 사람, 다양성, 행복, 내용, 자율, 영적 성장 등에 대해서 가치가 드러난다.

　공심이 있는 사람은 마음에 사람, 동물, 식물, 환경 등을 아우른 행복이 담겨 있어서 일을 할수록 일에 대한 안목도 점점 더 열린다. 일

속에는 다양성과 수준, 보편성과 특수성, 노력과 창의, 절차와 긴밀함 등이 아우른 채 얽혀 있는 것이 대부분이다. 일이 이렇게 복잡하게 얽혀 있어도 이 모든 것의 중심은 사람에 있고 그 일은 그 사람의 정신적 가치를 나타낸다.

인생은 사람의 일이기 때문에 사람을 잃으면 다 잃은 것과 다름없다. 또한 일의 결과물에는 일하는 사람과 집단의 의식 수준이 담겨 있으니 일을 할 때는 나의 정신적 가치를 증명해 보일 필요도 있다. 일은 남을 위해서도 필요하겠지만 무엇보다 중요한 것은 일을 통한 나의 가치 실현이다. 일 속에 나의 정신적 가치가 숨겨져 있는 것을 일을 통해 끄집어내 볼 수 있다.

사람과 일은 서로 상관관계가 긴밀하지만 함께 잘 어울리기도 힘들다. 사람을 잃지 않으려니 일이 엉망이고, 일에 성과를 내자니 사람을 잃게 된다. 그래서 일을 잘하기 위해서는 사람들 간의 신뢰가 먼저 필요하다. 신뢰를 완전히 쌓아 놓으면 일의 진행이 그만큼 수월하다. 이와는 달리 일의 속도를 천천히 해 가며 신뢰를 돈독히 쌓아 가는 방법도 있다. 그러나 크고 급한 일인 경우는 부득이 일을 먼저 하고 사람의 마음은 나중에 얻을 수밖에 없다. 이때는 주도한 사람의 심법과 결과물에 납득이 가야만 함께한 사람들이 수긍한다.

그런데 꼭 해야만 할 공도의 일에 사람들과 대립되는 경우가 있다. 이때 사람들과의 갈등이 싫어서 하지 않는 것은 안일과 명예에 기대는 일이다. 사심 없이 하게 되면 시간이 지날수록 사람들이 자신의 순수성과 상황을 이해하고 옹호하는 데 이른다.

공도인은 인간에 대한 신뢰보다 세상을 살 만한 곳을 만드는 것과 사람들의 영적 진화에 관심이 있다. 그러니 다른 사람이 잘하거나 성과를 내면 좋아한다. 사람의 아이디어나 실적을 가로채는 일은 있을 수 없다. 내가 한 일이 공도에 도움이 되면 그뿐이라고 생각한다. 그래서 나의 흔적이 다른 일이나 변경된 일에 묻혀 사라지는 것에 별 관심이 없다. 일이 목적이 아니라 그 일 속에 담긴 영적인 의미에 생생하게 깨어 있기 때문이다. 수많은 돈, 혼을 빼놓는 사랑, 세상을 구하는 명예, 세상을 움직이는 권력 그 모든 것은 사랑과 존중, 배려하는 마음을 키우는 데 있다. 만약 재색명리에 사랑, 존중, 배려가 없다면 재색명리는 명분의 껍질만 남는다. 쭉정이 일생이 되고 만다.

어떠한 일 속에서도 대인관계의 기본은 존중과 배려이다. 그래서 공도인은 사람들과의 경쟁에서 다른 사람을 소유하거나 이용하거나 억압하지 않을 뿐만 아니라 주변에서 그런 일이 생겨도 질색한다. 주변에서 혹시나 어떤 연유로 시비가 있을 때에 판단해야 할 일이라면 객관적 시각에서 판단할지언정 둘을 싸잡아 못된 사람으로 몰아가는 치졸한 짓은 하지 않는다. 모두가 경쟁의 대상이 아닌 함께 공도를 행하는 사람들이라 그렇다. 또한 다른 사람이 잘한 점을 찾을지언정 꼬투리를 찾지 않고, 다른 사람이 언행이나 일을 잘하면 좋아하고 못하면 안타까워할지언정 시기와 질투로 반응하지 않는다. 이런 마음은 모든 이를 위함이 바탕을 이루고 있기에 저절로 나올 수밖에 없다.

공도인은 이처럼 사람들을 전체와 조화를 이루는 한 모습으로 받아들이고 다른 사람의 일을 자기 일처럼 귀하게 여긴다. 게다가 삶을 영적인 관점에서 바라본다. 그래서 마음의 폭이 크고, 시비에 각박하지 않고, 영성이 일에 함몰되지 않는 모습으로 나타난다.

공도 실현의 길은 자신도 공도이므로 자신을 아름다운 영혼으로 가꾸는 것부터 이루어진다. 영혼을 가꾼 만큼 배려의 수준이 다르다. 불공도 나의 수준을 넘어선 그 이상의 것을 해낼 수는 없다.

게송

유有는 무無로 무는 유로
돌고 돌아 지극至極하면
유와 무가 구공俱空이나
구공 역시 구족具足이라.

깨달음을 전하는 글, 게송
게송을 가슴에 품고 있다가
일마다 꺼내 비추어 보다

　　게송偈頌은 선각자가 그 깨달음의 경지를 제자에게 전해 주기 위해 깨달음의 내용을 시詩 형식으로 표현한 것이다. 과거에는 법을 전할 때 수제자 한 사람에게 비밀스럽게 전하는 단전單傳이었다. 그러나 소태산은 깨달음의 소식을 세상에 공표하였다. 공전公傳을 하여 지견이 열린 사람이라면 누구나 가져갈 수 있도록 말이다.

　　단전은 깨닫지 못한 사람이 깨달은 행세를 하며 혹세무민하는 것을 방지하는 차원에서는 장점이 있었다. 그러나 앞으로의 세상은 아는 것만으로는 깨달았다고 하지 못할 정도가 되어서 단전으로 될 일이 아니다. 진정 깨달으면 그 깨달음은 반드시 삶으로 나타난다. 나아가 인지가 더욱 열려 가고 있어서 조만간에는 수행자의 손동작 하나만 보고도 그의 깨달음의 정도를 파악하는 데 이른다.

　　게송의 한자를 한글로 풀면 '형상이 지어진 것은 형상이 없는 것을 향해 가고, 형상 없는 것은 형상을 짓는 쪽으로 변한다. 이런 현상은 비롯되거나 끝남이 없이 돌고 돈다. 그 궁극을 들여다보면 형상이 있든 없든 모두 텅 비었다. 하지만 이 텅 빈 곳에 우주가 들어 있다.'이다.

식물, 동물, 바위, 돌 등 형상이 있는 것은 어느 것 하나 그대로 있는 것이 없다. 형상이 있는 것은 없는 것으로 변해 간다. 식물과 동물은 언젠가는 수명을 다한 나머지 형체가 사라지고 바위나 돌은 형체가 변하여 흙이 된다. 이윽고 흙의 성분마저 없어진다.

형상이 없는 것은 형상이 있는 것으로 나타난다. 식물은 씨앗으로 변하여 또 다른 모습으로 드러내고 동물은 번식의 과정에 영식이 깃들어 또 다른 모습으로 삶을 이어 간다. 흙은 다시 뭉치거나 녹아서 돌이나 바위가 된다.

이렇듯 있다가 없고 없다가 있는 것이 끝없이 반복해서 돌고 돈다. 우주는 성주괴공으로 변화하고 계절은 춘하추동으로 변화하며 만물은 생로병사를 거듭하며 변화해 간다.

원문에 '돌고 돌아 지극하면'이라고 되어 있으니까 '돌고 돌아서 지극하면'으로 받아들일 수 있다. 문맥상으로는 그럴듯하나 진리의 실상은 그렇지 않다. 그래서 진리는 글로 배우기보다 마음과 삶으로 배워 영성을 일깨우고 현 실상을 직시할 수 있어야 글자에 속지 않는다.

형상이 있든 없든 그 본질을 파고 들어가 궁극에 이르면 거기에는 아무것도 없다. 식물이나 동물이라는 성질마저 없고 우주도 또한 쪼개고 또 쪼개어, 파고 또 파고 들어가면 결국에는 아무것도 없다. 그리고 우주를 움직이게 하는 그 무엇도 찾아 들어가면 아무것도 없다. 마음이나 영혼이란 것도 뭔가 있을까 헤집어 봐도 아무것도 없다. 없다고 하는 그 생각마저도 찾으면 없는데 이 아무것도 없는 데에 식물, 동물, 우주, 이치, 영혼, 마음 등이 들어 있다. 그리고 기연 따라 모습을 나타낸다.

궁극에 이르면 아무것도 없는 이 식물, 동물, 별, 우주 등은 변화를 거듭해 간다. 그런데 거시적 안목에서 보면 어느 것도 비롯하거나 끝나지 않고 함께 그대로 존재해 왔다. 이를 일컬어 우주와 영혼은 태어남도 없고 멸함도 없다고 하고, 불생불멸不生不滅이라고 한다.

우주의 한 곳에서는 별 하나가 없어지며 다른 한곳에서는 별이 생성되어 전체적인 모습을 갖추어 간다. 우주는 불생불멸 속에 이토록 크게 존재하며 끊임없이 변화를 거듭하는데 질서와 조화를 이룬다. 이것을 진리라고 부른다. 이 진리 가운데에서도 만물은 원인과 매개체 그리고 결과로 이어진다. 그런데 인간은 우주의 한 구성체로서 마음과 행동에 따라 존재 방식의 차이를 다소 보인다.

마음과 행동이 동물적인 본능에 갇혀 지내면 육도 윤회에 끌리어 변화를 거듭한다. 사람은 다른 동물들과 달리 각혼이 있는 영적인 동물이다. 동물적인 본능을 넘어선 자각 있는 삶을 살지 못한다면 동물적 본능에 자기 영혼이 잠식된다. 결국 착심에 이끌려 살고 만다. 하지만 영적인 자각에 의해서 살아간다면 육도를 자유자재하고 그 속에서도 자기가 생각하는 방향대로 살 수 있다.

진리를 교리로 배워 머리로 이해하는 것만으로는 완전하게 알 수 없다. 이해해서 알았던 것은 수행과 삶을 통해서 좀 더 구체적이면서도 온전해진다. 나아가 진리에 대한 앎은 머리에서 삶으로 내려온다. 이렇게 안 것을 다시 소태산의 게송으로 귀결지어 되짚어 보아야 내가 진리를 제대로 알았는지 가늠할 수 있다. 이로써도 진리가 내 가슴과 삶에 스며들었다면 게송이 소태산의 것을 넘어서 내 것이 된 것이다.

게송을 되짚는 과정은 한두 번으로 되는 게 아니다. 게송을 마음 주머니에 넣어 생활 속에서 좋은 일이든 서글픈 일이든 당하는 대로 꺼내어 비추어 보고 또 마음 주머니에 넣어 두었다가 다시 꺼내 보는 과정들이 반복되어야 한다.

게송을 마음 주머니에 넣고 다니려면 마치 큰 종이를 호주머니에 넣기 위해서는 접고 또 접어야 하듯이 게송도 한두 마디로 축약할 수 있어야 한다. 아니면 내용이 한 이미지가 되도록 압축해도 괜찮다. 축약이나 압축된 게송은 자신의 일대사와 연결되어 맞아떨어질 정도가 되어야 생명력을 지닌다.

게송이 나의 화두가 된 사람은 연애하는 사람처럼 된다. 사랑에 빠진 사람은 맛있는 음식이나 좋은 경치를 대하거나 세상에서 상처를 입을 때 사랑하는 사람이 생각난다. 게송이 나의 화두가 됐다는 것은 게송을 나의 애인처럼 가슴에 품고 있다는 뜻이다.

필자는 교리 대체를 떼고 나서는 의두요목, 성리품, 변의품, 원리편을 게송으로 축약하고 이 게송을 다시 '맑고 풍요로움'으로 압축해서 마음 주머니에 넣었다. 그리고 틈틈이 내 영혼의 맑음이 유지되는지 또는 널리 포용하는 것에 예술적 감성이 입혀지는지 되짚어 보았다. 맑고 풍요로움은 그동안 흔히 말해 왔던 대공심 大空心 대공심 大公心 으로 또는 원만구족 지공무사로 봐도 무방하다.

이 맑고 풍요로움을 다시 '존재할 뿐'에 넣었다. '존재할 뿐'은 비움의 주체인 나마저 없애면 되는데 이 존재는 우주를 머금고 있다. 이 존재도 존재로만 있으면 힘이 없어지기에 수행을 해야 한다. 삶 속에서 단련해야 게송이 화두가 되어 맑고 영롱하고 또렷이 존재하게 된다.

게송이 내 것이 되었을지라도 일상에서 게송으로 깨어 있지 않으면 영성의 힘은 떨어지고, 지혜는 어두워지고, 삶은 관념에 지나지 않거나 시대의 흐름에 뒤떨어질 수 있다.

수행자가 게송으로 영성이 깨어 있지 못하면 그동안 닦은 지혜와 삶의 힘도 무용지물이 되고 만다.

사은

천지은
부모은
동포은
법률은

사은의 소종래와 의미
우주 만물의 네 가지 은혜

원불교의 사상을 흔히 은^恩사상이라고 한다. 그런데 진리의 근원에서 보면 선악이 나타나기 이전에는 은혜도 해악도 없다. 이것을 달리 이야기하면 진리가 나타나는 곳에서는 선악이 있음을 뜻하기도 한다. 이 선악은 세상을 바라보는 관점에 따라 선이라 할 수도 있고 또한 악이라 할 수도 있다. 마치 태어난 아기를 보고 잘 자라나고 있다고 할 수도 있고 하루하루 죽음의 문턱에 가까이 간다고 할 수도 있는 것처럼 말이다.

은사상이라고 하는 것은 진리의 나타난 면이고 은혜의 관점으로 세상을 바라본 것이다. 세상에는 선악이 공존하지만 세상의 기운은 선의 마음을 가지면 선의 기운이 모이고 악의 마음을 가지면 악의 기운이 모인다. 선의 마음을 가지면 선을 불러와 또 선으로 대하게 되니 점점 상생의 관계가 이어지는 반면, 악의 마음을 가지면 악을 불러와 또 악으로 대하게 되니 점점 상극의 구렁텅이에 빠지게 된다.

이런 이치는 우리 주위에서도 어렵지 않게 눈에 뜨인다. 비관적인 사람이 살아가는 모습을 보면 왠지 일이 잘 풀리지 않는다. 그런데 작은 일 하나에서도 감사하게 여기는 사람을 보면 뭔가 잘 풀려간다. 일이 잘 풀리고 안 풀리는 것은 전생의 업에 의할 수 있기는 하다. 그러나 현실에 깨어 있는 마음가짐과 씀씀이는 업보다도 더 탄력이 있다. 설사 전생의 업이 한동안 자신의 삶을 지배할지라도 나의 마음가짐과 씀씀이가 견실하면 나쁜 업의 껍질을 뚫고 나와 내 미래의 좋은 업으로 만들어 간다.

소태산은 세상을 서로가 없어서는 살 수 없는 아주 절박한 은혜의 관계로 보았다. 세상을 대하는 관점에 대전환을 가져 왔다. 그런데 세상을 은혜라고만 하면 됐지 사은四恩 천지은, 부모은, 동포은, 법률은으로 풀어냈을까. 은혜라고만 하면 너무 광범위하여 어림짐작하기조차 어렵기 때문에 우주 만물을 네 가지 관점으로 묶은 것이다.

진리와 우주 만물을 은혜의 관점으로 본 것은 진리와 우주 만물에 대해 좀 더 친근한 이해와 구체적인 보은의 삶을 살도록 돕는 데 있다. 그런데 은혜를 네 가지로 분류하는 것이 마치 두부 한 모를 네 등분하였다가 다시 붙여도 손실이 생기는 것처럼 될 수 있다. 사은이 우주 만물에 대한 인식을 돕고자 한 것인데 오히려 인식의 손실을 가져오거나, 우주 만물이 마치 사은이 아니면 안 되는 것처럼 인식이 고착되어서는 안 된다.

사은은 우주 만물을 네 가지로 완벽하게 나눈 개념이 아니다. 한 예로 소태산은 사은 가운데 어디에 속할지 생각해 보면 우선 떠오르는 것이 동포은이다. 소태산이란 동포가 진리를 알게 해 주었으니 소태산은 법률은에도 속한다. 그뿐만 아니라 마음을 낳아 준 정신의 부모이니 부모은에도 해당된다. 이처럼 성자 한 사람을 설명하려고 해도 사은 가운데 여러 은혜가 아울러 있다. 반면 소태산은 천지도수天地度數를 바꾸는 등 진리 운행에 관여하는데 이런 영적인 부분까지는 사은으로 설명되지 않는다. 물론 사은 어디에든 의미를 부여하면 부여되지 않는 것은 없겠지만 사은에 영적인 부분이 언급되어 있지는 않다.

사은을 생각할 때는 사은 하나하나를 떠올려 구체적인 은혜의 관계를 인식하는 것이 필요하다. 어느 정도 구체화되고 가슴으로 받아들여지면 사은, 즉 우주만유로 인식의 일치가 되어야 의식의 손실을 줄일 수 있다. 그리고 우주만유와 그 개체들이 은혜의 관계라는 것을 알면 의식이 비로소 온전하게 갖춰진다. 이로부터 우리 인간부터 우주자연까지 없어서는 살 수 없는 필연의 관계로까지 알면 감사와 보은하는 생활을 하지 않을 수 없다. 이런 사람은 늘 상생의 기운이 함께하는 생활을 하게 된다.

그런데 사은을 유심히 보면 내용의 중심이 각자 자신이다. 그리고 자신이 살 수 있었고, 지금 살고 있고, 앞으로도 살아갈 수 있도록 하는 조건들로 이루어졌다.

한 인간이 살아가는 데에는 자연환경이 필요하고, 태어나 인간으로서 자력을 얻을 때까지 보호하고 키워 주는 존재가 필요하고, 함께 살아가는 무리와 존재가 필요하고, 함께 살아가는 데 필요한 법과 규칙이 필요하다.

자연환경이 천지은이고, 인간으로 자력을 얻을 때까지 보호하고 키워 준 존재가 부모은이고, 함께 살아가는 존재가 동포은이고, 함께 살아가는 데 필요한 법과 규칙이 법률은이다. 각자 자신이 존립하여 살아갈 수 있는 절대적이고 입체적이고 필요한 조건들이 사은이니 잊고 살다가는 배은망덕한 사람이 되고 만다.

사은은 크게는 삶, 작게는 직업군 하나하나에도 존재한다. 사은은 우주만유의 존재이지만 내용으로는 행복하게 살아갈 수 있는 조건들이기도 하다. 사은 없이는 삶 자체가 존립할 수 없으니 절대적인 은혜가 아닐 수 없다.

진리를 품은 사은
은혜의 적소에 감사하고 보은하는 삶

　원불교에서는 우주의 영혼이라 할 수 있는 법신불과, 우주의 몸이라 할 수 있는 사은을 함께 신앙의 대상으로 모신다. 우주의 영혼은 인간의 영혼처럼 자유의지를 지니지 않았다. 그러기 때문에 생각하기보다는 인식하고 우주의 이치에 따라 반응해 간다. 이런 의미에서 우주의 영혼을 식識이라고 한다.

　법신불, 우주의 영혼, 일원 등으로 불리는 진리는 우주의 어느 곳에든 존재하지 않는 곳이 없다. 천지, 부모, 동포, 법률뿐 아니라 우리 각자의 심신에도 깃들어 있다. 심지어 자연과 만물 그리고 사람이 만든 물건에도 깃들어 있기는 마찬가지다.

　이러한 진리만으로 신앙의 대상을 삼는 것도 괜찮기는 하다. 그러나 소태산이 우주 만물을 천지, 부모, 동포, 법률로 구분해서까지 신앙과 불공의 대상으로 삼은 이유가 있다. 현실의 은혜를 모르면 보이지 않는 세계에 복을 비는 것에 그치기 때문이다.

　불공의 대상으로는 보이지 않는 세계와 현실 세계가 있다. 영적인 안목이 열린 사람은 이 모두가 실제의 세계라는 것을 안다. 소태산은 보이지 않는 진리와는 마음가짐과 기도로 통하고, 존재 자체가 귀한 우주 만물의 특성에 맞춰 불공하도록 하게 했다.

신앙과 불공의 출발은 인류 초기에 사람들이 뭔가 모를 대상에 막연한 방법으로라도 재앙을 피하고 복을 구하려는 데에서 비롯되었다. 그러나 인류가 진리를 알아 갈수록 신앙의 원천과 불공의 원리를 깊이 아는 데 이르렀다. 게다가 불공은 자신 불공에서부터 출발할 때 제대로 이루어지는 것을 알게 됨으로써 인류는 최고의 신앙이자 불공으로 수행을 하게 되었다. 그래서 진리의 인품을 닦는 종교라야 참된 종교이다.

　우리 모두는 존재 자체가 진리이자 완전체이다. 다만 관념과 욕심과 습관에 사로잡혀 진리의 모습을 잠시 잃었을 뿐이다. 물론 진리의 모습을 잃은 그 자체도 부처인 것은 사실이나 현실적으로 성자라 할 수 있는 경지는 아니다.

　오늘날 성자라면 예수, 석가모니, 소태산 등 특정한 사람만을 가리킨다. 그런데 그들이 인간적으로 살아가며 성자가 되는 과정을 가감 없이 남겼으면 좋았으련만 대부분은 남아 있지 않다. 성자의 길을 인간으로서는 도저히 갈 수도 없고, 간다고 해도 비인간이 되어야 하는 것으로 비틀린 채 남아 있다.

　진리와 하나가 된 성자는 동물적 호르몬과 삶 그리고 영적인 인격이 함께 어우러져 있어서 일반 사람들처럼 식사하고 잠자고 똥도 싼다. 그리고 사랑하고 애도 낳아 기르면서 식구들과의 갈등을 풀기 위해 애쓰며 삶의 균형과 조화를 이루어 간다.

　삶 속에서 때로는 실수하고 극복해 가는 과정에 성자의 혼이 담겨야 인간으로서의 향기와 맛을 느낄 수 있다. 사람들은 성자의 이런 모습을 보아야 자신도 성자의 혼으로 살 수 있겠다는 자신감이 생겨난다. 성자들도 각자의 성향이 다르다. 그런데 현실에서는 그럴 만한 자료가 별로 없어서 성자의 혼을 일깨워 살고자 하는 사람들이 있어도 실질적인 본보기가 없어 애먹는다. 본보기가 있으면 사람들도 자기의 특성에 따른 성자의 심법으로 살아가려고 여기저기서 노력할 텐데 말이다.

불공의 기본은 자기불공에서부터 이루어진다. 자기불공이 된 만큼 다른 사람과 주위 환경에 질적인 영향을 미친다. 자기 부처에 대한 불공은 자신의 영혼을 사랑하고 자신을 돌보며 삶을 행복하게 가꾸고 아울러 영적인 성장을 위해 수행을 하는 것이다.

육신은 세월을 따라 수명을 다하게 마련이지만 영혼은 죽지 않고 차원을 달리하며 영원히 존재한다. 이것을 알면 자기 영혼을 사랑하게 되고, 사랑하는 만큼 수행하게 된다.

불공에 있어서 진리에 대한 마음가짐을 기도라고 한다. 이 기도는 진리와 우주만유를 향해 마음을 모아 기운을 연하는 것이다. 이 기도의 마음은 삶 속에서 천지, 부모, 동포, 법률의 은혜에 보은하는 모습으로 나타난다. 이것은 신앙의 실질적인 모습이자 불공이다. 나아가 진리를 자기화하는 수행은 신앙의 극치라 할 수 있다. 진리가 자기화가 되면 일거수일투족이 신앙이자 보은이 되지 않을 수 없다.

불상에게 경건하게 빌고 공양만 하는 불공은 현대 감각에 맞는 불공이 아니다. 오늘날의 불공은 일상의 삶에서 소중한 친구를 대하는 것처럼 이루어져 간다. 세상은 더더욱 평등해지므로 불공도 이 평등에 기반하기 때문이다. 그러나 동포의 관계인 사람과 일의 특성에 따라 불공하는 방법에서는 조금씩 다르다.

우선 불공하는 사람은 마음이 은혜로 깨어 있어야 한다. 가수가 노래에 마음을 실어 불러주는 것에 감동하여 환호, 박수, 금전 등으로 화답하는 것이 가수에 대한 불공이고, 사물에 대해서는 사물의 사용법에 따라 사물을 잘 사용하는 것이 사물에 대한 불공이고, 자연에 대해서는 자연을 보호하는 차원에서 살다가 자연이 자정할 수 있는 범위를 넘지 않는 선에서 소중하게 활용하는 것이 자연에 대한 불공이다.

불공은 대상이 되는 존재가 가장 필요로 하고 좋아하는 것을 주는 마음과 행동이라 할 수 있다. 불공은 대상을 신봉하라는 의미가 아니다. 은혜로 함께하는 것을 말한다.

천지은

1. 천지 피은^{被恩} 의 강령

천지 없이 살 수 없는 것처럼 큰 은혜가 어디 있을까. 천지에는 도와 덕이 있으니 우주의 대기^{大機}가 자동적으로 운행하는 것은 천지의 도이고, 그 도가 행함에 따라 나타나는 결과는 천지의 덕이다. 만물은 이 대도가 유행되어 대덕이 나타나는 가운데 그 생명을 지속하며 그 형각^{形殼}을 보존해 간다.

2. 천지 피은과 보은

우리가 하늘의 공기가 있으므로 호흡을 하고, 땅의 바탕이 있으므로 형체를 의지하고, 일월의 밝음이 있으므로 세상을 분별하여 알고, 풍운우로의 혜택이 있으므로 만물이 장양^{長養}되어 그 산물로써 살게 되고, 천지는 생멸이 없으므로 만물이 그 도를 따라 무한한 수^壽를 얻게 된다.
이 천지의 은혜를 갚기로 하면 먼저 마땅히 그 도를 체받아서 실행해야 한다.

3. 천지 보은의 조목

천지의 지극히 밝은 도를 체받아 천만 사리^{事理}를 걸림 없이 알고, 지극히 정성스러운* 도를 체받아 만사에 그 목적에 다다를 때까지 시종여일하고, 지극히 공정한 도를 체받아 원근친소^{遠近親疎}와 희로애락^{喜怒哀樂}에 중도를 잡고, 순리 자연한 도를 체받아 합리는 취하고 불합리는 버리고, 광대무량한 도를 체받아 편착심^{偏着心}을 없애고, 영원불멸한 도를 체받아 만물의 변태와 인생의 생로병사에 해탈^{解脫}을 얻고, 길흉 없는 도를 체받아 길흉에 끌리지 아니하고, 응용무념^{應用無念}한 도를 체받아 동정 간 무념의 도를 양성하고 베푼 후에는 상^相을 없애자.

---

*'정성한'의 기본형은 '정성하다'가 되는데 '정성하다'는 어법에 맞지 않아서 '정성스러운'으로 바꿈.

4. 천지 보은의 결과

우리가 천지 보은의 조목을 일일이 실행하면 천지와 내가 둘이 아니
요 내가 곧 천지이며 천지가 곧 나이니 저 하늘은 비록 공허하고 땅은
침묵하여 직접 복락은 내리지 않더라도 자연 천지 같은 위력과 천지
같은 수명과 일월 같은 밝음을 얻게 된다.

천지의 은혜
천지를 품은 인격

천지는 진리가 내재해 있을 뿐 아니라 진리의 모습 그 자체이기도 하다. 이 천지를 움직이게 하는 진리와 천지의 모습인 '하늘, 태양, 달, 공기, 바람, 물, 불, 흙, 숲, 동물' 등 어느 것 하나라도 없어서는 살 수 없다. 좀 부족하기만 해도 여간 불편한 것이 아니다.

가뭄으로 수돗물이 며칠만 나오지 않아도 불편하다고 아우성치다가 수돗물이 나오자 물에 대한 은혜를 뼈저리게 느낀다. 물이 삶의 전반에 걸쳐 밀접하게 연관되어 있으나 물에 대해 감사히 여기는 것조차 잊고 사는 게 일반적인 모습이다.

아마도 이 모든 것을 감사하기로 하면 물 마시고 식사하고 화장실 가고 세수하는 일 등에서 감사로 가득 차게 된다. 누군가가 숨 쉴 때마다 공기에 대해 감사하다고 온종일 중얼대고 있다면 이를 대단하게 여기는 사람도 있겠으나 사람들 대부분은 좀 이상하게 바라볼 것이다. 그러므로 천지의 은혜를 마음 깊이 담고, 생활 속에서 천지자연을 가급적 훼손하지 않으려고 노력하는 가운데, 아침저녁으로 천지에 대한 감사의 기도를 올리는 이는 천지의 은혜를 느끼며 적절하게 생활해 가는 사람이라 할 수 있다.

천지의 은혜 가운데 태풍, 지진, 해일 등은 지구상에서 아예 없으면 좋겠다는 사람도 있다. 이로써 피해를 봤기에 그럴 수 있지만 조금 넓게 생각해 보면 태풍, 지진, 해일 등도 없어서는 안 될 현상이다.

태풍은 물 부족의 해소, 대기의 열 교환, 오염 물질의 정화, 지구의 온도 균형 유지, 바다에 산소 공급과 생태계 활성화, 적조 예방 등으로 지구가 호흡할 수 있게 생명력을 불어넣는다. 이로써 자연의 균형과 조화가 이루어진다. 이러한 태풍이 지구에 없어서는 안 되는 이유이다.

천지자연은 사람들에게 물질적 유익을 주는 것을 넘어서 그 품에서 쉴 수 있는 안식처이다. 때로는 스키, 스노보드, 스케이트, 수영, 카약, 수상 스키, 요트, 스쿠버, 뱃놀이, 등산, 산악자전거, 삼림욕 등을 즐길 수 있는 재미있는 삶의 놀이터가 되어 준다.

인간이 생존과 종족 보존의 삶을 사는 것은 자연의 일부인 동물로서 천지와 함께하는 자체가 보은하는 삶의 기초를 이룬다. 나아가 자원 아껴 쓰기, 친환경 생활, 분리수거, 자연보호 등으로 이어 가는 것은 인간이 천지자연을 향한 최소한의 도리이자 보은이다. 게다가 영적인 동물로서 삶에 깨어 행복하게 영적으로 성장해 간다면 천지에 활력을 불어넣는 존재이자 큰 보은이 된다.

영적 성장을 이루는 데에 최상의 구경은 천지의 도를 알아서 덕을 나타내는 것만큼 확실하고 큰 것도 없다. 즉 밝고 정성스럽고 공정하고 순리자연하고 광대무량하고 영원하고 길흉이 없고 응용무념한 천지의 도를 얻어서 무상의 지혜, 정성, 중도, 합리, 원만, 해탈, 의연, 포용의 덕을 지니는 것이다. 이로써 최상의 영혼으로서 천지와 하나가 된 인품과 삶을 이룬다. 이 덕목을 다시 축약하면 맑고 지혜롭고 정성스럽고 포용력 있는 심법과 기운이라 할 수 있다. 이러한 덕목을 지닌 존재는 인간으로서나 영혼만으로도 지고한 존재로서 우주와 더불어 하나가 된다.

인간은 시간, 공간, 물질세계에서의 동물로서 생로병사의 영향을 받는다. 그러나 영혼은 죽지 않고 천지와 그 수명을 같이 한다. 다만 영혼이 매昧하면 먼지처럼 존재감 없이 허공을 떠돌게 되니 인간으로 자력생활을 할 정도의 존재감은 있어야 하지 않겠나 싶다. 나아가 천지의 덕을 지닌 심법과 기운을 지니면 천지와 더불어 삶과 운용을 함께할 수 있다. 더할 나위 없는 삶이다.

천지팔도天地八道로 수행의 중심을 잡고 공부해 가도 원불교에서 추구하는 심법의 정수에 이를 수 있다. 일원의 진리와 법신불 사은 신앙과 삼학 수행도 이 천지팔도에서 크게 벗어나 있지 않기 때문이다.

원불교 안에서도 수행의 길은 여러 가지이다. 대체로 진리, 신앙, 수행을 하다 보니 심법을 이루어 간다. 그러나 때로는 심법을 정하고 이를 위해 수행하며 진리를 알고 신앙으로 이루어 갈 수도 있다. 또한 신앙을 통해서 마음이 진리에 닿고 수행해 가며 심법을 이루어 가기도 한다.

소태산은 인지가 밝아져 오는 시대에 걸맞게 진리의 원만한 길을 제시했다. 수행의 궁극을 밝히고 있지만 이에 다가설 수 있는 수행의 길과 방법도 다각도로 있다. 사람마다 자신의 특성에 맞게 수행하다가 결국 진리의 온전함에 다가 설 수 있는 수행이 있다는 것은 수행에 큰 매력이 아닐 수 없다.

천지의 지극히 밝은 도
이치와 일에 걸림 없이 알다

　천지는 곧 진리이기에 천지의 인격은 곧 진리의 인격이고 진리의 인격을 여래라고 부른다. 그러기 때문에 수행자는 예로부터 자기 문제를 넘어서 천지와 같은 인격, 즉 여래가 되기 위해 몸부림쳐 왔다.

　사람은 천지자연의 개체 중 하나다. 동물인 사람으로서의 역할이 있지만 영적으로는 천지자연을 활용하여 천지에 숨을 불어넣는 존재이기도 하다. 나아가 천지의 도로써 사는 사람은 천지 같은 인격을 지닌 존재로서 삶 하나하나가 천지와 통한다.

　진리는 천지에 내재하여 천지를 움직이며 천지의 품에 있는 생물들을 먹여 살린다. 이러한 천지의 도리를 사람들이 쉽게 알 수 있도록 사람의 관점에서 여덟 가지로 밝힌 것이 천지팔도다. 그러므로 이 도리는 천지의 인격이자 여래의 경지를 가늠 잡아 놓았다 해도 과언이 아니다. 이 천지팔도를 알면 여래의 경지를 가늠하기 쉽다. 또 수행해 가는 데에도 이 천지팔도에 표준을 두면 여래의 심법을 두루 갖춘 수행이 된다.

　필자가 출가하여 직간접으로 여러 스승에게 가르침을 받았지만 그 가운데 대산을 비롯한 법타원, 교산, 전산은 필자에게 지대한 영향을 끼쳐 주었다. 『정전』의 내용을 직접 가르쳐 주었을 뿐 아니라 틈틈이 던진 질문에 명쾌하게 화답해 주었다. 이 가운데 전산은 독선생으로 『정전대의』를 열성적으로 가르쳐 주었다. 이때 이 천지팔도를 인격의 표준으로 삼으라고 법의 불을 지펴 놓아서 지금껏 이 가슴속에서 식지 않은 채 담겨 있다. 출가하여 심법의 표준을 생각할 때 천지팔도에 맞는 심법을 지니는지 생각하며, 조금씩이라도 천지팔도에 가까운 심법을 지니려고 아직껏 노력해 오고 있다.

사람이 자기 몸의 구석진 곳에 개미가 기어 다녀도 아는 것처럼 천지도 작은 것까지 다 안다. 천지는 자유 영혼을 지닌 사람처럼 생각으로 하는 게 아니다. 천지에는 식識이 있어서 유기체적 기운의 반응을 나타낸다. 이 식은 인간의 신경 반응처럼 이해하면 될 듯싶다.

천지는 자유 영혼이 없으므로 사람들처럼 생각과 감정의 기복起伏도 없다. 그런 만큼 천지 살림을 하는 데 조금의 오차도 없이 우주의 이치에 따라 움직일 수 있다. 사람이 천지 같은 앎을 가지려면 천지처럼 감정이 없어야 하는 건 아니다. 천지 같은 마음이 되어 천지를 품고 천지와 같은 살림을 하기 위해 무엇을 해야 할지 연마해 가자는 것이다.

우주의 기운을 잘 느끼는 한 어린 수행자가 있다. 남의 마음도 잘 느끼기에 다른 사람이 거짓말을 하면 간단명료하고 솔직하게 이야기하니 친구들과 좀처럼 어울리지 못한다. 다른 아이들은 자기들 마음이 자꾸 들키니 이 아이가 무섭기도 하지만, 들켰다 싶을 때는 자기 잘못을 덮으려고 네가 잘못 알았다고 앙탈부리는 일이 태반이다. 그러다 보니 어린 수행자 곁에는 어울릴 아이가 없는 것은 어찌 보면 당연하다. 그런데 이 어린 수행자 곁에는 이 어린 수행자를 기특해하는 스승이 있다. 아이에게 이 스승은 세상과 소통하는 유일한 창구이다. 스승이 말을 할 때면 아이는 흑진주처럼 검고 맑은 눈을 깜박이며 마음을 활짝 열고 다가온다.

"애야! 사람들은 그렇게 솔직하지 못해. 또한 솔직하더라도 때로는 이럴까 저럴까 망설이게 되는데 이것은 결정된 마음이 아니라 거짓의 여부가 될 수 없단다. 아마도 넌 그런 마음에도 힘들어하지!"

"어, 스승님도 남의 마음을 읽어요?"

"예전엔 읽었는데 이젠 읽지 않아. 읽지 않아도 이치적으로 알거든."

"그게 읽지 않으려 한다고 안 읽어지나요?"

"타심통他心通 남의 마음을 읽는 것도 자꾸만 하면 습관으로 되기 때문에 마음의 원리와 습관들을 어느 정도 이해할 줄 알게 되면 타심통은 이내 놓는 게 좋지."

"저도 그러고 싶은데 그게 잘 안 돼요."

"그럼 그 사람의 말보다 그 마음을 헤아려 봐. 상처받을까 두려워하거나, 상처받은 마음을 위안받고 싶어 하고, 또 누군가에게 인정받기 위해 거짓말을 하거든. 말에 숨겨진 마음도 솔직한 것이란다."

"네, 스승님! 이제 그렇게 해 볼게요."

"넌, 맑고 솔직하니까 참 좋다. 그런 마음은 마음에 힘이 없으면 안 되는데……."

"진리는 어디에서든 제 마음을 아니까 솔직하지 않을 수 없는걸요."

"넌 진리와 함께하는 아이구나! 네가 의식이 커지면 말 이전의 마음을 알고 그 마음을 어루만져 줄 수 있을 거야."

소태산은 천지의 지극히 밝은 도를 체받아서 천만 사리를 걸림 없이 알라고 했다. 천지에는, 천지가 있을 수 있게 하고 이 천지를 움직이는 이치가 있다. 소태산은 천지의 이치의 구성 요소와 움직이는 흐름을 대소유무大小有無로 정리했다. 이를 천조天造의 이치라고 하는데 대라는 것은 우주의 근원이자 전체, 소는 우주의 나타난 것이자 개체, 유무는 우주의 변화이자 유기체적 관계이다. 인간의 삶에서 시비이해是非利害를 나누는 것도 대소유무에 맞으면 옳고, 맞지 않으면 그르다. 옳으니 이롭고, 그르니 해로움이 따르는 것으로 보았다.

대소유무와 시비이해는 말이 간단해도 이 속에 우주가 들었고 인간의 삶이 들어 있다. 그리고 원불교의 진리와 교리와 수행이 들어 있으니 깊이 연마하며 수행해 가면 일상생활에서 앎과 행동이 깊어지고 정밀해진다.

대소유무와 시비이해를 마음 깊은 곳에서 놓지 않고 살다 보면 언젠가는 천지와 같은 밝은 지혜가 솟는다. 이 밝음은 비움에 바탕을 둘수록 더욱 선명하게 드러난다. 그리고 밝음 앞에 지극하다는 말은 상대적이지 않다는 뜻이다. 그러므로 천지의 밝음을 얻은 사람은 상대, 조건 등에 의한 밝음이 아니라 해야 하니 할 따름이라서 왜곡도 없고 가린 것도 없이 아주 밝다.

지극히 정성스러운 도
쉼 없이 한결같은 마음과 정성

지구가 태양 주위를 돌거나 자전하다가 오늘은 쉬고 싶다고 멈추는 일이 없다. 또한 심심하다며 그동안 돌던 방향과 반대로 움직이지도 않는다. 만약에 도는 것을 멈추거나 반대로 움직인다면 기후를 비롯해 많은 현상이 어그러져서 천지의 생물들이 아우성치게 된다.

천지가 해야 할 일을 쉼 없이 하는 모습을 닮아서 어떠한 일에 한결같은 마음과 행동으로 공들일 수 있어야 한다. 이것이 천지 인격의 덕목 가운데 하나를 얻는 것이다.

만물은 천지의 쉼 없는 정성에 의지해서 살아간다. 이 정성스러운 모습에는 방향이 있는데 때로는 살려서 활성화하는 방향으로 가고 때로는 형체를 무너뜨려 흩어지는 방향으로 간다. 그러나 크게 보면 살리든 무너뜨리든 살리는 쪽에 무게 중심이 있다. 무너뜨리는 것도 더욱 생동감 있게 살리려고 그러는 것이다.

천지를 이루는 하나하나의 개체만 해도 천지의 살림에 따른 나름대로의 역할로써 정성스럽게 움직인다. 천지만물과 생물체 하나도 천지와 한 존재를 이루고 역할 하나하나에서도 천지와 더불어서 함께한다.

사람이 천지의 정성스러운 도를 닮아 가는 방법도 이와 다르지 않다. 우선 그 정성의 방향과 역할이 무엇인지 알고 그 목적에 깨어 있어야 맹목적이지 않게 된다. 맹목적인 정성은 오히려 독이 될 수 있다. 목적을 잃고 행위만 있을 때 자신이든 단체든 생기를 잃어버린다.

수행자라면 자기 자신을 일으켜 진리의 인격으로서 삶을 잃지 않고 있는지, 진리의 인격에 따른 자기 역할을 하고 있는지, 이 모든 것에 게으르지 않은지를 살펴서 삶의 본의를 놓치지 말고 정성스럽게 살아갈 때 수행의 본의가 살아난다.

사람은 자유의지를 지닌 영적 동물이지만 철학적 사유와 깨달음의 존재이기도 하다. 이런 창의적인 특성이 마음을 들쭉날쭉하게 만들어 꾸준하지 못하게 하는 원인이 되기도 한다.

인간으로서 마음에 세상을 품을 수 있지만 모든 일에서 한순간도 방심하지 않을 수는 없다. 이것을 모르고 꾸준함을 지녀야 한다는 강박된 당위성에 자신을 가두게 되면 꾸준하지 못한 자신을 탓하며 병만 늘게 된다. 꾸준함에 가려져 몸부림치는 모습이 수행자의 고뇌처럼 보이면 겉보기에 그럴싸해 보여도 내용은 명예, 체면, 자기 성취 등으로 채워져 있어서 실없이 고생만 가득한 수행이 되고 만다.

인간으로서의 건강한 정성이 되려면 해야 할 일에 온갖 정성을 다하다가 푹 쉬기를 반복해 가야 한다. 이런 방식의 반복이 생각과 행동의 습관으로 길들여지고 일과 휴식이 균형을 이루는 가운데 지속적인 발전이 이루어진다.

처음부터 정성스럽게 잘하려는 것보다 마음에 여유를 갖고 마음을 챙기고 또 챙기는 것이 수행을 손쉽게 하는 방법이다. 이렇게 하다 보면 어느덧 습관으로 자리 잡혀 챙기지 않아도 저절로 하는 데에 이른다. 저절로 잘되기 위해서는 자기가 좋아하는 것이나 잘할 수 있는 것부터 습관을 길들여 가는 것이 좋다. 그러나 해야 할 일인데 좋아하지 않거나 잘하지 못하는 일이 있을 수 있다. 이때는 자기 내면에서 상황을 백지로 만들고 처음부터 즐기는 마음으로 차근차근 접근해 가도록 한다. 하다 보면 자율성이 생길 뿐 아니라 그 일에 마음을 담아서 하게 된다. 이런 방법으로 하다가 익숙해지면 그 일 하나하나에 깨어 있거나 몰입도 가능해진다. 깨어 있거나 몰입하는 것이 마음과 행동으로 자리 잡히면 정성스러움이 자신의 삶 속으로 자연스럽게 스며든다.

지극히 공정한 도

세상도 공정함에 의지하고 쉰다

공정한 마음을 지닌 사람은 중도^{中道}의 덕목을 지녔다. 중도는 중간
이나 어중간함을 뜻하는 것이 아니라 조화와 균형에 따른 적합함^{일이나}
^{조건 등에 꼭 알맞음}을 이른다.

천지는 지극히 공정하여 자연을 훼손한 사람이든 살인자이든 도둑
이든 봄날 건강한 땅에 곡식의 씨를 심으면 싹이 나오도록 돕는다. 팥
씨를 심으면 팥을 맺고 콩 씨를 심으면 콩을 맺게 한다. 성질 고약한
농부가 곡식의 씨를 심었는데 천지가 "너는 못돼먹었으니 곡식의 싹
조차 틔우지 못하게 할 거야!" 하거나, 팥을 심었는데도 콩을 맺게 하
는 등의 심술을 부리지 않는다. 못돼먹은 사람도 농사짓는 법을 알아
서 성심성의껏 짓기만 하면 그에 따른 대가가 따른다. 물론 못돼먹은
성질이 천지 기운에 영향을 미쳐 어느 정도의 해독은 있을 수 있지만
아주 망해 버리게 하지는 않는다.

천지가 이처럼 절대적으로 공정하기 때문에 많은 생물이 의지해서
살아간다. 지난날의 잘못된 일을 지금에 끌고 와서 적용하거나 현재
하나의 일에 잘못한 것을 전체로 확장하여 판단하는 것처럼 공정하지
못하다면 세상 만물이 천지에 기대어 살지 못한다.

사람이 살다 보면 잘잘못을 하기 마련이다. 그런데 "너는 전에 이 것을 잘못했고 너는 저것을 잘못했으니 지금 잘한 일은 어쩌다가 잘 했겠지 뭐!"라고 하며 잘한 일을 인정할 줄 모르는 사람이 있다면 어 떨까. 이런 사람 밑에서는 어느 누구도 살 수 없다.

전산은 "이 공정한 도가 부모와 지도자의 덕목이다."라고 했다. 지 도자가 공정하지 못하면 지도자의 자격이 없다. 공부 잘하는 아이가 생활에서 예의 없는 모습을 보이면 예의 없는 면만 가지고 이야기하 면 되는데 공부 잘한다고 봐주거나 그에 걸맞지 않다고 더욱 혹독하 게 꾸짖게 되면 그 아이는 선생님을 신뢰하지 않는다. 나아가 다른 사 람과의 형평성에서 어긋나면 그 신뢰의 간격은 더더욱 커진다.

올바른 지도자는 사람을 대할 때 그 사람에 대한 애정으로 그 사람 이 세상과 사회에 어떤 특성으로 균형과 조화를 이룰지를 생각해야 한다. 그래야 그 사람이 믿고 기다릴 뿐 아니라 자기만을 위하는 사람 이 아닌 세상을 위하는 사람으로 클 수 있다.

사람이란 자기가 좋아하는 것과 좋아하지 않는 것이 있다. 공정한 마음을 가진 사람은, 자기가 선호하지 않는 사람의 일일지라도 선호 하는 사람이 한 일과 다르지 않게 처리한다.

인사 담당자로서 중요한 자리에 꼭 필요한 인성과 실력을 지닌 사 람을 보내야 하는데 적임자가 평소 좋아하지 않던 사람이라도 그를 보낼 수 있을까. 또한 상을 선정하는 위치에서 상장을 받을 최적의 사 람이 자주 나의 입장과 반대에 섰었는데 그를 수상자로 선정할 수 있 을까. 또한 세상을 이끌 만한 최적의 인재이나 나에게 고개를 숙이지 않는 그 사람을 세상을 이끌 자리에 천거할 수 있을까. 자기의 지도 권속에 있는 사람이 잘못해서 곤경에 처했을 경우 연관된 나에게 미칠 수 있는 영향에 아랑곳없이 그를 품어서 도울 수 있을까.

이러한 경우들에서 모두 그렇게 할 수 있는 사람은 자신에게 솔직하고 일과 사람에게 공정한 천지 같은 사람이자 대인이다. 이렇듯 공정한 마음의 이면에는 그 사람과 세상을 위한 방향으로 책임지고 품어서 키워 주는 마음이 담겨 있다.

순리자연한 도
마음의 근본을 일으켜 살아가는 것

천지에는 봄, 여름, 가을, 겨울의 계절이 있다. 천지가 가을이 되었다가 겨울로 가기 싫다고 여름으로 되돌아가는 법이 없고, 따분하다며 가을에서 봄으로 껑충 뛰어넘는 법도 없다. 천지가 이처럼 순리자연하기에 만물이 의지해서 마음 편안하게 살아간다. 그렇지 않고 만약 제멋대로라면 사람들은 불안해서 살지 못한다.

사람들이 천지가 순리자연한 것을 알기에 농사짓는 사람은 봄에 씨앗을 뿌려 여름을 거쳐 가을이 되기까지 가꾸다가 가을에 곡식을 거두고 이듬해 농사를 준비했다가 봄날에 짓는다. 또한 옷을 만드는 사람은 여름에 돌아올 겨울의 날씨, 유행할 색깔, 디자인을 예측해서 옷을 만들어 늦가을부터 판매에 들어간다.

인생에는 생로병사가 있어서 누구나 태어나 자라서 언젠가는 늙어죽는다. 그러다가 다시 사람으로 태어나든 영혼으로 존재해 간다. 이것을 알면 살아생전에 늙고 병드는 것에 그리 서글퍼 하지 않고 죽어가는 목숨에 아등바등 매달리지도 않는다.

이렇듯 인생의 큰 흐름을 알면 이 현실도 어떻게 변화해 갈지 한발 물러나 볼 줄 안다. 사람의 인지는 형식에서 내용으로, 내용에서 효율성으로, 효율성에서 삶으로 바뀌어 간다. 변동성이 적은 계산, 실험, 통계 등으로 계량 가능한 합리적 사고를 하는 과학 분야에서도 선대先代가 죽어야 과학이 발전해 간다고 한다. 과학자의 실험적 결과와 합리적 추론도 오류의 가능성은 늘 있다. 한 과학자의 순수한 의도에 따른 신념, 업적, 기득권이 사회적 권위가 된다. 이 집단 관념이 그 이상의 창의적 실험을 막게 되기 때문이다. 과학도 이러한데 생명체 같은 인문학이나 사회 현상들이 관념화되고 제도화된다면 그 단단한 껍질은 커져 가는 창의적 내용을 담을 수 없다. 세상은 변화를 통해 발전해 간다. 변화의 흐름에 깨어 있는 사람이 건강한 정신을 가진 사람이다. 흐름을 알면 준비가 가능하고 준비가 된 사람은 여유가 있다.

오늘날의 결혼 제도, 정당 정치, 종교 등은 경제가 발전할수록 그 변화는 빠르게 진행된다. 이러한 전통을 가진 제도는 내용에 상관없이 사람의 정신을 소유하고 억압하지만 젊은이들은 이러한 제도로부터 자유롭기를 바란다.

결혼은 행복하기 위해서 한다. 그런데 결혼을 하게 되면 자아 의지에 앞서 과거의 관습에 따른 도리와 의무가 거창해진다. 자녀를 낳아야 하고 친인척에 대한 인사치레 등 의무 조항들이 마음과 행동의 제약을 만들어 낸다. 그래서 젊은이들은 결혼 제도 밖에서 사랑하며 행복한 삶을 살고자 한다. 자녀를 갖더라도 결혼이란 제도권 안에서 키우려고 하지 않는다.

정당도 나라를 위해 존재하는 것인데 정당이 나라보다 정당을 위한 정당이 되고, 이러한 정당에 속한 정치인은 국민보다는 자신의 부와 명예와 권력을 지향하게 된다. 정당이 없어져야 정치인이 국민을 위한 정치를 하게 된다. 그래야 정당 중심이 아닌 사람 중심의 정치가 이루어진다.

종교도 수행을 위한 단체인데 종교의 세력이 커지자 정치로 변질되어 권력화가 되어 간다. 이 권력을 수행적으로도 높은 것처럼 교묘하게 포장하니 종교의 내실인 수행, 영성, 심법, 봉공이 점점 사라져 갈 수밖에 없다. 아울러 종교 수행의 고급 정보가 세상에 널리 전해져 일반인의 수행이 정밀해지고 영성이 솟는다. 이로써 진리의 심법이 봉공으로 이어진다. 앞으로는 종교와 성직자라는 것만으로 세상의 신뢰를 얻지 못하게 된다. 소태산은 이에 대해 예시하기를 "앞으로는 동리동리에 공회당이 있어 그곳에서 법회와 대소사가 열리고 법회 설교도 성직자가 아닌 법 높은 이가 한다."라고 했다.

세상의 사고도 수직적 사고에서 수평적 사고로 변환되고 있고, 하나만 잘하면 되는 세상에서 아울러 잘해야 인정받을 수 있는 세상으로 변해 가고 있다. 앞으로는 누가 누구 위에 군림하는 게 아니라 다양하게 존귀한 사람이 어울려 살며 일해 간다. 수승한 한 사람이 사회를 이끄는 시대는 저물고 있다. 함께 설계하고 함께해 가는 데에 경험과 일정한 능력이 있는 사람이 그 경험과 능력을 제공하고, 거기에 새롭고 서툰 사람의 신선한 감각과 생각이 입혀져 모두 함께 새로움을 창조해 가는 시대가 오고 있다.

천지의 순리자연한 사람은 기분에 따라 판단이나 행동이 달라지지 않는다. 이치에 합당하게 생각하고 행동하여, 주위 사람들로 하여금 예측 가능하게 한다. 그래서 주위 사람들은 이 사람의 눈치를 볼 필요가 없어 마음 편히 여긴다.

그런데 집단에 영향력이 큰 리더가 순리자연하지 않고 독단적·권위적·이기적·감정적이면 주위 사람들이 일을 잘하려고 하기보다 리더의 비위에 맞춰 줄 서는 데 초점을 둔다. 이런 집단은 날이 갈수록 시들 수밖에 없다.

천지의 순리자연한 인격을 누구나 얻으면 좋겠지만 처음부터 이 마음을 갖기 어려우니 최소한의 마음부터 가질 필요가 있다. 세상을 속이지 않고, 마음의 근본을 일으켜 살아가는 마음이다. 이 마음이 무너지지 않고 진리를 벗하며 살아가면 언젠가는 진리의 인격을 얻게 된다. 순리자연한 진리의 인격을 갖춘 사람은 우주와 삶의 이치가 가슴 깊이 있어서 안분安分하고 세파 속에서도 해탈을 넘어 노닐게 되니 그에게는 세상이 낙원이다.

광대무량한 도
점 하나에 기댈 뿐, 마음은 우주를 담다

　서울의 북한산 위에 올라 아래를 내려다보면 아주 작은 집들이 모여 군락을 이루고 시멘트 블록 같은 아파트의 층층에는 가정들이 빼곡히 들어차 있다. 길게 늘어진 길에는 장난감 같은 차들이 오가고 개미처럼 작은 사람들이 쉴 새 없이 지나다닌다. 그 속에서 사람들은 좀 더 잘 먹고 살기 위해 아등바등하고 티격태격한다.

　산 위에서 있노라면 많은 사람들이 '네가 좀 더 먹어라, 네가 더 잘났다고 하면 되는데 그게 왜 안 되었지? 이제 산에서 내려가면 그렇게 살아야 하겠다!'라고 다짐을 한다. 한동안은 그 마음으로 살다가 어느덧 그 마음도 사라지고 내가 좀 더 먹으려고 눈을 휘둥그레 뜨고 내가 더 잘났다고 우겨대고 있다. 지인 중 한 사람에게 "산 위에서 먹은 마음이 산 밑에 오면 왜 사라지냐?"라고 물으니 "내가 양보하고 져 주면 사람들이 나를 고맙고 괜찮은 사람이라고 하기는커녕 호구로 생각하니 양보하고 져 줄 마음이 안 나!"라고 볼멘소리를 한다. 아예 호구로 살 요량이면 되는데 그게 안 되니 인생이 힘든 것이다.

　산 위에서 세상을 내려다보면 보편적으로 인생에서 해탈한 느낌이 든다. 천지, 즉 우주의 광대무량함을 알면 산 위에서 세상을 내려 보는 것처럼 인생을 초월하게 된다. 우주 전체와 생멸에 대해 천체물리학자들도 추론할 뿐이지 알지는 못한다. 그런데 수행자들은 우주는 생겨남도 멸함도 없이 스스로 존재한다는 의미의 즉자태卽自態라는 말을 써왔다. 다만 우주 안에서 별들이 항구한 세월을 거쳐 생겨나고 사라질 뿐이다.

우주와 함께 존재해 왔던 영혼도 우주의 광대함처럼 태어남도 죽음도 없다. 그리고 영혼은 작기로 치면 좁쌀보다 더 작고 크기로 하면 우주와 더불어 존재할 수도 있다.

최근에 집 장만이 최대 관심사인 후배와 차담을 나눌 기회가 있었다.

"점 하나를 찍어 내 집 삼으면 광대한 우주를 저버리게 되고, 점 하나를 찍지 않으면 광대한 우주가 내 집이 되지. 이 광대한 세상을 내 집으로 살아갈 수 있는데 작은 집 하나를 내 것이라 부여잡고 내 호주머니의 돈만 내 것이라고 여기며 사는 것은 좀 초라하지 않나?"

"점 하나를 찍으니 점 하나라도 내 집이 되는데 찍지 않으니 점 하나도 없어 허전하기 그지없어요."

"그 점 하나를 내 집으로 삼았다 해도 언제까지 내 집이 될까?"

"사는 동안만큼은 내 권리 속에 있으니 그만큼도 충분해요."

"참 소박하고 현실적이네. 그런데 우주의 광대무량함에 마음을 드리우고 점 하나에 잠시 기대어 있으면 그 점은 우주 속 작은 거점이 될 뿐이지 않나? 점 하나에 집착하니 광대무량한 우주를 저버리게 되는 것 아닐까?"

"저도 이제부터는 광대무량한 마음으로 살아 봐야겠어요."

점 하나에 기대어 있을지라도 찍지 않으면 집착하지 않게 되나, 점 하나에 집착하면 마음이 좁아져서 이내 답답하고 허전할 수밖에 없다. 마음에 우주의 광대무량함이 있어야 담뿍함이 있다. 내 마음이 우주의 광대함으로 가득 차 있으면 내가 기대고 있는 점 하나는 우주와 유기체로 조화를 이룬다. 이 속에서 균형을 잡아 가니 살림이 풍족해도 분수에 넘치거나 모자라지 않는다.

집 앞의 나무 하나도 산천과 마을과 조화를 이룬다. 그러므로 우주와 하나로 살아가는 사람은 물건 하나를 사도 싸게만 사려고 하지 않는다. 지역 상권과 상가 유지비를 고려하여 적당한 비용을 지불한다.

우주 속의 이 지구는 시간, 공간, 물질이 어우러진 특별한 세상이라 다음 생에 오고 싶다면 별장으로 삼아 올 곳이기도 하다. 그래서 오늘 죽어도 나무 한 그루를 심는 데 주저하지 않는 이유이다.

그러나 더 본질적인 것은 지구 또한 수명이 다할 즈음에는 살 만한 다른 별이 생긴다. 다만 지구만큼 살 만한 별이 생길 때까지 세대를 이어 가며 지구를 잘 사용해야 한다. 지구를 잘 사용하는 것도 중요하지만 더 중요한 것은 소중하게 사용해 가며 의식 수준을 높여 가는 것이다. 의식 수준이 높으면 지구뿐 아니라 모든 존재를 소중히 여길 줄 안다. 의식 수준은 이뿐만 아니라 인간이 죽어 영혼의 세계에서 존재할 때는 더욱 긴요한 요소로 작용한다. 그 사람의 의식 수준에 따라 자유로운 정도의 차이가 크다.

우주는 광대하여 마음에 담기 참 어렵다. 그래서 필자는 수행 초기에 이 마음을 길들이기 위해 진리 전에 아침저녁으로 심고를 올렸다. "하늘처럼 만물을 다 덮어 주고 땅처럼 만물을 다 실어 줄 수 있는 마음이 되도록 해 주세요."라고 말이다. 10년 동안 했더니 그 마음이 어느 정도 되는 느낌이었고 그 후 일을 미워할지언정 사람을 미워하지는 않게 되었다.

영원불멸한 도
해탈은 자존심부터 죽는 데에 있다

한 아주머니가 움직일 때마다 다리가 아프다며 "아이고, 아이고." 해 댄다. 그 아주머니보다 열댓 살 많아 보이는 아주머니가 그 소리를 듣고 "에이, 난 그 나이엔 날아다녔어!"라고 한다.

흔히 "내가 10년만 젊었어도 날아다닐 텐데."라는 과장 섞인 우스갯소리를 주위에서 많이 듣는다. 또한 모함으로 위신이 깎여 속상해하는 사람을 보고 "쯧, 10년만 지나 봐 그 일 별것 아니야."라는 말들도 종종 듣는다.

10년 뒤에 지금을 생각하면 지금의 나는 날아다녀야 하는데 현실의 아픔에서 주저하기 일쑤다. 그러니 지금 이때가 내 인생에서 가장 젊을 때이니 활기차게 살아도 시간이 아깝다. 지금 일도 10년 후에 생각해 보면 '별것 아닌데 자신을 무던하지 않게 괴롭혔구나!' 하고 생각될 수 있으니 말이다.

지난날에는 동네에 연인과 손잡고 가면 소문이 온 동네에 나서 결혼하지 않으면 안 되었던 때가 있었다. 요즘에는 연인과 입을 맞추었으니 서로 결혼하지 않으면 안 된다고 하면 이상한 사람이 되고 만다. 몇 년만 지나도 사회 가치관과 제도가 변해서 지금 중요하다고 생각하는 일들이 별것 아닐 수 있다.

10년이란 시간을 앞뒤에 두고 생각할 줄만 알아도 사람이 여유가 생긴다. 그런데 천지와 우리 영혼이 영원불멸한 것을 안다면 이 한 생은 점 하나에 불과하다. 이 한 생을 헛되지 않게 살았다면 이생에 점 하나 잘 찍고 가는 것이다.

우주 속의 별 하나가 지고 또 생겨나며 우주가 상존하고, 사람 하나가 죽고 하나가 태어나 인간 세상이 지속된다. 그러나 영혼은 시간과 공간과 물질을 넘어서 우주와 더불어 존재해 왔다. 그것도 비롯됨이나 소멸함이 없이 말이다. 이러한 영혼에게는 사람의 몸이란 옷과 같아서 낡으면 새로 갈아입어야 할 것에 불과하다. 그러니 이 몸은 영혼이 일생을 입을 옷이니 아주 소중하기는 하나 영혼이 상할 정도로 심각하게 여길 것은 못 된다.

원불교에서 진리에 대해서 공부해 온 사람이라면 죽음 후의 세상에 대해 들어서 어느 정도는 알 것이다. 또 틈틈이 삶에 대해 통찰해 왔다면 죽음의 길을 받아들이는 데 그렇게 어렵지 않을 것이다.

그런데 살며 이루어 놓은 재색명리를 영혼의 목숨처럼 여기기 때문에 목숨보다 더 놓기 어려운 경우가 있다. 건강한 사람은 '색', 풍족한 생활을 한 사람은 '재', 권력을 지녔거나 올곧게 살아온 사람일수록 '명'을 놓기 어려워한다. 그런데 이 모든 것도 '나'라는 자존심을 놓으면 놓아진다. 이로써 생사해탈도 된다. 그러므로 생사해탈은 몸이 죽는 것보다 자존심이 죽어서 바탕이 비어야 제대로 이루어진다.

사람은 원래 가지고 온 게 없듯이 어린아이가 교법을 들으면 자기는 이미 여래라고 생각한다. 필자도 어려서 그렇게 생각했다. 어른이 되어 가며 중생의 마음이 짙게 드리우게 된다. 이 가운데 집단관념은 중생의 마음을 더욱 단단하게 붙잡는다. 사람이란 사회적 동물이기 때문이다. 자기보다 재색명리가 많은 사람을 부러워하고 좀 적다 싶은데 어떤 사람이 자신을 얕잡아 본다 싶으면 대부분의 사람들이 이런 상황을 정말 참기 어려워 한다. 남을 얕잡아 보는 사람들의 의식을 보면 그들의 의식은 대체로 박약하다. 집단관념과 남의 시선으로부터 자유로운 사람이라면 해탈에 내공이 쌓인 사람이 분명하다.

원불교 법마상전급 정기훈련은 최소한 1박 2일 이상을 한다. 이는 우리가 하루도 정리하지 못하면서 어떻게 성리를 해결하고 생사해탈을 할 수 있겠냐고 하는 데에서 기인했다.

해탈의 정도는 회의를 해 보면 여실히 드러난다. 자기 성질이나 존재감을 내세우려고 하는지, 법을 살리려고 하는지 눈에 쉽게 들어온다. 이때 자신이 바보가 될지라도 법을 살리려는 사람이 있다.

대산은 법위 부연 법문에서 재가 항마위의 자격으로 시기심을 뗀 것과 생사해탈만 보았다. 이 가운데 생사해탈만 제대로 되어도 항마가 된다. 법답게 생사해탈이 되면 아상我相이 죽고 법이 산다. 이 속에 시기심이 녹아 있고 성리가 들어 있기에 가능하다.

사람으로 태어나 삶 속에서 목적을 성취하고 어려움을 감내하며 때로는 어려운 이웃을 도와주는 삶은 쉽게 이루어진 삶이 아니다. 그런데 이토록 어렵게 이룬 삶도 자칫하면 재색명리에 기댄 모습의 하나일 수 있다.

순수하게 영적 가치에 마음을 두고 경계를 삶의 과제로 여기고, 관념과 시기심을 넘어 내 몸을 내 마음대로 운용해 가는 데 어렵지 않을 정도라면 항마라 할 수 있다. 사람으로 태어나 최소한 항마는 되어야 일생을 산 보람이 있다. 이후부터의 인생은 선택이고 보람을 풍요롭게 해 주는 것일 뿐이게 되어 수월하다.

길흉 없는 도

의연함은 삶을 크게 볼 때 나온다

천재지변은 인간이 느끼는 것일 뿐이고 천지는 해야 할 일을 할 뿐이다. 좋은 것도 나쁜 것도 없다. 태풍이 불고 지진이 일어나도 마찬가지다. 다만 이 모든 것은 지구가 건강하게 살아 있다는 것을 뜻한다.

천지는 화산이 폭발하고 지진이 일어나고 태풍이 불어오고 가뭄이 일지라도 못 해 먹겠다고 하지 않는다. 비가 오는 건 와야 할 때가 되어 오는 것이고 바람이 부는 건 바람이 불어야 할 때가 되어 분 것이다. 계절이나 전례 없이 이상 현상이라고 해도 다르지 않다. 지구와 대기가 조화와 균형을 이루어 가는 작용일 뿐이다.

천지는 해와 달 그리고 바람과 구름과 비와 눈 등 어느 하나를 특별하게 좋아하거나 싫어하는 게 없다. 모두가 천지에 있어야 할 것들이고, 또 이러한 것들이 있어야 천지가 천지답다. 이러한 것들은 천지가 천지에 필요해서 일어난 것들이다.

천지 속에 사는 사람들은 자기 사정에 따라 천지의 어떤 모습은 좋아하고 어떤 모습은 싫어한다. 비 오면 우산 장사는 좋아하는데 해수욕장에서 일하는 사람은 달가워하지 않는 것처럼 말이다. 그래도 요즘 사람들은 자연과학에 대한 상식이 있다 보니 자연현상이 본질적인 희비의 대상이 아닌 것쯤은 안다.

누구나 유난히 좋아하는 것이 있다면 재색명리이다. 이것이 오면 날뛸 듯 좋아하고 멀어지면 죽을 듯 실의에 빠진다. 그러기 때문에 주변 사람이 재색명리가 풍족한 것을 부러워하고, 자기가 미움의 대상이 될지라도 인생의 전부를 걸고 재색명리를 얻는 데에 죽기 살기로 나선다. 재색명리는 삶의 편리에 따라 적당하게 있으면 좋고 설사 좀 모자란다 해도 조금 불편할지언정 삶의 궁극적인 것이 될 수는 없는데도 말이다.

우주는 큰살림을 하기에 일기가 변화하는 것은 천지가 숨 쉬는 정도에 불과하다. 지구가 상처를 입어도 천지는 실의에 빠지지 않고 끊임없이 자정 활동을 해 간다. 사람도 이처럼 삶에 큰 그림을 그리며 살아갈 경우, 일상에서 일어나는 작은 일에 일희일비하지 않는 의연함을 보인다.

달리기를 할 때 많은 아이들은 경쟁에서 지면 입을 삐쭉거리며 눈물을 흘리곤 한다. 바둑을 두는 아이도 승부에서 지면 자리를 피해 침통한 마음을 애써 누르거나 다른 놀이로 그 기분을 전환시킨다. 이 아이에게 "바둑 잘 두고 싶니?" 물으면 잘 두고 싶단다. "그럼 우선 1단을 목표로 삼고 바둑 공부도 하고 대국도 벌이면 실력이 쑥쑥 자랄 텐데 그렇게 해 볼래?"라고 했더니 흔쾌히 해 보겠단다. 그래서 인터넷 바둑 사이트를 알려주었다. 대국을 하고서는 자기 기보를 꼭 되돌려 보고 무엇을 잘하고 못했는지 기억해 두라고도 했더니 이후부터 대국에서 져도 담대하게 받아들이고 공부해 간다. 얼마 후 "대국에서 지면 요즘도 슬프니?"라고 물으니 유쾌하지는 않지만 실력이 느는 게 있어 재미있다고 한다.

우리가 영생의 그림까지 그리지는 못할지라도 일생만이라도 영적 성장을 위해 어떻게 살겠다는 그림이 그려지면 일상의 작은 일에 이끌려 죽을 듯이 좋아하거나 슬퍼하지 않게 된다.

자신의 영적 성장에 기준을 두고 일생을 수행하는 사람은 자기 마음에 맞지 않는 일이 닥쳐도 실의에 빠지지 않는다. 이보다는 그 일이 나의 어떤 부분을 단단하게 하려고 하는지 알아차려서 마음공부해 간다. 또한 좋은 일이 있으면 이때를 넘치지 않고 보은의 기회로 삼는다.

응용무념한 도
포용이 담긴 무상 그리고 무념

천지는 어떤 생각을 가지고 움직이는 것이 아니라 그저 해야 할 것을 할 뿐이다. 그래서 해 줬다고 생색하거나 몰라 줬다고 삐지지도 않는다. 천지는 지극히 밝고 정성스럽고 공정하다. 그리고 순리자연하고 광대무량하며 영원불멸한데 길흉마저 없다. 이 모든 것에도 할 뿐이지 어떤 의도가 있지 않다.

천지, 즉 우주는 자유의지가 없기 때문에 '천지가 생각한다'라기보다는 '천지에 식識이 있다'라고 한다. 응용무념, 즉 무상이 될 수밖에 없다. 응용이란 그동안 쌓은 지식과 경험을 적용하는 것이나 마땅히 해야 할 일을 일컫는다. 천지의 이치나 하는 일은 모두 크게 살리는 것으로 이루어졌고 또 무념으로 바탕을 이룬다. 그리고 무상 안에는 포용이 담겨 있다. 즉 포용에 무념하다고 할 수 있다. 그래서 응용무념의 도는 천지의 여덟 가지 도 가운데 바탕이자 핵심이 된다.

어려운 일에 처한 사람을 정신과 육신 그리고 물질로 도와주는 것은 칭찬받을 만하다. 그런데 남몰래 도와주는 사람은 마음이 더더욱 깊다. 돈 버는 것도 쉽지 않고 또 경제 사정이 좋아서 돕는 것도 아닌데 도움 받은 사람이나 주위에서 몰라주면 누구나 섭섭할 수 있기 때문이다.

복을 짓는 데에 칭찬에 의지하기보다 인과의 이치에 따른 사람이 있다. 이런 사람은 복을 짓되 남모르게 지으려 한다. 나무 밑에 흙을 파서 거름을 넣은 다음 다시 흙을 덮어 주면 거름의 효과가 더 좋아지는 것처럼 남모르게 복을 지으면 복의 효과가 더 크다는 것을 아는 까닭이다. 그런데 이러한 마음으로 복 짓는 것은 인과의 이치에 따라 훗날에 더 큰 복으로 오는 것에 투자한 것에 불과하다. 복 장사에 지나지 않는 마음이라서 이 마음 깊은 곳에는 도와주었다는 상相이 남아 있게 된다. 마음에 상이 없어야 무념보시라는 마음마저 없다. 상 없는 성현에게만 있는 마음은 아니다. 의식 전환만 하면 누구나 가능하다.

상을 없애려고 해도 잘 없어지지 않는 것은 일반적인 마음의 현상이다. 이런 상도 의식을 전환하면 적은 공력으로 없앨 수 있다. 즉 자기 의식을 인정받고 복 받으려는 데에서 자기 영혼을 사랑하는 쪽으로 전환해 가는 것이다. 자기 영혼을 사랑하는 사람은 관심이 인정이나 복보다는 영혼의 성장에 있다. 이런 사람도 영혼이 지고하게 깨어 있는 존재가 인정해 주면 무척이나 좋아한다. 영적 가치를 인정받는 것이기 때문이다. 그러나 일반적인 인정은 인기를 넘어서 있지 않다. 그리고 복은 다음 생에 영혼만으로 존재하는 세상에서는 무용지물이니 큰 의미가 없다.

영적인 삶을 사는 사람은 영적 성장을 위해 살아간다. 남을 위한 배려도 할 수 있는 자신을 사랑하기 때문이다. 삶이 이러하니 상은 저절로 사라지고 그저 해야 할 일을 할 뿐이게 된다. 그러니 마음도 복잡할 게 없다.

부모은

1. 부모 피은의 강령

부모가 아니어도 이 몸이 세상에 나타날 수 있었을까. 나타나서도 '자력自力 없는 몸으로서 저절로 성장할 수 있었을까' 생각해 보면 크나큰 은혜가 아닐 수 없다.

사람의 생사라 하는 것은 자연의 공도요 천지의 조화라 할 수 있지만 무자력할 때에 생육生育하여 준 큰 은혜와 인도 대의를 가르쳐 준 것은 곧 부모로부터 받은 은혜이다.

2. 부모 피은과 보은

부모가 있으므로 모든 일과 이치를 닦고 이루는 데 근본이 되는 이 몸을 얻게 되고, 부모는 자식을 위해 온갖 사랑으로 자신의 수고를 잊고 자식이 자력을 얻을 때까지 양육하고 보호해 주었을 뿐만 아니라 사람의 의무와 책임을 가르쳐 인류 사회에 이바지하도록 지도해 주었다.

이 부모의 은혜를 갚기로 하면 무자력할 때에 피은된 도를 생각하여 무자력한 사람을 힘 미치는 대로 보호하자.

3. 부모 보은의 조목

공부의 요도要道 삼학·팔조와 인생의 요도 사은·사요를 빠짐없이 밟고, 부모가 무자력할 경우 힘 미치는 대로 심지心志의 안락과 육체의 봉양을 하고, 열반涅槃 후에는 업적과 공덕을 추모하고 그 근본정신을 계승·발전시키자. 그리고 무자력한 타인의 부모라도 내 부모처럼 보호하자.

4. 부모 보은의 결과

우리가 내 부모에게 보은을 하였지만 세상은 자연히 나를 위하고 귀히 알며, 사람의 자손은 부모의 행하는 것을 본받아 자신에게 그런 도리로 행하기 마련이다.

마음 깊은 곳에서 맺은 부모은
낳아 준 은혜보다 길러 준 은혜

천지·부모·동포·법률이라는 사은의 은혜를 안다고 하여도 이 가운데 가장 가슴에 와 닿는 은혜라면 역시 부모 은혜이다. 엄마는 아기를 열 달 안팎으로 배 속에서 자라도록 돕고 또 온갖 고통을 이겨내고 목숨을 담보로 낳았다. 여기에 그치지 않고 자녀가 사회 성원으로서 자력을 얻을 때까지 돌볼 뿐 아니라 사회의 경쟁에서 조금 더 앞서 안정되고 편안하게 살아갈 수 있도록 사랑과 모든 역량을 쏟아붓는다. 이마저도 일생의 가장 큰 보람으로 여긴 나머지 자녀를 삶의 우선순위에 놓는 것도 주저하지 않는다.

자녀를 낳아 기르는 것은 다른 동물들도 다 하지만 인간답게 삶을 성찰하며 살아갈 수 있도록 기르는 것은 다른 동물에 비교할 수 없을 만큼 힘든 일이다. 한 인간을 위해 두 인간이 자기의 시간과 노력과 희생을 아끼지 않고 애간장을 녹여 가며 은혜를 쏟아부었다. 그런데 자식이 이를 모른 체한다면 짐승만도 못하다.

한 인간이 살아가는 데 사은의 은혜를 고루 받지 않고 살아갈 수 없지만 가슴에 절절이 와 닿는 은혜는 부모은이라고 할 수 있다. 사실 한 영적 존재가 부모의 몸을 빌려 태어나 부모와 사회의 보살핌 속에서 사람답게 살아갈 수 있는 것을 생활 속에서 마음과 몸에 스며들 듯 배우는 것만큼 좋은 교육도 드물다.

사람이 어느 한 동물을 인공수정해서 기른다고 가정해 보자. 사람이 그 동물을 아무리 잘 기른다 해도 어린 새끼가 자라나서 그 동물답게 잘 살아가는 데에는 그 동물의 어미가 새끼를 낳고 기른 것보다는 못하다. 인간의 부모도 자녀를 기르면서 설사 미흡한 점이 있을지라도 다른 존재가 기르는 것에 비할 수 없다. 대부분의 부모는 자신이 다른 사람보다 좀 모자란 부분이 있을지라도 가슴 깊은 사랑과 손길로 길렀다. 이것은 누구도 대신할 수 없다. 부모는 자식이 자라나서 스스로 살아갈 수 있도록 하는 데 최선을 다한 것이다. 이것만으로도 감사해야 한다. 자식은 반드시 잘난 사람이 키워야 잘 크는 것도 아니다. 자식은 존중받으며 커야 잘 큰다. 부모가 스스로 좀 모자란 듯이 자녀를 키워야 자녀가 자아 존중감을 갖고 자력을 세워 큰 인물로 자라난다.

훌륭한 부모는 자식을 키울 때 슬하에서 어느 정도 크면 스승이란 존재에게 맡겨서 자신이 미처 못 했거나 몰라서 가르치지 못한 것을 배우도록 한다. 한국의 전통혼례에서는 시부모가 새 며느리한테 곶감을 던져 주는 풍습이 있다. 맛있는 감의 씨를 심으면 이 씨가 자라서 맛있는 감으로 열리는 것이 아니라 삽시라는 떫은 감으로 열린다. 그래서 감나무는 반드시 접을 붙인다. 이것이 마치 자식을 키울 때 훌륭한 스승을 맺어 주어 큰 인물로 키우라는 것과 같다. 부모가 스승을 찾아주지 못하면 자녀 자신들이 스승을 찾아서라도 배워야 한다. 이는 영적 동물만이 할 수 있는 행위이다.

세상이 밝아지려면 사람들이 스승에 대한 존귀한 마음을 가져야 하고 스승은 높은 자리가 아닌 나눔의 자리가 되어야 한다. 스승은 자기의 전문 분야에서 전문 지식과 기술에 능통해야 할 뿐만 아니라 진리적 감각에 따른 인품이 뒷받침되어야 스승으로서 자리매김할 수 있다. 스승은 마음의 부모다. 이처럼 한 인간이 자라나는 데에는 부모와 스승의 역할이 아주 중요하다.

스승에 연을 맺어 주는 역할도 대부분은 부모가 하는 것이라 스승의 은혜도 부모의 은혜로부터 비롯된다. 그래서 부모의 은혜는 낳아준 은혜도 크지만 길러준 은혜가 더 크다고 할 수 있다.

부모와 자식의 관계
자력 없을 때 도와준 은혜

사랑으로 묶여 있지만 서로에게 힘들어하는 모녀의 대화이다.

"너처럼 까탈스러운 아이 키우기가 얼마나 힘든지 알아?"

"내가 태어나고 싶어서 태어났나? 나도 어쩔 수 없이 태어났거든, 그런 소리는 정말 억울해."

이 모녀의 대화 속에는 산다는 것이 서로 힘들지만 어쩔 수 없이 사랑으로 묶여서 함께 길을 찾아가야 한다는 의미가 담겨 있다. 그래서 더욱 정감도 느껴진다.

업業이 크면 에너지를 끌어들이고, 한 에너지가 오롯하게 발하면 업을 이루어 가는데 이때 상관된 에너지가 있다면 업의 동조가 수월하게 이루어진다. 과거에 지닌 에너지와 지금 발하는 에너지 가운데 삶에 미치는 영향이 더 큰 것은 보편적으로 현재의 에너지이다. 모녀의 관계도 이와 같다.

영적으로 모녀 관계는 서로 업을 공유한다. 전생에 사람이었든 영혼의 존재였든 엄마의 숨겨진 업인으로 딸이 불려왔거나, 딸이 엄마를 선택해서 이루어진 관계이다. 이 두 가지가 어우러져서 모녀의 관계가 되었지만 무게 중심으로 볼 때는 딸의 선택이 더 크다.

업 속에는 과거의 맺힌 에너지이든 선택에 의한 오롯한 마음을 가진 것이든 있다. 이 에너지가 발하여 어떠한 연결 고리를 만나서 업이 발생한다. 업이라고 해서 삶의 모든 것에서 이미 결정된 채 짜여진 프로그램에 따라 진행되는 것은 아니다. 업은 삶의 큰 틀에서 함께하는 것이지만 대부분은 살아가면서 바뀌고 자의에 따라 새로 설계한 것으로 펼쳐져 간다. 즉 모녀 관계의 방향은 한마디로 서로에게 영적으로 지극히 영향력을 행사하는 만큼 영적 성장을 향해 가는 것이 바람직하다.

부모는 자녀에 대해 사랑을 자기 한도 안에서 다 주었다. 그리고 자녀가 자력이 없을 때 보살펴 주고 사람답게 살 수 있도록 헌신적 사랑을 쏟아부었다. 하지만 부모라도 넘지 말아야 할 선은 있다. 존재로 사랑하되 소유로 여겨서는 안 되는 선이다. 인간은 하나의 독립적인 영적 존재이다. 그러니 아주 어려서부터 청소년 시기에 이르기까지는 자력을 얻도록 도와주고, 성년에 이르면 스스로 살아갈 수 있도록 해야 한다.

부모는 자녀의 삶에 바탕이 되어 줄 뿐 삶의 전부가 되어서는 안 된다. 만약 삶의 전부가 되면 시간이 지날수록 부모와 자녀 모두가 불행해지고 만다. 야생 동물들이 새끼가 어느 정도 자라나면 품에서 밀어내듯이 자녀가 성년이 되었을 때는 자녀를 매몰차게 내보내야 한다. 자녀가 이때 아픈 사랑을 받아야 훗날에 행복한 삶을 살 수 있다. 자녀가 교육이나 사업 등에서 도움이 꼭 필요할지라도 지원은 최소한에 그쳐야 스스로의 힘을 잃지 않는다. 필요한 지원의 나머지는 국가와 사회가 책임을 져야 할 몫이지 부모가 감당해야 할 몫은 아니다.

자녀가 자력이 없을 때 부모가 보살피고 교육을 시켰다. 부모가 자력 없을 때에는 자녀가 부모를 보살피고 사람답게 살도록 도와드리는 것이 부모에게 보은하는 도리이다. 부모가 자력 있는데 없는 살림에서 짜내어 도와드리는 것도 바람직하지는 않다.

부모도 자신의 삶이 있어야 주체적인 행복을 누릴 수 있다. 부모도 자력 있는 생활을 하다가 자신의 힘으로 살아가기 버거울 때는 자녀에게 고마운 마음으로 의지해서 살아갈 줄도 알아야 한다. 잘 의지하는 것도 삶에 해탈하지 않으면 쉽지 않다. 많은 사람들이 자존심을 내세워 버티다가 어쩔 수 없을 때 자신을 맡기게 되는데 그러면 서로가 힘들다.

또한 세상에는 부모나 자식이 밖으로 자랑할 만하지 못하여 애써 숨기는 경우가 있는데 이는 삶을 몰라서 그런 것이다. 가족은 업을 공유한다. 영적으로 부모의 끌어당김과 자녀의 선택으로 가족이 형성되었다. 이러한 업의 굴레가 부모와 자녀 모두를 성장시키고 있다. 가족들의 힘은 가족들의 응원을 받으며 생기기도 하지만 큰 자력은 오히려 척박한 환경과 인간관계에서 생기기도 한다. 척박한 삶의 환경을 선택했다는 것만으로도 자신이 이미 힘 있는 영혼이란 뜻이다. 부모에게 힘겨운 자녀가 있는 것은 희생을 배우라는 것이고, 자녀에게 부족한 부모가 있는 것은 자력을 배우라는 의미가 담겨 있다. 이러한 배움을 슬기롭게 가져 가는 것에서 삶의 온기와 지혜가 생겨난다.

수승한 영혼은 가족을 선택할 때에 자신에게 지나치게 간섭하지 않을 부모를 선택한다. 그리고 큰일을 도모하기 위해 마음의 힘이 필요할 때는 주위 환경을 조금 어렵게 설정해 두어서 어려움을 극복해 감으로써 힘을 얻는다.

가족은 업을 공유하는 것이자 자신이 정한 것이다. 존재의 차원을 넘어서 서로 소유하려는 것만 조심하면 부모와 자녀가 서로 원망의 대상이 될 수 없다. 감사한 마음 가득한 은혜로운 만남이 분명하다.

부모가 자력이 없을 때는 생전뿐 아니라 사후에도 있다. 부모 스스로 항마 정도의 법력을 지녔다면 자력이 섰기에 사후에도 걱정할 게 못 된다. 그러나 항마가 되지 못했다면 임종 전후에 정법에 의한 법문이나 법력 높은 수행자를 통한 천도 의식이 꼭 필요하다. 사람이 바로 운명했을 때 자기가 운명한지 모르거나, 안다고 해도 어찌할 바를 몰라 한다. 이때는 삶의 매듭이자 앞길을 풀어 갈 아주 중요한 시기이니만큼 천도의 기회를 절대로 놓쳐서 안 된다.

물론 항마가 된 부모에게도 한 생의 노고와 수행의 거룩함을 기리는 법요 행사는 삶의 매듭을 잘 맺어 드리는 일이다. 그래서 천도재는 지내는 것이 좋다. 옛말에 용이 하늘로 오를 때 "용이다!" 하면 그 말의 힘으로 오른다고 했듯이 천도재의 기운에 힘입어 선도의 길을 떠나는 부모의 발길은 가볍고 힘차다. 그리고 사후에도 축원하고 살아생전의 숙원 사업을 이어 가든 염원하는 일로써 인류 발전에 이바지하면 그로 인해 부모에 대한 큰 보은이 된다. 그뿐만 아니라 자식들도 마음 깊은 기운을 지니게 된다.

세상의 모든 생물은 무자력할 때에 부모의 헌신적인 희생을 담보로 자라난다. 세상은 이러한 부모들의 희생을 머금고 유지·발전해 간다. 그러므로 부모들은 나이가 들었거나 불의의 사고 등으로 자력이 없어졌을 때에는 개인, 사회, 국가로부터 보호받을 권리가 있다. 부모란 자녀를 잉태해서 낳는 것보다 힘닿는 대로 자력 없는 이들을 돕는 사람들이다. 그리고 자력 없는 이들을 돕는 것이 부모에 대한 보은의 행위이다.

동포은

1. 동포 피은의 강령

사람, 동물, 초목이 없는 곳에서는 누구나 혼자서 살지 못한다. 동포의 도움 없이 살 수 없으니만큼 그 은혜가 크고 그지없다. 이 세상에는 명사농공상의예체유冥士農工商醫藝體遊 등의 생활 강령이 있다. 사람들은 그 강령 직업하에서 자리이타自利利他로써 소득과 교환으로 서로 도움이 되고 은혜를 입었다.

2. 동포 피은과 보은

명冥은 선禪, 명상冥想, 기도 등으로 영성 계발을 돕고 사士는 배우고 연구 관찰 실험 등에 의한 학문, 정치, 행정, 사법, 교육 등을 펼치고 농農은 심고 길러서 의식 원료를 제공하고 공工은 각종 물품을 제조하여 의식주, 전기, 가전, 자동차, 수용품 등을 공급하고 상商은 물질에 대한 정보, 통신, 교환, 융합, 유통, 교통, 서비스 등으로 생활에 편리를 돕고 의醫는 의술, 약재, 음식, 놀이, 상담 등으로 심신 건강을 보호하고 치료해 주고 예藝는 음악, 미술 등으로 정서적 안정과 치유와 발달을 이루게 하고 체體는 체육 활동으로 심신 건강의 유지와 단련을 돕고 유遊는 휴양, 여행, 연애, 놀이, 게임 등으로 심신의 휴식 전환 활동 등을 돕고 저 동물과 초목까지도 우리에게 생태계의 균형과 조화로 또는 심신의 위안 등으로 도움을 준다. 동포에게 자리이타의 도로 은혜를 입었으니 그 은혜를 갚으려면 그 도를 체받아 실행하자.

3. 동포 보은의 조목

명사농공상의예체유 등을 항상 공정한 자리에서 자리이타로써 하고 식물을 함부로 꺾지 말고 동물도 함부로 대하거나 살생하지 말자.

4. 동포 보은의 결과

우리가 동포 보은을 한다면 자리이타에서 감화를 받은 모든 동포가 서로 사랑하고 즐거워하여 나 자신도 옹호와 우대를 받게 되고 개인과 개인끼리 사랑하게 되고 가정과 가정끼리 친목하게 되고 사회와 사회끼리 상통하게 되고 국가와 국가끼리 평화하여 결국 상상하지 못할 이상의 세계가 된다.

더불어 살아가는 동포은
정서가 영적 성장의 바탕이 된다

사람들은 서로 돕고 경쟁하며 소유욕과 상대심이 커지면서 시기와 질투심이 생겨난다. 그러다가 생존에 위협을 느낄 정도로 사회 여건이 어렵고 힘들어질 때가 되어서야 다시 서로 힘을 모아 헤쳐 나가게 된다. 그러다 어느 정도 먹고살 만하면 질적·양적 비교 우위를 행복의 척도로 삼다가 인간관계마저 무너뜨린다. 인생은 이러한 반복으로 이어져 간다.

사람들은 다른 사람들과 더불어 살아가며 서로 부대끼다 상처도 입겠지만 그 속에서 정서적 교감을 이룬다. 사람뿐만 아니라 다른 동물과 식물까지도 한데 어울려 살아가는 곳은 삶과 성장의 근본적인 터전이다.

사람은 혼자 살 수 없다. 인적 없는 곳에서 혼자 살면 먹고 자는 시간 외에는 먹거리와 생필품을 장만하는 데에 시간과 에너지를 다 소비해도 모자랄 지경이 된다. 이렇게 생활해 가기만 하면 정신 수준이 일반 동물을 넘어서기 어렵다. 삶의 의미를 되돌아보며 영적인 성장을 꾀하는 건 엄두조차 내지 못한다. 또한 사회 속에서 살지라도 사회적 소외를 당해 혼자가 되면 우울해지다 못해 죽음에 이를 수도 있다.

사람은 원래 영적 존재이다. 삶이란 의미로 뭉쳤고 그 의미는 존재와 존재의 만남으로 형성된다. 이러한 모습은 자연의 습성처럼 사람으로 태어나서부터 자기가 원했든 원하지 않았든 사회의 구성 속 성원으로 살아가게 된 것이다. 이 가운데 영적으로 깨어 있는 사람은 구조의 균형 속에서 자기가 원하는 방향을 잃어버리지 않고 살아간다. 사람은 영적 동물로서 살아가는 의미와 가치를 중심으로 살아갈 때에 비로소 빛난다. 그러나 이러한 사람은 많지 않다. 대부분의 사람들은 사회적 흐름에 따른 역할과 자신의 욕망으로 삶을 소비해 버린다. 먹고사는 것에 급급한 나머지 내적으로 공허한 인생이 되고 만다.

영적 동물로 살아가는 가치의 중심을 이루는 것이 영적 성장이다. 영적 성장을 홀로 이루는 데에는 한계가 있다. 사람들의 의식은 다른 사람들과 함께하는 과정에서 폭이 넓어지기도 하고 깊어지기도 한다.
사람들이 모여 서로 삶을 나누게 되면 우선 정서 교감을 통해 정서적 안정부터 얻게 된다. 이 바탕 위에서 영적으로 조금씩 성장해 가며 서로가 은혜의 관계로 돈독해진다. 이런 과정들 속에서도 언젠가는 영적 성장의 정체기와 권태기는 꼭 온다. 이 시기를 넘어서 영적 성장을 지속해 가려면 각자가 정신적 자주력自主力 육신의 자활력自活力 경제적 자립력自立力 을 지녀야 한다. 이러한 것들이 영적 성장의 토대가 된다.

동포들이 모여 사회를 이루고 발전하기까지는 구성원들의 희생이 필요하다. 이로써 사회가 안정되어 살 만해지면 사회가 개인을 돌봐야 한다. 개인의 정서 등 작은 부분까지 헤아려 개인들이 행복한 삶을 살수 있도록 말이다.
사회가 성장함에 따라 생활 복지의 수준도 높아 가는 것이 보편적인 사회이다. 그러나 복지도 지나치면 사람들의 심신을 무기력하게 만들어 존재의 근간을 녹여버릴 수 있다.

사회가 더욱 성장하면 사회가 개개인의 생활 기초 복지를 넘어서 건강한 생활과 정서적 안정과 인지의 발달에 관심을 가져야 한다. 더더욱 바람직한 길이라면 개개인의 영적 성숙에 내용의 초점을 두는 것이다. 동포은이 먹고사는 것을 넘어서 영적 성장의 관계가 된다면 동포은은 서로 도반의 관계가 된다. 명사농공상의예체유를 통한 일들이 공부의 만남으로 될 때 인생은 의무보다 선택이 많아진다.

너와 내가 이로운 길, 동포은
네가 내 영혼을 성장시키는 기폭제

동포는 사람들의 직업군인 사농공상 등에 종사는 모든 사람과 천지 자연과 동물 그리고 환경까지도 포함한다. 이러한 동포의 은혜는 자리이타 自利利他 자신도 이롭고 남도 이로움 로 이루어진다. 즉 자신과 다른 사람이 서로 이익을 보는 관계로 이어져서 발전해 간다. 좀 더 깊이 들여다보면 평등을 바탕으로 함께하는 가운데 각자 최선을 다해 살아가나 서로 존중하고 배려하는 관계이다.

이러한 관계도 시작은 자타가 모두 자기의 이로움을 위해 주고받는 관계 속에서 진행이 된다. 이러한 관계를 성립하는 데에 포함되지 않은 사람은 또 다른 필요한 일을 찾거나 공급이 모자란 일을 함으로써 주고받는 관계의 폭이 점점 넓어진다. 이런 과정으로 사회는 좀 더 다양해지고 전문화된다.

전문화된 대량 생산은 삶을 효율적이고 편리하고 윤택하게 만든다. 하지만 지나친 대량 생산과 소비 과정은 자연을 훼손하게 되는 어두운 측면도 있다. 호흡을 길게 두고 보면 산업과 자연이 조화를 이룰 때 모든 것이 건강하다. 이러한 이치에 깨어 있는 사람들이 나서서 자연과 삶을 조율함으로써 모두가 하나의 삶을 살아간다.

동포를 좀 더 거시적인 안목에서 살펴보면 하나의 존재와 존재의 만남을 넘어서 하나의 유기체이자 삶으로 존재한다. 서로가 없으면 불편한 것을 넘어선 사회라는 하나의 공동체에서 말이다. 각자가 모여 하나가 되기도 하지만 사회라는 하나의 필연적이고 거대한 단체에서 각자가 일을 맡아서 하나의 큰살림을 이룬다.

거시적 관점은 작은 관점과 관점이 모여 서로 영향을 주고받는 가운데 하나로 이루어진 큰 관점을 말한다. 사회 가운데 어느 하나가 잘못되면 사회라는 공동체는 상처 난 곳을 치유하며 균형을 잡고자 부단히 애를 쓴다. 이러한 모습을 정산은 '한 울안 한 이치에 한 집안 한 권속에 한 일터 한 일꾼'이라고 하였다.

사회가 큰 하나를 이루지만 사회 성원 간 관계의 기본 형태가 서로 나눔을 통해 이익을 보고자 하는 데에 있다. 이로써 개인도 사회도 발전을 거듭해 간다. 내게 없는 것이 저 사람에게는 있고 내게 있는 것이 저 사람에게는 없는 데에서 교환이 이루어진다. 만약 어느 한쪽으로 지나친 이익이 쏠리면 삶의 균형이 깨져서 사회는 불안정한 상태가 된다. 사회 속 동포들이 서로의 은혜가 되기 위해서는 서로의 관계가 자리이타로 이루어져야 한다.

법의 테두리 안이라도 기득권으로 지나친 이익을 추구해서는 곤란하다. 그래서 필자가 성주 연수원에 있을 때에는 온라인으로 싸게 살 수 있는 물건이 있어도 지역 경제를 살리기 위해 조금 더 비싼 가격으로 읍내 가게에서 물건을 사왔다. 때로는 서로에게 이득이 발생하지 못하여 손해를 보아야 한다면 연수원 쪽에서 부담했다. 물론 무작정 손해 보는 쪽을 선택한 것은 아니다. 연수원 경제에서 이 정도의 손해를 감내해도 운영상 괜찮을지는 살폈다.

정당한 이익을 취해야 할 경우에는 최대한의 노력을 아끼지 않는다. 연수원도 사회의 한 구성체로서 경제적으로 자립해야 유지될 수 있다. 이것은 곧 사회의 한 모퉁이가 건강하다는 것을 뜻한다.

동포 관계의 기준을 자리이타로 삼되 서로 이익이 상충할 때는 자해이타[自害利他 자신이 손해를 보더라도 타인을 이롭게 함]로 삼는 것이 영적으로 성숙한 사람들의 선택 방법이다. 그렇다고 무작정 손해 보며 살기는 어렵다. 상점에서 물건을 살 때 다른 사람을 생각해서 좀 상하거나 벌레 먹은 것을 고르는 사람이 있다. 그 마음은 보살도이나 한발 물러서서 바라보면 그렇게 큰 생각은 아니다.

전체적 삶의 균형이나 경제적 관점에서 보면 상인은 싱싱하고 맛있고 모양이 좋은 과일을 제공하려 노력하고, 농민도 과일 농사를 지을 때 소비자의 취향에 부합하려고 노력한다. 또한 상인도 과일이 시간이 지나면 상할 수 있다는 것을 고려해서 유통 수량과 가격을 책정해서 판다. 물론 지난날에 소비자가 노랗고 광채가 나는 귤을 원해서 생산자가 건강하지 않은 방법으로 약품 처리한 귤을 판매한 적이 있다. 이러한 악순환의 고리가 아니라면 선순환으로 이어지는 경쟁은 어느 정도 필요하기 때문이다.

촌로가 용돈을 벌기 위해 텃밭에서 따온 채소를 판다면 소비자는 조금 덜 싱싱하고 조금 더 비싼 채소라도 자기의 경제적 사정을 고려해서 사주는 경우도 있다. 그러나 일반적인 상황이라면 과일을 살 때 지나치게 고르려고 하지 않는 선에서 모양과 신선도, 맛을 고려해서 사는 게 보편적이면서도 대국적인 생각이다.

좀 잘 났다고 하는 사람들이 삶의 경쟁에 속아서 애써 이겨 기고만장하다가 상대에게 상처를 남겨도 괜찮은 것처럼 산다. 그러나 인생의 뒤안길에서 보면 결국 인생에 지고 만 것이 된다. 인생은 더불어 살아가는 것이기에 이기는 것이 없다. 그런데도 이겼다고 하는 것은 삶에 진 것이나 다름없다. 삶 속에서 이기고 지는 것은 흔히 있을 수 있는 일이지만 인생의 큰 틀에서 보면 이겨도 이긴 게 아니고 져도 진 게 아니다. 그냥 살며 내 삶을 연습해 가는 과정일 뿐이다. 그런데 많은 사람들이 상대지어 비교하여 우쭐해지고 싶은 얄량한 마음으로 산다. 인생의 뒤안길을 미루어 생각하여 '그게 정작 이긴 것이고 대단한 것이냐'라고 반문해 보면 어떨까. 이겼다는 것은 삶이라는 숲에서 흔하디흔한 작은 돌들이 서로 키를 재고 내가 조금 더 크다고 우쭐대는 것과 같을 것이다. 이런 모습을 본다면 누구나 별 의미 없다고 피식 웃음밖에 나오지 않을 것이 뻔하다.

인생은 사람들마다 살아가는 몫이 각각 있다. 그 몫을 채우고자 나름대로 애쓰고 살아간다. 이러한 노력들이 얼키설키 엮여져 서로 유익한 생활을 한다. 내가 한 물건을 천 개 만드는 데 10만 원이 들었다. 1개당 100원 꼴이다. 그런데 같은 물건 1개를 다른 사람이 만드는 데 5,000원이 들었다면 효율이 떨어지는 게 이만저만이 아니다. 물건을 대량 생산으로 100원에 만들어 500원에 팔면 5배의 이익을 본다. 이렇듯 사람들마다 각기 다른 물건을 저비용 고효율로 잘 만들어서 서로 팔고 사는 가운데 서로의 이익이 발생한다면 동포는 서로 이익이란 선물을 주고받는 관계가 된다.

사람들은 동포 사람이나 동물, 식물 등 가 없는 곳에서는 살 수 없고, 동포의 상호관계 가운데에서 어느 하나라도 부족하면 불편하기 그지없다. 동포은은 또한 서로 행복을 배가시키는 관계이다. 동포은은 존재적 관계와 사회관계와 직업관계가 주를 이루나 친구관계, 사제관계, 식물과 동물 나아가 영적 존재까지도 포함한다. 그러나 은혜를 주고받는

관계가 일상이 되면 마음을 챙겨서 은혜를 상기하지 않으면 잊고 지
내는 게 일반적이다. 그래서 아침저녁이라도 마음을 챙기는 게 필요
하다. 평소에 동포의 은혜에 깨어 있는 사람은 일상에서 자기도 모르
게 따듯한 마음, 시선, 음성, 손길을 전할 줄 안다.

법률은

1. 법률 피은의 강령

개인, 가정, 사회, 국가, 세계가 법률 없이 안녕질서를 유지하기란 어렵다. 법률이 없는 혼돈 속에서 사는 사람들은 사건 사고가 끊이지 않게 되니 불안하기만 하다. 그러니 인도 정의의 공정한 법률이 큰 은혜가 아닐 수 없다.

인도 정의의 공정한 법칙을 개인, 사회, 국가, 세계에 드리우면 각 그곳에서는 법률은의 도움을 얻어 대체로 예측 가능한 안정된 생활을 할 수 있다.

2. 법률 피은과 보은

때를 따라 성자들이 출현하여 종교와 도덕으로 세상에 정로正路를 드러내고 명사농공상의예체유를 돕고 발전시키는 기관을 설치·운영하여 지식 함양과 생활을 보전하고 시비이해로 정의를 세워 안녕질서로 세상을 평안하게 한다.

법률에서 금지하거나 권장하는 조건으로 은혜를 입었으면 그 도를 존중하고 지켜 간다.

3. 법률 보은의 조목

개인에 있어서는 수신修身하는 법률을, 가정, 사회, 국가, 세계에 있어서는 함께하는 법률을 배워 행할 뿐 아니라 그 시대의 인심과 형편에 맞게 바꿔 가는 데에도 힘을 기울이자.

4. 법률 보은의 결과

우리가 법률 보은을 한다면 우리 자신도 법률의 보호를 받아, 갈수록 구속은 없어지고 자유를 얻게 되고, 각자의 인격도 향상되며 세상도 질서가 정연하고 명사농공상의예체유가 더욱 발달하여 평안하고 행복한 세상이 되며 또는 입법立法·치법治法의 은혜에 보답하는 삶이 된다.

법률은 우주의 섭리를 기반한 삶의 약속

사람들은 지구촌의 한 마을에서 태어나 부모의 보살핌을 받고 형제자매와 주위 인연들이 한데 어울려 살아간다. 주위 인연들과 도움을 주고받는 가운데 경쟁이 이어지다 보니 공정한 삶의 균형이 필요하다. 그래서 사회의 규범이 생겨난다. 사회 규범은 기본 인권을 바탕으로 모두가 행복할 수 있는 선에서 짜여 있다. 이렇다 해도 규범을 적용하는 것도 사람인지라 정치, 경제, 사회 등에 힘을 지닌 자에게 규범의 중심축이 다소 기운 채 작용한다. 규범이 좀 미흡해도 없는 것보다는 있는 게 낫다. 규범이 아예 없다면 폭력, 약탈 등으로 세상은 아수라장으로 변질되어 하루도 마음 편히 살 수 없다.

규범도 사회가 발전할수록 합리적인 쪽으로 변한다. 사회, 국가, 세계는 안정될수록 개인의 특성을 존중하고 행복을 위한 법제로 바꾸어 간다. 이러다 보면 복지가 촘촘히 이루어져서 개인은 잘 노는 것밖에 할 게 없을 수도 있다. 지나친 복지보다는 의식주 등 행복의 기본권을 보장하는 정도에서 개인의 잠재적 능력을 끄집어낼 수 있는 복지가 바람직하다. 진정한 행복은 자신의 정신, 육신, 경제의 자력을 바탕으로 이루어지기 때문이다.

일상의 법제는 인권에 기반하고, 이 인권은 행복 추구에 기반하고, 행복 추구는 윤리에 기반하고, 윤리는 진리에 기반한다. 즉 규범의 근원은 우주의 이치와 자연의 섭리에서 비롯된다. 그다음 사람과 사람 그리고 사람과 자연을 아우르는 규범이 자연스럽게 형성되는데 이것이 윤리이다. 이 규범이 사람들의 행복에 기반하여 원활하고 공정한 소통이 될 수 있도록 헌법, 법률, 법령, 조례가 생긴다. 그러나 법의 틈을 비집고 부당하게 이익을 취하는 사람도 어디엔가 반드시 있다. 법제가 아무리 철저히 이루어져도 완벽하기란 불가능에 가깝다.

법이란 것도 껍질에 불과하다. 껍질 안에서 자기 이익을 최대한 가져갈지라도 내용이 없는 삶은 내적으로 공허할 수밖에 없다. 부를 축적하여 혼자 잘 먹고 살아도 사람들로부터 외면받는 삶이라면 그 인생은 살아도 사는 게 아니다. 인간은 더불어 살아가는 관계라 행복도 나눌 때 더 크다.

사람과의 인연관계를 알아서 함께 나누는 사람이 슬기로운 사람이다. 삶을 더 크게 보는 사람은 의식을 인간에 국한하지 않고 영적인 부분에까지 넓혀 살아간다. 하나의 일에서도 영적인 까닭이 있어 그 하나가 영적인 것에 어떻게 영향을 미치는지도 생각한다. 법의 테두리와 명분보다도 내용을 더 중요하게 여긴다. 내용이 채워지면 테두리와 명분은 아울러 좋아져 간다.

법률의 본질은 우주의 섭리를 기반한 삶의 약속이다. 우리 인간은 소우주로서 우주의 섭리를 그대로 안고 있듯이 법률은 누구든지 자기 마음 깊은 곳에 있다. 성품의 결 따라 발현시킨 따뜻한 마음을 우려내어 살아가는 사람이라면 법률의 최고 정점에서 살아가는 사람이다. 진리의 삶에는 법률이 녹아 법도 있는 모습으로 나타난다.

법 없는 큰 법

시대에 따라 성자들이 출현하여 그 사회에 종교와 도덕으로 정로_正_路를 열었다. 국가와 사회는 여러 기관을 설치하고 국민의 생활을 보전시킬 뿐 아니라 지식을 함양하도록 이끈다. 또한 시비이해를 구분하여 불의를 징계하고 정의를 세워 안녕질서를 유지함으로써 국민의 평안한 삶을 도모한다. 소태산은 모두가 이러한 은혜를 받고 있다면 큰 법의 은혜를 받고 있는 것이라고 밝혔다.

법은 선량한 사람들이 잘 살아가기 위한 기반이자 영적으로 성장하기 위한 기반이다. 이렇듯 법은 사람을 위한 것이지 통제를 위한 것이 아니다. 수행을 잘하기 위해서는 처음에는 도반들과 도량상규를 지켜가며 함께하는 것이 도움이 된다. 법의 기반이 잡히고 자기 통제의 힘이 생긴다. 이는 앞으로 수행에 단단한 기반이 된다.

그러나 자력이 설 즈음에는 법을 떠나 본질적인 진리를 보고 현실적인 삶을 볼 수 있어야 한다. 법은 공식과 같은 것이라 빈구석이 많다. 원리를 통해 공식과 같은 법의 빈 곳을 채우거나 법을 바꾸어 가는 과정이 꼭 필요하다. 빈구석이 많은 법이 너무 세밀하게 되면 법을 위한 법이 되어 오히려 인간의 품성을 법이라는 테두리 안에 가둘 수 있다. 법망이 세월과 함께 점점 세밀하고 촘촘해지는 것은 대부분 철없는 사람들의 못된 행동을 막거나 벌을 주기 위해서인데 이것이 도리어 보편적 인간의 삶까지 구속하기도 한다.

도가를 찾는 사람들 대부분은 인격도야나 초월적인 능력을 얻고자 하지만 어려운 사람을 돕는 일에 동참하고 싶어서 온 사람도 있다. 사연은 사람마다 다르지만 도가에 들어와서는 도량상규나 규칙에 따라 생활해 가는 것이 일반적인 모습이다.

그러나 많은 대중이 모이다 보면 개중에는 제멋대로 생활하거나 수행을 게을리함으로써 수행의 분위기를 흩어 버리기도 한다. 이들의 행동을 조절하기 위해 계문과 주의를 준다.

도량상규와 계율은 그 시대의 인지에 맞게 제정되었으나 시간이 흐름에 따라 점점 경험이 더해지고 관념이 첨가되어 나중에는 삶을 구속하는 껍질로 변질되기도 한다.

세상이나 도가나 법은 양날의 검과 같이 적으로부터 나를 보호하나 자칫하면 자신에게 상처를 입힐 수 있으니 법을 다루기 위해서는 삶의 본질에 늘 깨어 있어야 한다.

이처럼 법은 원래 수행을 도와 영적 성장을 도모하기 위한 것에서 출발한다. 시대가 발전하며 인지가 열리는 만큼 종교와 수행 단체는 법을 대중의 인심보다 한발 더 앞서서 열어야 한다. 그래야 세상의 인지를 한발 앞서 고양시켜 갈 수 있다.

그런데 대부분의 종교와 수행 단체는 역사와 함께 의식이 오히려 굳어 가는 경향을 보인다. 의식이 굳게 되면 법은 권력의 도구가 되어 법이 사람과 수행을 구속하기에 이른다. 이럴 때의 모습은 교법이 일반론을 넘어서지 못하고, 조직은 관료화되어 있다.

종교는 신앙·수행하는 사람들의 모임이니만큼 인간의 품성을 억제해서도 안 되고 세상을 양적·질적으로 널리 이롭게 하려는 본의를 저버려서도 안 된다. 도가는 서열이 아닌 평등과 존중으로 이루어져야 건실하다.

집단이 성숙할수록 구성원 스스로가 자신을 존절히 하여 법규가 굳이 필요하지 않다. 진리 발현의 순서에 따라 법을 활용해 가면 법에 생명이 돈다. 즉 성숙한 종교와 수행 단체들은 성리에 의한 법도^{法度}를 펴고 법도로 움직이니 세상의 의식도 날로 트여 간다.

원불교에서 말하는 법률의 은혜는 인도 정의의 공정한 법칙에 따른 은혜이다. 제대로 된 인간의 도리에는 진리가 담겨 있게 되니 인간의 도리에 깊이 깨어 살아가는 삶은 진리의 삶이 아닐 수 없다. 이를 뒤집어 생각하면 인간의 도리에 영적 성장을 위한 길이 열려 있지 않다면 그 인간의 도리는 제대로 된 길이 아니란 것이다.

도가의 규율이라면 계문이 떠오르고, 도가의 계문을 떠올리면 계문은 사람과 삶을 구속함으로써 수행자들이 정제된 삶을 살도록 하기 위한 것으로 생각할 수 있다. 그래서 비인간적일 뿐 아니라 인권 유린을 가져 오기도 한다.

그런데 계문은 사람의 영적 가치관을 고양하기 위한 토대로 이루어졌다. 인간의 욕심을 채우기 위한 것이라기보다는 삶의 게임을 품위 있게 가져가기 위한 것이다. 그래서 계문도 결국에는 성리의 삶으로 이어져야 법의 본질이 살아 있는, 법 없는 큰 법이 되어 인간의 굴레를 벗어난 영적 가치관으로 이어진다.

법률은 모두가 함께한 약속
모두를 이롭게 하는 모습이자 품위

소태산은 법률의 은혜에서 수신修身 제가齊家 치국治國 평천하平天下 를 잘하는 것이 곧 보은을 잘하는 모습이라고 밝혔다. 과거에는 자신을 세상에 드러내기 위해 자신을 닦고, 가장이 가정을 빈곤으로부터 구제하여 거느리고, 나라의 중추가 되어 나라를 다스리며, 세계를 통일시키는 면이 있었다. 또한 지식이나 힘에서 비교 우위를 점하여 군림하려는 논리이기도 하다. 하지만 요즘의 수신·제가·치국·평천하는 영적 성장을 위해 자신을 닦고 또 세상과 함께 나아가는 데 있다.

요즘은 인권이 도드라진 시대라 가정에서도 남녀의 구분이 없고 부모와 자녀의 사이에서도 서열이나 차별이 없다. 가정은 가족 모두가 함께 가꾸어 가는 것이다. 나라도 마찬가지다. 국민은 더 이상 다스릴 대상이 아니다. 국민을 존중하고 국민의 입장에서 국민이 행복할 수 있는 정치를 국민과 함께해 가야 한다.

요즘의 국민은 어리석지 않다. 정치하는 사람 이상의 지식과 의식을 지니고 있는 사람은 아주 많다. 다만 나서지 않은 것뿐이다. 천하를 정복하여 내 나라 사람만 잘살게 하는 것을 대장부의 덕목으로 삼던 시대는 이미 지났다. 나라와 나라 간에 서로 울을 트고 넘나들며 지구촌의 모두가 행복해지는 방향에서 함께 노력하고자 한다.

　과거에는 기득권을 쟁취한 자들이 세상을 지배하였고 피지배자들은 위정자의 횡포에도 아무 말을 할 수가 없었다. 그리고 위정자는 위정자로서 당연히 할 일도 자신이 후덕하여 덕을 베푸는 것으로 포장하고 능력과 덕을 겸비한 인간이라고 선전해 왔다. 그러나 오늘날에는 모든 것을 모두가 함께하기 때문에 쟁취할 것도 없고 덕을 베풀 것도 없다.

　그래서 의식이 열린 지도자일수록 앞에서 이끄는 것보다 뒤에서 함께할 줄 안다. 그가 진실로 의식이 열린 인물이라면 뒤에서 있어도 빛이 난다. 앞설 하등의 이유가 없다. 수신이 재능과 인품을 성장시키기 위한 것이라면 제가, 치국, 평천하는 그 성장을 가정, 국가, 세계를 통해 나누는 모습이다.

　법률은 모두가 함께한 약속이라 법률 안에는 그 사회의 정신과 정서가 담겨 있다. 로마에 가면 로마법을 따르라는 말이 있다. 로마 사람들은 그 법으로 살아왔다. 섣불리 로마법을 고치려고 해도 고칠 수 없겠지만 고친다 해도 그 사회는 당분간 혼란을 겪게 된다. 다수 속에 한 개인이 들어서면 한 개인이 다소 불편할지라도 다수의 법을 따르는 게 맞다.

　인도 미지의 섬에 원시 부족이 사는 곳이 있는데 이들은 외방인이 전염병을 옮겨 온다는 이유로 외방인의 방문을 불허하고 있다. 그런데 최근에 한 미국인이 허락 없이 선교 목적으로 무작정 들어갔다가 원시 부족에게 죽임을 당했다고 한다. 철새가 종종 조류 인플루엔자를 닭과 오리에게 옮겨서 닭과 오리가 폐사하는 경우가 있듯이 원시 부족의 입장에서는 이방인이 목숨에 결부된 존재이다.

물론 어떤 곳에서는 할례처럼 비인간적인 행위가 행해지기도 한다. 인권 차원에서 고쳐져야 할 것도 있으나 다른 곳의 법률을 함부로 예단해서도 안 된다. 그 역사가 깊을수록 나름대로의 사연과 특성이 담겨 있고 또 그러한 사연들이 모여 세상을 다양하고 풍요롭게 한다. 우선 그곳의 법률을 존중하고 따라 줄 수 있는 아량이 필요하다. 그러나 그 법률이 진리, 윤리, 인권, 평등, 자유, 행복에 맞는지 깊이 헤아릴 줄은 알아야 한다. 헤아릴 지혜는 있어야 조언할 자리에 있을 때 조언하고 법률을 제정할 자리에 있을 때 합리적인 법률을 입안과 제정을 할 수 있다.

그 사회의 법률이나 예법을 잘 지키는 것은 쉽지 않다. 그럼에도 불구하고 법률이나 예법의 대부분은 모두를 이롭게 하는 원활한 생활 모습이자 품위를 지닌 모습이다.

예의를 잘 지키는 아이가 있어서 예의를 지키는 이유에 대해 물어보니 자신의 품위를 높이는 것이란다. 사회 질서를 잘 지키는 것은 결국 자신과 세상의 품위를 높이는 행동이다. 나아가 이 세상에서 모두가 행복하게 살아가는 무언의 형태인 문화를 이룬다.

가장 큰 법, 우주의 섭리
삶의 테두리에 속지 않으니
삶의 의미가 보인다

법 가운데 가장 큰 법은 우주의 섭리이다. 우주에는 섭리가 있고 우주의 움직임에는 질서와 조화가 있어 우리 모두가 우주를 믿고 마음 놓고 살아갈 수 있다. 이러한 섭리 가운데에서 소태산은 세상이 불생불멸 不生不滅 생겨나지도 않고 없어지지도 않음 하고 인과보응 因果報應 지은 선악에 따라 행과 불행이 있는 것 의 이치가 있음을 보고 세상에 천명하였다.

불생불멸과 인과보응을 이해하면 사람들은 살아생전의 일이 전부가 아닌 것을 안다. 그러면 생명에 집착하기보다는 삶의 내용에 충실하게 된다. 항구한 세월에 따른 긴 호흡으로 의미 있는 삶을 살아갈 수 있다.

나아가 소태산은 우주의 음양상승 陰陽相勝 음양 중 하나가 치솟아 극에 이르러 꺾이면 그중 다른 하나가 솟아오름 의 법칙에 따라 인과의 이치가 형성됨을 밝혀 주었다. 이 이치를 이해하면 극치에 이르기 전에 덜어 내어 존재하든지 아니면 극치에 이르러 자신을 놓고 세상을 이롭게 하는 데에 활용할 줄 안다. 또한 세상을 바라보는 관점에 따라 삶의 질에 많은 차이가 있음을 알아서 파멸이 아닌 상생의 원리로 은혜로운 삶을 살아간다. 세상을 살아가는 데에 감사하면 감사의 기운에 상생의 기운이 상응하여 감사에 감사가 더해져 삶이 온통 은혜와 감사로 넘쳐난다.

우주의 섭리에서, 변화의 원리는 누구나 노력하면 부처가 될 수 있음을 의미한다. 그러면 영성을 닦아 진급하는 삶을 살아가려는 사람이 많아진다. 영성의 진급은 진리의 속성에 따라 수양·연구·취사의 힘을 얻어 사은 보은의 삶을 살아감으로써 이루어진다. 이로써 부처, 즉 진리의 인품과 의식과 삶을 얻게 된다. 우주의 중심이 되어 살아가는 삶이다.

영적인 관점에서 보면 육신을 지니고 사는 삶은 보잘것없는 이미지에 지나지 않는다. 그러니 영원들의 세상에서는 시간과 공간 자체는 별 의미가 없다. 시간과 공간 속에서 살아가는 사람들은 물질의 핵심적 가치인 돈에 목매이지만 이 돈도 본질적 의미에서 보면 삶을 좀 더 편리하게 살자는 것을 넘어서 있지 않다. 돈은 수단이지 목적이 될 수 없다. 돈이 많아도 삶에 깊이나 감동을 줄 수 없다면 그 돈은 숫자에 불과하다. 나아가 하나의 이미지일 따름이다.

이미지에 속지 말고 삶에 숨겨진 깊은 의미를 찾아 마음과 삶에 드리우면, 재색명리마저 세상에 내줘도 삶의 의미가 충만해지고 마음이 담뿍해진다.

우주의 섭리인 진리와 인간의 삶 그리고 그 속에서 펼쳐지는 소소한 규칙들 그 모든 것은 우리 삶을 보호하는 것이자 거추장스러운 껍데기이다. 이 껍데기에 삶을 온통 의지하다 보면 형식을 쫓다 빈 껍질만 남게 되니 껍데기 속의 의미를 깊이 바라볼 수 있어야 한다. 의미의 삶으로 자신의 영혼을 상서롭고 아름답게 가꿀 수 있다. 이런 사람은 삶의 본질을 아는 사람이다.

사은의 주인으로 사는 삶
사은의 속내가 내게 온통 담기다

사은은 천지·부모·동포·법률의 은혜를 일컫는다. 천지 만물이 서로 없어서는 살 수 없는 관계이기 때문에 은혜라고 아니할 수 없다. 게다가 절박하기까지 하다. 이러한 관계를 본능이나 자연의 정칙으로 볼 수 있는데 소태산은 상생의 관점으로 봤다. 서로 살리는 관계란 것이다.

사은은 하나이고 이 하나에 사람들 각자가 담겨 있다. 즉 사은에는 세계가 통째로 담겼고 세계에는 사람들 각자가 한 개체를 이룬다. 하지만 각자는 세계에 확대되어 고스란히 담겼다. 그러니 사은에는 각자의 내용이 통째로 담긴 것이다. 그래서 원불교의 교리는 인본에 바탕했지만 전 생령과 생물을 위한 삶이자 세계주의이고 그 속의 주인공인 각자가 주인정신으로 살도록 했다.

인간은 태어나 인간답게 살아가는 것이 본분이다. 인간이라는 동물의 종으로 살아가려면 본의 아니게 살생이란 행위가 어쩔 수 없이 이루어진다. 단백질을 섭취하기 위해 고기를 먹든지, 이나마 먹지 않는 사람일지라도 집 짓고 농사하고 걸어 다니는 모든 행위에서 알게 모르게 수많은 생물을 죽이게 된다. 이처럼 인간의 삶 자체가 다른 생명을 해치지 않고서 살 수 없는 구조에 놓여 있다.

그러므로 인간의 삶이란 인본이 중심이 되지 않고서 모두를 위한다는 말은 성립되지 않는다. 물론 인본이라 해서 인간만을 위해 모든 생물이 희생되어도 괜찮다는 의미가 아니다. 인간도 동물이라 생태계의 균형 속에 있다. 다른 생물을 떠나서 살아가기 어렵다. 자연 속에서 생물과 조화를 이루되 살생은 부득이할 수밖에 없어도 삶의 필요를 넘어서지 않아야 한다. 부득이한 살생이 이루어질 때에는 행위에 마음을 싣지 않아야 정서적으로 상하지 않는다. 그렇지 않으면 잔혹한 기운이 내재될 수 있다.

사은이라는 관점의 중심엔 사람이 있고 더 소급해 들어가면 각자 개개인이 있다. 각자 모두가 사은의 중심이자 주인이다. 그런데 각자가 주인이라고 여기지 않고 오히려 세상의 머슴으로 살아간다.

자기가 자기를 인정하지 않으니 세상이 자신을 인정해 주지 않는다. 선택된 사람, 선거에서 뽑힌 사람, 시험에 합격한 사람 등을 세상의 중심이자 주인이라고 여기는 경우는 많다. 하지만 이들도 한때는 세상이 자기를 중심으로 돌아가는 것 같지만 세상의 주인이라 생각하지 않는다. 자기 마음대로 되는 것이 없기 때문이다. 그러나 거시적 관점에서 보면 내 마음 하나가 발하여 주위 인연을 만들고 내 느낌의 세상을 이룬다. 세상의 참 주인은 다름이 아닌 주인 된 마음으로 살아가는 사람이다.

한 가정의 주인을 보면 남편이나 아버지가 아니다. 가정을 위해 책임감을 갖고 희생한 사람이다. 그 주인은 아빠나 엄마 또는 자녀가 될 수도 있고 나아가 가족 모두인 경우도 있다. 주인은 다른 사람이 내일을 해 주는 것을 원치 않고 또 해 주지 않았다고 원망하지도 않는다. 세상이 내 세상이기 때문이다.

우리 각자는 사은의 은혜로 살아가지만 사은의 한 역할자이기도 하다. 또한 내용적으로 사은에는 나의 모든 게 담겨 있어서 각자의 생각 하나도 사은에 그대로 미친다.

　사은의 주체를 찾아보면 어느 누구도 주체라고 할 수 없으나 어느 누구도 주체 아님도 없다. 그러나 사은에 주인이 된 사람은 사은의 주체가 되어 살아간다. 사은은 우주만유이다. 이 우주만유의 주체는 우주만유의 모든 것이다. 어느 누구를 콕 짚어서 누구라고 할 수 없다. 그러나 어느 누구도 사은을 벗어나 존재하는 것은 없다. 다만 내가 사은을 가슴에 품고 살아간다면 사은의 모든 일이 나의 일이 된다. 실제로 주변 사람들에게 이곳의 중심은 누구냐고 하면 희생하는 사람을 지목한다.

　사은의 주인으로 사는 사람은 공통적으로 따듯하고 두루 포용하는 기운과 마음을 지녔다. 만약 사은 보은의 삶을 사는 사람에게서 포용력을 찾을 수 없다면 그는 내면 깊이 느껴서 사은을 품어 살지 않고 형식을 쫓는 사람일 것이다. 진정으로 내가 사은의 주인이라면 사은이 내 가슴에 스며들도록 깨어서 살아가는지 되돌아볼 필요가 있다.

사요[*]

자력양성
지자본위
타 자녀 교육
공도자 공경[**]

---

[*]사요는 평등의 원리이다. 대산은 자력양성은 인권 평등을, 지자본위는 지식 평등을, 타 자녀 교육은 교육 평등을, 공도자 공경은 생활 평등을 이루는 일이라고 했다. 원문이 행동 강령이나 표어와 같은 형식의 글이라 서술적 표현으로 수정하려고 생각했다. 그러나 곰곰이 되짚어보니 오히려 감각적이고 핵심을 짚은 표현이라는 생각이 들어 여기서는 현실적 언어의 온도에 맞추어 단어만 수정하는 선에서 멈추었다.

[**]원문은 공도자 숭배라고 했다. 신앙적 분위기가 많을 뿐 아니라 지나친 감이 없지 않다. 숭배보다는 공경, 공경보다는 존중, 존중보다는 신뢰, 신뢰보다는 인정하는 정도라도 괜찮다고 본다. 그러나 일반적으로 모두에게 가져야 할 마음이 존중이니 이보다는 좀 더 경건하게 대하는 모습인 공경을 택했다.

상향 평등의 원리, 사요
의식 성장으로 다함께 행복을 나눈다

사요는 평등을 기반으로 향상된 세상에서 행복한 삶을 살아갈 수 있도록 하는 개인과 사회의 강령이다. 이를 위해서는 기본적으로 자력을 양성하고, 지자를 본위로 삼고, 타 자녀를 교육하며, 공도자를 공경하는 것이 필요하다. 사요의 절대 평등한 가치는 자신, 사회, 국가가 함께 이루어 갈 때 실현된다. 이 가운데 사요의 뿌리가 되는 것은 개인 자신의 마음과 생활이다. 이로써 자신이 가족과 사회를 대하는 것을 보면 사요 정신으로 살고 있는지 알 수 있다. 사요 정신으로 사는 사람은 가족과 사회의 성원으로서 평등과 배려의 삶을 산다.

혹 성직자나 수행자라고 하면 평등과 배려로 삶의 최일선에서 산다고 생각할 수 있다. 그런데 만약 이들이 제도와 형식에 따른 지위나 직책, 기득권 등이 주어지는 상황과 환경을 당연하게 여긴다면 세속인과 별반 다르지 않게 된다. 성리에 깨어 자신에게 혹독한 잣대를 들이대지 않는다면 결코 중생의 굴레를 벗어날 수 없다.

세상이 모두 은혜이지만 은혜에 대한 감사한 마음만 가지고는 세상을 잘 살아내기 어려울 수 있다. 사람들이 세상은 은혜라고 하며 어떤 일에서도 늘 감사하며 지내라고 한다. 그런데 저 사람은 자신의 이익을 위해 나를 이용하고 부당하게 대우하는 데에도 내가 감사해야 하는가? 그래도 은혜라고 한다면 이것은 사은의 큰 틀에서 바라본 은혜이다. 삶 속의 모든 것에서 은혜일 수는 없다. 물론 합리적이지 않게 피해만 입는다는 생각이 삶의 큰 틀에서 생각하지 못한 데에서 기인한 것일 수 있다. 그러나 삶을 큰 틀에서만 바라보고 세세한 일상에서 잘못되고 불합리안 일들을 바꾸지 않다가는 더 크고 많은 문제에 봉착하게 된다.

한 예를 든다면 '한때의 어려움이 꼭 나쁜 것이 아니다. 길게 보면 자신의 내적인 힘을 단련할 수 있는 기회가 되어 다음에 성공할 수 있는 자양분이 될 수 있다. 또한 불합리한 일도 마찬가지다. 세상은 언제나 합리로 이루어진 것이 아니다. 어차피 이 세상에서 살 것이라면 사회의 불합리한 요소도 감내할 수 있는 적당한 면역력이 필요하다.'라고 말할 수 있다. 그러나 이런 것들은 마음가짐에 따라 은혜로 나타난다며 불합리한 일과 처지를 감내하라는 것은 옳지 않다.

어려운 환경과 불합리한 일에 대해 개선의 의지가 없이 당연하게만 받아들여서는 세상과 개인의 발전은 없다. 개인과 사회는 개선의 노력 속에 성장한다. 그럼에도 불구하고 해결되지 못한 어려움과 불합리한 것만으로 인내력과 면역성을 길러도 벅찰 정도로 충분하다.

소태산은 가정이나 몇 사람이 모여 함께하는 사회의 최소 단위에서도 은혜가 되려면 평등해야 한다고 보았다. 사회가 평등해야 가까운 일상에서 빈번하게 만나는 사람들끼리 함부로 대하지 않는다. 세상의 평등은 자신부터 평등 정신과 힘을 갖추는 데에서 비롯된다. 우선 상대의 눈치로부터 자유로울 수 있다. 이러기 위해서는 정신적·육체적·경제적 힘을 키워 삶을 스스로 헤쳐 나갈 수 있어야 한다.

세상이 평화롭기 위해서는 우선 세상이 평등해져야 한다. 평등한 세상을 구현해 가는 방법이 사요 실천이다. 사요의 평등은 자신보다 나은 사람을 끌어내려서 하향 평등을 이루자는 게 아니다. 나보다 나은 이를 주체로 삼고, 나보다 못한 이를 이끌어서 상향 평등의 세상을 만들자는 것이다.

세상이 상향 평등이 되어도 상대적 관점에 길들여지면 행복의 조건을 종종 상대적인 데에서 찾게 된다. 그런데 사요의 본질은 사람들 각자가 의식 성장으로 다함께 행복을 나누는 데 있다. 사람들마다 서로 다름을 인정하고 각기 자기다움으로 남들과 조화를 이루며 남에게 배려하는 삶. 이 가운데 영적 성장을 이루는 삶은 이 세상 사람들의 꿈이 아닐까 싶다.

행복은 차이에 의한 우월감보다 다름이 모여 조화를 이루는 것에서 훨씬 더 밀도 있고 크게 느껴진다. 남을 이롭게 할지라도 우월함에서 오는 자선에는 오만함이 있으나 다름을 인정하는 삶에서는 나눔과 배려가 있다. 우월한 행복에는 무시와 불편함이 있어 주위에서 사람이 떠나가고, 다름을 인정하는 행복에는 존중과 편리가 있어 주위에 사람들이 모인다. 그래서 우월한 행복은 외롭고 짧다. 그러나 다름을 인정하면 다양한 어울림이 이루어져 행복이 훨씬 풍요롭고 길다.

자력양성

1. 자력양성의 강령

자력이 없는 어린이나 노약자가 아니라면 자력을 공부 삼아 정신의 자주력自主力, 육신의 자활력自活力, 경제의 자립력自立力을 양성하여 사람으로서의 의무와 책임을 다하는 동시에 힘이 미치는 대로 자력이 없는 사람을 보호하자. 인권 평등은 자력을 기르는 데에서 비롯한다.

2. 자력자로서 타력자에게 권장할 조목

자력이 있는 사람이 부당하게 의뢰할 때에는 그 의뢰를 받아주지 않는다. 재산을 상속할 때에는 재산을 받아 유지하지 못할 자녀를 제외하고 모두에게 고르게 나누어 준다. 성년이 된 후에는 각자 의무와 책임을 다할 뿐 아니라 경제적 자립력을 가진다. 기타 모든 일을 경우와 법에 따라 처리하되 성별, 나이, 신분으로 차별할 것이 아니라 일에 따라 대우한다.

3. 자력양성의 조목

자력이 없는 처지가 아니라면 의뢰 생활을 하지 않는다. 남녀 모두가 인류 사회에 활동할 만한 교육을 받는다. 남녀 모두가 경제적 자립으로 생활의 자유를 얻고 가정이나 국가에 대한 의무와 책임을 동등하게 이행한다.

평등의 기반, 자력양성
권리 동등은 자력에서 생긴다

'자력양성'이 『정전』의 초기에는 '남녀권리동일'이었다. 지난 몇십 년 전만 해도 한국 사회는 남존여비의 사회적 풍토가 심했다. 이를 타파하고자 우선 '남녀권리동등'에서 비롯한 인권 평등의 세상을 구현하고자 했다.

남녀권리동등이 데모나 캠페인을 통해서 지금의 자력양성으로 바뀐 것은 아니다. 시류에 따라 변한 면도 있지만 변화의 근원을 살펴보면 남녀의 권리가 동등해지려면 자력양성부터 이루어져야 한다. 자력양성은 모든 삶의 기틀이자 근본이 된다.

지난날에 남녀의 권리가 동일하지 않았던 주된 이유는 주로 남자가 사회적 활동을 통해 돈을 벌었기 때문이다. 남편이 밖에서 돈을 벌어다 주면 아내는 집에서 자녀를 기르며 집안일을 했다. 그런데 이혼이라도 하게 되면 아내는 돈벌이를 위해 허드렛일밖에 할 수가 없었다. 아내가 남편에게 종속될 수밖에 없는 이유이기도 하다. 수요와 공급면에서도 아내로서 집안일을 할 사람은 많고 밖에 나가 돈을 버는 사람은 적으니 힘은 돈 버는 남편에게 편중될 수밖에 없다.

아내도 어느 정도는 전문적인 지식이나 기능을 갖추어 유사시에 경제적 활동을 할 수 있어야 남편과 동등한 대우를 받을 수 있다. 요즘에야 교육 수준도 남녀가 같고 이혼할 때도 아내가 재산 형성에 공헌한 점을 인정받아서 재산의 절반을 가지게 되었다. 남편이 아내에게 함부로 하지 못하는 요인으로도 작용한다.

인생의 황혼에 접어들어 정년퇴직한 남편이 집에 있게 되면 집안일의 고수인 아내에게 의지하게 된다. 이로써 가정의 주도권은 아내에게 자연스럽게 넘어간다. 이 또한 남편이 집안일에 자력이 없기 때문이다.

요즘 한국을 비롯한 여러 나라에서는 '나이 든 아이들' 때문에 사회적으로 골머리를 앓는다. 성년이 되어서도 자력이 없어 부모 곁에서 빌붙어 사니 부모와 자녀 모두가 시간이 갈수록 행복해지지 않는 구조에 놓였다. 어려서 고생했던 부모가 자녀만큼은 편안하고 풍족하게 살게 해 주려던 것이 그만 자녀의 자력을 빼앗은 격이 되고 말았다. 남녀노소 누구를 막론하고 행복하기 위한 기본 조건은 자력이다. 각자가 자력이 선 다음에야 한 존재와 존재 간의 권리와 배려가 공정하게 이루어진다.

자력에 대해 대산은 정신의 자주력自主力과 육신의 자활력自活力과 경제의 자립력自立力으로 나누어 밝혔다.

정신의 자주력을 얻기 위해서는 기본적으로 일상생활에서 다른 사람과 더불어 살아가기 위한 자기 통제력과 의사소통 능력부터 필요하다. 그리고 맡은 일을 상식선에서는 해낼 수 있다면 보편적인 정신 수준은 된다고 본다. 이보다도 더 나은 진리적 삶을 살고 싶다면 이때는 수양력과 연구력을 쌓아야 한다. 이래야 안정된 정서와 통찰력을 지닐 수 있다.

　육신의 자활력은 다른 사람의 도움 없이 스스로 생활할 수 있는 힘이다. 이러한 힘은 생활에 지장이 될 만한 병고나 장애가 없다면 원활한 육근 작용에서 생긴다. 누구나 만족할 만큼의 건강을 유지하며 일생을 사는 것은 쉽지 않다. 부족한 건강을 채우기 위해서는 자신에게 알맞은 일, 수면, 휴식, 운동 등이 필요하다. 이로써 맡은 일을 무난하게 해낼 수 있을 정도의 건강이라면 준수한 건강을 지녔다고 할 수 있다. 나아가 맡은 일을 완성도 있게 하기 위해서는 건강뿐 아니라 일을 통해 단련해 감으로써 생긴 자활력이 요구된다.

　경제의 자립력이라면 지식이나 기술 또는 일로써 스스로 의식주를 마련하여 운용하는 것은 물론이고 저축을 하고 취미, 여가, 봉사 활동 등까지도 할 수 있는 경제력을 말한다.

　자력은 인권평등에 반드시 필요한 것이자 사회평등을 위한 덕목으로도 첫손가락에 꼽힌다. 자력은 수행을 해 가는 데에 바탕이 될 뿐 아니라 원초적 힘으로도 작용한다. 사회에서 잘 사는 사람이 수행도 잘하고 수행을 잘하는 사람이 사회에 나가도 잘 산다고 하는 말이 공연히 나온 말이 아니다. 이 모든 것이 자력으로부터 이루어지기 때문이다.

지자본위

1. 지자본위의 강령

지자본위는 구하는 것에서 자기보다 나은 사람에게는 배우고, 구하는 사람보다 못하면 가르쳐서 상향 평등한 세상을 이루자는 데 그 목적이 있다. 배움을 주고받으며 평생을 이어 가는 것은 사람으로서의 보람이자 성장의 기쁨이자 인류 성장의 길이다. 인류 성장의 길은 지식 평등에서부터 비롯된다.

2. 불합리한 차별의 조목

과거에는 지구상에 인종, 종족, 신분, 빈부, 남녀, 노소의 차별이 있었다. 이러한 것에서는 벗어나더라도 어느 한 방면의 지식이나 능력이 있는 사람이 자기보다 하나라도 좀 모자라는 사람을 깔보거나 이용하거나 짓누르는 것도 차별이다.

3. 지자본위의 조목

솔성率性의 도와 인사의 덕행, 모든 정치·행정·경영의 처세, 생활 지식, 학문과 기술, 기타 모든 상식에서 앞선 사람과 뒤처진 사람이 배움을 주고받자. 이러한 관계는 구하는 것과 때에 한정되어 있다. 지식이나 능력으로써 사람을 근본적으로 차별하거나 항구적 차별이 있어서는 안 된다.

인류 성장은 지식 평등에서
지자를 본위로 모두가 향상하는 것이 중심

「지자본위^{智者本位}」는 계몽적인 말이기는 하다. 주어는 불특정 다수를 암시하지만 목적어와 동사가 빠진 채 방법론만 제시되었다. 자력양성과는 문자 내용의 유형이 다르다. 이를 채워 놓는다면 '무엇을 하든지 지자를 본위로 하자'는 것이 된다.

지자본위에서의 '지'자는 지혜를 뜻하지만 지혜에 국한되어 쓰이지는 않는다. 그러므로 지자는 지식, 기술, 처세 또는 인생의 견해 등 무엇이든 그 방면에 자신보다 나은 모든 사람을 일컫는다. 지자를 기준으로 삼는 것이라 우선적으로 지우^{智愚}의 차별은 있다는 데에서 출발한다. 그러나 이러한 차별은 지자를 본위로 해서 모두가 향상되는 데 무게중심이 있다.

지자본위에서 지자의 기준은 어떤 판단이나 행동의 중심에서 지혜를 갖추었느냐이다. 지혜로운 사람에게 조언을 구하면 하려는 일을 바르고, 빠르고, 완성도 있고, 예술적으로 이룰 뿐 아니라 일의 과정에서 지혜를 얻는 방법도 터득할 수 있다.

그렇다고 지자를 본위로 삼기 위해 모든 사람을 존재 자체부터 지자와 우자로 구분하자는 게 아니다. 구하고자 하는 일에 따라 지자와 우자를 구분할 따름이다. 만약이라도 지자본위가 구하는 것에 국한된 것이라는 사실을 잠시라도 잊어서는 안 된다. 근본적 차별에 떨어져 평등은커녕 원수의 관계가 될 수도 있다.

탁구를 배우려고 할 때는 탁구 코치가 지자가 되고, 수행을 하려고 할 때는 선지자가 지자가 된다. 이렇듯 이러한 관계는 역할에 따른 구분일 뿐이다. 한때 배움의 과정에서 가르쳐 준 이가 있었다면 그가 언제 어디서나 지자가 되는 게 아니다. 가르쳐 준 사람은 그 일을 하는 그 시간 안에서만 지자의 역할에 지나지 않다. 이렇듯 지자본위라 하여 스승과 제자의 관계로 한번 맺어지면 죽을 때까지 이어지는 게 아니다. 그러므로 제자가 청출어람으로 스승을 능가하면 스승과 제자는 언제든지 바뀔 수 있다. 물론 지난 세월에 은혜 입은 것을 잊는 배은망덕한 사람이 되라는 것은 아니다. 다만 배움에서 이루어진 관계가 종속된 관계로 이어지는 것은 바람직하지 않다는 뜻이다.

만약 지자와 우자가 근본적인 차별로 종속적인 관계를 유지하면 그들 사이에서 지우가 바뀌게 될 일에서는 배움이 끊기게 된다. 종속적 관계에서 유지되는 권위는 사람들을 일정한 범주 안에서 구속하므로 영혼을 상하게 한다.

지자본위는 평등에서 시작되므로 서로가 서로에게 스승 될 수 있어야 바람직한 관계이다. 스승과 제자도 종속적 관계가 아닌 수평적 관계여야 영혼이 자율성을 지녀 법을 허심탄회하게 주고받을 수 있다.

지자본위가 있는 곳에서 민주주의적 합의는 어떻게 될까? 지자본위로 하자니 민주주의가 훼손되고, 민주주의 절차에 준하자니 지자를 개인 한 사람으로밖에 여기지 않게 된다.

생물 같은 세상을 민주주의라는 범주에 담기에는 민주주의가 경직

되고 너무 작다. 그래서 민주주의는 참여, 토론, 공화와 자유의 균형, 현자^{또는전문가}의 의견, 의결 절차, 특성의 분립 등으로 발전시켜 가고 있다. 이러한 기반 위에서 최선책을 모색해도 완전하고 이상적인 결과를 도출하기에는 여전히 미진함이 없지 않다. 민주주의는 구성원 수준의 한계를 넘어서기 어렵고, 또한 현자의 의견을 구한다고 해도 누가 이 세상 최고의 현자인지도 모르기 때문이다.

보편적인 상황에서는 어설픈 현자의 의견보다 대중의 의견이 낫다. 민주주의 절차에 의한 리더를 선출하고 의견 개진과 도출이 합당하다. 그러나 특수한 상황에서는 직관적 감각을 지닌 리더를 도와 일사불란하게 움직이는 조직이 필요하다. 이 또한 오래 지속할 것은 못된다.

보편적인 사회에서의 지자는, 구하고자 하는 분야에서 공신력 있는 교육 과정을 체계적으로 수료한 자, 실무에 20년 이상 종사한 자, 특별하다면 천재적 실체를 보인자, 이들의 재능을 취합·조정하여 더 나은 결과를 도출해 내는 자 등이다.

수행하는 곳에서 지자를 본위로 하자는 뜻은 모두가 일정 수준에 도달하기 위한 전문 교육이나 훈련을 하여 모두가 지자에 버금가는 능력을 얻자는 의미이다. 그러나 수행은 일반사회의 교육 과정을 수료하고 계량 가능한 숫자로 평가할 수 있는 것이 아니다. 영적 지혜와 삶의 구현이 하나로 엮여 나와야 하기 때문이다.

수행은 보편적 교육과 훈련이 바탕을 이루어야 하지만 스승과의 마음과 기운이 연하며 성장하는 것이 함께 이루어져야 한다.

지자본위에 따라 모두가 영적으로 성장해 가는데 지자에 대한 판단과 결단의 중심은 배우고자 하는 사람에게 있다. 도가는 내리사랑이 아니라 치사랑인 것처럼 제자가 마음을 위로 연할 때 법의 소통이 이루어진다. 그러기 때문에 배우는 사람이 스승을 정하고 인정할 때에 지자와 우자의 관계가 성립된다. 지속적인 가르침을 받은 사람이 가르친 사람을 스승으로 대우한다면 몰라도 한때 지식, 기술, 교리, 수행 방법 등을 가르친 사람을 스승이라고 말하는 건 경우에 어울리지 않는다.

지자본위는 스승과 제자의 관계를 정하여 지속한다는 의미보다는 영적 성장을 위해 자기보다 더 나은 지식, 능력, 지혜, 심법 그리고 진리를 삶에서 구현해 내는 사람을 찾아 부족한 부분을 채우자는 의미가 더 크다.

영적인 지자도 지자가 되기까지 부단한 노력 없이는 될 수 없다. 이렇다 해도 그 이면에는 사은으로부터 음과 양으로 도움을 받을 수밖에 없다. 또한 진리의 소명이 함께하기도 한다. 즉 자신의 노력과 사은의 도움과 진리의 소명이 함께하니 사회에 환원해야 하는 소명도 함께 있다.

진리에 의한 리더의 소명은 일반적이지 않아서 보편적인 이해가 어려울 수 있다. 진리는 미래가 필요로 하는 인재에게는 직관과 창의적 능력을 주고, 주체가 될 만한 사람에게는 열정과 재능을 준다. 과거에 없던 일들은 창의적인 것이라서 만들어지는 것보다 통째로 낳아야 한다. 마치 예술과 비슷하다. 낳아야만 하는 일은 진리가 그냥 주지 않는다. 어려운 상황에서 헤쳐 감으로써 창의적 능력과 이루어 낼 힘을 함께 얻어야 낳아 기를 수 있다.

낳아야 하는 일은 진리가 모든 것을 다 주지 않고 자신의 노력으로 채울 수 있는 부분을 꼭 남겨 둔다. 이렇게 이룬 사람은 그동안의 능력과 일이 자기 노력만으로 된 것이 아닌 까닭을 안다. 진리에 감사하고 자신의 능력을 사회에 환원하는 데 주저할 수 없는 이유이기도 하다. 이러면서 자신의 능력을 완성해 간다. 진리의 소명을 영적 성장의 기회로 삼는 사람이 지혜로운 사람이다.

지자본위는 영적 성장을 위한 사람들로부터 이루어지는 상향 평등한 세상을 만드는 주요 요건이 된다.

함께 영성을 일깨우는 관계
영적 가치 실현을 위해서도 지자본위

원불교에서는 모든 사람을 평등하게 여기지만 '지자본위^{智者本位}'라고 하여 지우의 차별만큼은 세워 놓았다. 종교는 가치를 중시하는 집단이고 그 가치는 영적 성장에 있기에 지우의 차별이 존재할 수밖에 없다. 지자가 주체가 되는 차별이 아니라 우자에 의한 차별이다. 진정한 사제 관계는 연조와 직책 또는 추천에 의해 이루어지는 것이 아니라 제자가 스승을 정하여 배우기를 청할 때 성립된다.

요즘 한국 학교에서 교사^{敎師}는 가르치는 기능인이 되고 말았다. 이런 현상은 학교뿐만 아니라 모든 종교에서도 나타난다. 세상이 수평적 관계로 나아가고 있어서 그런지 대중이 성직자를 무조건 받들고 위해 주지 않는다. 스승은 명분이 아닌 스승다움이 있어야 대접받는 세상이 되었다. 권위로 지시하고 무조건 따르는 식의 사제 관계보다 지도받은 사람이 자기 근기와 특성에 따라 실질적인 도움을 받을 수 있는 관계라야 지도해 준 이를 스승으로 여긴다.

제도상 출가와 재가는 일에 따른 역할일 뿐 근본적으로 평등하다. 출가 가운데 교리를 가르치고 교화를 담당하는 교무들은 진리와 소태산 스승의 전법 사도라는 임무를 받은 봉사자인 동시에 전문 수행자이다. 이런 교무들은 깊은 수행으로써 샘물 같은 진리 소식을 시대와 인지에 한발 앞서 사회에 내놓으며 사회를 이끌어 간다. 그리고 재가들은 삶 속에서 불법으로 생활하여 법에 생명력을 불어넣는 역할을 한다. 출가이든 재가이든 삶의 궁극적 목적은 영적 성장에 있고 그 기준은 심법이다. 출가와 재가의 구분이 심법보다 더 중요할 수는 없다.

　교무가 대중으로부터 예우를 받을 때는 소태산에 대한 공경과 예우의 연장선이지 교무 자신이 훌륭해서 받는 대우가 아니다. 교무는 재가 교도가 지도받는 위치에 있다고, 재가 교도는 교무가 나이가 적다고 함부로 대해서는 안 된다. 진리에 철든 사람은 법가지法可止로 배려할 줄 안다. 법가지는 법 앞에 가히 그칠 줄 안다는 뜻인데 이는 내가 법이 승해도 주법主法 앞에 자신을 내려놓고 주법의 일을 돕는다는 의미가 담겨 있다. 주법도 최소한 진리에 의한 심법이라야 성립되는 것이지 자리만 갖고 주법이 되는 것은 아니다.
　영적 가치의 실현을 위한 삶에는 출가와 재가의 구분보다 지자본위가 앞서고, 이보다 서로 존중하며 영적 진급을 위해 돕고 함께하는 관계가 더 앞선다. 세상의 인지가 열릴수록 관념적 서열과 예우는 사라지고 세상은 내용 중심으로 바뀌어 간다.

　종교는, 진리를 배우고 실천하는 수행자로 살려는 사람들의 모임이지 명예와 권력을 지향하는 집단이 아니다. 원불교도 진리의 본질에 깨어 있지 못할 경우 타락의 길을 걷게 될 수 있으므로 영성을 불러일으키는 데 게으르지 않아야 한다.

타 자녀 교육

1. 타 자녀 교육의 강령

교육 기관이 적고 교육 환경이 열악하거나 교육 정신이 자타의 국한을 벗어나지 못하면 세상의 문명은 지체될 수밖에 없다. 교육 기관을 확장하고 자타의 국한을 벗어나 두루 교육의 기회를 제공하는 목적은 세상의 문명을 촉진하고 인류가 행복하게 생활할 수 있도록 하자는 데 있다. 타 자녀까지 교육함으로써 세상은 비로소 교육 평등이 이루어진다.

2. 교육의 결함 조목

정부나 사회에서 교육에 대한 적극적 성의와 권장이 없을 때, 사회적으로 소외된 사람이 교육받을 생각조차 못할 정도의 교육제도일 때, 교육받은 사람이 그 혜택을 널리 나타내지 못할 때, 교육에 대한 사회적 의견 교환이 적을 때, 교육의 정신이 자타의 국한을 벗어나지 못한 때이다.

3. 타 자녀 교육의 조목

타 자녀라도 내 자녀처럼 교육하기 위하여 모든 교육 기관에 힘 미치는 대로 조력할 뿐 아니라 사정이 허락되는 대로 몇 사람이든지 자기가 낳은 셈 치고 타 자녀를 교육하자. 국가나 사회에서도 교육 기관을 널리 설치하여 적극적으로 교육하자. 교단·사회·국가·세계에서 타 자녀 교육의 조목을 실행하는 사람에게는 각각 그 공적을 드러내어 대우하자.

교육 평등의 상징적 표현, 타 자녀 교육
교육의 나눔은 촛불의 나눔처럼
세상을 밝힌다

'타 자녀 교육'은 교육 기회의 평등이 이루어져야 한다는 뜻인데 밑도 끝도 없이 '타 자녀 교육'이라고만 했다. 타 자녀까지 가르칠 정도로 가르치는 일을 널리 베풀어서 누구에게나 교육의 기회를 고루 제공하여 교육 평등한 세상을 이루자는 뜻이다. 즉 '타 자녀 교육'은 교육 평등의 상징적인 표현이라 할 수 있다.

사람으로 태어났으면 모두에게 교육받을 기회가 평등하게 주어져야 마땅하다. 이러한 환경을 만들기 위해서는 자기가 배운 만큼 사회에 환원하거나 미래를 짊어질 사람들에게 힘닿는 대로 교육의 기회를 주어야 한다. 나아가 교육의 기회는 개인적 노력보다는 사회적 제도로 마련되어야 한다. 이는 개인적 의지에 초점을 둔 지자본위와는 다르다.

타 자녀 교육은 이미 선진국에서는 제도적으로 시행하고 있는 것이라 이 조항은 선진국에서는 의미가 없다는 말이 예로부터 있어 왔다. 선진국에 접어든 한국도 교육 기회의 평등은 어느 정도 이루어지고 있다. 그렇지만 교육의 양적 기회 균등을 넘어서 교육의 본질적 의미를 고려한 질적인 부분까지 생각하면 아직도 갈 길이 멀다.

교육에 대한 사회적 기반이 약한 나라에서는 교육의 기회조차 제대로 이루어지지 못하고 있다. 이러한 것은 그 나라의 지식 기반과 경제 논리에 따른 것이라 문제를 해결하는 데 그리 복잡하지는 않다. 여러 선진국에서 어려운 나라를 돕고 있고 자국에서도 꾸준히 노력하고 있어 시간이 갈수록 결국 교육 시설은 해결되어 간다.

교육적인 면에서 선진국은 후진국보다는 낫지만 다른 문제로 골머리를 앓는다. 청소년들이 공부하지 않아서 걱정이다. 그 기반에는 지나친 복지제도가 한몫하고 있다. 청소년들이 커서도 취직하지 않아도 먹고사는 데 그리 어려움이 없으니 말이다. 그래서 요즘 복지 주관처에서는 복지 혜택을 받는 사람들이 조금 더 좋은 의식주와 문화생활 등을 위해 각자가 노력할 수 있도록 하는 복지를 실행한다. 이렇다 할지라도 개인의 성향이 뚜렷한 이들의 각각 다른 소양을 불러 일으켜야 하는 문제가 있어서 여간 복잡미묘한 게 아니다.

교육학자들도 앞으로는 한 기술을 배워서 평생을 먹고 살 수는 없다고 한다. 세상과 직업이 변하는 속도가 빨라서 마음의 체력과 유연한 사고, 복합적인 정보 활용 능력을 갖추어 지식과 기술을 얻어 가는 것이 필요한 세상이다. 그런데 세상의 빠른 변화에 적응해 갈 수 있는 사람은 적다. 그럼에도 불구하고 세상은 먹고 사는 데에서 궁핍함은 벗어나고 있다. 기술의 발달로 소수가 다수를 먹여 살리니 대부분의 사람들은 소소한 자기 역할을 해 가며 더불어 행복하게 살아가는 게 인류의 보편적인 가치로 변해 간다.

행복한 삶은 물질적 요소와 정신적 요소가 어느 정도 균형을 이뤄야 한다. 하지만 물질적 필요가 어느 정도 해결된 상태에서는 정신적 가치가 주된 관심사가 된다. 정신적 가치는, 경제적 주역에게든 소소한 삶에서의 행복을 추구해 가는 사람에게든 필요 불가결하다.

세상이 빠르게 변할수록 교육은 기본에 충실해야 한다. 교육의 기본은 사람이 사람답게 사는 데 있다. 그러기 위해서는 정서적 안정을 우선하고 지식을 기반으로 한 소통, 질서, 경제활동, 배려가 필요하다. 나아가 사유와 자아실현을 해 가는 것으로서 행복한 삶을 추구해 가야 하지만 이마저 넘어서면 관심은 예술과 문화를 넘어서 인격으로 옮겨 간다. 그러다 죽음 후의 세상에까지 이어지다가 수행이란 것이 대두된다. 수행도 행위를 넘어서 실효성에 기반을 두어야 한다. 이 실효성은 영적 가치에 의해 평가를 받게 된다. 이제 사회의 공동 관심은 영적 가치로 옮겨 가고 있다.

　삶의 의미에 초점을 두지 않은 교육은 궁극적 의미가 될 수 없다. 학교교육도 가치의 삶에 초점을 두고 행복을 추구해 갈 때 전인적 교육으로 나아갈 수 있다. 이것이 선진국이 앓고 있는 교육의 딜레마를 넘어선 교육이자 미래 삶의 방향이 될 수 있다. 앞으로는 교사도 수행자가 되어야 하는 시대가 오고 있다.

　최고의 교육자일수록 안정되고 영롱한 정서 속에 지식, 기술 등을 피교육자에게 전이한다. 교육이 정서만이라도 충족시켜 주어도 인생 절반의 교육은 되는 셈이다. 나머지의 지식, 기술 등은 피교육자 스스로가 찾아갈 수 있다. 교육자가 열린 의식으로 피교육자 모두에게 관심과 사랑을 고루 담아 길을 열어 주고 때로는 기다려 주면 피교육자는 교육자를 의지하고 이로써 밖을 향해 나아간다.

공도자 공경

1. 공도자 공경의 강령

공도자를 공경하여 세계 인류가 생활 평등을 이루자는 것이다. 자기를 넘어서 세상을 하나로 볼 줄 알아야 한다. 세상을 널리 이롭게 하기 위해서는 자신과 가족이 어느 정도의 희생을 담보할 수밖에 없다. 세계, 국가, 사회, 종교계에서 공도자를 높이 귀하게 우대하면 그에 따라 더 많은 공도자가 나온다. 우리는 공도자를 존중할 뿐 아니라 그 공도 정신을 체받아서 공도 활동을 해 나아가야 한다.

2. 공도 사업의 결함 조목

공도 사업에 결함이 생기는 경우가 있다. 생활의 강령이며 공익의 기초인 명사농공상의예체유의 전문 교육이 미흡하고 그 교육 기관이 적을 때, 진리와 종교의 교리와 제도가 대중적이지 못할 때, 정부나 사회에서 공도자에 대한 대우가 적을 때, 모든 교육이 자력을 얻지 못할 때, 이기적인 마음과 원근·친소에 끌리는 마음이 심할 때, 공도에 대한 견문과 상식이 적을 때, 공도에 헌신한 사람들이 존중받지 못한 때이다.

3. 공도자 공경의 조목

자타의 국한을 벗어나 공도 사업을 하자. 공도자의 공적에 따라 노쇠하면 봉양하고 열반 후에는 영상과 역사를 보관하여 길이 기념하자.

교리와 제도가 시대의 인심을 향도해야

단체와 사회, 국가가 발전하기까지는 개인적 희생을 마다하며 공익을 위하는 사람들이 있었다. 단체와 사회, 국가가 안정되면서 법제와 행정 등은 개인의 정서적 안정과 행복에 초점을 두는 것이 보편적인 모습이다.

공도公道가 없이 개인이 없고, 개인이 없이 공도도 없다. 공도의 근본은 개인이지만 공도의 울타리가 없다면 개개인은 불편하기 짝이 없다. 그래서 나라가 바르게 세워지지 않으면 개인들이 희생해서라도 나라가 나라답기까지 부단히 애를 쓴다.

세상 사람은 복 있는 사람에게 흔히 전생에 나라를 구했나 보다 하며 우스갯소리를 한다. 이처럼 한국 사람들의 정서 속에서는 종교를 불문하고 공도를 위해 희생한 사람은 내생에 복을 받는다는 믿음이 의식의 바탕을 이루고 있다. 영성적인 민족인 것은 틀림없다.

복을 운운하지 않아도 공도를 위하는 사람이 어떤 공경에 처하게 되면 공도에 포함된 대중과 그를 바라보던 사람들이 도와준다. 공도를 위하는 사람의 정서는 자기만을 위하는 사람보다 안정되고 담뿍하고 따뜻하다. 이처럼 공도를 위하는 것은 여러 모로 자신을 위한 것도 된다. 그래서 지혜로운 사람은 형편이 닿는 대로 공도를 위할 줄 안다.

공도자公道者란 단체, 사회, 국가, 세계의 공익을 위해 헌신한 사람이다. 숭배란 부모님을 모시듯 우러러 공경한다는 뜻인데 단어의 온도는 낮은 자리에서 위로 우러러 받들어 모시는 신앙적 느낌이 크다.

공도자 숭배의 법문이 나올 즈음은 사회적 격동기였다. 일제에 합방된 한국이 독립을 위해 항거할 때였으니 목숨을 바쳐 희생하는 사람들에 대한 숭배는 과한 느낌이 아니었다. 광복 후 6.25 한국전쟁에는 국인, 지원군, 학도병 등이 나라를 지키기 위해 싸웠고 그 후에는 민주화를 위해 민주 열사와 국민들이 독재정권에 맞서 희생을 하였으니 충분히 그들을 숭배할 만하다.

그러나 요즘 젊은이들은, 공도를 위해 희생한 사람들을 존중하는 것은 맞으나 종교적 느낌이 강한 숭배라는 말은 좀 과하다고 느낀다. 아마도 존중이 더 적절한 표현일 것 같다. 만약 이 시대적 인심에서 이 표현이 조금 소홀한 느낌이 든다면 예의를 갖추어 모신다는 의미의 '공경' 정도가 괜찮을 듯싶다.

국가와 사회, 교단이 어느 정도 안정되면 국가와 사회, 교단도 개인을 보호하고 개인의 정서, 교육, 활동, 행복을 위한 법과 제도, 기관의 정비에 힘써야 한다. 이것이 잘되면 개인은 일과 삶의 균형을 이루며 행복하게 사는 가운데 인격과 삶에 품격을 이루어 가는 것만으로도 공도의 삶이 될 수 있다. 각자가 처한 곳에서 맡은 바 책임과 의무를 다하며 사는 것이 곧 천지의 행이 되기 때문이다.

물론 세계와 국가, 사회, 교단이 안정되었다고 발전할 게 없는 건 아니다. 사회의 여러 분야와 학문·예술 분야 등에서 헌신해 줄 사람은 늘 필요하다. 작은 단체 하나도 희생하는 사람 없이는 잘 운영되기는 어렵다.

개인적 자유 시간을 중요하게 생각하는 젊은 사람일수록 자기의 시간과 땀을 담보로 하는 희생은 웬만해서는 하지 않으려고 한다. 그러니 공도를 위해 희생하는 사람을 존중해야 공도를 위해 시간과 땀을 내주는 사람이 그나마 생긴다. 그렇다고 다른 사람들의 박수갈채에 속아 공도에 헌신하는 것은 바람직하지 않다. 명예심에 기댄 마음으로 공도에 헌신하는 것은 결과가 기대에 미치지 못할 경우 오히려 원망으로 나타날 수 있어서 안 한만 못할 수 있다.

한 교도님이 "요즘의 교무님들은 청빈·희생·적공하는 분이 적습니다."라고 흥 섞인 불만을 토로해 왔다. 그래서 "원광대학교병원 초기에 일반 직원이 교무님들을 보면 일반 사람들과 별반 다를 게 없어 보였는데 병원이 위기라고 느낄 때 희생하는 사람을 보니 교무님밖에 없었다고 합니다. 교단에 위기가 봉착하면 심신을 바쳐 희생할 사람들이 교무님들일 것입니다. 위기 상황이 아니니 모를 뿐이지요."라고 말해 주었다.

청빈과 희생은 무에서 유를 창조해 가는 척박한 환경에서 이루어지는 덕목이다. 살기 힘든 세상에서는 수행자의 이런 모습을 보고 사람들은 위안과 힘을 얻었다.

안정된 세상의 일상에서 수행자에게 순결, 청빈, 희생을 요구하는 것은 인권유린이자 폭력이다. 세상이 수행자라는 사람에게 관념의 울을 씌워 자기들 관념에서 벗어난 모습을 보고 비난하는 것이다. 사람들이 동물원의 동물이 자기 생각과 다르게 움직이면 소리 지르고 돌을 던지는 것과 무엇이 다른가?

한 스님이 어묵을 먹었다고 하니 비난을 퍼부은 사람들이 있었다. 석가모니의 사인이 상한 고기를 먹고 열반한 것을 알면 얼마나 관념의 눈으로 그 스님들을 옭아맸는지 알 것이다.

이제는 진리와 교법, 수행, 제도 등이 세상에 어느 정도 편만해졌고 세상도 교단도 안정된 시기에 접어들어서 진리, 교법, 수행, 제도 등 모든 것이 사실적이어야 한다. 나아가 문화에 관심을 가질 때이기도 하다. 문화는 정신적 가치와 함께 간다. 따라서 문화가 없는 종교를 사도라고 하기도 한다. 최고의 수행자에게는 언어, 생활, 인품에 고준한 까닭이 있다. 이 또한 세상에 대한 선물이다.

지금은 영성의 시대라고 몇십 년 전부터 사회 여기저기에서 부르짖고 있다. 자신들의 존재 자체가 세상과 동떨어진 게 아니다. 이 세상이 자신들의 영적 성장을 위한 삶의 터전이란 것쯤은 웬만한 사람이면 아는 데 이르렀다. 이러한 이야기가 수행자가 아니어도 회자되는 것은 세상의 의식이 이미 트였음을 의미한다.

시대와 사회, 인지가 변함에 따라 종교의 교리와 제도도 아울러 바꾸어야 한다. 그런데 원불교도 바꾸려는 노력을 하는지에 대해 일반 교무와 교도들은 의심의 눈초리를 보낸다. 소태산은 종교의 교리와 제도가 대중적이지 못함을 공도 사업의 결함이라고 했다.

필자가 학창 시절에 스승인 법타원께 "교단이 소태산 시절의 정신, 수행, 생활, 모습으로 돌아가야 하지 않겠습니까?"라고 하니 "넌 왜 과거로 돌아가려 하니 그것은 퇴보다. 소태산의 본의를 생각하되 새 시대에 맞게 정신, 수행, 생활로 이어 가야 소태산의 정신에 맞다."라고 했다.

소태산 살아생전의 교리와 제도로 돌이켜야 왠지 법맥을 잃지 않고 정법을 지켜가는 정의가 구현되는 것처럼 생각하는 게 일반적이다. 이런 생각으로 점철되어 자리를 지켜 가는 종교는 안으로 곪고 썩어 가도 이 법이 정법이니 망할 수 없고 미래를 짊어질 종교라는 신념으로 포장하며 변화를 거부한다. 그러나 소태산은 이런 생각을 공도의 결함이라 보았다. 시대의 변화에 따라 세상의 인심을 향도해 가지는 못할망정 과거를 고집하여 변화를 막는 사람은 배은자가 되고 만다. 시대의 인심에 깨어 변화하는 것을 두려워하지 않는 사람이야말로 세상과 교법, 교단의 공도자이다.

삼학

정신수양 精神修養
사리연구 事理硏究
작업취사 作業取捨

진리의 속성에 따른 분류, 삼학
진리의 본질에 따른 수행

식물에는 생혼生魂, 동물에는 영혼靈魂이 있다. 고등동물인 사람에게는 영혼을 넘어서 각혼覺魂까지 있다.

생혼의 존재는 자연의 섭리에 따라 생존과 번식을 위해 끊임없이 자신을 변화시켜 가고, 영혼의 존재는 본능과 자유의지가 섞인 채 살아간다. 그런데 각혼의 존재는 이에 더하여 철학적 사유와 창의적 발명까지 가능하다.

각혼을 지닌 존재가 동물적 존재로서만 살다 간다면 얼마나 허무할까? 자연과 도구를 활용하고, 맛있는 것을 만들어 먹고, 여러 곳을 둘러보며 재미있게 놀고, 인간 사이에서 인기를 얻고, 많은 돈을 벌고, 권력을 휘두를지라도 거기에 그친 삶은 동물의 삶과 크게 다를 바 없다. 사람으로 태어났으면 각혼을 계발하여 진리의 인격에 이른 삶을 살아야 그 의미와 가치가 있다. 인간의 삶 속에 담긴 학문, 사랑, 일, 여가, 여행, 교류 등이 자신의 각혼을 단련해 가는 데에 일조할 수 없다면 그 모든 것은 하나의 행위에 그치고 만다.

"사람이면 다 사람이냐, 사람다워야 사람이지."라는 말처럼 사는 모습을 보면 동물보다 못한 사람이 있는가 하면, 예의와 염치로 남에게 피해만큼은 주지 않으려고 자신을 살피며 살아가는 사람이 있다.

게다가 예의와 염치를 넘어서 진리의 인격을 도야해 가는 사람도 있다.

삼학三學은 정신수양, 사리연구, 작업취사를 일컫는다. 이것은 진리의 속성을 기반으로 하여 진리를 닮아 가는 세 가지 배움과 단련으로서 진리의 인격을 닦아 가는 수행이다.

삼학은, 진리의 속성인 텅 비었으되 밝으면서 바르게 나타난다는 의미의 공원정空圓正을 바탕으로 삼았다. 여기에서의 속성이란 말 그대로 진리가 지닌 성질인 것처럼 공원정은 각각 독립적 존재로 나뉜 것이 아니라 하나이다. 삼학도 인격을 닦는 세 가지 측면이다. 인격이 세 가지로 존재하지 않는 것처럼 삼학도 하나인 것은 마찬가지다.

어느 것을 설명할 때 종류, 유형, 경향 등 그리고 순차적으로 나누어 설명하면 듣는 사람이 이해가 빠를 수 있다. 그러나 이로써 인식의 손실이 생기기도 한다. 배움에서도 나누어 공부하다 보면 진리의 인격이 온전히 이루어지지 못할 가능성이 높다. 삼학 수행은 반드시 진리, 즉 일원상의 수행을 잊지 않은 수행이라야 온전해진다.

진리의 인격을 이루었다면 진리의 '공空'한 이치에 따라 마음이 비고 맑고 안정되어 있다. 이를 두고 정신수양을 잘했다고 한다. 그리고 진리의 '원圓'한 이치에 따라 마음이 상쾌하게 깨어 진리를 알고 그 시대의 지식과 그 일에 대한 통찰력의 지혜를 지닌다. 이를 두고 사리연구를 잘했다고 한다. 그리고 진리의 '정正'한 이치에 따라 진리에 따른 그 일의 특성에 알맞게 이루어 은혜와 감동으로 나타낸다. 이를 두고 작업취사를 잘했다고 한다. 정신을 수양하고 사리를 연구하고 작업에 취사하는 방법과 단련해 가는 것을 삼학이라고 한다면 이로써 얻은 마음의 힘을 삼대력三大力이라 부른다.

진리를 삼학으로 나눈 것은 대중의 이해와 수행을 돕기 위한 것이다. 그러므로 삼학 수행은 반드시 진리의 본질을 향해야 인식의 손실이 없이 원만한 진리의 인격을 이루는 수행이 된다.

정신수양

1. 정신수양의 요지

정신은 마음이 두렷하고 고요하여 분별하는 습성과 주착심이 없는 경지를 이른다. 수양은 안으로는 분별하는 습성과 주착심을 없애며 밖으로는 산란하게 하는 경계에 끌리지 아니하여 두렷하고 고요한 정신을 양성하는 것이다.

2. 정신수양의 목적

유정물有情物은 배우지 않아도 근본적으로 알게 되는 것과 하고자 하는 욕심이 있는데 사람은 보고 듣고 배워서 아는 것과 하고자 하는 것이 다른 동물의 몇 배 이상이 된다. 그리하여 그 아는 것과 하고자 하는 것을 취하자면 예의 염치와 공정한 법칙은 생각할 여유도 없이 자기에게 있는 권리와 기능과 무력을 다하여 욕심만 채우려 하다가 자신은 물론 다른 사람도 힘들게 한다. 그러므로 욕심을 제거하고 온전한 정신을 얻어 자주력自主力을 양성하기 위하여 수양을 하자.

3. 정신수양의 결과

정신수양을 할수록 정신이 맑고 평온하고 근본지혜가 생기고 정신이 견고해지면 온갖 경계를 응용할 때에 마음의 자주력이 있는 수양력修養力을 얻게 된다.

성품을 여의지 않고 진리의 인품을 이룬다

마음은 발현되는 순서에 따라 성품, 정신, 마음, 뜻으로 구분된다. 일반적으로 마음이라고 할 때는 성품, 정신, 마음, 뜻을 모두 통칭하나 발현되는 순서에 따라 구분하여 사용할 때는 쓰임새가 각각 다르다.

성품性稟은 마음의 근본이자 바탕으로서 진리와 우주의 근원과도 같다. 이는 마음이 발현되기 이전의 상태라 느낌마저 없으니 선악도 없다.

정신精神은 성품에서 나와 마음이 되기 이전의 상태로 고요하고 상쾌한 느낌이 있다. 의식이 깨어 있는 상태에서 마음 바탕이 비어 있는 것이라 구분이나 좋고 싫음도 없이 본질을 관조하는 상태를 말한다.

'마음'은 느낌과 판단, 즉 감성과 이성이 모두 내재되어 있는 상태이다. 그뿐만 아니라 상황에 따라 일어날 수 있는 모든 느낌과 판단의 가능성을 내포한다. 기쁨, 짜증, 슬픔, 즐거움, 사랑, 미움, 우울, 놀람, 근심, 공포, 판단, 욕심, 선택 등으로 나타나지만 아직 어떤 방향이나 뚜렷한 의지를 지니고 있지는 않다.

'뜻'이란 마음에서부터 일어나 경계에 따라 마음의 방향이 정해져서 움직이는 상태이다. 이로써 결심을 하고 의지를 지닌 마음작용을 한다.

정신수양에서의 정신精神은 마음이 발현되는 순서에 따르면 성품의 다음 단계이고 수양修養은 말 그대로 닦아 기른다는 뜻이다. 여기에서 성품수양이라고 하지 않고 정신수양이라고 했다. 성품은 마음이 발현되기 이전이라 닦을 것도 없고 기를 것도 없다. 그런데 정신은 성품에서 영령靈한 감이 더 있다. 의식이 깨어 있는 사람이 지녀야 할 근본이 되는 마음이다. 이는 성품의 텅 빈 고요함에 영롱함이 아우른 마음 상태를 일컫는다. 수양은 의식이 깨어 있는 상태에서 마음을 비우고 또 외경에 흔들리지 않으면서 평정심을 유지할 수 있도록 단련하는 것이다. 이렇게 단련하다 보면 깊은 비움에서 근본 지혜가 솟아나기도 하고 마음의 힘과 추진력도 아울러 생겨난다.

일반적인 삶에서는 아직 의식을 비워 존재하기까지는 많은 수행이 뒤따라야 한다. 하지만 수행이 아니어도 의식을 비워 존재하는 것을 일상에서 전혀 할 수 없는 것은 아니다. 깊은 잠을 자는 것만으로도 의식을 비워 존재하는 기초는 된다. 깊은 잠은 의식을 비워 심신의 피로를 풀어 주고 생활에 활력을 불어넣는 에너지원일 뿐 아니라 낮에 받아들인 의식을 정리하고 깊이 다지는 역할도 한다.

수양이라면 어디까지나 마음이 깨어 있는 상태에서 '정신'의 경지에 머무는 것이다. 나아가 생활에서도 정신으로 깨어 살 때 마음이 온전한 것을 말한다. 정신보다 더 깊은 성품도 있지만 일상에서는 성품으로 생활할 수 없다. 성품을 바탕으로 하여 의식을 깨운 정신으로 살면 더할 나위 없는 진리와 호흡하는 삶이 되지만 말이다. 이러한 경지는 정신, 즉 비움으로 깨어 있는 상태가 충족된 다음에 이루어져도 늦지 않다.

사람은 태어날 때부터 누구나 하고자 하는 마음인 열정이 내재해 있다. 이 열정이라는 에너지를 기반으로 성장해 가는 과정에서 일과 이치를 배워 구분하고 판단하지만 아울러 관념도 생기고 욕심과 습관도 자리 잡는다. 그러나 관념과 욕심, 습관이 자칫 넘치기라도 하면 정신적 장애까지 일으키니 삶에서의 수양은 꼭 필요하다.

수양修養에서 관념, 욕심, 착심, 습성 등을 놓아 버리고 마음의 근본으로 돌아가는 행위가 '닦아 간다修'는 뜻이고, 그 근본 자리인 성품을 회복하여 내면화하는 과정을 '기른다養'는 뜻으로 쓰인다. 그러므로 수양에는 회복의 의미가 담겨 있지만, 살면서 자연스럽게 생겨나는 무기력, 염세, 망상, 분열 등 마음의 상처를 치유할 뿐 아니라 마음의 힘을 키워 가는 측면도 아울러 있다.

정신수양의 방법으로 좌선, 행선, 염불, 기도, 선식, 사상선 등이 있는데 이를 휴식, 운동, 예술 활동 등이 밀접하게 도와주는 역할을 한다. 어릴 때일수록 운동과 예술 활동을 하는 것은 정서와 신체를 아울러 발달시키고 사회성과 독립성도 향상시킨다. 학습이 뒤처지면 둔한 정도에 그치지만 정서가 불안정하고 신체 활동이 부족하면 정신질환을 불러일으킬 수도 있다. 그러므로 운동과 예술 활동은 선택이 아니라 필수이다. 국가 차원에서 장려하고 지원해야 한다.

정서가 안정되고 육신이 건강할수록 수양하기가 수월하다. 집중력 있고 망념이 적기 때문에 그 위에 정신력을 쌓기만 하면 된다. 체계적인 방법과 절차에 따라 수양이 잘 이루어지면 누구나 큰 수양력을 얻을 수 있다.

수양을 잘하면 결국에는 마음이 성품을 여의지 않는 정신의 경지에 머무를 뿐 아니라 삶에서 마음이 맑아지며 근본지혜가 솟고 마음도 견고해진다. 이로써 얻은 정서적 안정감은 진리 인품의 바탕이 된다.

사리연구

1. 사리연구의 요지

사事는 인간의 시비이해是非利害를, 이理는 진리 조화의 대소유무大小有無를 이른다. 연구는 이치와 일을 연마하고 궁구함을 일컫는다.

대소유무에서 대大는 우주만유의 본체를, 소小는 만상이 형형색색으로 구별되어 있음을, 유무有無는 천지의 춘하추동, 사시순환, 풍운우로상설風雲雨露霜雪과 만물의 생로병사, 흥망성쇠의 변태를 이른다.

2. 사리연구의 목적

이 세상은 대소유무의 이치로써 건설되고 시비이해의 일로써 운전해 간다. 세상이 넓은 만큼 이치의 종류가 수없이 많고 인간이 많은 만큼 일의 종류도 한이 없다. 우리는 진리 조화의 헤아리기 어려운 이치와 인간의 복잡한 수많은 일을 미리 연구하였다가 실생활에서 밝게 분석하고 빠르게 판단하여 알자.

3. 사리연구의 결과

우리가 이치와 일에 대해 연구하고 궁구하고 단련해 갈수록 온갖 이치와 일을 분석하고 판단하는 데에 걸림 없이 아는 지혜의 힘이 생겨 결국 연구력을 얻게 된다.

세상이 담긴 경전을 읽다

　세상은 일과 이치로 이루어졌다. 사람은 일과 이치가 어우러진 곳에 태어나 일과 이치를 운전하며 살아간다. 일이란 마음과 몸을 움직여 살아가는 모든 것을 이른다. 그러나 여기에는 항상 옳고 그름과 이익과 손해가 뒤따른다. 이 판단의 근거는 이치에 있는데 이 이치는 진리에 있다.

　이 진리는 세상의 모든 곳에 대소유무 大小有無 의 조화로 나타난다. 즉 본질과 전체 그리고 나타남과 개체가 있을 뿐 아니라 늘 함께 어우러져서 움직이며 세상에 생명력을 불어넣는다. 거대한 우주부터 만물의 아주 작은 것에 이르기까지 진리의 범위에 들지 않는 게 없다.

　대소유무의 이치를 모르고 살다가는 세상을 혼돈으로 여긴 나머지 미신에 기대게 된다. 대소유무는 통찰력의 기본 요소이다. 어떤 일과 사물을 통찰할 때 대소유무에 따라 깊이 천천히 생각할 때가 있고, 대소유무가 체화된 감각에서 나와야 할 정도로 긴박한 경우가 종종 있다.

　통찰력을 기르는 차원에서는 일이 없을 경우에 독서, 경전 연마, 경청, 토론, 의두, 성리 등으로 도학과 과학 그리고 세상에 필요한 지식도 단련해 가야 한다. 그리고 일이 있을 때는 최상의 목적을 이루기 위해 그동안 쌓은 지식과 지혜를 총동원하여 하나의 의식으로 판단해 간다. 이러한 판단에는 대소유무의 이치를 바탕으로 이루어져야 진리 가 담긴다.

그러나 최상의 판단을 하려면 지식과 지혜의 폭과 깊이가 더 넓고 깊어야 한다. 평소에 수많은 경전을 외우고 해석할지라도 일을 당하 여 통찰력을 발휘할 수 없다면 그동안의 공부는 하나의 요식 행위에 지나지 않는다. 일이 없을 때에 준비하고 일을 당해서 통찰해 내는 것 을 반복하여 경험과 반조가 어우러져 의식으로 자리 잡기까지 한다. 이로써 의식은 삶의 호흡이 되어 나타난다.

세상의 삶을 하나의 유기체와 개체의 특성으로 바라보자. 세상이라 는 유기체 속에서의 사람들 개개인은 개체들이다. 세상의 개체인 개 개인은 각자의 특성을 계발하고 극대화함으로써 자신을 단련해 간다. 이것이 곧 세상 전체를 위하는 것이기도 하다. 그러나 이러한 모습들 은 자연 생물들의 모습과 다를 바 없다.

자유의지를 지닌 영적인 인간은 삶에서 중요한 것이 통찰이다. 통 찰 없는 삶은 의식이 일정한 수준에서 멈추어서 삶의 영적 의미를 잃 어버리고 만다. 전체의 흐름에 끌려 존재하는 하나의 동물에 그칠 수 있다. 개개인 가운데 한 분야에 천재적인 재능을 가져도 마찬가지다. 자기 재능과 대중의 시선에 가려서 삶에 필요한 통찰조차 하려고 들 지 않게 된다. 그래서 인간으로서의 천재적 재능, 부귀, 명성 등이 자 신의 의식 성장을 가로막는 마장이 되기도 한다.

삶 속에서 진리의 대소유무를 순리理로 이끌어 결국 자신과 세상에 이익利이 되도록 하는 것은 자신의 영적 가치를 높일 뿐 아니라 질 높 은 행복한 삶으로 이끈다. 반면 대소유무의 흐름에 맞지 않은非 삶은 그 결과가 좋지 못하게[※] 된다.

　순리에 어긋난 삶이 설사 한때의 이익으로 다가올지라도 긴 시간을 두고 보면 바람직하지 않은 결과로 돌아온다. 만약 대소유무의 이치에 따른 삶을 살았는데 너른 이익이 돌아오지 못했다면 되짚어 볼 필요가 있다. 적용하고 되짚어보는 과정에서 미처 놓쳤던 진리의 인식을 세밀하게 잡을 수 있다.

　우리가 흔히 별 어려움 없이 살다가 편안한 죽음을 맞이하는 사람을 보고 잘 살았다고 한다. 그러나 영적인 관점에서는 아닐 수 있다. 인간으로 태어나 무난하게 잘 산 것은 인생에서 영적으로 성장하기 위한 과제가 약한 것일 수 있기 때문이다.

　수학 실력을 향상시키고 싶은 사람은 어려운 수학 문제에 도전하여 풀어 가고자 한다. 이처럼 영적으로 성장하고 싶은 사람은 삶의 어려운 경계 속에서 자신의 영혼을 단련해 가는 것을 주저하지 않는다.

　각자의 삶 속에서 마주하게 되는 경계를 곰곰이 되짚어 보면 자신들의 문제가 직간접으로 투영된 것이라는 것을 느낄 수 있다. 영적인 우리는 경계를 통해 공부하고 진급하기 위해서 산다.

　삶의 역할과 경계에서의 통찰과 의식이 삶의 가치를 높여주는 만큼, 삶 속에서 진리의 대소유무에 따른 시비이해를 연마하는 것이 잘 사는 데에 바탕이 되어 준다.

세상을 진리로 통찰하다
천조의 대소유무로
인간의 시비이해를 이루다

하늘과 땅이 일으키는 여러 가지 신비스러운 이치부터 그 이치에 따라 변하는 만물에 이르기까지를 천지조화라고 한다. 소태산은 이를 천조라 하였고 이러한 이치와 만물 그리고 변화하는 것까지 대소유무 大小有無로 밝혔다. 대소유무는 천지와 그 안에 놓여 있는 모든 것에 통용되기 때문에 우주, 인간, 세상, 사물 등 모든 것을 대소유무로 볼 줄 알아야 진리와 삶에 통찰력을 지녔다고 할 수 있다.

통찰력을 지니기 위해서는 세상을 대소유무에 따라 입체적이면서도 다각도로 보는 연습이 필요하다. '대'는 근본으로서 우주의 본원이자 인간의 성품이고 '소'는 현상으로서 천지와 자연의 나타난 모습이다. '유무'는 변화로서 우주의 성주괴공, 인간의 생로병사, 자연의 춘하추동 등을 모두 말한다.

공간적인 관점에서 '대'는 전체로서 우주와 지구, 인간의 모습이고 '소'는 개체로서 별과 각 나라, 인간의 영혼과 몸 또는 사지四肢 등이며, '유무'는 유기적 관계나 활동하는 모습이다.

사회적 관점에서 '대'는 헌법이자 국가와 사회이고 '소'는 조례이자 구성원과 의식주의 삶이며 '유무'는 규칙과 예의이자 관계와 경제라 할 수 있다. 교법적인 관점에서 '대'는 법신불 일원상이고 '소'는 사은이며 '유무'는 인과에 해당한다. 수행의 관점에서 '대'는 자성이고 '소'는 삶의 모습이다. 그리고 '유무'는 수행을 일컫는다. 이렇듯 '대'는 근본이자 전체이고, '소'는 현상이자 개체이며, '유무'는 변화이자 유기체이다.

대소유무는 대체적인 개념으로 경향성을 띨 뿐 뚜렷한 정답이 존재하는 것은 아니나 전혀 없는 것도 아니다. 세세한 부분에서 찾기도 하고 다양하게 일, 인간관계, 돌, 나무, 사물, 예술 등에서 적용해 보자. 능숙해져서 대소유무에 대해 떡 주무르듯 하여도 그 대의에 벗어나지 않게 된다. 마치 예술 작품에 대해 말하는 데 알면 알수록 앎이 깊이 우러나고, 모르면 모를수록 엉뚱한 소리가 나오는 것과 같다.

시비이해是非利害는 삶에서 끊임없이 생기는 판단인데 그 판단의 기준은 대소유무에 있다. 대소유무의 순리에 따르는 것을 '옳다' 하고 이 옳음은 유익함으로 자리매김을 한다. 반대로 대소유무의 원리에 따라 발현되지 못하면 그르게 나타나고 결국에는 해롭게 되고 만다.

일에는 반드시 원인과 결과가 있고 그 사이에 매개체가 있다. 사람에게는 여기에 자유의지가 더 있어서 마음작용에 따라 결과의 차이가 많이 생긴다. 진리를 알수록 삶에 대한 예측이 가능해진다. 물론 사람 사는 세상의 시시콜콜한 것까지 미리 다 알기는 어렵다. 그러나 세상의 이치와 마음작용에 따라 기운이 모이고 상승작용을 일으켜 어떤 형태로 결과가 맺어진다는 것쯤은 알 수 있다. 때로는 사람으로서 최선을 다해 산 다음에 진리에 맡겨야 할 것도 있음을 아니까 결과에 전전긍긍하지 않고 의연하게 살게 되는 데 이르기도 한다.

이러한 것을 모르니 신이나 영험이 있다는 사물에 원하는 바를 비는 등 미신에 온통 매달린다. 마치 화분에 거름과 물을 주지 않고 기도로만으로 잘 자라기를 바라는 것과 같다. 대소유무에 따라 시비이해를 건설하는 데까지 노력하고 나머지는 진리에 맡기는 것이 진리에 철든 사람이 살아가는 모습이다.

나아가 진리를 알고 진리의 흐름을 따라 살아가다가 때로는 마음의 힘을 써서 진리의 흐름을 바꾸어 사는 사람이 있다. 처음부터 이렇게 하기는 어렵다. 하지만 천조의 대소유무를 보아다가 사람의 시비이해를 이루는 연습을 지속적으로 하다 보면 어느새 진리의 흐름을 따라 살아가는 것이 조금씩 되는 것을 느끼게 된다. 이렇게 대소유무로 시비이해를 다루는 정도의 지각知覺이 열린 수준을 항마降魔 수준이라고 한다.

그런데 항마를 넘어선 출가 수준은 성품에서 솟아 진리 기운과 뜻과 몸의 세포가 서로 넘나들어서 세상을 한 덩어리로 품는다.

작업취사

1. 작업취사의 요지

작업은 무슨 일에나 안이비설신의眼耳鼻舌身意 육근을 작용하는 것이고 취사는 진리에 합당한 일이면 하고 진리에 합당하지 않은 일이면 하지 않는 것이다.

2. 작업취사의 목적

정신을 수양하여 수양력을 얻었고 사리를 연구하여 연구력을 얻을지라도 실제 일을 당하여 그 힘을 사용하지 못하면 수양과 연구가 수포에 돌아갈 뿐만 아니라 실제적 효과를 얻기 어렵다. 우리는 마땅히 해야 할 일이라면 기어이 하고 마땅히 해야 할 일이 아니라면 기어이 하지 않는 실행 공부로 널리 행복한 삶을 가꾸어 가자.

3. 작업취사의 결과

작업취사 공부를 계속하면 모든 일을 응용할 때에 진리에 의한 일이라면 정성스럽게 해내고 진리에 의한 일이 아니라면 결단코 하지 않는 실행의 힘을 얻어 결국 취사력을 얻게 된다.

해야 하는 것에 정성스럽다

취사하는 공부로 실행의 힘을 기른다

작업취사는 일을 당하여 육근을 작용할 때 정의는 취하고 불의는 버리라는 뜻이다. 여기에서 정의는 사전적 의미로 진리에 맞는 올바른 도리 또는 바른 의의意義를 말한다. 철학적으로는 개인 간의 올바른 도리와 사회를 구성하고 유지하는 공정한 도리라 이른다. 불의란 그 반대이다.

정의를 한마디로 표현하면 마땅히 해야 할 일인데, 소태산은 취사할 때는 마땅히 해야 할 일이면 '기어이'와 '용맹 있게' 또는 '죽기로써' 하라고 했다. 필자는 '죽기로써'에 매력을 느낀다.

이 결연한 표현을 학창 시절에 한 교수는 지나치다 싶었는지 "죽지 않을 만큼만 죽기로써 하라."라고 보충하여 설명했다. 그때는 '그럼 신체가 훼손될 만큼은 괜찮다는 것인가.'라는 발칙한 의문이 스멀스멀 올라오자 스스로 피식 웃으며 지나쳤다. 지나치다 싶을 정도의 이 말이 수행하며 가슴에 점점 와 닿는 것을 보면 결코 지나친 표현이 아님을 느끼게 된다.

물리적 접촉에 따른 성질과 힘에 의해 죽을 정도는 아닐지라도 살다 보면 누구나 죽을 것 같은 일을 겪게 된다. 자존심이 상해서 죽을 것 같고 욕심이 나는 것을 참는 것도 죽을 만큼 힘들 때가 있다. 또는 잘못된 습관을 고치려고 할 때 죽을 만큼이나 힘든 것을 경험한다.

상을 버리거나 습관을 고칠 때 죽을 만큼 힘들이지 않고서 되는 일이 있을까? '기어이'와 '용맹' 정도로는 이겨내기가 쉽지 않다. 자존심, 욕심, 습관을 놓거나 참거나 고치는 것보다 차라리 확 죽어 버리는 것이 나을 것 같을 때가 있다. 이렇듯 마음 하나, 습관 하나 고치는 것에 죽을 만큼 힘들여도 고치는 것이 될까 말까 할 정도이다. 주변에서 담배 하나 끊어 가는 모습을 보아도 죽기로써 할 때 성공을 한다. '죽기로써'는 수행자의 가슴 절절한 표현이 아닐 수 없다.

사람이 죽을 때는 모든 것이 필요 없게 되지만 결국에는 마음과 행동의 습관만 남는다. 게다가 영혼만으로 존재할 때는 행동의 습관에 담긴 정보도 마음에 흡수되어 마음의 습관만이 영혼에 담긴다. 이렇듯 수행도 결국에는 마음의 습관을 길들이자는 데에 있다. 마음을 비우고 연구로 의식을 고양하여 살아가는 모든 삶도 귀결시켜 보면 '마음의 습관' 그 하나이다.

취사의 기준이 되는 '정의'는 계량화할 수 없는 관념적 표현이라 애매하기 그지없다. 그렇지만 법문을 좀 더 따라가면 윤곽을 잡아 갈 수 있다. '일심이 동하면 정의'라 했듯이 일심, 즉 성품이 순리적으로 발현되어 나타난 마음이 정의이다. 정의는 일심의 결실이라 할 수 있다.

좀 더 구체적으로 보면 '대소유무'에 맞으면 '시문'라고 했으니 이것이 정의의 표준이 된다. 이로써도 이해가 어려우면 시비 판단에 따른 명제를 밝힌 것을 보자. 정산은 일을 당하여 시비를 가리려면 다음의 일곱 가지 조목을 기준으로 삼으라고 하였다. 공인가 사인가, 다수인가 소수인가, 대국적인가 소국적인가, 분수에 맞는가 맞지 않는가, 시대에 맞는가 맞지 않는가, 영구적인가 일시적인가, 중도에 맞는가 과불급인가.

그러나 이 시비의 판단은 공도주의에 입각한 것이라 개인에 대해서는 도외시한 부분이 없지 않다. 공도에 어느 정도 안정이 이루어지면 이때부터는 개인의 행복과 특성을 따른 의견과 천재적 소견 등에 귀기울이고 받아들여야 내용이 풍부해지고 깊어진다. 이제는 시비의 판단도 공도주의와 개인주의가 어우러져 변해야 할 때이다.

마음이 안정되어 편착심이 없고 시비를 아무리 옳게 판단할지라도 실행에 옮길 수 없다면 이전의 수양과 연구는 의미를 잃고 만다. 작업취사 공부의 목적은 결국 실행하는 힘을 길러 행복한 삶과 영적 성숙, 은혜로운 세상을 만들자는 데 있다. 취사에 원숙한 사람은 의지력과 정성심이 담긴 세련됨이 덕에 녹아 따뜻한 빛을 띤다.

수행은 마음의 습관
지고한 영혼의 덕목,
안정·통찰·정성·포용

사람이 살아갈 때 무엇이 중요한지를 알려면 죽음의 정보를 알 필요가 있다. 사람이 죽음에 이르면 사람들 대부분은 열반, 즉 해탈을 얻는 것이 아니라 살아 있을 때의 의식 수준 그대로 간다. 물론 달라지는 부분이 없는 것이 아니다.

사람은 육신을 갖고 있는 동물이다. 그 가운데 포유류이고, 크게 암컷과 수컷인 남녀로 나뉜다. 남녀의 호르몬이 종족 번식에 기반을 두고 서로 작용하게 되어 있다. 남녀의 호르몬이 치성해도 감성感性의 영향을 어느 정도는 받지만 이성理性의 힘으로 조절할 수 없을 정도는 아니다. 이러한 특성은 고등동물로서 인간이 지니는 특성이기도 하다. 물론 사람마다 편차는 다소 있다. 나이가 들면서 호르몬의 영향도 적어지다가 죽음에 이르면 호르몬의 영향을 받지 않게 되는 것이 기본 시스템이다.

그러나 대부분의 사람들은 죽음에 이르러서도 남녀 호르몬에 영향을 받는다. 이런 경우는 몸에 의한 것보다는 살아 있는 동안에 마음으로 담은 정보를 습관처럼 이어 가는 경우이다. 그 확률이 90%에 이르므로 다시 사람으로 태어날 때도 그만큼 색정에 끌려서 온다. 남자아이의 90%는 엄마의 인연이란 말도 그 연장선에서 이해하면 된다. 살아가면서 생기는 호르몬에 의한 정보에 대해 토를 떼는 것이 수행에서 아주 중요한 과제 중 하나이다.

사람은 살아가면서 많은 경험을 하지만 죽음에 이르렀을 때 어떤 의식 수준을 지녔느냐가 그 사람의 영적 수준을 말해 준다. 의식 수준은 책을 많이 읽거나 생각을 많이 한 것으로 되기보다 마음가짐의 습관과 생활의 습관이 체화된 감각으로 이어지는 것으로 자리매김이 된다. 그리고 결국에는 마음의 습관이 남아서 의식, 즉 영혼의 수준을 이룬다.

수행자라면 자기의 의식의 방향이 어디를 향하는지, 어떤 것에 끌리는지, 무엇에 대해 주저하는지를 틈틈이 점검하여야 한다. 만약 자기의 의식에 두려움과 착심이 있으면 만사를 놓고 해결해야만 한다. 다행히 영적 가치를 재색명리보다 우선시한다고 느낀다면 한시름 놓아도 된다. 이후부터는 삶 속에서 영혼을 맑고 풍요롭게 가꿔가는 데에 여유를 갖고 재미 있게 챙겨도 잘못된 길로 가지는 않는다.

죽어 갈 때 자신에게 안정감이 있는지 통찰력이 있는지 정성심이 있는지를 돌아보아 여기에 자신감이 선다면 삶을 아주 잘 산 사람이다. 이는 육신의 옷을 벗고 영혼의 힘으로서 영혼만으로 존재할 때에도 최고의 가치를 이룬다. 수행자가 추구하는 최고의 가치는 자유인데 이 자유에 이르는 덕목이 안정, 통찰, 정성, 포용이다. 지고한 영혼들도 네 가지를 갖춘 존재이니 이 네 가지를 닦는 곳이 지구상 최고의 수행처라고 할 수 있다. 안정, 통찰, 정성은 수양, 연구, 취사로 이루어지고 포용은 사은 보은을 통해 이루어진다.

우리가 사람으로 살아오며 많은 일을 하고 또 성과를 냈을지라도 안정, 통찰, 정성, 포용에 진전이 없다면 남에게 보이기 위한 삶을 산 것이고 남의 일만 해 주는 세상의 머슴으로 산 것과 같다.

사람이 알아주는 일, 사람이 주는 자리, 사람이 주는 명예에 속지 말고 진정 자신의 마음에 깨어 살아가는 사람이 자신과 세상의 주인으로 살아가는 사람이다.

팔조

진행사조 進行四條

1. 신信은 신뢰를 뜻하는데 무엇이든 하려고 할 때에 마음을 정하고 행동으로 옮기는 근본이 된다.
2. 분忿은 마음 안에서 하려고 솟구치는 열정을 이르는데 무엇이든 하려고 할 때에 어떻게 해서든지 해 보려는 근본이 된다.
3. 의疑는 이치와 일에 대해 모르는 것을 발견하여 알고자 하는 것이니 어떻게 해서든지 그 모르는 것을 알아내려는 근본이 된다.
4. 성誠은 마음을 놓지 않고 또 하고 또 하거나 끊임없이 하는 마음과 행동을 이르는데 어떤 일이든 기어코 그 목적에 다다르게 하는 근본이 된다.

사연사조 捨捐四條

1. 불신不信은 신뢰하지 아니하여 어떤 일이든 하려고 해도 결정을 얻지 못해서 이리저리 망설이는 것이다.
2. 탐욕貪慾은 어떤 일이든 도리에 벗어나서 지나치게 취하거나 당위성으로 행동하는 것이다.
3. 나懶는 어떤 일이든 이루려 할 때 마음을 쓰거나 몸을 움직이기를 귀찮아하거나 무기력한 것이다.
4. 우愚는 대소유무와 시비이해를 전연 알지 못하고 마음 내키는 대로 행동하는 것이다.

지녀야 할 신·분·의·성
진리를 여는 열쇠의 재료

소태산은 제자에게 땅에 일원상을 그려 보이며 "이것이 곧 큰 우주의 본가이니 이 가운데에는 무궁한 묘리와 무궁한 보물과 무궁한 조화가 하나도 빠짐없이 갖추어 있다. 삼대력三大力 수양력, 연구력, 취사력 의 열쇠를 얻어야 이곳에 들어갈 것이고 그 열쇠는 신·분·의·성信念疑誠 으로써 조성한다."라고 했다. 신·분·의·성은 진리를 얻어 가는 데만 필요한 게 아니라 모든 일을 이루는 데 근본적인 힘이 된다.

신信은 자신이 하고자 하는 일에 대한 동기부여와 결정뿐만 아니라 이룰 수 있다는 삶의 방향과 신념 그리고 의지 등을 모두 일컫는다. 게다가 목표를 이루기 위한 배움과 스승의 지도 그리고 함께하는 사람들과 문화까지도 아우른다.

진리적인 삶을 살아가려는 신념으로 진리·스승·법·회상을 정하였다면 확고한 믿음으로 나아가야 진리·스승·법·회상으로부터 모든 것을 최대한으로 얻어 낼 수 있다. 그리고 수행 도중에 그치거나 다른 길에 들어섰을 경우 다시 정법의 길로 되찾아 오롯하게 걸어갈 수 있다. 추구하는 것이 진리이든 삶이든 어느 것 하나 신념이 없이 되는 일은 없다.

분⒜은 분발심이다. 여기에서의 '분'은 이름을 떨칠 정도로 이루어 가는 의미의 떨칠 분⒝을 쓰는 것이 아니라 '성낼 분⒜'자를 쓴다. 이렇다 보니 '수행하는 곳에서 성내는 것부터 배워?'라며 좀 이상하다는 반응을 보이는 사람도 있기는 하다. 그런데 많은 사람들이 수행을 할수록 소태산의 고심이 담긴 적절한 표현이란 것을 더욱 선명히 알게 된다.

우리는 삶을 결연한 마음으로만 임해야 하는 것은 아니다. 그러나 병을 치료하거나 습관을 고치거나, 나태한 마음에서 진일보하거나, 꼭 필요한 일을 해내거나, 진화를 거듭해야 할 때는 반드시 성내듯 분발하지 않으면 되는 일이 많지 않다. 이렇듯 이 '분'에는 불이 발에 떨어져 붙으면 몸부림쳐서 그 불을 떨구어 내려는 것처럼 다급함이 담겨 있다. 지극히 간절하여 그동안 닦아 온 모든 역량을 쏟아 내는 데에 물불을 가릴 여지없이 밀어붙이는 마음이다.

또한 '분'은 열정이 담겨 있다가 폭발하는 것인데 이때는 마음의 방향이 중요하다. 방향이 건전하면 이 '분'은 자신과 세상을 위해 쓰이게 되나 그렇지 않으면 자신을 성질 사나운 사람으로 변질시키고 만다. 분심은 실행을 통해 순화되고 승화된다. 바람직한 일이라고 판단되면 일단 실행해 옮길 필요가 있다.

미국 NBA National Basketball Association 선수였던 코비 브라이언트 Kobe Bryant 는 난독증이 있었을 뿐만 아니라 사람들과 잘 어울리지 못했다. 그러나 여기에서 생긴 응축된 외로움과 분노를 그는 농구에 쏟아부어 NBA 최고의 선수가 되었다. 이러한 사례만 보아도 분심의 의미를 잘 이해할 수 있을 것이다.

의⒞는 의구심이다. 해야 할 일을 하지 않으려고 핑계거리를 찾거나 남을 의심하는 것을 말하는 것이 아니다. 하려는 일을 좀 더 확실히 알고 효율적으로 실행하기 위해서 내는 마음이다. 달리 표현하면 깨어 있는 마음이다.

진리와 성품과 삶에 관한 것은, 교과서에 답으로 제시된 것처럼 정형화되어 있지 않다. 그 내용은 방대하고 한없이 유연하기 때문에 찾고 또 찾아야 한다. 깊이 또한 한량이 없어서 적공하고 또 적공해야 진리의 모습을 조금씩 엿볼 수 있게 된다. 이런 수행을 해 왔을지라도 긴 세월을 거쳐 수행하다 보면 어느덧 자기도 모르게 일상성습선習禪, 매너리즘에 빠져 수행의 본의를 놓칠 때가 있다.

일상성에 빠지지 않기 위해서라도 늘 까닭으로 깨어 있는 마음인 의구심이 있어야 한다. 이는 내적 성찰의 마음이기도 하다. 이러한 마음은 수행이나 삶에 생명력과 창조력을 불어넣는다. 의구심은 무엇을 제대로 알기 위해서도 필요하지만 깨달음의 열쇠이기도 하다.

성誠은 정성이다. 한때 진리를 찾아 경전 공부와 수행을 했을지라도 진리를 보거나 여래의 경지에 도달하기까지는 쉽지 않은 여정이 남아 있다. 그러기 때문에 한때 열심히 했는데 잘 안 된다고 자포자기의 상태에 있거나 일상성에 흘러 유야무야로 지내는 경우가 있다. 한때 수행을 열심히 해서 뭔가를 얻기도 하지만 뭔가를 얻지 못한 채 시간과 더불어 수행이 익고 깊어지는 과정에서 얻어지는 게 더 많다. 신비롭고 새롭게 안 것보다 일상의 정서와 합리적 지혜 그리고 삶의 힘을 얻은 것이 수행이란 긴 안목에서 보면 저변을 이루기 때문이다. 이런 것들을 간과하고 조급한 마음으로 중도에 그만두기라도 하면 주위에서 보기에 참으로 안타깝기 그지없다.

수행이란 것도 사람이 하는 것이라 바쁜 일에 치여 일순간을 놓치거나 도중에 지쳐 그만둘 수 있다. 어차피 영혼이란 것도 한량없는 존재인데 도를 이 한 생에 얻고자 혹독한 마음으로 인생 길을 걷기보다는 긴 호흡으로 임하는 것이 도를 얻는 데에 실효가 있다. 이 한 생에 최소한 얼마만큼만 진급하면 흡족할지를 정하고 수행해 가면 인생의 무게가 훨씬 가벼워진다.

'수많은 생을 오가며 먹고 사는 데에 급급하였는데 이생에 수행의 습관만 가질 수 있어도 나름대로 큰 성과가 있는 인생이 아닌가. 그 이상이 되었다면 나머지 인생은 덤으로 얻어 가는 격이니 여유를 갖고 살아도 된다. 그러면 삶과 수행에 자율적으로 임하게 되어 삶과 수행이 고행처럼 여겨지지 않고 그 내용에 더욱 충실할 수 있다.

수행을 하여 심신을 존절하게 하며 주위의 인연에게 어느 정도 베풀고 산다면 그 인생 잘 산 것에 속한다. 물론 성리에 눈을 떠서 생사 해탈을 하고 세상 사람들의 정신을 일깨우는 삶에는 미치지는 못하지만 말이다. 그래도 여기까지는 그리 어려운 건 아니다. 마음만 먹으면 누구나 가능하다. 물론 도로써 노닐며 함께 어울리는 유유자적한 삶에 이르는 데는 남다른 정성이 필요하다. 그러나 이것도 또한 못할 것도 아니다.

도를 크게 얻든 작게 얻든 그 결실은 정성으로 이루어진다. 수행을 하다가 정성을 놓치면 또다시 마음을 일으켜서 계속하는 모습은 마치 누에가 고치를 만드는 모습과 같다. 누에가 몸에서 실을 뽑아낼 때 실이 끊어질 듯 끊어질 듯이 하지만 끊어지지 않고 계속 이어지는 것처럼, 정성은 목적에 이를 때까지 꾸준하게 이어 가는 마음과 행동이다.

수십 년을 진리에 따른 가치관으로 살았을지라도 꾸준한 마음과 행동이 없다면 결실을 보기 어렵다. 결실은 결국 정성심으로 이루어진다. 그러하기에 대산은 "여래란 정성이 뭉쳐서 된 것이다."라고 했다.

버려야 할 불신·탐욕·나·우
습관의 근원을 헤아려서 해결

　뭔가를 이루는 데 필요한 요건으로 신·분·의·성信念疑誠이 있고, 뭔가 하려고 해도 도무지 할 수 없게 만드는 것에 불신·탐욕·나懶·우愚가 있다. 그래서 '신·분·의·성'을 진행사조進行四條라고 부르고 '불신·탐욕·나·우'를 사연사조捨捐四條라고 부른다.

　진행사조만 잘해도 사연사조는 저절로 없어지는 것이라 굳이 밝힐 필요가 있을까 싶지만 효율적인 측면에서 보면 조심해서 나쁠 건 없다고 본다. 무슨 일이든지 완성도를 높이려면 신·분·의·성으로 심혈을 기울이고 난 후 예기치 않은 변수나 잘 안 되는 요인으로 불신·탐욕·나·우가 조금이라도 있는지 되돌아보는 것은 필요하다.

　좋은 습관을 길들여 갈 때 좋지 않은 습관도 그림자처럼 따라붙듯이 수행에도 긍정적인 것이 있으면 부정적인 것도 함께 따른다. 뭔가에 집중하고 촘촘하게 살피며 열심히 하는 습관이 일상의 모든 일에 나타나면 강박증이 되어 자신과 주위 사람 모두를 괴롭힐 수 있다. 한편 이러한 습관은 공부나 예술, 운동 등에서 두각을 나타나게 하는 바탕이 된다. 그러나 이러한 습관을 성찰 없이 몇십 년을 지속하면 편집증이나 까탈스러움이 생긴다. 이런 성질로 지식을 쌓고 열정을 끌어

올려 삶의 힘으로 쌓이고 굳어지면 어느덧 관념, 욕심, 잘못된 습관으로 자리하게 된다. 그러므로 좋은 것 이면에 있는 조심해야 할 것들을 덜어 내야 훗날에 후회가 없다.

즉 진행사조가 해야 할 것을 다듬고 고양시켜 가자는 의미라면, 사연사조는 자기도 모르게 생긴 것을 버리거나 생길 수 있는 것을 조심하자는 의미이다.

'불신'은 믿지 못하는 것을 이른다. 뭔가 하려는 데 자신과 다른 사람을 신뢰하지 못하고서는 아무것도 하지 못한다. 사람을 처음부터 다 알 수 없으므로 사람 사이의 관계는 믿음으로부터 출발할 수밖에 없다. 법에 대해서는 선각자들의 언행에 대해 몇 가지 공통점만 간추려 보면 알 수 있다. 그럼에도 알 수 없는 경우에는 어떤 일이 잘못되어 위험에 빠질 정도가 아니라면 우선 믿고 해 보는 게 중요하다. 제대로 해 보고 나서 되든지 안 되든지 판단을 해야지 불신부터 하고 시작조차 하지 않는다면 이 세상에는 할 게 아무것도 없다. 불신은 결정 장애와 삶을 불안하게 만드는 제일 요건이다.

세상에서 판매되는 식재료조차 믿지 못해서 웬만하면 자기가 직접 농사를 지어서 먹거리를 해결하는 사람이 있다. 이 사람은 건강하게 살고자 하는 의지를 가졌고 치밀하게 계산해서 일을 이루어 가는 영민한 사람이다. 하지만 이러한 태도도 지나치게 되면 공기와 물, 땅의 성분, 모든 환경의 오염도마저 의심하는 데에 이른다. 불신의 내용보다 불신하는 마음이 지나치게 커져서 안으로 부정적인 기운을 모으다 못해 자신마저 옥죄는 현상까지 초래하게 된다. 차라리 사람들을 믿다가 적당히 휘둘리는 것이 심신 건강에는 오히려 더 나을 수 있다.

'탐욕'은 가지려는 마음이 지나쳐서 예의와 염치마저 저버린 마음과 속히 이루려는 마음이다. 탐욕은 눈앞을 가려 이성을 마비시킨다.

이런 마음이 사회로 확대되면 당위성으로 변한다. 당위성은 삶의 본질에 깨일 겨를도 없이 자신의 목줄이 되어 자신을 이리저리 끌고 다닐 수 있다. 탐욕에 빠진 일생은 실효 없이 피곤하기만 하다.

'나'는 나태한 마음이다. 이 마음은 의지의 엉덩이를 붙잡고 자꾸만 조금만 있다가 하라고 부추기다 결국 의지를 꺾고 주저앉혀 의욕 자체를 뭉갠다. 여기에 습관이 들면 만사가 귀찮고 무기력한 사람이 되고 만다.

'우'는 세상의 이치와 일을 모르고 날뛰는 어리석음이다. 이 '우'는 '불신, 탐욕, 나'로 이루어지는데 결국 성질마저 괴팍한 쪽으로 이르게 된다. 판단이 상식과 합리에 이르지 못한 데에 잘못마저 구분할 줄 모르면 잘못을 범하고도 멈추지 못하는 지경에 이른다. 이런 사람의 기운은 힘없이 탁하기만 하여 영생의 길이 암울하다.

신념이 없어 문제 앞에서 결정하지 못하여 쩔쩔매고, 또한 쓸데없는 욕심을 과하게 내며, 해야 하는 일을 하기 싫어하고, 진리와 세상의 이치와 일을 전혀 모른 채 천방지축으로 살면 자신도 힘들어질 뿐만 아니라 주변에 폐해만 준다.

사연사조는 진리의 문을 여는 열쇠를 만들어 가는 데에 방해가 되는 것이니 습관으로 자리하지 않도록 하는 것이 중요하다. 일반적으로 사연사조 가운데 어느 하나가 자신의 모든 장점을 가려서 한 발짝도 앞으로 더 나아가지 못하게 하는 경우가 많다. 자신의 아킬레스건이 되는 잘못된 습관 하나를 찾아서 밭의 잡초 뿌리를 뽑듯이 습관의 근원을 헤아려서 해결하면 이때 일취월장하는 경우가 많다.

인생의 요도와 공부의 요도

사은·사요는 인생의 요도要道이고 삼학·팔조는 공부의 요도이다.

인생의 요도는 공부의 요도로 그 길을 밟아 가고
공부의 요도는 인생의 요도로 그 공부한 효력을 발휘해 간다.

공부의 요도는 의사가 환자를 치료하는 의술과 같고
인생의 요도는 환자를 치료하는 약재와 같다.

인생과 공부의 요긴한 도, 사은 사요와 삼학 팔조

인생은 공부로 알차고
공부는 인생으로 완성을 이룬다

인생의 긴요한 도리가 사은 사요이고 공부의 긴요한 도리가 삼학 팔조이다. 인생과 공부에 대한 도리를 열심히 밟아 가야 하는 이유가 무엇일까? 어린아이가 공부를 하니 부모에게 칭찬을 받고 주변에서 인정해 주니 더욱 열심히 하는 것처럼 누군가에게 칭찬을 받으려고 하는 것은 아닌지. 인생을 살아가는 어른들 대다수의 모습도 어린아이의 마음과 크게 다르지 않다. 요즘에는 공유 사이트에 올린 자료에 대한 댓글에 의해 하루의 마음 날씨가 좌우되니 말이다.

우리는 동물로서 행복하고 영적으로 성숙한 삶을 살고자 인간의 삶을 택했다. 이러한 삶에서 꼭 필요한 덕목이 영적인 안정, 통찰, 정성, 포용이다. 이는 인간으로 살아가는 데만 필요한 게 아니라 영적 진급의 긴요한 요건이기도 하다.

우리는 안정, 통찰, 정성, 포용으로써 의식주를 해결하며 살아가는 지구촌에 여행 왔다. 그렇지만 때로는 한곳에 머물러 편안하게 쉬기도 하고 또 공부하기도 한다. 이 가운데 핵심적인 요소는 지구촌을 여행하며 영적으로 성장하는 것이다. 영적 성장을 위한 덕목이 인생의 요도와 공부의 요도에 다 들어 있다. 사은 사요로 행복한 삶을 이루고 세상을 좋게 함으로써 포용력이 생기고, 삼학 팔조로 안정감, 통찰력, 정성심이 생기기 때문이다.

그러니 인생의 요도와 공부의 요도로 삶 속의 경계에 따라 주종을 바꾸어 가며 단련할 때 이 모두를 두루 갖추게 된다. 일이 없을 때는 공부의 요도를 주체로 삼아 내실을 쌓는다. 그런데 그 지향점이 인생의 요도를 향해야 한다. 일이 있을 때는 인생의 요도를 주체로 삼아 공부의 요도로 문제를 해결해 간다.

공부의 요도에는 삼학三學 정신수양·사리연구·작업취사과 팔조八條 지녀야 할 신·분·의·성과 버려야 할 불신·탐욕·나·우가 있고, 삼학을 위한 수행 방법으로 염불·좌선·경전·강연·회화·의두·성리·정기일기·상시일기·주의·조행이 있다. 인생의 요도에는 사은四恩 천지은·부모은·동포은·법률은과 사요四要 자력양성·지자본위·타 자녀 교육·공도자 숭배가 있고 이를 위한 방법으로 참회·기도·계행·보은봉공이 있다.

소태산은 삼학 팔조는 의사의 의술과 같고 사은 사요는 약재와 같다고 했다. 의술을 지니고 있어도 약재가 없으면 치료하는 데 큰 제약을 받고 약재가 있다고 해도 의술이 없으면 무용지물이 되고 만다.

인생은 공부 없이는 바르고 의미 있게 살기 어렵다. 공부를 하지 않으면 이 세상이 은혜로 이루어졌는지도 모르고, 되는 대로 살다가 원망만 일삼을 수 있다. 또한 듣고 배워서 알지라도 듣고 배운 것이 가슴 깊은 곳으로 들어와 마음에 울림을 주지 못한다면 그 앎은 하나의 정보에 지나지 않는다. 또한 앎이 가슴 깊이 와 닿을지라도 실행의 습관으로 이어지지 않는다면 그 삶은 감상적인 유희에 그친다. 인생은 공부로 풍요로워진다.

공부는 인생이 없이는 쓸데없는 공상에 불과하게 된다. 공부는 인생을 통하여 공부의 정도를 드러낼 수 있다. 그뿐만 아니라 인생을 통하여 공부의 폭과 깊이가 더해지고 단단해진다.

마음에 품었던 욕심이 팔을 뻗을 때 곧 닿을 것 같은 상황에 처해보면 그동안 쌓은 수행의 정도를 알 수 있다. 정당하지 않거나 정당하여도 양심에 조금은 거리끼지만 잠시 눈을 질끈 감으면 될 것 같을 때 마음과 행동이 무너지기 쉽다.

이보다 더 강력한 공부거리도 있다. 상식에서 벗어난 얼토당토하지 않은 억울한 일로 신변이 어렵게 될 때이다. 이때 속 깊은 공부인은 자신의 공부 정도가 선명하게 보이나 대부분의 사람들은 화가 치밀어 올라와 마음 챙길 겨를도 없이 경계에 함몰된다. 또 이런 일에서 참회 기도를 하는 사람이 얼마나 있을까? 물론 무조건 참회만 해서 일이 되는 것은 아니지만 이때 참회 기도를 할 정도라면 일을 합리적으로 볼 수 있다.

법타원은 이러한 상황을 합리적으로 볼 수 없다면 지혜가 부족한 것이고 알면서도 당해 줄 수 있다면 덕이 있는 것이라고 했다. 또한 합리적으로 하는 데까지 해 보지 않았다면 의지력 상실을 의심해 볼 일이다.

해 볼 만큼 했음에도 불구하고 주위의 여건이 얽혀서 좀처럼 일이 풀리지 않는다면 그 원인은 전생 일에 있을 가능성이 높다. 합리적으로 잘 풀리지 않는 일은 전생이나 지난날에 내가 알게 모르게 했던 일과 관련이 있거나, 깊은 이해가 없어서 자신을 공부시키기 위해 설정한 것일 수도 있다. 그러므로 그 일을 겸허히 받아들여 공부의 기회로 삼는 것이 진리로 살아가는 사람의 마음 자세이다.

진리는 누구에게나 지혜와 심법心法과 영적 진급을 위한 신호를 보내고 있으나 사람들 대부분은 어처구니없게도 재색명리만을 바라본다. 재색명리가 돌아올 때 행복하게 여기고 은혜라 생각하다가 조금이라도 사그라들면 불행이고 재앙이라고 생각한다. 마치 어린아이가 보석보다는 당장 먹을 수 있는 사탕이 좋다며 사탕에만 집착하는 것처럼 말이다.

공부인은 사람으로 태어나 성실하게 살다 보니 재색명리가 따라오는 것이지 재색명리를 쫓지 않는다. 나아가 성실함을 넘어서 삶의 의미에 깨어 살다 보니 영적으로 풍요롭고 영적 수준이 높아져서 삶의 모든 것이 행복으로 와 닿게 된다. 즉 삼학 팔조로 실행이 잘되면 결국 사은 보은을 통해 은혜가 나타난다.

삼학 팔조는 사은 보은을 해 가며 생생약동함을 보인다. 마치 운동선수가 평소 연습으로 쌓았던 능력이 경기를 통해서 빛을 발하는 것과 같다. 그래서 운동선수들은 연습을 경기처럼, 경기를 연습처럼 하라고 말한다.

환경과 조건 그리고 상대의 성향에 상관없이 자신의 실력을 발휘할 때가 있고 때로는 그 상황에 따라 운용의 묘를 발휘할 때가 있다. 예기치 않은 역동적인 상황에서 체화된 감각으로 드러내는 예술적 경지는 연습에서는 볼 수 없는 감동을 자아내게 한다. 이처럼 사은 보은을 통한 삶에서 삼학 팔조는 수행의 극치를 보여준다.

이 공부도 삼학 팔조를 공부할 때는 사은 사요의 실천에 기반하고 사은 사요의 삶에서는 삼학 팔조가 살아 움직여야 삶과 공부가 하나가 된다. 사은 사요와 삼학 팔조는 삶에 있어 서로 떨어져서는 의미를 잃게 되지만 잘 융화되기만 하면 삶에 진리의 대의가 서고 삶의 균형이 잡힌다.

사대강령

사대강령四大綱領은 정각정행正覺正行·지은보은知恩報恩·불법활용佛法活用·무아봉공無我奉公 이다.

정각정행은 일원상 진리를 품어 살아온 성자들의 마음을 체온 마음과 몸으로 받아서 육근 작용을 할 때 진리와 자신, 세상에 균형과 조화를 이루어 원만한 삶을 살아가자는 것이다.

지은보은은 천지와 부모, 동포, 법률에서 입은 은혜의 내역을 깊이 느끼고 알고 체받아서 감사와 보은의 삶을 살아가자는 것이다.

불법활용은 불법을 배워 세상일을 더 잘하자는 것이다. 즉 불법을 활용함으로써 개인과 가정, 사회, 국가의 발전에 유익한 사람이 되자는 것이다.

무아봉공은 개인과 가족의 국한을 넘어서 세상을 위하는 일에 성심성의를 다하자는 것이다.

진리적인 삶의 코드, 사대강령
우주의 근원과
자성 원리를 발현시켜 가는 삶

사대강령^{四大綱領}은 원불교 교리 전체를 실행해 가는 네 가지의 큰 줄거리인 정각정행^{正覺正行}, 지은보은^{知恩報恩}, 불법활용^{佛法活用}, 무아봉공^{無我奉公}을 일컫는다. 이 네 가지 개념에 소태산의 정신이 고스란히 담겨 있어서 이것을 삶에 빗대어 보면 그 삶이 소태산 정신에 입각한 삶인지 알 수 있다.

소태산을 전혀 모르는 사람이라도 이 사대강령의 삶으로 산다면 소태산의 이상^{理想}과 함께하는 사람이다. 굳이 원불교에 적을 두지 않거나 소태산을 언급하지 않더라도 소태산의 뜻과 같이하는 사람이고 가슴에 진리를 품어 사는 사람인 것은 분명하다.

종교는 진리로 향하는 수단이지 진리 자체가 될 수 없기에 진리 앞에서는 어느 종교도 겸허해져야 한다. 고금을 통하여 볼지라도 성현이나 정법이 있는 곳이라면 신과 진리를 종교의 테두리 안에 가두고 종교가 우선하는 것처럼 말하지 않는다. 설사 종교를 우선시하는 글이 있다고 해도 그것은 종교나 단체를 위한 것이 아니다. 그런데 종교가 제도 종교로 몸집이 커지며 종교가 정치와 경제 논리에 빠지게 된다. 종교가 이렇다 보면 진리를 종교나 단체 이기주의로 해석한 상술로 쓴다. 자기들의 종교에 들어오지 않으면 구원받지 못한다는 협박이야말로 독선과 미신이 아닐 수 없다.

원불교에 몸담고 있는 사람의 글이나 이야기가 사대강령과 배치되는 게 있다면 기록의 오류이거나 다른 깊은 뜻이 있는지 살펴봐야 한다. 만약 사대강령과 배치된다면 그것은 소태산의 정신과는 다르다.

바른 깨달음과 행동, 정각정행
깨달음은 삶을 위한 것이라야 실답다

정각정행은 진리를 바르게 깨닫고 행동으로 옮긴다는 뜻이다. 원불교에서는 진리를 일원一圓이라고 하는데 이것은 하나의 진리라는 뜻이다. 모든 종교와 성현들이 말하는 진리를 알고 보면 궁극적으로 같은 진리인데 이름이 각각 다르니 여럿인 것처럼 느낄 수 있다.

궁극적인 하나의 진리는 우주 전체이자 근본에서 하나인데 끊임없이 움직이며 개성을 드러낸다. 이러한 모습은 거대한 하나의 유기체 속에서 역동성과 균형으로 조화를 이룬다.

인간은 진리의 본질과 인간으로서의 진리성을 아울러 지녔다. 삶 속에서 심신을 움직일 때 진리를 따라 살아가는 것이 정각으로 정행하는 삶이 된다. 바른 깨달음이라는 뜻인 정각의 반대는 깨달음이 잘못되거나 편협한 것을 일컫는다. 영혼들의 장난, 허령, 관념의 투영 등 또는 신기한 자취, 신통, 법문의 짜깁기, 한 방면에 능통 등으로 깨달음을 얻었다고 하는 것들이 여기에 속한다. 바른 행동이라는 뜻인 정행의 반대는 자신의 특성과 관심이 관념, 욕심, 잘못된 습관의 경계선을 넘지 못한 채 마음 내키는 대로 살아가는 모습이다.

정각정행의 원문에 「일원의 진리 곧 불조정전佛祖正傳의 심인心印을 오득悟得하여 그 진리를 체體받아서 불편불의不偏不倚하고 과불급過不及이 없는 원만행圓滿行을 하자」라고 했다. 결론부터 밝히면 일원의 진리처럼 원만행을 하자는 것이다. 원만행은 근본 진리에 의한 품성이 각각의 특성에 투영된 발현으로 다른 존재와 조화와 균형을 이룬 모습이다. 인간에게 원만행은, 자연의 모습에 자유의지를 더하여 우주 자연에 창의성을 불어넣는 모습이다. 그런데 여기에는 진리의 심법이 담겼다.

원만행의 모습이 되려면 과거 부처와 조사성인聖人, 즉 바르게 깨달아 살아온 사람들의 심법을 몸과 마음을 다하여 본받아 살아가야 한다. 그리고 사람에는 자유의지에 따라 감정과 생각, 유추, 활용 등이 가능하다. 원근친소에 기울지 않고 지나치거나 모자람에 빠지지 않으면 진리의 발현이 대체로 이루어지고 존재의 균형을 잃지 않는다. 여기에 그치지 않고 진리의 모습인 원만행이 되기까지 삶의 수행을 멈추지 않으면 그야말로 정각정행에 이르게 된다.

법타원은 "정각의 목적은 정행을 하는 데에 있다. 따라서 정행에 도움이 되는 오득부터 해야 한다. 성품을 오득하거나 우주 자연의 본원을 오득하기보다는 불조의 심인을 오득하라고 한 것에 주의하자."라고 했다. 이는 불조정전의 심인心印을 강조한 것이다. 부처와 조사는 예로부터 진리의 법맥과 흐름을 같이하여 마음을 내면 진리로 도장을 찍은 것처럼 늘 진리가 발현되어 나타난다고 했다. 우리도 마음을 쓰면 늘 진리가 도장 찍히듯 나와야 하는데 이것이 정각정행의 표준이 된다는 의미이다.

진리의 삶을 살아가는 사람을 부처 또는 성현이라고 부르는데 이들의 삶과 심법은 항상 진리를 떠나 있지 않다. 그렇지만 인간으로서의 특성을 저버린 것은 아니다. 인간의 삶은 동물로서의 호르몬에 따른 삶과 영적 가치로의 삶이 혼재되어 있다. 이런 인간으로서의 삶이 한계를 지닌 것처럼 보이지만 천지, 돌, 나무, 동물 등 모든 것이 다른 생존 방식이자 진리의 한 특성이므로 결코 우월이나 열등을 따질 수 없다.

그런데 과거의 부처나 성현에 대한 이야기와 글을 보면 삶을 터무니없이 표백하고 박제해서 걸어놓은 느낌을 받는다. 이건 후대에 좋은 영향을 미치기보다는 인간으로서는 도저히 해낼 수 없는 영역으로 인식되어 사람들로 하여금 성현에 대해 꿈조차 꾸지 못하게 만든다. 결국 인간으로서의 단점 속에 숨겨진 성현의 심법을 모르니 직접 성현을 보고 함께 생활의 해 보아도 진리의 심법을 모를 수밖에 없다. 수행을 꽤나 했다는 사람들도 성현이라고 하면 아직도 고행이나 청빈, 희생 등을 떠올린다. 그리고 이것 가운데 어느 하나라도 없다면 성현이 아니라고 생각한다. 인간의 내음이 풍기는 일상의 삶 속에서 진리의 심법으로 살아가는 사람이 성현이며, 이러한 이야기가 회자되어야 일반 사람과 수행자들이 성현을 꿈꾸며 닮아 갈 수 있다.

성현을 닮고자 할 때는 붓글씨를 배우듯이 해 볼 일이다. 붓글씨를 배울 때 한 획, 한 글자마다 기본을 터득하고 대가의 체본體本을 받아 베끼듯 써서는 서예에 흥미마저 잃고 만다. 대가가 체본을 써 줄 때 곁에서 방법, 리듬, 느낌까지 흡수하듯 익혀 가야 제대로 배운다. 그리고 혼자 연습할 때는 대가가 체본 써 줄 때의 모든 느낌을 자기 심신의 감각으로 담아내고자 할 때 실력이 쭉쭉 는다. 이 감각으로 글의 본질을 궁구하며 자신만의 감각으로 재해석해서 쓸 때 새로운 창작의 예술로 승화된다.

수행할 때도 이처럼 성현의 삶을 일상에서 하나하나 보고 느끼며 배우다 보면 그 삶이 자신의 삶 속 심법으로 다가오는 것을 느낄 수 있다. 성현으로부터 받은 심법으로써 심신작용을 할 때는 활달하면서도 행복한 리듬을 타듯 해야 한다. 그리고 진리의 깊이와 폭과 변화의 묘미를 더해 가며 자신만의 느낌을 찾아야 진리에 자신의 특성이 더해진 생기 있는 심법으로 형성된다. 여기에 생활과 일과 수행에 균형을 이루는 가운데 노력의 시간이 더해지면서 영적으로는 더욱 성숙한 품위가 드러난다.

은혜에 보답하는 삶, 지은보은
크게 우러난 마음에는 감사만이 존재

  우리가 많은 은혜를 받으며 살고 있으나 앞선 욕심에 충족되지 못하면 세상을 원망하게 된다.

  누구나 공기, 물, 불, 땅 등 천지자연의 은혜 없이는 살 수 없다. 자력이 없을 때 부모의 조건 없는 보살핌과 교육을 받지 못해도 사회 성원으로 자라나기 어렵다. 그뿐만 아니라 사회의 테두리와 유기체적인 도움을 서로 주고받지 못하면 삶이 팍팍해지고 외롭다. 또한 하늘의 이치와 삶의 규칙이 없으면 우리의 삶은 혼돈 속에서 불안하다.

  공기처럼 우리가 의식하지 못하고 당연하게 여겼던 것들이 조금이라도 부족하게 되면 삶 자체가 힘들다. 이처럼 사람들은 공기가 없으면 살지 못한다. 이런데도 공기의 은혜를 수시로 느끼고 감사를 표현하는 사람은 드물다. 공기의 부족함을 뼈저리게 느끼게 되어서야 감사하다고 한다. 그러다가 일상의 문제에 당면해서 정신없이 생활하다 보면 그 감사했던 마음은 온데간데없이 사라져 버린다. 이렇게 잊고 사는 게 일반적인 모습이다.

  천지, 부모, 동포, 법률의 은혜인 사은四恩을 알고 보은하는 삶을 사는 사람들은 참 특별하다. 이러한 것도 범사에 감사하고 소소하게 보은하는 데에서 생겨난다. 이렇듯 일상에서 작게 작게 길들여진 보은이라야 오래 간다. 이런 사람들이 모여 지구촌이 낙원으로 된다.

천지가 무념을 바탕으로 우주를 움직이듯 천지의 인격으로 사는 사람은 세상에서 일을 할 때 마땅히 해야 할 일을 할 뿐이라고 여긴다.

부모는 자녀를 기를 때 자녀에게 대가를 바라기는커녕 잘 자라주기만 하면 고마워한다. 이러한 은혜를 받고 성장한 사람은 자력이 없는 어린이와 청소년이 있으면 자력을 세워 주고 나이와 질병 등으로 자력이 없는 이를 도와주는 삶을 산다.

동포가 서로 유기체적인 관계 속 하나의 삶이라는 것을 아는 사람은 정당한 이윤과 대가에 균형을 이루는 가운데 서로 도우며 윤기를 건네며 살아간다.

법률이라는 진리와 합리적 규율 속에서 마음 편히 사는 것이 감사한 사람은 자신부터 법률을 지켜 나간다. 게다가 법률의 본의를 생각하여 성장해 가는 세상의 인지를 편안하게 담아낼 법률의 개정에도 관심을 갖고 동참한다.

사은에 보은하는 사람이 있는 곳이라면 주위에서 몰라주어도 사회가 조금씩 더 따뜻하게 변해 간다.

몇 해 전에 '원불교라고 하면 어떤 생각이 떠오르느냐.'라는 설문에 그 첫째가 감사생활이라고 답했다. 원불교에서 공부하는 사람이라면 생각과 마음의 방향을 항상 은혜에 두는지 아니면 남의 잘못과 원망스러운 일에 두는지 생각해 볼 일이다.

은혜에 대한 감사와 보은의 삶을 실천하여 맑고 따뜻한 기운이 풍기는 사람이라면 소태산의 참 제자가 맞다. 그러나 마음에 원망이 가득하여 몸에서 독기가 나오는 사람이라면 아무리 소태산을 들먹이고 원불교의 일에 희생했을지라도 소태산의 참 제자라고 하기에는 아쉬움이 있다.

일상에서 범사에 늘 감사한 마음을 갖기는 쉽지 않다. 그렇다고 "순간순간 공기님, 감사해요."라며 늘 감사를 떠벌리는 것도 이상하다. 감사함을 가슴속에 품고 있으면 말과 행동으로 틈틈이 나온다. 그것도 해야 할 상황에서 나오기 때문에 가슴속 깊이 품을 수 있는 것만으로 충분하다. 물론 경계마다 단련되어 은혜로 맺을 수 있으면 더 좋지만 말이다.

지은보은은 조석심고를 잘 드리는 데에서부터 비롯된다. 아침저녁으로 심고 때마다 법신불 사은에 감사하다 보면 처음에는 자신의 관심 밖에 있던 은혜들이 이성과 감성을 타고 모인다. 기도를 통해 은혜의 기운이 더해질수록 온몸의 세포에 스며들어 마침내 온몸으로 풍기는 데까지 이른다. 이 정도가 되면 삶을 살아가는 방식이 보은의 삶으로 되지 않을 수 없다.

인생을 작게 쪼개어 보면 원망할 일이 참 많겠으나 크게 보면 원망도 은혜 속에 들어 있는 작은 투정에 불과하다.

천지의 기운을 작게 보면 풍운우로가 사람, 동물, 식물 등을 힘들게 하나 풍운우로는 결국 지구 전체를 살리는 작용이다. 나아가 두 사람의 사랑에서 생명이 탄생하여 길러지는 것은 별의 존재 방식이고, 사람들이 서로 제 살기 위해 삶의 요소를 주고받음은 별의 생존 방식이며, 법질서를 대체로 따름은 별의 운행 방식이다.

사은을 작게 보면 사은이란 것이 불편할 수 있으나 크게 보면 나를 있게 하고 살게 하고 어울리게 하고 질서 속에서 마음 편히 살게 한다. 그러니 사은은 존재 자체가 은혜이다.

누군가는 세상이 은혜이니 감사하고 보은하라고 하면 하기 싫다고 한다. 그리고 하라고 해서 하는 것이 자기에게 불편으로 다가올 때는 원망하게 된다. 그러나 가슴에서 우러나는 은혜를 실천하는 사람은 작은 불편이 돌아올지라도 원망으로 만들지는 않는다.

　　이를 이해하기 좋은 방법으로 세상을 내가 새로 설정해 보는 것이다. 미니어처를 제작하든, 소설을 쓰든, 만화를 그리든, 세상을 한 번이라도 설정해 보면 '이 세상처럼 완벽할 수 있을까!' 할 정도로 생각이 정리된다. 세상 사람 모두에게 감사하지 않을 수 없다. 또한 삶을 통찰해 봐도 이 세상은 내 마음이 만든 세상이고 인연 또한 내가 만든 것이라는 느낌이 확신으로 바뀌어 간다. 이로써 내 영혼이 성장하는 것을 알면 세상과 사람과 동식물과 만물 등에 대해 감사한 마음이 우러나온다. 어떠한 일이든 원망할 수 없다.

진리로 살아가는, 불법활용
진리로 자신과 세상을 위해 요리하다

선각자가 진리를 삶에서 활용하다가 후대 사람들이 삶에서 활용할 수 있도록 친절하게 만든 법의 레시피가 불법佛法 이라면, 일상에서 그 레시피로 상황에 따라 적절하게 법 요리를 하여 세상 사람들과 나눠 먹는 것이 활용活用 이다.

여기에서 불법은 불교의 법이지만 석가모니의 말에 국한된 것이 아니다. 진리에 따라 잘 살 수 있는 모든 법을 아울러 이른다. 물론 원불교는 법의 모체를 불교에 두었기에 석가모니와 불교 선각자들의 법문을 요체로 삼았다. 이렇다 해도 석가모니와 불교 선각자들의 깨달음도 그 근본은 진리에 있다.

소태산은 불법 이전에 진리에 대한 깨달음이 있었고 진리에 의해서 불법을 바라보았다. 그래서 진리적 대의를 살려내는 데 불법을 모체로 모든 도와 사상과 법을 통합·활용하였다. 진리와 법을 설명할 때도 기존의 사상과 법으로 설명하려는 의지를 보였다. 인지가 밝아오는 시대에 맞게 써야 하는데 기존의 사상과 법으로는 설명하기 어려운 것만을 부득이 단어를 창조해서 썼다. 그리고 진리에 의한 관점에서 불법을 시대화·생활화·대중화했고 앞으로도 그렇게 해 가기를 바랐다.

　석가모니의 불법도 진리를 그 시대의 인심에 맞게 요리한 것에 불과하다. 그런데 이 불법을 인지가 더욱 열린 요즘 시대에 그대로 적용할 경우 이 불법은 사람의 입맛에 맞지 않거나 식어 버린 진리의 요리나 다름없다. 요리되기 이전의 싱싱한 재료인 진리로 자신만의 요리를 만들어 먹을 수도 있지만 세상 사람이 지닌 각기 다른 특성을 고려한 요리로 만들어 나눌 수 있어야 진리가 세상 속에 살아 있게 된다.
　진리가 나의 삶에 도움이 되고 이 세상에 도움이 되어야 한다. 그런데 아직도 인지가 채 열리지 않은 곳에서는 석가모니와 선각자를 기복의 대상만으로 삼고 있다. 불법과 수행도 일상의 찌든 삶에서 벗어날 수 있는 한때의 환기 정도로밖에 여기지 않는다. 이제는 각자의 삶에서 진리의 토대를 쌓아 가야 할 때가 왔다.

　인지가 열릴수록 세상 삶의 모든 것이 수행과 밀접하게 관련된 것을 알게 되면 부처는 경배의 대상이 아닌 사표師表가 되고, 불법은 세상에서 진리로 요리하는 데 필요한 레시피 정도에 그친다.
　세상의 인지는 열리고 사람의 성향은 다양해져 간다. 이럴수록 사표로 삼을 만한 인물로 석가모니 한 사람만으로는 부족하고, 레시피로 삼을 만한 법으로 불법 하나만으로는 부족하다. 석가모니와 불법 이전의 진리로부터 모든 선각자의 법과 행적을 둘러보고 나의 사표가 될 단면을 찾아낼 때이다. 또한 내게 맞는 법의 레시피 한 조각을 위해서라면 다른 법에서도 찾아낼 필요가 있다.
　성스럽게 표백되고 박제화된 과거 성자들의 모습들은 인지가 열린 사람들에게는 이미 식상해졌다. 현시대의 삶에서 속 깊게 진리를 닦아 가는 수행자를 찾아 수행의 사표로 삼거나 수행을 공유하여 진리를 자기의 특성에 맞게 조율해 가는 게 낫다.

불법을 활용하는 시대, 즉 진리의 삶을 사는 시대가 되면 종교의 문턱은 아이들이 땅에 선 긋고 놀이하는 정도에 지나지 않는다.

그래서 종교보다는 진리로 깨어 살아가는 수행자가 있는 곳이 법당이고 법을 공유하는 인연들의 소박한 모임이 회상이 된다. 이러한 곳에서 사는 사람들의 삶의 중심에는 항상 영적 진급과 배려가 있다.

삶의 초점이 종교의 틀에 있지 않고 영적 진급과 배려에 있으면 진리와 법과 실다운 사표를 찾게 되고 이런 삶은 자신과 주위 사람에게 큰 은혜로 미치게 된다.

나 없는 오롯한 바침, 무아봉공
조건 없는 존재에 대한 사랑

원불교에서 이야기하는 봉공奉公은 봉사나 자선과는 약간의 차이를 보인다. 봉사나 자선의 초점이 구체적인 하나의 일에 맞춰진 것이라면 봉공은 전체를 아우른다.

농촌 봉사활동은 육신과 기술에 국한된 활동이다 보니 그 외의 교통비나 식비 그리고 부대비용의 대부분은 주최하는 곳이나 봉사를 받는 사람이 감당한다. 그리고 자선사업은 돈을 모금해서 사용할 때 모금된 돈에서 사람들의 인건비와 운영하는 자금을 뺀 나머지가 대상에 쓰인다. 그러나 원불교의 봉공은 좀 다르다. 봉사에 필요한 인력과 자선으로 모은 금전이나 물품을 목적한 대로 쓸 뿐만 아니라 그에 따른 부수적인 모든 비용마저도 스스로 준비해서 일에 임한다.

괴산 대티마을에 들어가서 터를 잡고 있을 때 공부하러 오는 김상호, 문기현, 김태령 한의사에게 이곳에 농촌 무료 한방진료를 해 주면 좋겠다고 하니 흔쾌히 그렇게 하겠다고 한다. 그래서 봉사와 봉공의 방법 중 어떤 것을 택하겠냐고 하니 봉공을 하겠다고 하여 매년 차비, 의료장비, 한방약 등 모든 것을 자비로 마련하여 활동하고 있다.

원불교에서는 어려운 곳에 손길을 넣을 때는 봉공에 기반을 둔다. 운영에 필요한 비용인 유지비를 별도로 마련하고 있어서 모금한 순수 금액은 모두 목적한 곳에 사용한다. 일반적으로 운영비에서 인건비가 차지하는 비율이 높은데 이마저도 운영 주체의 대부분이 봉사자라서 지불되는 인건비는 최저 생활 정도의 수준을 넘어서지 않는다. 희사 하고 싶은 사람들 가운데 많은 수는 이런 면을 알기 때문에 원불교를 찾는다고 한다.

봉공마저도 '나'라는 상이 없는 무아無我로 한다. 즉 나를 잊고 그 대상에만 충실한 무아봉공은 원불교의 수행 덕목 중 하나이다. 일반 적으로 '어떻게 사람이 삶의 주체자인 자신을 잊고 살 수 있을까? 쉽 지 않은 일이기에 무아봉공이란 명분으로 사람을 무장 해제시키고 오 롯하게 이용하려는 욕심 많은 사람들의 불순한 의도와 수단이 아닌 가?' 하고 의심할 법하다.

무아봉공이 순수하게 이루어지는 상황을 약간 비틀어 바라보면 봉 공이 또 다른 권력을 지니는 수단으로 작용할 수 있다. 무아봉공이 이 루어지는 곳에는 절대 순수함이 있지만 조금이라고 순수하지 못한 마 음으로 이용하려 들면 어린아이 집단처럼 다루기 쉬운 점도 있다. 자 칫하다가는 정치권력을 목적으로 하는 사람의 먹잇감이 되기 쉽다. 사람이 모이는 곳은 수행을 위한 모임이어도 정치 성향을 띨 수 있는 가능성이 높다. 일부 기성 종교에서는 이미 정치권력화되어 주위 사 람의 인상을 찌푸리게 한다.

무아봉공의 집단에서 꼭 필요한 것이 내면 솔직한 수행이다. 수행 으로 자신을 늘 성찰하고 진리와 삶을 향한 순수성에 깨어 있어야 한다.

무아봉공에는 지극함이 있기에 내면의 깊은 비움과 나타난 순수함만으로도 지극히 아름답다. 무아봉공을 달리 표현하면 조건 없는 사랑이라 할 수 있다. 그것도 어느 하나에 국한된 것이 아니다. 세상의 모든 것이 자기와 하나인 것을 알고 사랑하는 것이기에 조건이 없다.

하지만 이 사랑에도 구분할 게 있다. 자기처럼 사랑하는 것이 소유의 사랑이 되면 또 다른 강한 집착을 낳기에 반드시 자기 내면의 다양성을 사랑하는 것처럼 되어야 한다. 다양성을 품는 무아봉공은 세상 다양한 고유의 빛을 품는 것이다. 다양함이 조화를 이룰 때 세상은 생생약동하면서도 아름다움을 자아낸다. 세상 고유의 빛을 소유하려 하지 말고 존재의 가치로 놓고 필요한 것만을 도울 때 그 빛은 도움의 영양분을 받아서 꾸준하면서도 영롱하게 빛난다.

무아봉공은 조건 없는, 존재에 대한 사랑이다. 세상을 하나로 알고 사랑함으로 자기의 영적 가치를 높이는 사람은 자기 것을 다 주고도 여한이 없다. 그리고 누가 몰라줘도 섭섭지 않다. 그에게는 맑은 빛과 여유 그리고 자유가 있다.

맺는 글

　'『정전』의 원문을 살리느냐 윤문을 해야 하느냐'에 많은 고민이 있
었다. 『정전』이 나올 당시에는 당대 대부분의 글이 한문 문체였는데
『정전』은 한글이 많아서 비교적 쉬웠다. 그런데 『정전』이 나온 지 오
래 되고 보니 요즘 세대에게는 이마저도 이해하기 어려워졌다. 빠르
게는 20년, 아무리 늦어도 50년 단위로는 그 시대의 언어로 윤문해야
한다고 보는데 늦은 감이 없지 않다. 그럼에도 불구하고 항간에는 원
문을 손대면 안 된다고 하니 아직도 『정전』 글을 대하는 자세가 너무
진중한 것 아닌가 싶다.

　소태산은 '공도자숭배'의 '공도사업의 결함조목'에서 "종교의 교리
와 제도가 대중적이 되지 못하였음이요."라고 밝혔다. 즉 그 시대의
대중이 교리를 이해하는 데 어려움을 겪게 한다면 그것은 소태산 정
신에 어긋난다는 이야기다. 새 『정전』이 나오더라도 지금의 『정전』은

그대로 출판되어야 하기에 필요에 따라 볼 수 있으면 염려될 게 전혀 없는데 말이다.

필자는 그나마 원기 100년 내에 3대 종법사를 만나 문답했던 세대이다. 이 세대의 정서 속에서 수행해 온 사람이 『정전』을 나름대로라도 윤문해 놓지 않으면 시대가 많이 바뀐 다음 세대에서는 '『정전』을 제대로 이해나 할 수 있을까?' 하는 염려가 있었다. 그래서 이 책에서는 소신껏 윤문하며 『정전』의 뜻과 내용은 유지하되 이 시대에 맞는 형식과 모양을 갖추려고 하였다.

이 책은 「원불교 신문」과 「소태산 마음학교」에 4년 반가량 연재했었던 원고를 기반으로 다시 수정·가필하는 방식으로 썼다. 연재 당시에는 독자 대상을 교무와 30년 된 교도로 삼았다. 시중에 초심자들을 위한 『정전』 해설서들이 다수 출간되었기에 이제는 법에 농익은 사람들이 고민하고 생각할 만한 것들에 대해 공유할 수 있는 내용을 쓰고 싶었기 때문이다.

그런데 이 책을 쓰는 동안 일반 대중도 '진리에 대한 깊은 생각을 공유하고 싶어 한다'는 것을 느꼈다. 『정전』 자체가 원불교의 핵심 교리와 직설적인 진리의 내용으로 이루어졌기에 이해가 쉽지 않겠지만 일반 대중에게도 진솔하면서 깊이 있는 내용으로 다가선다면 어떻게든 마음이 전해지리라 생각하며 집필하였다.

『정전』은 원불교의 핵심 경전이기에 가볍게 이해하는 정도에서 그칠 게 못 된다. 인간의 삶에 궁금증이 있는 사람들과 삶의 적적대의^的^{的大義}가 무엇인지 고민해 본 사람들에게는 길이 될 수 있을 것이다. 그래서 『정전』을 이야기하기 전에 삶의 본질에서부터 생각해 보고 진리에 대해 많은 고민이 있었다.

우리는 인간으로 사는 게 어떤 의미인지 생각해 보면 삶의 방향이 보인다. 그 의미의 삶에 기틀을 이루어 주는 것이 진리이다. 그런데도 삶의 의미를 퇴색시키고 동물로서만 살게 되는 이유는 생존과 인간관계에 대한 집단관념에 함몰되어 있기 때문이다. 이렇게 되면 사람들은 자기 영성을 내팽개친 채 재물, 색정, 명예, 권력 등을 쫓다가 시간을 다 허비하고 결국에는 이 세상에서 사라진다.

진리에 깨어 살아가면 삶에서 생존, 관계, 사회, 가치 등은 최소한만 남고 의미로 채워진다. 그렇지 못하기에 생존을 위한 허덕임, 관계 속에서의 부대낌, 그 사회의 선호하는 가치만을 쫓아가는 것이다. 이로써 자기의 삶은 어느새 사라져 가고 있다. 진리에 대한 웬만한 소신과 결단이 아니면 자기의 욕심과 다른 사람들의 눈치에서 헤어 나오기는 쉽지 않다. 사람이 사회적 동물이다 보니 사회적 집단관념에서 벗어나려면 해탈만큼의 에너지를 필요로 한다.

세상 사람들이 인간으로 태어나 의미의 삶으로 살아가기 위해 진리에 깨어 있다면 인류는 경쟁보다는 어울림으로 살아간다. 그리고 삶의 작은 부분에서도 진리와 삶의 의미가 깊이 우러난 행복과 나눔의 삶을 살게 된다.

이러한 삶의 지침을 진리 그대로 아주 간결하게 정리한 책이 바로 『정전』이다. 『정전』은 진리로의 종합 안내서이다. 이렇다 보니 간결하지만 심오하여 한두 번 읽어서 다 알기는 어렵다. 욕심내어 『정전』의 내용대로 열심히 살아 한꺼번에 다 이루려고 해도 욕심대로 되기란 여간 어려운 게 아니다. 수행이란 것이 하루 이틀 해서 되는 게 아니기 때문이다. 진리 인식은 아는 만큼 해 보는 가운데 그만큼 열리고, 이 토대 위에서 다시 아는 만큼 해 보며 또 열리고 더 열린다. 이런 패턴으로 의식이 열리고 법으로 익어 가는 것이 어린아이가 자라듯이 된다. 아이가 잘 먹고 놀다가 푹 자며 하루 이틀을 지나 세월과 함께 자라나는 것처럼 말이다.

수행은 일상의 삶과 호흡하며 자라고 익어 가고 깊어진다. 『정전』도 수행과 더불어 친구가 되어 삶의 세월 속에 켜켜이 쌓일 때 가슴과 손과 발의 신경에까지 스며들어 배어난다.

수행은 자기가 쉽게 접근할 수 있는 것부터 찾아서 할 때 가시적인 성과로 다가온다. 수행도 이럴 때 재미가 붙는다. 그래서 잘할 수 있거나 좋아하는 수행 가운데 일상에서 쉽고 자주 할 수 있는 것부터 하나씩 해 가는 것이 좋다. 이것이 잘될 때 점차 확대해 가면 삶이 곧 수행이 되는 데 이른다. 이것도 혼자 하는 것보다 뜻을 같이하는 사람들이 모여서 더불어 하는 것이 바람직하다. 여러 사람과 함께하며 자기의 특성을 고려한 내면화의 과정을 거쳐야 수행과 사람 모두 원만해진다. 함께할 때는 먼저 수행을 해 온 사람이 있어 멘토가 되어 주면 수행이 훨씬 효율적이면서도 크고 깊고 원만해진다.

필자가 출가할 때만 해도 출가가 아니고는 진리의 고급 정보와 인품 있는 사람과의 수행 프로그램을 쉽게 접하기 어려웠다. 요즘은 수행 정보가 세상에 널리 펼쳐 있어서 일반 사람들도 세상에서 생활하며 수행할 수 있다. 진리는 어느 누구의 점유물이 아니다. 가져다 쓰는 사람의 것이다. 의미 있는 삶을 위한 지침이자 진리의 보고寶庫인 소태산의 『정전』이 널리 공유되어 각자 각자의 진리가 되길 바라며 이 글을 맺는다.

지은이 **길도훈** 吉道薫

강원도 화천에서 태어나 산을 벗 삼아 어린 시절과 청소년기의 대부분을 지낸 뒤 삶의 본질을 알기 위해서 원불교에 출가하여 교무로서 수행자로 살아가고 있다. 여러 교당 인천, 철원, 순천, 안암, 화정, 압구정과 성주 삼동연수원을 거쳐 현재는 충북 괴산의 작은 마을에서 지내며, 각 처에서 깊이 수행하다 의문을 품고 찾아오는 이들의 수행과 영성의 길라잡이를 하고 있다.

원불교대학원대학교와 원광대학교 원불교학과 학생들에게 각각 '선과 성리'와 '정전 학습'을 다년간 지도했고 전무출신(원불교 성직자) 훈련에서 2년간 선 강의를 했으며 「월간 원광」에 좌선법을 3년간, 「월간 교화」에 무시선법을 1년간, 「원불교 신문」에 정전 해의를 2년 반, 「소태산마음학교」에 정전 해의를 2년간 연재했다. 그리고 라디오 방송으로 선과 선심의 내용으로 서울 원음방송국에서 10년, KBS 라디오에서 2주간 방송을 하였다. 현재는 '동선·하선' 선방과 '선과 성리' 공부 모임과 'Young Spirit Society(젊은이들의 영적 수행모임)'과 OCM(One Circle Meditation : 명상 모임)을 지도하고 있다.

저서로는 『단전주선』, 『무시선』이 있고 유튜브 채널 '길내음TV'를 운영하고 있다.

마음의 숨결로 빚은 **정전**正典 _ 진리서 1

초판인쇄 2020년 10월 16일
초판발행 2020년 10월 23일

저   자 길도훈
펴 낸 이 김성배
펴 낸 곳 도서출판 씨아이알

책임편집 박승애, 김동희
디 자 인 송성용, 김민영
제작책임 김문갑

등록번호 제2-3285호
등 록 일 2001년 3월 19일
주   소 (04626) 서울특별시 중구 필동로8길 43(예장동 1-151)
전화번호 02-2275-8603(대표)
팩스번호 02-2265-9394
홈페이지 www.circom.co.kr

I S B N 979-11-5610-892-4 (94290)
              979-11-5610-891-7 (세트)
정   가 25,000원